퇴직후의 인생설계 재무설계

경영학박사 노 순 규 저

감사의 말씀

노순규 원장의 121권째 저서 '퇴직후의 인생설계 재무설계'를 저희 연구원에 강의를 의뢰하여 주신 전국의 시도교육청, 교육연수원 교육담당자님께 감사드리며 아울러 서울시교육연수원(교육관련 노동법의 이해), 부산시교육연수원(교원. 공무원노조의 이해), 울산시교육연수원(공무원노조의 이해), 충남교육연수원(공무원 노사관계의 발전방안), 경남공무원교육원(단체교섭 및 단체협약 체결사례), 대구시교육연수원(리더십과 갈등관리), 경기도교육청(갈등관리와 교원의 역할), 충북단재교육연수원(교원능력개발평가의 필요성과 성공기법), 강원도교육연수원(학교조직과 갈등관리), 경북교육연수원(공무원 노동조합의 역할과 발전방안), 인천시교육연수원(교원단체와 노사관계), 광주시교육연수원(교육관련 노동법의 이해), 경남교육연수원(교원단체의 이해), 전남교육연수원(학교의 갈등관리와 해결기법), 전북교육연수원(커뮤니케이션의 기법과 효과), 경북교육청(학교의 갈등사례와 해결방법), 제주탐라교육원 및 제주도공무원교육원(갈등의 원인과 해결방법), 대전시공무원연수원(갈등의 유형과 해결방법), 공무원 인재개발원, 강원도공무원교육원, 전북공무원교육원, 경남공무원교육원, 충남공무원교육원, 부산시공무원교육원, 한국기술교육대학교 노동행정연수원(환경변화관리와 리더십)의 교육담당자님께 감사드립니다.

한국기업경영연구원

머 리 말

퇴직이란 어떤 직장에서 그 직무수행을 종료하는 것을 의미하는데 퇴직을 생활주기상의 통과 의례적인 것으로 간주할 경우 직업적인 일을 중단하고 특별한 직업이 없는 생활을 시작하는 전환점이 된다. 흔히 은퇴라는 용어를 사용하기도 한다. 직업기간은 짧지만 은퇴후의 기간은 길다. 평균수명이 증가했어도 오히려 노동기간은 짧아졌다. 사오정이니 오륙도니 하는 자조적인 유행어가 생기기도 하고 조기은퇴는 준비되지 못한 채 노인기간의 연장을 가져왔다. 그러면 이 퇴직을 어떻게 받아 들이고 퇴직 이후의 삶은 어떠해야 하는가? 일만 하다가 어느 날 갑자기 쓰러져 죽는 것을 원하지 않았을 것이다. 또 일은 무엇 때문에 했는가? 물론 언젠가는 퇴직을 희망했을 것이고 그것이 예상하지 못한 시기에 다가 온 것일 뿐이다. 은퇴니 퇴직은 안올 것이 온 것이 아니라 올 것이 온 것일 뿐이다. 그럼에도 퇴직은 실제보다 훨씬 더 심각한 문제로 평가되고 있는 것이 현실이다. 특히 50대의 베이비부머 세대들은 최근 퇴직후에 대한 고민이 많다.

일부 직장인을 제외하면 대부분의 직장인들은 현역을 떠나면 경중의 차이는 있으나 노후불안 등 걱정의 근원은 마찬가지이기 때문이다. 인생 100세 시대에서 이들이 리타이어 푸어(Retire Poor)로 전락해서는 안된다. 대개 '퇴직'이라는 말을 듣기만 해도 섬뜩하다. 어느 직장인은 대학생과 중학생 아들을 하나씩 두고 있어 앞으로 몇 년간은 꾸준히 목돈이 들어가야 하는데, 직장을 잃게 되면 아무런 대안이 없다고 한다. 각종 대출금과 생활비, 교육비 등으로 빡빡하게 살아온 탓에 퇴직 이후를 준비할 여력이 없었다.

"당장 퇴직을 하게 되면 자녀들의 학자금, 생활비 등 현실적인 문제가 닥칠 것이 뻔하다"며 "은퇴를 해서 노후를 보낼 나이도 아니어서 결국 다시 구직전선에 뛰어들 수밖에 없는 게 현실이다"고 말했다. 국민연금연구원은 은퇴를 앞두거나 은퇴생활을 하고 있는 50대 이상의 중・고령자 10명 가운데 7명은 노후준비를 전혀 하지 않는 것으로 조사됐다고 전했다. 미래에셋

퇴직연금연구소의 어느 연구원은 "노후준비가 안된 시점에서 정년을 맞다 보니 일을 할 수밖에 없는 상황이 된 것"이라며 "자녀를 지원하느라 노후를 위한 자금이 많이 부족한 상태에서 소득을 창출하기 위해 일자리를 찾는다"고 분석했다. 최근 대형 프랜차이즈업체 수가 해마다 빠른 속도로 늘고 있는 배경에는 은퇴한 직장인과 갈 곳 없는 청년 실업자들이 있다. 특별한 기술이나 시장정보도 없는 이들은 가맹본부의 지원을 받을 수 있는 데다 경영도 비교적 손쉬워 보이는 편의점이나 빵집 등 프랜차이즈 점포창업에 몰린다. '의학발달로 인간의 평균수명이 늘어남에 따라 퇴직후의 삶을 어떻게 건강하고 보람차게 살 수 있을까'는 요즘의 화두다. 어찌 보면 매우 중요하고 심각한 문제다. 우리 주위에는 "나이는 숫자에 불과하다. 인생은 60부터다."라며 정년퇴직후에 각종 평생교육원에서 재교육을 받아 봉사활동, 문학, 사업 등 새로운 삶을 사는 사람들이 있는가 하면, 어떤 이는 "이 나이에 무엇을"하며 꿈도 희망도 없이 복지관, 공원, 다리밑에서 화투나 치고 막걸리 한잔으로 세월을 보내는 사람들도 많다. 퇴직은 인생의 끝이 아니고 새로운 삶의 시작이라는 것을 잊지 말아야 한다.

한권의 책이 출간되어 나오는 데는 많은 분들의 도움이 필요할 것이다. 그동안 저희 연구원으로 강의를 의뢰해 주신 전국의 시.도 교육연수원, 공무원교육원, 한국기술대학교 노동행정연수원, 서울시교육연수원, 부산시교육연수원, 울산시교육연수원, 대구시교육연수원, 경기도교육청, 충남교육연수원, 충북단재교육연수원, 경북교육연수원, 인천시교육연수원, 광주시교육연수원, 강원도교육연수원, 제주도탐라교육연수원, 경북교육청, 강원도공무원교육원, 제주도공무원교육원, 광주광역시 공무원교육원, 대전광역시 공무원교육원 교육담당자님께 이 기회를 빌어 진심으로 감사드린다. 특히 본 저서의 기획 및 출판에 헌신하신 전승용 선생님께 감사말씀을 드리고 개원 23주년을 맞고 결혼 32주년을 맞은 내조자 아내 '박순옥', 아들 '노지훈(현대백화점)', 며느리 '김수향(캐나다대사관)'에게 항상 고마움을 표한다.

2012년 2월 25일

저자 노 순 규 드림

목 차

제1장 퇴직의 의미와 시기 …………………………………………… 15
1. 퇴직의 의미 ……………………………………………………… 15
2. 평생원수라고 하는 아내와의 퇴직후 관계 ………………… 15
   1) 아내 길들이기 …………………………………………… 15
   2) 아내의 공간 ……………………………………………… 16
   3) 남편은 골치 덩어리 ……………………………………… 18
   4) 평화로운 가정 만들기 …………………………………… 19
3. 퇴직후의 첫날 …………………………………………………… 24
4. 퇴직후의 나의 또다른 시작 …………………………………… 26
5. 퇴직후의 삶과 새로운 인생설계 ……………………………… 27
6. 요즈음 퇴직후 노인들의 삶 현실, 우리들의 이야기 ……… 29
7. 은퇴부부가 행복해지는 요소 ………………………………… 34
   1) 은퇴남편을 위한 아내의 십계명 ……………………… 35
   2) "놀아줘, 밥좀줘" 은퇴남편 24시 아내는 속터져 …… 35
   3) 고령화가 가져온 도전, '은퇴후 40년, 초장기 부부시대' … 36
   4) 빨리 변하는 여, 느리게 변하는 남 …………………… 36
   5) 남편들, 영국 남자를 본보기 삼기 ……………………… 37
   6) 열 효자보다 악처가 낫다 ……………………………… 39
8. 방송대 생활을 통해 퇴직후 젊게 살고 있는 60대 젊은 오빠 … 39
9. 명예퇴직후 아빠의 슬픈 모습 ………………………………… 41
10. 부자가 되기 위한 습관 ………………………………………… 44
11. 남편의 정년퇴직과 행동 ……………………………………… 46
12. 시미즈 요시노리 교수 "한국도 일처럼 퇴직연령 늦춰야" … 47
13. 금융권 구조조정 몰아친다. 희망퇴직·명예퇴직 속출 ……… 48
14. 현대중공업노조 첫 '퇴직지원 프로그램 연구' 착수 ……… 49
15. 베이비부머의 대안찾기, 퇴직하면 '생활고' 불보듯 ……… 50
16. 퇴직후의 인생을 보람있게, 행복설계아카데미 …………… 53
    1) 인생 후반전 준비하는 퇴직자학교 …………………… 54
    2) 40% 가까이 '사회공헌 일자리' 찾아 ………………… 54

17. 평균수명 100세 시대, 행복 포트폴리오 만들어야 ·················· 55
　　1) 감사하는(Appreciate) 마음을 가져라 ···························· 55
　　2) 균형(Balance)을 잡아라 ·· 56
　　3) 부부(Couple)가 함께 준비하라 ···································· 56
　　4) 구체적(Detail)으로 설계하라 ······································ 57
18. 퇴직후 10만시간, 남은 인생에 대한 설계 ··························· 59
　　1) 57%, 65세 이후에도 일하겠다 ···································· 59
　　2) 44%, 은퇴후 자원봉사 희망 ······································· 62
19. 퇴직후의 나의 인생, 공장이야기 ··· 63
　　1) 불안과 암울한 회색으로 느끼고 있는 퇴직후의 인생 ········ 63
　　2) 퇴직후의 선배노동자들의 모습을 보면서 ···················· 64
　　3) 삶의 여유를, 자신에 대한 투자를 ······························ 64
　　4) 노동시간의 단축과 자기계발 프로그램의 결합 ············ 65
20. 퇴직한 남편아 제발 좀 나가 놀아줘 ···································· 65
　　1) 사업 말리는 아내와 마냥 놀 수 없는 남편 ···················· 66
　　2) 아내들 "회사에서 '퇴직교육'해 줄 수 없나" ···················· 68
21. 20년 벌어 50년 사는 인생설계 ··· 69
22. 직장생활하기 힘드시죠? ·· 71
23. 당신이 꿈꾸는 은퇴후의 어떤 모습 ······································ 72
　　1) 유형 1. 발길 닿는대로, 자유를 찾아 떠나는 '보헤미안형' ····· 73
　　2) 유형 2. 은퇴없는 삶을 꿈꾸는 '네버엔딩형' ···················· 74
　　3) 유형 3. 해외에서 전혀 다른 삶을 꿈꾸는 '이민형' ·········· 75
　　4) 유형 4. 나눔과 나이듦의 아름다움을 실천하는 '사회봉사형' ····· 75
24. '10년후의 나를' 구체적으로 설계 ··· 76
25. 늙어가는 한국, 고령화 대책 시급 ·· 78
26. 포스코 '그린 라이프 디자인' ·· 79
27. 교육과 노동시장의 연계를 통한 맞춤형 인재육성의 방향과 과제 ····· 82
　　1) 국제경쟁력 강화를 위한 산학연계 맞춤형 인재개발 논의 ········ 83
　　2) 산학 맞춤형 인재개발을 위한 정책개발 ······················· 83
　　3) 세계 수준의 직업기술교육(TVET)정책 네트워크 포지셔닝을
　　　 위한 제언 ··· 84
28. 인생설계를 행한 사람들의 삶 ·· 87
29. 좋은 친구 많아야 장수 ·· 88
30. 나를 위한 인생설계 논어에서 찾기 ······································ 89

31. 공무원연금지 취재 참고자료 ………………………………………… 92
32. 세상사는 이야기 ………………………………………………………… 94

제2장 퇴직후의 직업과 일자리 탐색 ……………………………………… 97
1. 일자리가 복지 …………………………………………………………… 97
2. 정년퇴직후 구직 0.27% ……………………………………………… 98
3. 중년남성 취업은 하늘의 별따기 …………………………………… 99
4. 노인 일자리 찾기 캠페인 …………………………………………… 100
   1) 무엇이든 고쳐드립니다-은빛 맥가이버사업단 ………………… 101
   2) 잊을 수 없는 맛-할머니 손맛도시락사업단 …………………… 101
5. 50세 넘어 퇴직시 재취업 가능성 ………………………………… 102
   1) 노인자살률, 범죄률 급증 ………………………………………… 103
   2) 60세 이후 새로운 삶 찾은 사람들 …………………………… 103
   3) 고령자 임금피크제 지원 확대 …………………………………… 104
   4) 창업지원금 풍부 …………………………………………………… 105
6. 퇴직연령 경제활동 참가율 환란 이후 최고 …………………… 106
7. 삼성전자, 임직원 인생설계 위한 '경력컨설팅센터' 설립 …… 108
8. 퇴직후 꿈의 직업찾는 방법 ………………………………………… 109
   1) 퇴직소득의 평균 25%는 근로소득으로 충당 ………………… 109
   2) 경력이란 끝없이 올라가는 사다리가 아님 …………………… 110
   3) 지금의 직장에서 기회를 찾는 것도 좋은 방법 ……………… 110
9. 어느 퇴직 공무원 F씨 ……………………………………………… 113
10. 100세 시대 콘퍼런스 호모 헌드레드 시대, 퇴직은 인생의 중간 …… 114
11. 퇴직후 내게 맞는 일거리 찾기 …………………………………… 117
    1) 남의 시선보다 나 자신의 소리에 귀 기울여야 ……………… 118
    2) 직업선택의 기준은 행복, 처지, 희망 ………………………… 118
    3) 퇴직자가 택하는 5가지 유형의 직업 ………………………… 118
12. '과학기술계 종사자들의 퇴직후' 설문조사 결과 ……………… 120

제3장 퇴직후의 봉사와 보람찬 일하기 ……………………………… 130
1. 한전 퇴직후 해외봉사로 '제2의 인생' ……………………………… 130
2. 은퇴후의 직업, 미리미리 준비하는 퇴직후의 직업 …………… 132
3. 베이비부머 56% "퇴직후 노후준비 안돼" ………………………… 134
4. 아름다운 황혼, 퇴직후의 삶을 성공적으로 이끄는 활동 …… 136
5. 경찰퇴직후의 삶에 대한 현실적인 이야기 ……………………… 137

6. 퇴직후의 삶을 성공적으로 이끄는 활동 ·· 138
7. 명예퇴직 혹은 정년퇴직후 어떤 삶을 살게 될까 ······························ 141
8. 퇴직후의 삶, 삶의 이야기 ·· 145
9. 퇴직후의 새로운 삶 ·· 147
10. 정년퇴직후 제2의 삶 연 전 교장 ·· 149
11. 퇴직후에 더 멋있게 살아가는 분들의 삶 ·· 151
12. 정년퇴직후의 삶 ·· 151
13. 퇴직후 종전 직장연관업체서 연명해 가는 삶이라면 ························ 152
14. 퇴직후 새 삶 일군 네부부 ·· 154
　1) 퇴직, 내 인생의 끝은 아니다 ··· 154
　2) 나이, 조금 먹긴 했지만 늙은 건 아냐 ·· 154
　3) 한 우물만 파기도 바쁘다 ··· 155
　4) 떼돈 벌겠다는 욕심은 버려야 ··· 156
　5) 내 사전에 더 이상 정년퇴직은 없다 ·· 157
　6) 아내 성격, 20년만에 파악했다 ·· 157
　7) 효자 자식보다 악처가 낫다? ··· 158
15. 정년퇴직후의 남자들 ·· 159
16. 퇴직을 즐기는 방법 ·· 162
　1) 퇴직을 즐기는 1001가지 방법 ··· 162
　2) 마침내 맞이한 인생의 황금기 ··· 163
　3) 준비가 최선 ··· 164
　4) 바로 지금 퇴직나무 심기 ··· 165
　5) 퇴직생활 알차게 즐기기 ··· 167
　6) 근심 걱정 사라진 자유로운 라이프스타일 ··································· 167
　7) 자연이 준 선물 마음껏 즐기기 ··· 168
　8) 관심 분야에서 자원봉사하기 ··· 168
　9) 돈은 문제가 아니고 시간이 부족할 뿐 ·· 169
　10) 아침에 눈을 떠야 하는 이유 만들기 ·· 170
　11) 도전할 만한 일을 찾아 정복하기 ·· 170
　12) 하는 일 없이 어슬렁거리지 말기 ·· 170
　13) 좀더 의미있는 삶으로의 변화 ·· 171
　14) 예비퇴직은 전문가가 될 수 있는 기회 ······································ 171
　15) 과거의 삶을 포기 ·· 172
　16) 돈을 벌 수 있는 기회 만들기 ·· 172

17) 창의력 발휘 ………………………………………… 173
　18) 독서는 중요한 창조적 활동 ……………………… 173
　19) 삶을 살찌우는 평생교육 ………………………… 174
　20) 컴퓨터와 친해질 것 ……………………………… 174
　21) 즐거움과 모험, 그 이상을 얻게 되는 여행 …… 175
　22) 수준 높은 여행 즐기는 방법 …………………… 176
　23) 집 가까운 곳을 둘러보며 늘 하고 싶었던 일 해보기 ……… 177
　24) 지루함은 인생의 퇴직을 의미 …………………… 177
　25) 새로운 일로 돈을 벌고, 또 다른 일에 도전 …… 178
　26) 적극적으로 새 친구를 만들기 …………………… 178
　27) 나이 따위는 잊어버릴 것 ………………………… 179
　28) 101세에도 일과 휴식의 균형을 유지할 수 있는 확실한 방법 … 179
　29) 나이와는 상관없이 더 나은 내일을 기대 ……… 180
　30) 활기차게 살아가는 데 필요한 조건 …………… 180
　31) 노후를 인생의 황금기로 만들 것 ……………… 181
17. 장수학, 퇴직후 심리상태에 주의 ………………… 181
　1) 먼저 자신을 객관적으로 평가 …………………… 183
　2) 노년에 가장 그리운 것은 사람 ………………… 184
　3) 가족관계는 노년관리의 0순위 …………………… 184
18. 퇴직후 쉽게 실패하지 않는 방법 ………………… 185
19. 평생직장은 옛말, 은퇴후의 노후준비 제대로 하기 …… 187
　1) 부동산 ……………………………………………… 188
　2) 연금 ………………………………………………… 188
20. 퇴직후 인생 즐기기 ………………………………… 191
　1) 마침내 맞이한 인생의 황금기 …………………… 191
　2) 퇴직생활 알차게 즐기기 ………………………… 191
　3) 하는 일 없이 어슬렁거리지 말기 ……………… 191
　4) 창의력 발휘하기 ………………………………… 192
　5) 삶을 살찌우는 평생교육 ………………………… 192
　6) 즐거움과 모험, 그 이상을 얻게 되는 여행 …… 192
　7) 살기 좋은 곳으로 이주하기 …………………… 192
　8) 지루함은 인생의 퇴직을 의미 …………………… 192
　9) 나이 따위는 잊어 버리기 ……………………… 193
21. 퇴직후의 생활 ……………………………………… 193

22. 퇴직후를 내다보는 이직 플랜 ·· 194
   1) CEO경력의 여성도 컴백에 난관 ·· 196
   2) 퇴직 이후 준비, 40대 이전에 시작 ···································· 197
   3) 이직에 앞서 '자기진단'부터 수행 ······································ 198
23. 노후 준비 7원칙 ·· 199
   1) 제1원칙은 평생현역 ·· 199
   2) 제2원칙은 평생경제 ·· 199
   3) 제3원칙은 평생건강 ·· 200
   4) 제4원칙은 평생젊음 ·· 200
   5) 제5원칙은 평생관계 ·· 200
   6) 제6원칙은 평생공부 ·· 200
   7) 제7원칙은 평생마음개발 ·· 200
24. 약해지지마, 102세 시바타 도요 ·· 200
25. 배우자없는 비정규직 남성, 은퇴준비 '바닥' ·························· 207
26. 은퇴후 40년 살아가는 법 ·· 210
   1) 퇴직후 1주일을 연상 ·· 212
   2) 은퇴후 시간표 3개 만들어 실천 ······································ 213
27. 스웨덴·일본 은퇴자들, 교외보다 도심에 많이 살아 ············ 214
28. 퇴직후의 생각 ·· 215
29. 개인택시 거래가격 '억'소리 ·· 215
30. '은퇴 무방비' 한국 중년, 활로 ·· 216
31. 은퇴준비 미흡, 인생 2막 어떻게? ·· 218
32. 윤리경영 강조한 다산의 혜안 되새길 때 ····························· 219
33. 은퇴준비 5계명 ·· 220
34. 직장인 기술 배우기 열풍 이유: 취미로 시작하여 인생 이모작 ······ 222
   1) 직장인 기술 배우기의 이면에는 현실적인 문제 ············· 223
   2) 정부의 아쉬운 지원 ·· 224
   3) 회사측의 배려 ·· 224
35. 은퇴에 대해 공부하기 ·· 224
   1) 일 준비가 돈 준비만큼 중요 ·· 228
   2) 내가 생각하는 10대 은퇴준비 원칙 ································ 231
36. 노후준비 노후자금 노후대책 은퇴 이후의 삶 ······················· 233
   1) 재무적 준비인 은퇴생활과 의료비 ·································· 233
   2) 비재무적 준비인 은퇴 이후의 주거계획 ························ 234

3) 꼭 필요한 부인의 은퇴준비 ·· 234
37. 우리 현실에 맞는 은퇴설계의 필요 ·· 235
38. 해마다 새해설계보다 은퇴설계를 ·· 237

제4장 퇴직후의 창업과 성공방법 ·· 240
1. 퇴직후 창업, '황금테마' 베스트 ·· 240
　　1) 소수정예 영어말하기학원 ·· 240
　　2) 유기농식품점 ·· 241
　　3) 복합이동통신전문점 ·· 241
　　4) 고급 PC방 ·· 241
　　5) 쥬얼리전문점 ·· 242
　　6) 죽카페 ·· 242
　　7) 삽겹살전문점 ·· 243
　　8) 베트남쌀국수전문점 ·· 243
2. 400m내 같은 체인점 5개, "본사는 대박, 가맹점은 피박" ······ 244
　　1) 프랜차이즈 시장은 이미 '레드오션' ···································· 245
　　2) 프랜차이즈 본사는 땅 짚고 헤엄치기 ································ 245
3. 베이비붐 세대의 창업 - 퇴직후 인생설계 ······························ 246
　　1) 퇴직후 - 후회 ·· 246
　　2) 일거리와 가정의 변화 ·· 247
　　3) 주거와 건강 ·· 247
　　4) 새로운 인생의 발견 ·· 247
　　5) 퇴직후 - 새로운 도전과 기회 ·· 248
4. 퇴직후의 사회변화 ·· 248
　　1) 사회변화 ·· 248
　　2) 3대 변화 ·· 248
　　3) 퇴직후 인생의 5대 요소 ·· 248
　　4) 인생의 세 번째 장 - 시니어 세대 (50~70세 미만) ········ 248
5. 퇴직후 뭘 해야 될까 ·· 249
　　1) 회사인간, "명함 떨어지면 아무것도 아냐"는 '아냐' ·········· 250
　　2) 경력을 살릴 수 있는 창업 아이템들 ·································· 250
6. 공무원이 은퇴후 창업해서 성공하기 어려운 이유 ···················· 252
7. 퇴직후 창업 나선 베이비부머, 그들을 노리는 은행 ·············· 255
　　1) 자영업자 수 증가세로 반전 ·· 255

    2) 은행, 자영업자 대출에 전력 ·· 256
    3) 자영업자 100원 벌어 21원 빚갚아 ····························· 256
  8. 퇴직후 의미있는 삶과 펜션운영 ··· 257
    1) 주중에는 교사로 주말에는 펜션지기로 ······················ 257
    2) 부부의 땀이 깃든 소중한 집 ······································· 258
    3) "공짜도 있어야 손님들이 좋아하지" ·························· 259
  9. 창업정보, 퇴직후 성공적인 창업을 위한 Tip ················ 261
    1) 창업정보가 부족하다면 프랜차이즈 창업을 통하자. ····· 262
    2) 자신의 경험과 노하우를 살리자 ································ 262
    3) 정보수집에 충실하자 ·· 262

제5장 퇴직후의 재무설계 ··· 264
  1. 은퇴후의 재무설계 ··· 264
  2. 인생 재무설계 반환점 돌아선 40대, 지출구멍 막고 안정수입원
    만들기 ··· 267
    1) 재무설계의 목표를 세우자 ··· 268
    2) 자녀교육에 대한 지출을 통제하자 ···························· 268
    3) 주거용 부동산 다운사이징을 검토하자 ····················· 268
    4) 다양한 노후준비를 하자 ··· 269
    5) 숨겨진 보너스를 활용하자 ··· 269
  3. 인생 후반 좌우할 5가지 리스크 ······································· 271
    1) 리스크 1: 생각보다 오래 산다 ··································· 271
    2) 리스크 2: 생각만큼 줄지 않는 생활비 ······················ 272
    3) 리스크 3: 자녀도 악재? ··· 273
    4) 리스크 4: 무서운 인플레 ·· 274
    5) 리스크 5: 한쪽에만 쏠린 자산 ··································· 274
  4. 프랜차이즈 급증, 은퇴자와 청년실업자에 대한 창업 유혹 ········ 276
  5. 커피전문점의 불공정행위 조사 ··· 278
  6. 퇴직후의 인생설계, 주식과 보험으로 부자되기 ·············· 279
    1) 은퇴시기를 언제로 할 것인가? ·································· 280
    2) 자녀는 언제 독립시킬 것인가? ·································· 280
    3) 은퇴후 어디에 거주할 것인가? ·································· 280
    4) 은퇴후 어떤 일을 할 것인가? ···································· 281
    5) 은퇴후 생활비는 얼마 정도 필요할 것인가? ············ 281

6) 남은 가족을 위한 상속계획은 준비되어 있는가? ·················· 281
　　7) 은퇴후 지속할 수 있는 취미와 모임은 있는가? ·················· 282
　　8) 함께 동반할 재무설계사가 있는가? ································ 282
　7. 50대 퇴직, 그 후의 "연금 사각지대" ···································· 283
　　1) 직장 잃고 연금은 60세부터 ··· 283
　　2) 손꼽아 기다리던 연금, 고작 35만원 ······························ 284
　8. 창업성공, 퇴직후 6개월에 의존 ·· 285
　　1) 퇴직후 1개월 - 마음을 새롭게 다잡자 ··························· 285
　　2) 퇴직후 2개월 - 창업교육받으며 트렌드 공부 ················· 286
　　3) 퇴직후 3개월 - 업종 선정후 사례분석 ··························· 286
　　4) 퇴직후 4개월 - 발품 팔며 상권 살피기 ························· 286
　　5) 퇴직후 5개월 - 점포·인테리어 설치 ······························ 287
　　6) 퇴직후 6개월 - 드디어 내 점포 오픈 ···························· 287
　9. 퇴직후의 재무관리 ··· 287
　　1) 복리이자율이 연 10%일 때 현금흐름의 현재가치 계산 ······ 288
　　2) 현재가치 계산, 이자율은 연 9% ··································· 288
　10. 카페라떼 한잔값으로 개인연금 들면 30년후 2억원 ················ 288
　11. [재산 리모델링] 월 460만원 부동산 임대수익, 정년퇴직한 65세 ···· 293
　12. 주택연금 가입 땐 5억짜리 집 맡기면 월 144만~221만원 죽을
　　　때까지 지급 ··· 296
　13. 퇴직후 제2의 인생설계, 돈우야 ··· 297
　14. "이젠 어엿한 오리아빠" ·· 298
　15. 퇴직후 시작한 생애 첫 사업 보증지원 덕분에 자리잡아 ········· 300

제6장 퇴직후의 은퇴설계와 노후대책 ······································· 302
　1. 은퇴후의 생활비 ··· 302
　2. 은퇴후의 부부, 한달 생활비 얼마나 들까 ····························· 303
　　1) 기본적인 삶(기초생활+건강생활)을 유지할 경우 ············· 303
　　2) 안정적인 삶(기초생활+건강생활+사회생활)을 유지할 경우 ······ 303
　　3) 여유로운 삶(기초생활+건강생활+사회생활+품위유지)을 유지할
　　　　경우 ·· 303
　3. 은퇴후의 100세(40년)를 위한 노후생활비 ···························· 304
　4. 은퇴후 8억원 필요, 38%만 생활비 충당 ······························· 306
　5. 은퇴후의 생활비 액수 ··· 308

6. 은퇴설계에 대한 고민, 식당 처분후 노후생활비 고민인 60대 ········ 308
7. 늦둥이 낳고 자녀양육·노후대비 고민인 40대 ························· 312
8. "오래 사세요"라는 인사가 부담스러운 시대 ··························· 315
  1) 고령화 사회의 문제점들 ·· 316
  2) 턱없이 낮아진 은행금리 ·· 316
  3) 해마다 올라가기만 하는 물가 ·· 317
  4) 노동시장의 3S ·· 317
  5) 부동산 시장의 하락 ·· 317
  6) 재무적 준비인 은퇴생활과 의료비 ·································· 318
  7) 은퇴 이후의 삶을 설계 ·· 318
9. 포스코 광양제철소, 영농학습센터 '에코팜' 개소 ····················· 319
10. 은퇴설계, 40대 홀벌이의 사례 ··· 320
11. 상가 수입료에 대한 맹점(정년퇴직후) ·································· 324
12. "생활비 월 250만원 필요할텐데", 정년퇴직 앞둔 가장의 고민 ···· 326
13. 퇴직연금의 가입자교육 ·· 328
  1) 가입자교육 실태 ·· 329
  2) 가입자교육 실시현황 ··· 329
  3) 가입자교육 내용 ·· 330
  4) 근로자들이 희망하는 교육방법과 내용 ··························· 330
14. 퇴직후 빵집이나 해 보겠다고요? ··· 331
15. 희망제작소와 행복설계아카데미 소개 및 교육소감문 재인용 ·· 332
  1) 퇴직, 그리고 30일의 변화 ··· 332
  2) 퇴직, 철봉에 매달려있다 떨어진 느낌 ··························· 337
  3) 퇴직후의 인생 ··· 339
16. 직(職)이 아니라 업(業)이다 ··· 341
17. "아내와 소통 성공하면 가정 재취업 성공" ·························· 342
18. 장수하는 비결, 퇴직후 살아남는 비법 ································· 343
  1) 준비하라. 철저히 준비하라 ·· 344
  2) 자신에게 맞는 일을 유일한 방식으로 제공하라 ············· 344
19. 퇴직후의 달라진 내 모습 ··· 345

제1장 퇴직의 의미와 시기

1. 퇴직의 의미

　퇴직이란 현직에서 물러남이고, 명예퇴직은 정년이나 징계에 의하지 아니하고, 근로자가 스스로 신청하여 직장을 그만두는 것이다. 그리고 정년퇴직은 정하여진 나이가 되어 직장에서 물러남을 의미하고 공로퇴직은 학교에서 오래 계속하여 근무하였거나 재직하는 동안 공적이 있는 나이 많은 교육공무원이 정년이 되기 전에 스스로 퇴직하는 것을 말한다. 그리고 은퇴도 비슷한 용어의 의미를 지니고 있는데[1] 즉, 은퇴란 맡은 바 직책에서 손을 떼고 물러나서 한가로이 지냄, 손을 떼고 한가히 지내다라는 의미를 지니고 있다.[2]

2. 평생원수라고 하는 아내와의 퇴직후 관계

1) 아내 길들이기

　60세가 넘은 아내를 길들인다. 소가 웃을 일이다. 소가 머리를 흔들 때마다 딸랑딸랑 소리를 내는 소의 워낭소리보다도 더 크게 소리를 내어 웃을 일이다. 소를 길들이기 위해 소가 태어난 지 1년 또는 2년이 되면 천형인 코뚜레를 소의 코에 끼운다. 말도 처음에는 야생마로 놓아 기르다가 어느 정도 크면 어려운 길들이기 과정을 거쳐 말 등에 안장을 올린다.

　이 또한 천형이다. 사람도 세 살 버릇이 여든까지 간다고 했다. 어릴 때의 습관이 일생을 지배한다는 이야기이다. 아내는 남편의 나쁜 버릇 때문에, 남편은 아내의 나쁜 버릇 때문에 스트레스를 받고 살아야 하니 상대를 평

---

[1] http://dic.search.naver.com/search.naver?where=krdic&sm=tab_tmr&query=%ED%87%B4%EC%A7%81&site=&ie=utf8(2012.2.3)
[2] http://dic.daum.net/search.do?q=%EC%9D%80%ED%87%B4(2012.2.3)

생원수라고 하면서 일생을 산다. 내가 먼저 상대가 싫어하는 일을 중단하고 좋아하는 일만을 한다면 자연스럽게 상대도 변한다는 사실을 알면서도 실행하지 못하고 우리는 산다. 이런 삶이 60세가 넘은 부부 중에 상당 수있고, 때로는 황혼이혼으로 이어지기도 한다. 불행한 일이다. 가정을 지옥으로 만들 것이냐, 천당으로 만들 것이냐는 본인 마음으로 결정을 하고 몸으로 실행을 하면 될 일이 아닐까? 지이불행(智而不幸)이라는 의미는 알면서도 실행을 못하고 살아온 것이 우리의 삶이 아닐까하는 생각을 하면서도 늘 뒷북치고 후회를 하면서 일생을 살아오고 있다. 숨이 거두어지는 날 우리는 무엇이라고 변명 아닌 변명을 할까를 생각해 본다. 아내는 가족을 위해 가정을 지키느라 평생을 봉사하는 마음으로 살아왔다. 남자들은 정년이란 덫에 걸려 생활전선에서 물러나면 아침이면 갑자기 갈 곳이 없어진다.

그래도 한동안은 점심을 먹자는 사람들도 있고 저녁이면 진한 술잔을 기울이자는 전화도 온다. 굴레를 벗은 해방감도 있어서 즐거운 여행도 하고, 바빠서 읽지 못했던 책도 읽고는 한다. 그런데 이 모든 행사는 오래가지를 못한다. 일정기간이 지나고 나면 집에 머무는 시간이 많아진다. 남편은 일생을 일터에서 일만하면서 살아왔고 퇴임후에는 남편이 의지할 곳은 오로지 아내 뿐이다. 아내의 생각은 다르다. 60세 전후의 아내는 자유로워지고 싶어한다. 두 사람의 생각이 다르니 아내와의 문제가 생기기 시작한다.

2) 아내의 공간

전화벨이 울리면 아내는 쏜살같이 달려가 수화기를 잡는다. 남편의 눈치를 힐끔힐끔 보면서 상대와 긴 대화를 한다. 아내의 이런 행위를 지나치는 남편은 별로 없다. 업무적인 대화만이 몸에 익숙한 남편으로서는 모두가 쓸데없는 대화로 받아들여진다. 사는 이야기로 시작을 해서 남 흉보기 등등. 한 마디로 쓸 때가 없는 말을 주고 받는다. 남자가 하루에 사용하는 단어는 10000개이고 여자가 하루에 사용하는 단어는 25000개라고 했다. 친구들과 많은 대화를 나누면서 스트레스도 해소하고 때로는 삶의 지혜도 얻는다. 여자의 긴 대화를 남편이 싫어하니 남편이 좋아보일 수 없다. 남편이 집에 없을 때는 아무렇지도 않던 일인데 남편이 집에 있으므로 생기는 일이다.

혼자서 집에 있을 경우에는 친구들과 만나서 밥을 먹기도 하고 때로는 귀찮으면 굶기도 하고 대충대충 넘어간다. 남편이 집에 있으니 하루 세끼 밥상을 꼬박꼬박 준비해야 한다. 식성이 까다로운 사람일 경우, 얼마나 신경이 쓰이는 일인가. 없던 일이 생긴 것이다. 아래 이야기는 요즈음 가정주부들 사이에서 떠돌아다니는 우스갯소리이다.

(1) 아침밥도 집에서 먹지 않고 집에서 일찍 나가는 남자, 저녁식사까지 해결하고 돌아오는 남편을 영식님라고 한다.

(2) 아침밥만 집에서 먹고 저녁까지 먹고 오는 남자는 일식(一食)씨

(3) 아침과 점심 두끼를 집에서 먹는 남자는 이식(二食)놈

(4) 하루 세끼를 모두 집에서 먹는 남자는 삼식(三食)새끼

(5) 하루 세끼를 집에서 먹고 밤이면 밤참까지 해달라고 하는 남자는 사식(四食) X새끼라고 한다.

웃자고 만들어낸 이야기이지만 뜻하는 바가 크다. 남자는 퇴임전에 일터에 가면 아침부터 회의를 주재하고 중요한 일에 대하여 최종 결정을 한다. 눈코 뜰 새가 없이 바쁘다. 부하직원이 알아서 제공하는 서비스도 있지만 입에서 말만 떨어지면 커피부터 자동차까지 즉시 대령을 한다. 일터에서 물러나면 일거리가 없어지고 서비스도 없어진다. 물론 수입도 없어지거나 적어진다. 남편은 잃어버린 것 중에 상당 부분을 아내에게서 찾으려 한다. 아내는 예기치 않은 일들에 당황하고 때로는 감당하기에 힘이 든다. 아내는 아내의 공간이 있다. 남편이 일터로 가고 나면 그가 돌아올 때까지 집안 전체가 아내의 공간이다. 아내는 아침일이 끝나면 커피 한잔 끓여 놓고 모락모락 피어나는 커피향을 맡으며 좋아하는 음악도 듣고, 연속극도 시청하고 때로는 친구와 수화기를 들고 시간이 가는 줄도 모르고 재미있게 이야기꽃을 피운다. 오랫동안 이야기를 나누어도 성이 차지 않으면 "야, 전화 간단히 하고 만나서 이야기하자"로 끝을 맺고는 내친 김에 외출복으로 갈아입고 밖으로 나간다. 보통여자의 하루 행복이다. 어느 날 갑자기 남편은 아내

의 공간을 침범하고 비서역할에 하루 세끼 밥까지 준비를 해야 하니 얼마나 짜증이 나는 일인가? 그 뿐인가 상실감에 사로잡힌 남편의 퉁명스런 말투는 시퍼런 칼날이 되어 아내의 가슴을 저민다. 아내는 인내의 한계를 느낀다.

남편은 일생을 일터에서 일만 했고 퇴임후에는 아늑한 보금자리에서 푹 쉬고 싶어한다. 보금자리에 가시가 있음을 아는 남자가 몇이나 될까? 애지중지 키워온 자식들도 하나 둘 모두 가정이란 보금자리에서 떠나서 또 하나의 가정을 이루고 산다. 남편이 퇴직을 할 즈음이면 텅빈 집에 황혼의 부부만이 남는다. 아내는 남편의 인격적인 대우와 자신만의 공간에서 자유를 만끽하면서 살고 싶어한다.

3) 남편은 골치 덩어리

퇴직후 가정에서 남편의 위치는 뜨거운 감자다. 아내의 입장에서는 이렇게도 할 수도 없고 저렇게도 할 수도 없는 아주 뜨거운 감자다. 급한대로 우선 앞치마폭에 넣을 수밖에 없다. 손에 오래들고 있으면 손에 화상을 입게 되고, 입에 넣으면 입천장에 심한 화상을 입게 된다. 남편의 적응기간동안 기다리는 것이 최상의 길이다. 눈치가 없는 남편일 경우에는 남편의 자존심을 건드리지 않는 범위내에서 아내의 뜻을 정중하게 전하는 것도 하나의 방법이다.

(1) 집에 함께 있는 시간이 많아지니 남편의 보호본능은 아내에게 간섭으로 비치고 잔소리로 들린다. 아내가 제일 싫어하는 덕목이다. 사물을 보는 시각이 서로 다르다. 오랜 관습이다. 충돌이 일어난다. 상대를 이해하기 보다는 고집불통으로 비친다. 이름하여 남편은 골치 덩어리이다.

(2) 부부모임, 시장보기와 나들이 등등, 함께 외출을 할 경우가 많아진다. 또 다툼이 생긴다. 혼자서 가면 편하던 일이 비비 꼬인다. 이름하여 남편은 짐 덩어리로 치부가 된다.

(3) 짐 덩어리를 혼자 집에 놓아두고 핑계를 대고 외출을 한다. 밥은 잘 챙겨 먹었는지, 가스불은 잘 관리를 하는지 걱정이 태산과도 같다. 어린아

이를 우물가에 놓아둔 것과 같다. 이는 걱정 덩어리이다.

(4) 남편 혼자서 외출을 한다. 노인정 또는 친구들과 만나서는 사소한 일로 남과 싸우고는 화를 삭히지 못하고 집에 와서도 사소한 일에 화를 낸다. 그 뿐인가 엉뚱한 문서에 도장을 찍고 돌아온다. 판단이 흐린 결과이고 노후생활에 경제적인 지장이 온다. 사고 덩어리이다.

(5) 남편이 하는 일마다 사고를 치니 남편을 자식들 집에 맡기고 여행을 한다. 분수를 모르고 행동을 하니 이도 한 두 번이 아니고 사사건건 문제를 발생시킨다. 자식들인들 이런 부모를 좋아하겠나. 구박 덩어리이다

(6) 늙어 이마에는 쪼글쪼글 주름살이 깊고, 머리칼에는 흰 눈이 내려 하얗다. 볼품이 없고 과부집 수캐같이 사고만 치고 다닌다. 매끼마다 한 주먹씩 약을 입에 털어 넣는다. 종합병원이다. 얼마 남지 않은 인생이 불쌍해 보인다. 젊어서 기세등등하던 남편이 힘없는 늙은이로 다가온다. 옛날 한참 때의 남편이 아니다. 눈가에 이슬이 맺힌다. 자식들은 모두 늙은 우리를 이해 못한다. 대화상대가 되어 주고 그래도 기댈 곳은 부부 밖에 없다. 그래서 그대는 사랑 덩어리이다.

어느 연구기관에서 조사한 바에 따르면, 남편이 노후에 중요시하는 순서는 건강, 아내, 취미, 친구, 재산이라고 했다. 그런데 아내가 중요시하는 순서는 건강, 재산, 취미, 친구, 남편이라고 했다. 중요시하는 순서에서 읽을 수 있는 것은 남편은 부인을 중요시하나, 아내는 남편을 그렇게 필요로 하지 않는다. 남편은 재산을 중요시하지 않으나 아내는 재산을 중요시함을 알 수 있다. 이는 아내는 건강하고 돈만 있으면 남편은 없어도 된다는 이야기이다. 바꾸어 말하면 본남편 죽은 후에 외로워서 재혼을 하는 경우는 적다는 이야기라면 논리의 비약일까? 현격한 인식의 차이. 인식 차이의 빈 공간을 어떻게 채우면서 사느냐하는 면에서는 부부의 지혜를 필요로 한다.

4) 평화로운 가정 만들기

퇴직후 원만한 가정을 이루기 위하여 남편은 지배와 보호본능 그리고 자존심을 버리고 가정에 적응을 빨리하면 할수록 마음고생을 줄일 수가 있다.

아내가 가정에서 반복적으로 해야 하는 일은 밥짓기와 빨래, 설거지 그리고 청소이다. 남편이 해야 할 일을 예로 들면 다음과 같다.

(1) 가사분담이다.

가사분담으로 집안일을 익히는 것은 부인이 남편보다 세상을 먼저 뜰 경우나 아내가 건강을 잃었을 때를 위해서도 준비를 해야 한다. 백지장도 맞들면 낫다고 했는데 여자가 일생동안 혼자서 하던 일을 남편이 도와주면 얼마나 좋겠는가. 남편 혼자서도 집안일을 해결할 수가 있다면 아내는 자유로울 수가 있다. 아내가 정다운 친구들과 며칠간 여행을 해도 남편이 먹을 곰국을 끓여 놓을 필요가 없다. 집에 아무도 없으면 라면이라도 끓여서 먹는 남편이 되어야 한다. 지금 60-70대들은 대부분 군대생활을 통하여 밥짓기, 설거지하기, 청소, 세탁, 옷다리기 모두를 배웠다. 아내없이 할 수 있는 능력이 있다. 그동안 체면 때문에 아내가 없으면 시집간 딸이라도 불러서 가사에 도움을 받아야 하는 남편은 불화의 불씨를 안고 사는 남편이라 해도 과언은 아니다.

(2) 감정조절이다.

아내는 사랑을 먹고 산다. 따뜻한 말 한마디는 아내의 마음을 포근하게 한다. 반찬이 짜면 싱거운 반찬과 섞어 먹으면 되고, 싱거운 반찬이면 소금 또는 간장을 조금 넣어 간을 맞추어 먹으면 된다. 아내도 나이가 들면 감각기관이 무뎌져서 간을 잘못 맞추기도 한다. 지어 놓은 밥이 고슬고슬 해야 하지만 때로는 진밥을 만들 수도 있고 된밥을 만들 수도 있다.

물을 말아서 맛있게 먹어주면 된다. 일일이 탓하고 잔소리를 하면 아내의 속은 뒤집어지고 반감이 생기며 매사에 자신감을 잃는다. 가는 말이 고와야 오는 말이 곱다. 속이 뒤집어진 아내 입에서 좋은 말과 행동을 기대할 수가 없다. 나이가 든 남편은 자기가 생각하고 있는 규범 외에 상대의 말이나 행동을 보면 버럭 화를 먼저 낸다. 불가의 삼독 중의 하나가 성냄이다. 늙어서 호르몬 분비에 이상이 온거다. 화를 내면 스트레스 호르몬이 증가하고, 이는 세로토닌의 농도를 떨어뜨린다. 신경조절 호르몬 분비에 이상이 올 수밖에 없다. 상대는 깊은 상처를 입게 되고 심하면 우울증의 시초가 된다. 부부 중에 한 사람이 우울증에 걸리면 되돌아 올 것이 무엇인지는 불을 보듯이 뻔하다. 화가 날 때는 깊은 심호흡을 하고 한 발 뒤로 물러설 필요가 있다.

참을 인자가 셋이면 살인도 막는다고 했다. 참는 자에게 복이 온다는 말을 되씹어 볼 일이다.

(3) 공동 취미생활이다.

여자는 사랑이야기를 듣거나 보는 게 좋다. 남자는 늙어도 공격적인 액션 드라마나 스포츠 중계 또는 전쟁을 소재로 한 것이 좋다. 텔레비전 화면을 놓고 채널선택권 전쟁이 일어난다. 남자는 산으로 들로 뛰어다니는 역동적인 스포츠를 즐기나, 여자는 조용히 앉아서 사물을 관조하거나, 정다운 이들과 이야기꽃을 피우는 것을 좋아한다. 대개의 경우 취미생활에도 구조적으로 다름이 있다. 그러나 끝까지 다를 것 같아도 찾아보면 부부사이에는 공통분모가 있다. 부부가 중요시하는 순서에서 일위는 똑같이 건강이라고 했다. 함께 산책하기, 함께 여행하기, 함께 사진찍으러 다니기, 함께 조그마한 농사일하기, 스포츠로는 함께 탁구하기, 수영하기, 골프치기 등등 너무나 많다. 이렇게도 많은 일들 중에서 공통분모를 찾을 수 없다면 근본적으로 문제가 있는 부부이다. 노부부가 서로의 손을 잡고 산책하는 모습은 한 폭의 그림과도 같이 아름다워 보인다.

(4) 남자는 밖으로 돌아야 한다.

아침을 먹고도 남자가 집에 앉아 있는 것 자체가 여자에게는 스트레스를 준다. 남자가 가사분담을 해주고 아내를 위한 일이라 할지라도 하루 종일 집에 있으면 여자는 숨을 못쉴 정도로 갑갑해 한다. 이유는 간단하다. 공간을 빼앗김으로서 자유롭게 행동을 할 수가 없기 때문이다. 퇴임후에 남자들에게는 할 일이 많다. 직장 때문에 할 수 없었던 일을 하나하나 해 나가자면 하루 해가 모자란다. 문제는 "내가 이 나이에 뭘해"라는 생각을 하고 집에 주저앉을 때가 문제이다. "인생은 이제부터다"라는 생각을 하면서 살면 하루가 쏜살같이 날아간다. 새로운 일이 집에서도 할 수 있는 일이라 할지라도 외부에 장소를 마련하고 그곳으로 출근을 해야 한다. 신혼부부가 아닌 황혼부부는 아침에 헤어지고 밤에 다시 만날 것이 필요하다.

(5) 상대의 배려이다.

아내가 남편이 퇴직전보다도 퇴직후가 더 좋다는 느낌을 주도록 배려를 하는데 싫어하는 여자가 있을까? 역으로 말하면 가정이 따뜻하고 아늑한 보금자리로 느껴지는 남편의 심정은 어떨까를 생각해 보자. 서로의 배려없이는 있을 수가 없다. 댄스를 업으로 하고 댄스에 능숙한 남자를 우리는 강남제비라고 한다. 강남제비에 걸려든 여자들 대부분은 몸과 재물을 제비에게 스스로 바친다. 제비가 여자에게서 갈취하는 경우는 없다고 한다. 남편에게서 받지 못하던 인격적인 대우를 받고 보면 너무나 황홀하다는 이야기이다. 인격을 존중받으면서 살고 싶은 것은 모든 사람들의 염원이다. 일생을 통하여 봉사하는 마음으로 산 아내가 가족에게 특히 남편에게 늙어서까지 무시를 당하는 것은 참을 수 없는 치욕으로 생각을 한다.

황혼이혼을 많이 처리해 본 변호사들의 이야기를 들어 보면 소송을 제기한 아내의 태도는 움직일 수가 없다고 했다. 홧김에 충동적으로 제기한 소송이 아니라는 말이다. 일생동안 자식들 때문에 참고 견디어 온 수모이기에 만류하는 변호사를 오히려 설득하려 한다고 했다.

남편으로서는 선택의 기회가 없다. 고개숙인 남자로 살 것이냐 아니면 부인에게 인간다운 삶을 살 수 있게 하느냐가 아닌가 한다. 정신적으로는 남편보다도 강한 부인이 많다. 그러나 육체적인 면에서는 남편이 강하다. 그래도 아내가 맞수라는 생각을 하고 사는 남자가 있을까? 북악산 정상에 서서 밑에 깔려있는 작은 산줄기와 시내를 바라다보면 다른 세상이 보인다.

남편은 정상에 있고 아내는 작은 산줄기라는 생각을 하면서 살면 안될까? 위에서 내려다보는 세상은 아름답다. 황혼기란 인생여정의 종착역에 다다름을 의미한다. 죽음의 절벽은 넘을 수가 없다. 1억의 경쟁을 뚫고 세상의 빛을 보았다. 수억만의 사람 중에서 맺은 부부의 인연이다. 얼마 남지 않은 세월을 아옹다옹하면서 살 필요가 있을까? 가정평화는 남편의 넓고 깊은 가슴 그리고 따뜻한 아내의 사랑으로 서로의 모자라는 부분을 채워 주면서 나머지 인생을 수놓으면서 살아감이 평화로운 가정을 꾸리는 것이란 생각을 해본다.

세월에 밀려 새 둥지로 자식들 떠나고 둘만의 황혼살이 누운 마음 일으켜 힘찬 날개짓으로 창공을 날게나. 당신의 손발이 되어 줄게. 좋아하는 당신의 꽃 빽빽하게 심어 보소. 내 마음 밭, 텅 비어 놓게. 힘들면 날개 접고 편히 나에게 기대게나 튼튼한 어깨로 받쳐 줄께라는 말은 얼마나 정감있는 것인가.[3]

부부간의 정이란 죽어서도 가져간다는 말이 있다는데 과연 그런 분들이 몇이나 될까 생각해 봅니다. 요사이 황혼이혼이 느는 것을 보면서 남의 일이 아니라는 생각도 해 봅니다. 여러 가지 이유가 있겠지만 서로의 마음과 뜻이 맞아야 될 것 같습니다. 평안한 날 보내시기를 바랍니다.[4] 황혼부부의 행복백과처럼 고맙게 보았습니다. 인간의 이기심, 이성의 간지, 무의식과 선험의 세계, 그 가운데 가장 중요한 것은 인간 개체 바로 자기 자신입니다.

예외도 더러 있지만 자기보다 더 중요한 가치나 존재는 이 세상에 없습니다. 부부간의 인연도 개인의 인격위에 존재합니다. 상대의 자존감과 인격존중이 문제해결의 기본이라고 생각합니다. 집 밖에 장소를 마련하기 보다는 사시느라고 바빠서 지금까지 못했던 일 찾아 일을 만드시면 정년퇴임전으로 충분히 가실 수도 있습니다. 저 같은 경우에는 부부동행을 포함하여 시간이 모자랍니다.[5][6]

---

[3] 글쓴이 청송, 김원호
[4] 김원호 2009.07.12. 15:22 삶 이야기방에 부분적으로 상재했던 글을 정리해서 올립니다. 꽃다지 2009.07.13. 10:57 어쩜 이렇게 구구절절 옳은 말씀만 하셨는데 너무나도 소중한 글이라 모셔다가 내 친구들한테도 보내겠습니다. 감사합니다. 건강하십시오. 만종 2009.07.12. 16:26
[5] 카타리 2009.07.12. 16:48 그래도 같이 있음이 행복인 줄 알고 감사하는 마음가지셔요. 옆에 없으니 허전합니다. 우연과필연 2009.07.12. 18:28
[6] http://cafe.daum.net/sixty/6U7Z/6979?docid=6A1T|6U7Z|6979|20090712151652&q=%C5%F0%C1%F7%C8%C4%C0%C7%BB%EE(2012.2.1)

3. 퇴직후의 첫날

11시에 점심을 먹다. 아내와 막내 아들은 아침 겸 점심이다.[7] 나는 정년 휴가 기간에도 아침은 꼭 챙겨 먹었고 오늘도 7시전에 아침을 먹었다. 막내가 요즘 들어와 갑자기 머리가 많이 빠진다며 피부과에 가야겠다고 말한다.

나중에 병원 다녀온 얘기 들으니 미국에서 기름진 음식을 많이 먹은 것도 한 원인이고 무엇보다 밤 10시~새벽 2시까지 잠자는 시간동안 머리카락이 많이 자라는 것인데 그 시간대에 자지 않고 앉아 있었던 생활습관 탓이 크다는 것, 밤에 잠을 자고 낮에는 활동을 해야 하는데 막내 아들은 그 반대로 생활했다. 스트레스도 원인이다. 내가 23시21분에 귀가했는데, 이때 막내는 자리에 누워 잠을 청하고 있었다. 내가 낮에는 활동하고 잠은 밤에 자야 한다고 얘기할 때는 건성으로 듣던 막내였는데, 작년에 전역했을 때 이제부터 군대서 몸에 밴 달리기를 매일하라며 운동을 하라고 해도 몇 번 하다가는 하지 않고 있다. 이러다가 운동도 몸에 이상을 느껴서야 할 것인지.

자전거를 끌고 외출한다. 속도계를 보니 30일에 모두 27km를 탔다.[8] 아파트 구내에서도 매미 우는 소리가 들린다. 이제 퇴임식까지 마치고 학교를 완전히 떠나니 마음은 자유롭다.

하늘에 떠도는 구름과 볼을 스쳐가는 바람처럼 살고 싶다. 이 말이 아무렇게나 되는대로 사는 것이 아니기를 바란다. 약간 흐린 하늘에서는 무더운 태양이 이글거린다. 한낮의 중랑천은 더위앞에 만물이 숨죽이고 있어 조용한 느낌이 드는 풍경이다. 자전거가 가끔 지나고 걷는 사람들이 이따금 보인다. 도봉역 입구 운동기구있는 곳에 이른다. 자전거 세우고 쌕과 헬멧을 벗고 하는 동안에 자전거 도로 건너 뚝 위의 아파트에서는 어느 나이가 좀 든 남자의 혼자 퍼붓는 넋두리 소리가 들려 온다. 울부짖는 듯한 음성에는 불만과 분노, 좌절과 원망이 고루섞여 있다. 마치 어린이가 엄마에게 철없

---

7) 자유게시판, 행복의 나라로(김대영) | 조회 28 | 추천 0 | 2011.09.03. 20:57
8) 11:56

는 모습으로 떼쓰는 듯한 느낌이다.

  그 남자의 이제까지의 삶이 어떠했는지 눈 앞에 그림이 그려진다. 인생에서 조건이란 인생을 결정하는 여러 요소 중의 하나는 될 수 있어도 절대적 요소는 아니다. 어른이란 나이만 가지고 되는 것이 아니다. 몸도 잘 관리해야 건강하듯 정신도 그러하다. 늘 자신을 살피고 강한 부분은 낮추고 약한 부분은 끌어 올려 균형을 맞춰야 한다. 계속 들려오는 철없는 넋두리, 안타까운 일이다. 자식도 있고 배우자도 있고 어쩌면 손자 손녀도 있을지 모르는 사람이 저런 추한 모습을 보이고 있으니 안타깝다. 그러다가 문득 나는 그 사람보다 얼마나 나을까하는 데에 생각이 미친다. 날씨는 참으로 무덥다. 이따금 바람이 지나갈 때는 무척 시원하다. 출발하여 자전거타고 석계를 향하여 간다. 석계의 월릉교 밑에 닿는다. 조금 있으려니 아까 연결로로 해서 월계역 쪽으로 빠져나갔던 부부인 듯한 젊은 남녀가 나보다 조금 늦게 도착하여 쉰다. 여자는 미니벨로를 타고 왔는데 내 뒤에서 따라오다가 그 자전거로도 결국은 나를 추월했다. 성격도 남자보다 밝고 적극적이다.

  체력도 좋은 듯 같다. 내 뒤에서 올 때에 남자와 말하며 왔는데 그 때 들려오던 음성에서는 생기가 감돌았다. 3층 사무실에 와 있다. 여자직원은 이십대 후반쯤 돼 보이는 데 매우 친절하다. 마치 행정실의 여직원이 나를 대하는 것만 같다. 아니 그 이상이라고 해도 지나치지 않다. 기분좋은 일이다.

  더군다나 나는 자전거복으로 온 사람인데, 내가 목말라 하는 것을 의식했음인지 물도 권할 정도다. '여기는 평생 처음 와 보는데 이렇게 친절하게 대해줄 줄은 몰랐다고 하니까 여직원은 여기는 퇴직후에 오실 기회가 더 많을 거라며 가끔 들리라고까지 말한다. 여직원의 성격이 밝고 눈썰미가 있어 보인다. 아가씨는 승강기까지 나와 나를 전송한다.[9]

---

9) http://cafe.daum.net/jahwalcho/ZlI3/86?docid=1MTdj|ZlI3|86|20110903205728&q=%C5%F0%C1%F7%C8%C4%C0%C7%BB%EE(2012.2.1)

4. 퇴직후의 나의 또다른 시작

25년의 직장생활을 정리하며 휴가로 여유가 생겨 오랜만에 까페를 찾다.10) 카페에 자주는 못오지만 우리 친구들 언제나 생각하고 있어. 그동안 나는 한결같이 다니던 직장을 마무리 하였단다. 오랜 정이 들었던 회사생활을 정리하는 나의 마음은 혼란스럽기도 하고 한편으로는 설레이기도 하였어. 나는 노인간호, 특히 치매어르신을 위한 간호를 11년동안 하였다. 퇴임시 송별사를 하면서 말을 잇지 못하고 한동안, 정말 나도 모르게 나의 일에 애정이 많이 깃들었다. 지난 11년동안 이 분야에서 열심히 활동했었고 특히, 아시아태평양지역 치매컨퍼런스 행사에 참석하여 국제적으로 알려진 저명한 인사들을 많이 만나고 주제발표자로 나가 삶의 질 향상을 위한 사례발표를 한 일이나 치매노인 케어를 위한 연구집 발간 등 많은 일들이 나름대로 보람되었던 시간이었어. 그러나 이제부터는 나 자신과 가족을 위한 새로운 시작을 하기로 했어. 아이들이 마음놓고 직장생활을 할 수 있도록 손녀를 봐주기로 했지. 벌써 퇴임한지도 두달이 다 되어가는구나. 지금은 조직의 틀에 박힌 시간에서 벗어나 자유로워서 참 좋다. 이번에 딸애의 휴가기간동안 사위가 근무하고 있는 순천지역을 다녀왔지. 오랜만에 남도여행을 하면서 가족들과 즐거운 시간을 보냈다. 갈대와 습지로 잘 알려진 순천만, 대나무 고장인 담양, 녹차재배로 유명한 보성 등. 그 지방의 후덕한 인심과 경치가 너무 아름답다. 감동이었지. 친구들아. 얼마남지 않은 무더위와 태풍에 조심하고 언제나 건강하게 살기 바래. 친구들아 사랑한다. 옥주야 어려운 결단을 내렸구나. 네가 퇴직한 기분은 충분히 이해하고도 남는다. 내가 퇴직할 당시는 희망퇴직이라는 이름으로 강제퇴직을 당했지. 최종결정은 본인이 하는 거지만. 퇴직을 하면 금방이라도 굶어죽을 것 같은 불안감속에 한달 보름을 고민하다가 결국은 퇴직을 했지. 일을 그만둔지 올해 15년차. 지금 생각하면 그때 그만두길 잘했다고 생각해. 안그랬으면 직장과

---

10) 사랑방, 조옥주 | 조회 61 | 추천 0 | 2009.08.11. 22:35

집을 시계추처럼 왔다갔다만 하고 옆과 뒤를 돌아볼 새도 없었을 거야. 손주 키울만큼 키워놓고 사회생활 다시 해도 되지. 옥주야 음악이 애잔해 가슴이 뭉클 눈물이 나오려 한다. 비님 탓인가. 종종 이렇게 좋은 소식 전해줘.11) 계남아 고마워. 항상 지지를 해주어서. 배경음악은 타메쪼 나리타가 작곡한 해변의 노래(Song of the Seashore), 미샤 마이스키의 첼로 연주란다.

바닷가를 산책하고 있던 작곡자가 추억속에 새겨진 지난 시절의 일과 친구들을 떠올리며 영감을 받아 작곡했다고 전해진다. 애수적인 멜로디가 인상적이며 첼로의 개성이 아주 잘 어울리는 곡이지.12). 옥주야 오랜만이다. 퇴직을 했구나. 곱기만 한데 어느 새 물러나야 할 때가 된 모양이구나.

늦게까지 노인들을 위해 많은 일을 하던 모습이 네 고운 얼굴처럼. 네 맑은 미소처럼 아름다워 보였었는데, 그동안 여러가지로 수고가 참 많았는데. 남은 시간에 새롭게 하는 네 인생도 아름답고 편안하길 바란다.13)14)

5. 퇴직후의 삶과 새로운 인생설계

군생활 30여년 후, 사회에 나온 지가 벌써 3년을 넘어서고 있네요. 오늘도 홀로 수원 광교산 산행을 나섰습니다.15) 엊그제까지만 해도 깊은 산, 산자락에 울긋불긋한 색상으로 수놓은 이쁜 나뭇잎들은 다 어디로 가고 늦가을의 스산함 그리고 쓸쓸함과 함께 내 마음은 더더욱 허허로와지는 것 같습니다. 그렇게 가을은 아쉽게도 저물어감에 문득 윤동주 시인의 "내 인생에 가을이 오면"이란 시 한구절이 떠오르네요. 나는 나에게 열심히 살았느냐고. 사람들에게 상처를 주지 않았느냐고. 그러면서 문득 삶이 무엇인지, 행복이 무엇인지를 다시금 생각하게 됩니다. 나는 50대 중반에 진정한 삶의

---

11) 임계남 2009.08.12. 08:53
12) 조옥주 2009.08.12. 13:51
13) 이상복 09.08.17. 21:13
14) http://cafe.daum.net/cjgirl21/FCZz/419?docid=12TIn|FCZz|419|200908112235 07&q=%C5%F0%C1%F7%C8%C4%C0%C7%BB%EE(2012.2.1)
15) 50대 남자, 퇴직후 나의 삶~, 늘푸른~ | 조회 936 | 추천 3 | 2011.11.15. 15:40

의미를 깨달았습니다. 삶은 시간의 연속이고 만남의 연속이라고 하는데 나의 삶의 철학은 참되게 사는 인생으로 하루하루 열심히 사는 것이며 남을 힘들게 하며 피해는 주지 않았는지, 부끄럼없이 살아왔는가를 자문을 해보게 되네요. 퇴직후 그동안 죽마고우도 만나고, 산에도 다니고 도서관에 가서 책도 보고 재혼싸이트에서 남은 인생의 여정을 함께 할 소울 메이트를 찾아보기도 했습니다. 결국 아직은 진행형이지만요. 언젠가는 한 여성과 대화를 나눈 적이 있는데 이분은 이혼할 때 가진 재산이 좀 있어서 노후걱정은 없는데도 좋은 사람을 만나 재혼을 하고 싶어하더군요. 그 이유를 물어보니 돈을 갖고 혼자 즐기면서 사는 것보다 부부가 함께 살아가는 데서 행복을 찾고 싶답니다. 참신하면서도 성품좋은 분으로 보여지더군요. 그러나 이런 여성도 있더군요. 이혼후 재산은 있어 노후걱정은 없지만 재혼은 안한다는 분인데 그 이유는 단지 한사람에게 구속받고 싶지않고 인생을 즐기고 싶다고 하더군요. 그래서 여행도 다니고 맛난 것도 먹고 유흥가에 가서 남자와 술 마시고 춤추고 하는데서 즐거움을 찾는답니다. 나는 그 얘기를 듣고 돈이 있어도 행복의 기준은 사람의 성격이나 가치관에서 각자 다르구나 하는 것을 알게 됐습니다. 한편으로 생각하면 품격이 낮은 사람이구나하면서도 돈이 있는 여자도 여러 유형이 있구나하는 생각이 들더군요. 나는 술 담배도 안하고 운동은 좋아하나 유흥하고는 거리가 멀어서인지 그런데서 즐거움이나 행복을 느끼지는 못하는 것 같습니다. 지금은 어머님과 함께 있지만 아내가 생기면 어쩔 수 없이 분가를 해야만 하고 이젠 나도 2막에 인생은 지혜가 있는 참신한 여성을 만나 물질이 다가 아닌 작은 것에서 만족을 느끼며 기쁨과 행복을 찾고 싶습니다. 그러나 행복은 누가 찾아주는 것도 아니고 누가 만들어 주는 것도 아니기에 내가 찾고 싶은데 사람이 그리워서인지 아직도 빈가슴은 채워지지 않고 있네요. 물질만으로 가슴을 다 채우는 그런 행복은 원치않고 있습니다. 이혼후 아내에게 아파트 한채를 주고 나니 돈이 부족해 나는 빌라 한채 사서 살고 있지만(이혼한 댓가를 치루는 거지요). 남들 다가는 해외여행(군에서 공무 외에는 갈 수 없고) 한번 안가

보고 몇년 모은 돈은 출가한 딸한테 주고 나는 없지요. 그냥 연금으로 살 수도 있으니까. 돈에 대한 욕심은 없습니다. 그리고 나 혼자서 여행을 다닐 수도 있지만 그 소중한 시간과 뜻은 아껴두고 있지요. 왜냐하면 이 다음에 사랑하는 아내와 함께 행복한 여행을 하고 싶어서지요. 그러면서 나는 작은 것에서 기쁨을 얻고 싶고, 검소하고 소박한 삶을 살고 싶고, 그래서인지 나는 그 흔한 승용차도 없네요. 퇴직하면서 쉬다보니 현재는 같이 여행할 아내도 없고 해서 차가 필요없어 처분하고 지금은 결국 B.S.W(bus, subway. walking)가 자가용이지요. 아내가 생긴다면 그때 가서 차는 살 수 있지만요.

이제 늦가을도 가고 눈이 오는 겨울도 가고 식물들이 싹을 틔우는 봄은 또다시 오겠지요. 그 봄이 오기전에 여러분께서도 좋은 분 만나시고 행복하시기 바랍니다.[16] 공감할 수 있는 부분이 많네요. 전 컴이 서투르기도 하고 글재주가 없습니다. 하지만 님이 궁금해지네요.[17]

6. 요즈음 퇴직후 노인들의 삶 현실, 우리들의 이야기

마른 낙엽은 산들바람에도 날아가지만, 젖은 낙엽은 그게 어디든 한번 들러붙으면 좀처럼 떨어지지 않는다. 그래서 웬만한 빗자루로는 쓸어내지 못한다. 일본의 주부들은 직장에서 정년퇴직한 후 집에 죽치고 들어앉는 남편들을 '젖은 낙엽(오찌누레바)'이라고 부른다. 그 의미에서 이 명칭은 대단히 부정적이다. 쓸어내고 싶기는 한데, 도무지 착 달라붙어 떨어지지 않는 존재, 그러니까 그만큼 부담스러운 존재라는 얘기다. 그렇다면 젖은 낙엽인 남편쪽은 어떤가. 괴롭기는 그쪽도 마찬가지다.[18] 얼마전, 고위공직에서 정년퇴직한 인사 한분이 에세이 쓴 것을 읽어 본 일이 있다. 정년퇴직하고 집에 들어앉으니 하루 아침에 갈 곳도 없고, 전화오는 것도 없고, 찾아오는 사

---

16) Tol &Tol -Rancho Deluxe.mp3, 귀부인ed 2011.11.19. 22:16
17) http://cafe.daum.net/boasboas/Bse6/16678?docid=mPCy|Bse6|16678|20111115154012&q=%C5%F0%C1%F7%C8%C4%C0%C7%BB%EE(2012.2.1)
18) [스크랩] 요즈음 퇴직후 노인들의 삶 현실!!| 우리들의 이야기, 이혜경 | 조회 77 |추천 0 | 2010.09.02. 12:49

람도 없다. 식구들도 자기를 대하는 태도가 전같지 않고 부담스러워하는 눈치다. 그래서 스스로 좌절감을 느끼며 지난 세월이 허망하다는 생각을 하게 되니 우울증까지 생긴다는 것이다.

　사실, 젖은 낙엽 문제는 일본만의 일은 아니다. 사정은 그쪽이나 이쪽이나 매 한가지다. 최근 들어 친구들 집을 다녀 올 때마다 안사람들의 표정과 태도가 전같지 않다는 것을 느껴왔고, '황혼이혼'이 결코 먼나라 얘기가 아닐 수도 있다는 생각을 했다. 가정주부나 자녀들의 경우 남편과 아버지는 아침에 나갔다가 저녁에 돌아오는 존재다. 남편이 출근하고, 애들 학교 보낸 후 주부들에게는 소중한 '자기만의 시간'이 있다. 평생을 그렇게 살아왔는데 어느 날 갑자기 남편이 하루종일 집에있는 '낯선 상황이 시작된 것이다. 서로가 준비가 없었다면 이건 사실 보통 일이 아닌 것이다. 게다가 하루 세끼 식사준비 해야 하고 잔소리까지 듣게 된다면 미상불 일은 나쁜 쪽으로 급속히 발전할 수밖에 없다. 집에 함께 사는 성장한 자녀들에게도 같은 상황이 되는 것이다. 생활패턴의 근본적인 변화는 그래서 반드시 사전준비가 있어야 한다. 그래야 모두가 부드럽게 적응할 수 있다. 이미 은퇴한 사람들은 더 말할 것도 없고, 지금 현역에 있는 거의 대부분의 남자들도 '젖은 낙엽' 후보생들이다. 예외는 극소수일 것이고 거개는 비슷한 문제와 맞딱뜨리게 된다. 일이 그 지경이 된 다음에는 수습이 어려워지기 때문에 미리미리 그 '변화'에 적응하는 준비와 훈련이 필요하다. 우리 부부의 경우, '젖은 낙엽'은 없다. 아내도 나도 24시간이 모자랄 정도로 규칙적이지만 바쁘게 살기 때문이다. 그리고 시간적, 공간적 구획이 뚜렷하기 때문에 상대적으로 서로가 '짐'이 되지 않으며 피차 '간섭'할 이유도 없게 된다. 젖은 낙엽이 안 되는 처방은 사람마다 다를 것이다.

　그리고 그게 옳다. 똑같이 나는 나대로 내 생각을 얘기하는 것이기 때문에 상대적인 것이다. 여러 대안 중의 하나일 뿐이지만 그래도 10여년의 은퇴생활에서 터득한 경험과 지혜는 있는 것이니 처방전 하나 끊는다고 나무랄 사람은 없을 것이다. 그저 참고하면 되는 것이다. '선병자 의원'이라고 하지 않는가. 무엇보다 중요한 것은, 자기의 현실적 '처지'를 인정하는 것이다.

그래서 '어제'와는 단절해야 한다. 나는 정년퇴직하는 날, 휴대폰을 쓰레기통에 던져버렸다. 그리고 지금까지 전혀 불편없이 살고 있다. 단절은 그 정도로 과격해야 한다. 지금의 자기가 누군지를 제대로 알면 일은 다 풀린 것이나 마찬가지다. 그게 어렵기 때문에 계속 문제가 생기고 있다. 다음은 공간에서 구획돼야 한다. 아무리 부부라도 하루종일 같은 공간에 있다는 것은 사람을 지치게 한다. 그래서 '서재'는 필수 중의 필수다. 그 크기와 형태에 관계없이 자기만의 '공간'이 확보돼야 비로소 자기생활이 가능하다. 그 서재에는 자기전용의 텔레비젼, 컴퓨터세트, 오디오세트, 전화기가 반드시 갖추어져 있어야 한다.

한 지붕아래에는 있지만 '보이지 않는 시간'이 꼭 필요하기 때문이다. 보이지 않는 시간이 있어야 '소중'해지는 법이다. 서재의 문을 닫고 자기 일에 몰입할 수 있다면 결코 젖은 낙엽은 되지 않는다. 오히려 더 발전하고 성숙해지는 생활이 있을 뿐이다. 평생 직장생활을 한다는 것은 책상에서 일했다는 의미가 일차적이다. 그런데 놀라운 것은 집에 자기책상이 없는 사람들이 뜻밖에 많다는 사실이다. 가정주부로서 자기책상이 없는 사람은 더 많다.

사람이 '자기책상'을 가진다는 것은 자기 일을 하고 있다는 살아있는 증거다. 서재는 공간개념이 우선이지만, 책상은 '학습개념'이 우선이다. 공부가 무엇인가, 계속해서 배우는 것이다. 은퇴후의 공부가 사실은 진짜공부다.

자기가 좋아하는 분야, 늘 연구하고 싶었던 분야, 흥미를 느끼고 있던 분야에 대해 관련서적을 구입하고 컴퓨터로 자료들을 검색하고, 그 내용들을 글로 정리해 보는 일련의 정신작업은 사람을 언제나 젊게 살게 한다. 나처럼 악기를 좋아하는 사람은 자연히 서양음악사와 문화사를 공부하게 되고 '음악' 자체에 대해서도 심도있는 공부를 하게 된다. 새로운 것을 알게 되고 깨달아가는 과정의 즐거움은 그 어느 것과도 비교할 수 없다. 자기일이 있으면 식구들도 남편과 아버지를 대하는 태도가 달라진다. 젖은 낙엽이 안되는 또 하나의 조건은, '건강'해야 한다. 병들면 본인도 괴롭고, 아내와 식구들까지 고통스러워진다. 큰 '짐'이 되는 것이다. '긴병에 효자없다'는 격언은 진실이다.

부부지간이라 해도 마찬가지다. 간병은 사람을 지치게 하고 그 기간이 길어지면 남이 된다. 부부야 본래부터가 혈육이 아닌, 무촌의 남남이 아닌가.

건강은 전적으로 자기의 책임이다. 그리고 건강관리는 건강할 때 시작해야 한다. 대표적인 것이 자기에게 알맞은 운동을 지속적으로 하는 것이다.

나는 단연코 걷기운동을 권한다. 정말 걷기운동보다 좋은 건 없다. 문제는 걷기운동은 '다리'가 하는 것이 아니라 '의지'로 한다는 점이다. 그걸 이해해야 한다. '산책'이 걷기운동인 줄로 착각하는 사람들이 뜻밖에 많다. 나는 14년동안 아파트에 살면서 13층까지 매일, 반드시 계단으로 걸어서 올라갔다. 자동차가 많이 다니는 길옆 보도에서 조깅하고, 탁한 공기로 가득찬 실내체육시설에서 운동하는 무지하고 우매한 일은 당장 그만둬야 한다. 그건 오히려 건강을 망치는 일이다. 나이 들어 자기가 쓸 용돈조달을 스스로 못하면 진짜 젖은 낙엽이 된다. 사실 사람은 나이가 많아지면 돈 쓸 일도 줄어든다. 웬만한 건 거의 장만되었기 때문에 돈 쓸 일도 별로 없다.

그래도 자기용돈은 자기가 조달하는 구체적 방법은 강구해 놓아야 한다. 사람은 경제에서 독립하지 못하면 모든 일에서 '종속적'이 된다. 가족도 마찬가지다. 지갑에서 돈이 나갈 수 있어야 대우를 받는게 현실이다. 따라서 수입이 있을 때 '노후의 용돈'을 적립해야 한다. 내 경우, 제일 큰 지출이 책값이다. 그리고 영화DVD, 약간의 음반이 전부다. 그래도 그 비용을 스스로 조달할 수 있기 때문에 물리적으로 정신적으로 '독립적'이다. 그만큼 떳떳하게 사는 것이다. 어영부영하다 세월 다 지나가고 정년이 되어 빈손 들고 소파에 앉으면 그게 바로 '젖은 낙엽'이 아니고 무엇인가.

그 누구라도 이 문제만은 깊이 생각하고 미리미리 철저히 준비해야 한다. 지금은 기대수명이 길어져서 은퇴하고도 30여년을 더 살아야 하는 세상이다. 어떤 남자, 남편이 가장 환영받을까. 그게 '요리하는 남자'다. 가족 뿐 아니라 주변에서도 긍정적으로 평가한다. '젖은 낙엽' 때문에 동창들 모임에도

전처럼 자주 나가지 못하고, 하루세끼 식사준비를 해야 한다면 불평 안할 주부가 없다. 만약 동창회에서, 또는 다른 모임과 외출에서 늦어져도 식사준비 걱정을 안할 수 있다면 그게 어떤 아내이든 남편에 대해 고맙게 생각할 수 밖에 없다.

나는 은퇴한 후 아내를 부엌에서 자유케 하기로 결심했다. 지금 나는 적어도 10가지 이상의 반찬에서는 프로수준이다. '밥'은 누구보다도 맛있게 짓는다. 매주 토요일이면 수퍼에서 일주일분의 장을 직접 봐온다. 이제는 더 신선한 물건을 고르는 안목까지 생겼다. 아내는 내게 수십권의 요리책을 물려줬지만 내가 유용하게 쓰는 요리책은 한복려씨의 레시피들이다. 다음이 김수미씨의 '전라도 음식'. 이 두분의 레시피만 있으면 사실 천하무적이다. 그리고 내 요리를 먹어본 모든 사람들이 똑같이 하는 말이 있다.

'손맛이 좋다.' 이렇게 적어놓고 보면 쉬운 게 하나도 없다. 그래서 가족들의 도움이 필요해진다. 특히 아내들의 노력은 절실한 것이다. 부부가 함께 공개적으로 이 문제에 대해 얘기할 수 있는 분위기가 되어야 한다. 외면하거나 회피한다고 해결될 일이 아니기 때문이다.

그중에서도 '서재'의 준비는 아주 중요하다. 고등교육까지 받은 사람들도 서재가 없는 경우는 허다하다. 정말 이해하기 어려운 일이다. 한 인간이 자기의 '서재'만 가질 수 있다면 그 일상은 전혀 다른 것이 될 수 있다. 돈이 많은 것과 제대로 된 서재를 마련하는 일은 전혀 다른 문제다. 거기에는 의지, 결단, 안목, 수준, 선험학습, 학문에 대한 열정, 연구하는 자세 등이 갖추어져 있어야 하기 때문이다. 제대로 된 서재만 있으면 절대로 '젖은 낙엽'은 되지 않는다. 개인적으로 권하고 싶은 것은 그게 무엇이든 악기를 하나 배우라고 말하고 싶다. 그건 전혀 다른 세계의 문을 여는 일이며 한번도 맛보지 못한 '즐거움'을 만나는 길이기도 하다. 그게 어떤 분야든, 가장 즐기는 것은 언제나 '아마추어들'이다. 하루종일 소파에 앉아 리모콘을 들고있는 아버지와 식사후 자기 서재에 들어가 자기일에 열중하는 아버지는 같을 수 없다. 시간과 공간에서 '자기 것'을 가진 아버지는 결코 식구들의 젖은 낙엽이 되지 않는다. 그리고 아내를 포함, 식구들의 식탁을 손수 준비하는 남편과 아버지라면 그건 젖은 낙엽이 아니라 집안에 생기를 불어넣는 상록수인 것이다. 결국, 모두가 자기하기 나름이다. 그래서 그렇게 할 수 있는 조건들을 미리미리 갖추라는 것이다. 내가 제안한 것들은 지극히 협소한 것일 수 있다. 그러나 그것이 '경험'에서 나온 얘기인 것만은 인정해야 한다.

다른 한가지는 나는 지금의 내 노후생활에 대해 만족하고 감사하는 마음을 가지고 있다는 점이다. 그건 저절로 주어지는 것은 아니다. 그만큼 준비하고 노력한 대가인 것이다. 늘 감사하는 것은 아직도 '호기심'에서는 변한 게 없다는 점이다. 호기심은 인간을 앞으로 밀어주는 놀라운 힘이 있다. 호기심이 없다면 그건 나이와 관계없이 이미 '젖은 낙엽'이 됐다는 증거다. 지금의 시대는 노령화가 급변화하는 세월이기 때문에 황혼에 이른 처참 혹은 비참한 신세가 안되겠끔 미래의 자녀들에게 가정교육을 틈틈이 알려주어야 노후가 아름다워질 것이다.[19]

7. 은퇴부부가 행복해지는 요소

은퇴부부 40년 행복하려면, 안방과 부엌은 아내가 장악, 남편은 거실만 맴돌 수밖에, 남편 위한 공간 마련해줘야[20] 치열한 사회생활에서 은퇴한 뒤 무력감에 빠지지 않기 위해 일·자원봉사·취미생활 중 한 가지는 있어야 한다는 식의 '은퇴 증후군'에 대한 조언은 많다. 하지만 은퇴한 남편이 무력감을 해소한다고 노년의 부부관계가 원만하리라는 보장도 없다. 아내도 '은퇴한 남편에 대한 증후군'을 앓기 때문이다. '은퇴후 40년'의 부부생활에서는 우선 남편들이 '가정'이라는 터전에 새로 진입한다는 신참의 마음가짐으로 집안일에도 익숙해지고 변화하려는 의지를 가지는 것이 필요하다고 전

---

19) http://cafe.daum.net/jinyangjung/fzbb/29?docid=1LfkF|fzbb|29|20100902124929&q=%C5%F0%C1%F7%C8%C4%C0%C7%BB%EE(2012.2.1)
20) 펌 - 은퇴부부가 행복하려면 (조선일보)| 자유게시판, 높은산 | 조회 158 |추천 0 | 2011.11.19. 01:33 친구들, 은퇴라는 단어가 좀 우리에게는 이른 감이 있다만, 알아둬서 나쁠 것 없겠지?

문가들은 지적한다. 가령 점심만큼은 스스로 차려 먹고, 쉬운 집안일은 나누는 것에서 출발해야 한다는 것이다. 한국보다 고령화가 더 진전된 일본에서는 '은퇴남편 교육' 등의 프로그램도 다양하게 마련돼 있다. 양정자 대한가정법률복지상담원 원장은 "세탁기 돌리는 법, 전자레인지 사용법 배우기부터 시작해 은퇴 이후 가족과 행복하게 삶을 영위할 수 있는 방법을 가르치는 교육이 이뤄져야 한다"고 말했다. 자식을 키우는 데만 열중했지, 부부 간 결속과 사랑을 다지는 데는 소홀히 해온 결과로 한국 사회에 은퇴남편 증후군이 유독 심하다. 이에 대해 용인정신병원 박성덕 전문의는 "은퇴부부가 늦게라도 친밀감을 쌓기 위해 노력을 기울인다면 얼마든지 나이 들어서도 부부 사이가 좋아져 은퇴 증후군, 빈 둥지 증후군을 이겨낼 수 있다"고 말했다. 성영신 고려대 교수는 집안에 남편의 독립적인 공간을 마련해 줄 필요가 있다고 말한다. "아내가 장악한 안방과 부엌, 아이들 방을 빼면 남편이 머물 곳은 거실 외에는 없다. 만년 손님처럼 떠돌지 않고 가족속으로 스며들 수 있도록 공간을 재구성할 필요가 있다"는 것이다.

1) 은퇴남편을 위한 아내의 십계명

(1) 남편이 점심만큼은 스스로 차려 먹게 하라.
(2) 식사 때 대화를 많이 하고, 쉬운 집안일부터 분담시킨다.
(3) 둘이서 종일 얼굴을 맞대고 있지 말라.
(4) 편히 자기 위해 부부가 각방을 쓰는 것도 때로는 좋다.
(5) 남편이 강아지처럼 졸졸 따라 다니게 하지 마라.
(6) 남편의 취미생활을 격려하라.
(7) 두 달에 한 번은 오붓하게 여행을 떠나라.
(8) 남편이 주 1회라도 밖에서 일하게 하라.
(9) 병이 났을 땐 아낌없이 위로하고 간호하라.
(10) 공격은 금물, 칭찬하고 또 칭찬하라.

2) "놀아줘, 밥좀줘" 은퇴남편 24시 아내는 속터져

매일 거실에서 빈둥거리는 '공포의 거실남', 온종일 잠옷차림에 아내에게 걸려온 전화를 귀 쫑긋 세우고 엿듣는 '파자마맨', 어딜 가나 따라오는 '정년(停年)미아', 하루 세끼 밥 차려줘야 하는 '삼식(三食)이'. 은퇴해서 집에 있는 남편을 묘사하는 이 농담들이 고령화가 급진전하는 우리 사회에서 마냥 우스갯소리만은 아닌 것으로 나타났다. 한국보건사회연구원이 16일 발표한 '저출산고령화 사회의 국민인식조사'에서 여성의 71.8%가 '늙은 남편 돌보는 일이 부담스럽다'고 답변했다. 심지어 같은 질문에 남성도 66.4%가 동의했다. 한국 남성들 스스로 '나이 먹으면 아내에게 부담되는 존재'라고 자인한 셈이다.

3) 고령화가 가져온 도전, '은퇴후 40년, 초장기 부부시대'

남편들은 충격받고 분노한다. "평생 고생하며 가족들 먹여 살렸는데, 은퇴하고 돈 못버니 아내들의 괄시가 시작됐다"며 아내들의 이기주의를 개탄하는 목소리도 있다. 대한가정법률복지상담원에 지난 1년간 상담을 요청해 온 남성의 44%가 60대 이상 노인들이다. 부부갈등과 이혼을 고민하는 경우가 대부분으로, 그중에서도 혼인기간이 25년 이상된 남성 내담자가 지난해보다 2배 이상 늘었다. 이는 30년전만 해도 생각하기 힘든 고민이다. 1980년만 해도 우리나라 국민의 평균수명은 65.7세, 안정된 직장을 갖고 있다가 65세 정년 채우고 퇴직하던 시절이었다. 은퇴후 부부가 함께 사는 시간이 길어야 채 10년을 넘지 않았다. 하지만 고령화가 가속화돼 '100세 시대'가 눈앞에 닥쳤고, 쉰 안팎에 조기퇴직하는 고용불안정까지 겹치면서 은퇴부부가 함께 사는 기간이 30~40년에 달하는 '초장기 노인부부' 시대가 도래했다. 노부부간의 '평화로운 공존'과 '갈등관리'가 인생에서 그 무엇보다 중요한 화두가 된 것이다.

4) 빨리 변하는 여, 느리게 변하는 남

전문가들은 이같은 현상이 누구 일방의 잘못이 아니라 은퇴 이후 30~40년을 함께 살아야 할 부부가 서로에게 적응하는 방법을 몰라 빚어지는 갈등이라고 말한다. 고려대 심리학과 성영신 교수는 "'늙은 남편이 부담스럽다는 여성들의 표현은 '싫다' '밉다는 뜻이 아니라 '불편하다'는 의미"라면서 "눈 뜨면 회사에 나갔다가 자정이 되어서야 돌아오던 남편과 갑자기 24시간을 함께 보내야 하는 상황에 부닥치니 무엇을 어떻게 해야 할지 난감한 데서 오는 불편함"이라고 말했다. "결국 아내는 은퇴한 남편을 위해 새로운 내조를 해야 할 처지가 되는 거죠. 놀아줘야 하고, 점심밥과 저녁밥까지 신경써 차려줘야 하고, 은퇴해 위축된 남편의 기분도 달래줘야 하니까요. 어느 누가 부담스럽지 않겠습니까." 은퇴남편의 당황스러움도 그 못지않다.

경제발전의 주역으로만 살아왔지 혼자서 놀 줄 모르고, 집안일이라면 숟가락이 어디 있는지도 모를 만큼 무관심하게 살아왔기 때문이다.

5) 남편들, 영국 남자를 본보기 삼기

한국여성들이 유난히 '이기적이고 못된 악처'가 되어가는 걸까. 조주은 여성·가족정책담당 입법조사관은 "'돌봄 노동'을 여성 몫으로 전담시켜온 한국사회의 고질적인 성별 분업이 '은퇴남편 증후군'의 본질"이라고 말했다.

우리나라 남성들은 은퇴하고 집에서 대부분의 시간을 보내면서도 집안일을 별로 하지 않는다. 우리나라의 65세 이상 남성들의 가사노동시간(1시간 1분)은 미국 (1시간49분)이나 영국 (2시간48분)의 은퇴남편들보다 훨씬 짧다. 특히 아내들이 하루 평균 1시간 43분을 음식 준비하는 동안, 은퇴남편들은 단 17분 거든다. 송다영 인천대 교수는 "시간이 흐를수록 가부장적 권위는 무너지고 부부간 대등한 관계가 필요한데, 어느 일방의 희생을 기반으로 하는 한 더 이상의 부부관계가 유지되기는 어렵다"고 말했다. 그 결과로 황혼이혼도 늘고 있다. 1995년 138건에 불과했던 65세 이상 여성의 이혼건수는 지난해 1734건으로 늘었다. 자생력없는 가부장적 권위는 법정에서도 단죄받는다. 지난해 11월 법원은 권위적인 남편(80세)으로부터 6년동안 메모지로 살림지시를 받은 76세 아내의 이혼청구를 받아들였다. 남편은 '생태는 동태로 하고 삼치는 꽁치로 바꿀 것', '두부는 비싸니 각종 찌개에 3, 4점씩만 양념으로 사용할 것' 등의 메모로 아내를 통제했고, 법원은 이런 통제를 이혼사유로 인정했다.

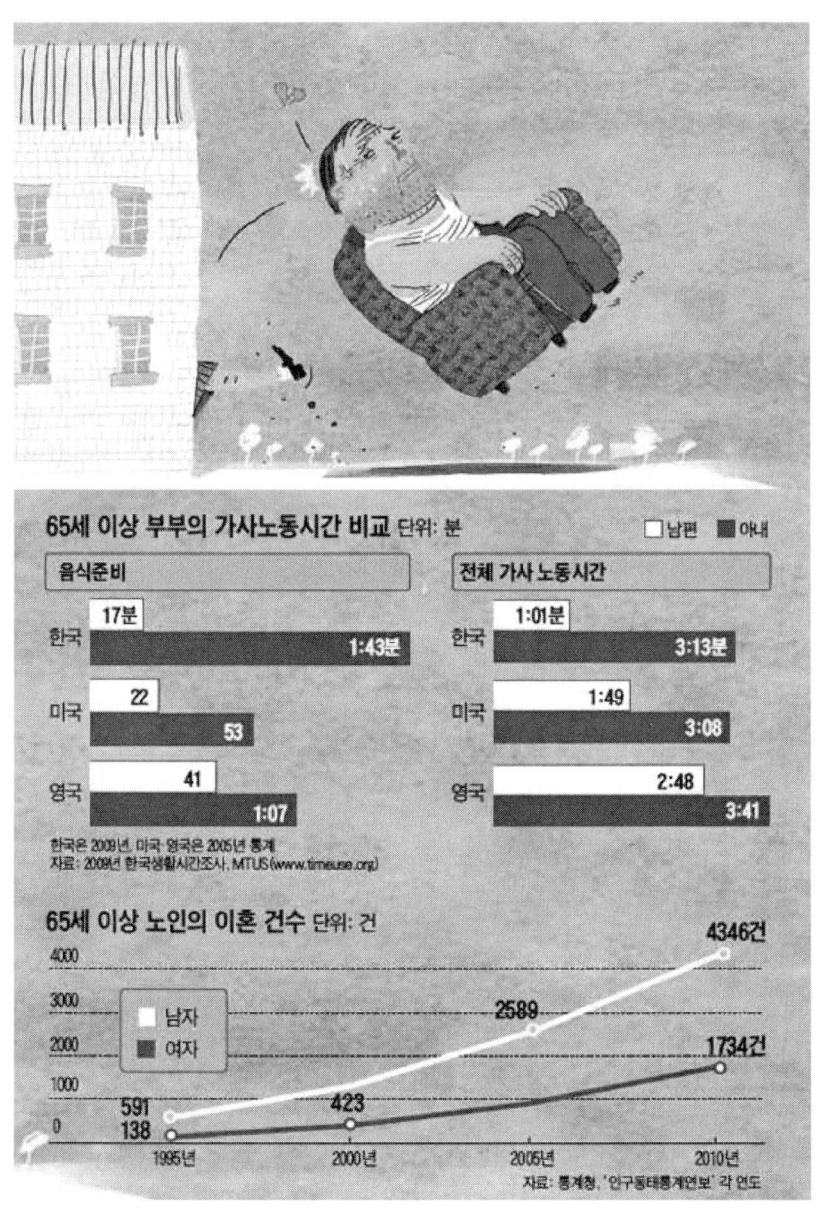

65세 이상 부부의 가사노동시간 비교 단위: 분 □남편 ■아내

음식준비
- 한국: 17분 / 1:43분
- 미국: 22 / 53
- 영국: 41 / 1:07

전체 가사 노동시간
- 한국: 1:01분 / 3:13분
- 미국: 1:49 / 3:08
- 영국: 2:48 / 3:41

한국은 2009년, 미국·영국은 2005년 통계
자료: 2009년 한국생활시간조사, MTUS(www.timeuse.org)

65세 이상 노인의 이혼 건수 단위: 건

남자 / 여자
- 1995년: 591 / 138
- 2000년: 423
- 2005년: 2589
- 2010년: 4346건 / 1734건

자료: 통계청, '인구동태통계연보' 각 연도

자료: http://cafe.daum.net/rbrun/P0te/3387?docid=1FCrO|P0te|3387|20111119013336&q=%C0%BA%C5%F0(2012.2.3)

6) 열 효자보다 악처가 낫다

지난해 서울에서 부부끼리 사는 65세 이상 노인(26만1399명)이 전체 노인의 28.1%를 차지했다. 서울의 노인 세 가구 중 한 가구가 부부끼리 사는 셈이다. 보건사회연구원의 이삼식 저출산고령사회연구실장은 "자식이 몇 안 되는 고령화 사회에서는 모든 돌봄에서 양성평등이 요구될 수밖에 없다"며 "신 가족갈등의 해법은 부부가 공평해지는 것에서 출발한다"고 말했다.

돌봄의 책임을 가족, 특히 나이든 아내에게만 떠넘기지 말고 사회적 돌봄을 확대해야 한다는 지적도 나온다. 송다영 인천대 교수는 "노인돌보미바우처사업, 노인장기요양보험제도 등을 더욱 발전시켜야 한다"고 말했다.[21]

8. 방송대 생활을 통해 퇴직후 젊게 살고 있는 60대 젊은 오빠

교직생활 30년, 퇴직한지 어언 5년이 되어간다. 지긋지긋한 교단을 언제 떠나나 손꼽아 기다리면서 퇴직하면 이것도 해봐야지 저것도 해봐야지하면서 마음속 계획을 세웠다. 퇴직후 1년 동안은 아내와 여행도 다니고, 시골 작은 텃밭에 주말농장도 꾸려가며 즐겁게 지냈다.[22]

하지만, 그 즐거움도 잠시 직업이 없다는 것, 당장 내일 갈 곳이 없다는 것, 할 일이 없다는 것은 너무나 삶을 지루하게 만들고, 무기력하게 만들었다. 퇴직하면 우울증에 걸린다는 말, 그때서야 실감이 난다. 매사 긍정적인 성격으로 젊게 산다는 소리를 들었는데, 그 말이 무색할 정도로 3~4개월은 우울증에 시달리면서 보냈다. 그러던 중 모임에서 알게 된 분이 방송대를 추천해 주었다. 그분은 퇴직후 자신이 그동안 해보고 싶었던 공부를 시작하기 위해 방송대를 입학하여 공부도 하고 새로운 사람들과 만나 인생을 즐기고 있다고 하였다.

---

21) http://cafe.daum.net/rbrun/P0te/3387?docid=1FCrO|P0te|3387|20111119013336&q=%C0%BA%C5%F0(2012.2.3)
22) 별처럼 빛나게 (ja9***), 주소복사 조회 112 11.12.07 22:37, 월드more페이스북미투데이

그거 좋은 생각이다! 싶어 저도 알아보게 되었다. 30년동안 누군가를 가르쳐 왔지만, 이제는 저가 배움을 받아야 할 때라는 생각도 들었다. 저는 수학선생님이었지만 언제나 국문학도를 꿈꾸고 있었다. 책도 꾸준히 읽었으며, 일기도 매일매일은 아니지만 종종 쓰곤 했다. 이제는 그 꿈에 도전해 봐야 할 때가 아닌가 싶었다. 그래서 선택한 학과는 한국방송대 국문학과였다. 그렇게 시작한 방송대 대학생활, 이제 2학년 생활도 마무리 되어가고 있다.

방송대 생활은 저의 제2의 인생에 활기를 불어넣어 주었다. 방송대에 모이는 사람들은 정말 공부를 하고자, 꿈을 이루고자 하는 분들이 많았다. 처음엔, 나만큼 나이 많은 사람은 없지 않을까 고민도 많이 했었지만 학습관 수업을 가보니 저와같이 퇴직후에 공부를 시작한 분들, 직장생활을 하면서 자기계발을 하는 분들, 육아 및 살림을 하면서 공부를 시작한 분들 이런저런 사연을 가진 분들이 많이 있었다. 정말 괜한 걱정을 하였던 것이다.

나이는 부끄러울 것 없었다. 배우고자 하는 열정만 있다면 그동안 꿈꿔왔던 국문학도로서의 삶은 너무나 즐겁다. 국문에 대해서도 자세히 배우고, 글쓰는 것도 너무 즐겁다. 요즘엔 고전문학 수업시작과 동시에 한문공부도 시작했다. 그리고 무엇보다도 방송대의 대학생활을 한층 더 즐겁게 해주는 것은 바로 방송대에서 만난 인연들 덕분이다. 어쩌다 뭉치게 된 우리들의 모임은 매주 한번씩 만나 읽은 도서에 대해 토론도 하고 찻집도 가고 맛있는 식사도 함께 나누면서 대학생활을 즐기고 있다. 지난 여름엔 부부동반으로 설악산 여행도 다녀왔다. 대학교 입학 하나로, 퇴직후 생활에 안정을 되찾고 즐거움을 더해서 살고 있으니 이 또한 감사할 따름이다. "김선생님 멋지십니다. 저도 퇴직하면 김선생님처럼 살고 싶네요~" "선생님, 이제 선생님도 학생이네요~" "선생님이 국어국문학과라고요? 은근히 어울리시는데요?" 요즘엔 학교 선생님들, 제자들한테 부러움과 칭찬을 흠뻑 받고 있다.

"이젠 선생님이라고 하지 마라! 오빠라고 불러봐~!" 저의 제2의 인생 어떤가요? 퇴직후 우울증에 시달리고 계신 분들, 무료한 삶을 살고 계신 분들

배움의 즐거움을 느껴보시는 것 어떤가요?23)24)

9. 명예퇴직후 아빠의 슬픈 모습

　여대생이에요. 아빠 얘기를 좀 하고 싶어서요. 5개월전 아빠는 제가 태어나기 전부터 20년 이상을 다니셨던 직장에서 명예퇴직을 하셨어요. 퇴직 이후 예전의 밝고 자상하던 아빠의 모습은 점점 이상하게 변해갔어요. 처음 얼마동안에는 오전에 나가셨다가 오후 늦게 들어오곤 하셨는데 언젠가부터 평소에 잘 안하시던 술에 취해 들어오시는 경우가 늘어났어요.
　술 취해서 들어오시면 저희한테 '미안하다. 아빠가 못나서'라는 말만 되풀이 하시고 하루는 엉엉 우시는 거예요. 여지껏 살아오면서 아빠의 그런 모습을 처음 봐서 사실 저는 좀 충격을 받았어요. 두달 전 즈음에는 엄마랑 조그만 가게라도 해볼까 하셨었는데 그것도 여러가지 사정이 있어서 잘 안되면서부터는 식사도 잘 못하시고 잠도 잘 못주무시는 거예요.
　바깥 출입도 거의 없어지시고 누워계신 시간이 늘어갔어요. 얼굴에 웃음도 거의 찾아볼 수 없고, 말수도 적어지시고, 자주 머리가 아프시다며 두통약을 찾는 거예요. 엄마나 저희가 말을 붙여도 느릿하게 대답하시고 가끔은 멍하게 계실 때도 있어요. 아빠가 퇴직한 후에는 아르바이트해서 내 용돈과 학비를 내가 버는 게 아빠를 위하는 길이겠거니 생각해서 과외를 두 개나 시작했는데, 아빠가 이상하게 변해가는 모습을 보니까 불안해요. 아빠한테 다가가서 대화를 하려고 노력도 해봤지만 아빠는 그다지 기뻐하시는 것 같지 않았어요. 엄마도 늘 아빠 걱정만 하세요. 병원에라도 모시고 가봐야 하는 거 아닌가라는 생각도 드는데 왠지 조심스럽기도 하고, 제가 아빠를 위해 뭘 어떻게 할 수 있을까요? 어떻게 하면 예전의 아빠 모습으로 돌아가실 수 있을까요?25)

---

23) 방송통신대
24) 1) http://bbs3.agora.media.daum.net/gaia/do/story/read?bbsId=K161&articleId
　　=303333(2012.2.1)

이상은 한국청소년상담원에서 제공한 질문과 답변입니다.[26] 아직은 어린 나이인데도 불구하고 아버지의 아픔을 함께 하려 하고 아버지가 지금보다 좋아질 수 있도록 노력하려는 모습이 굉장히 대견스럽게 보이는군요. 아버지의 퇴직으로 당황스럽고 슬프기만 했던 처음의 감정에서 벗어나 아르바이트까지 하면서 장녀의 역할을 다하고자 애쓰는 ○○님의 꿋꿋한 모습이 감동으로 와 닿습니다. 아르바이트하랴, 학과 공부하랴, 아빠 위로해 드리랴, 정말 힘드셨겠어요. 지금 ○○님의 아버지가 보이고 있는 행동이나 모습들은 우울증에서 나타나는 전형적인 특징들이라 할 수 있습니다. 슬픔이나 공허감, 무가치감, 죄책감 등과 같은 우울한 기분이 지속되고, 이전보다 일상생활에 대한 흥미나 즐거움이 뚜렷하게 저하되어 있으며, 체중조절을 하고 있지 않은 상태에서 의미있는 체중감소나 증가, 식욕감소나 증가가 있고, 불면이나 과다수면을 보이며, 사고나 행동이 느려지는 등의 증상들이 하루의 대부분, 그리고 거의 매일 나타나게 되면 정신과에서는 '우울증'이라는 진단을 내리게 됩니다.

　우울증은 보통 40대 후반에서 50대 초반에 많이 발생하는 증상인데, 그 원인에 따라서 회복가능성과 치료방법 등이 달라지게 됩니다. 원인에 따라 크게 두가지로 분류할 수 있는데 하나는 내인성 우울증이고 다른 하나는 반응성 우울증입니다. 내인성 우울증이란 특별한 스트레스 사건과 같은 외부 원인이 없이 유전적인 이상이나 호르몬 이상에서 오는 생물학적 원인 때문에 생겨나는 경우를 말하고, 반응성 우울증이란 특별한 스트레스나 중요한 생활사건과 같은데서 오는 심리적 원인 때문에 생겨나는 경우를 말합니다. ○○님의 아버지의 경우는 반응성 우울증에 해당되겠죠. 물론 ○○님의 직계가족들 중에서 우울증이 있었던 분이 있었다면 유전적 원인도 생각해 볼 수 있겠지만, ○○님의 아버지의 경우 '퇴직'이라는 특별한 사건이 있었고 그 이후에 변화된 모습을 보이셨기 때문에 반응성이라고 보는 게 합

---

25) 한국청소년상담원 | 2008-03-28 00:00 | 조회 922 | 답변 1
26) 트위터 싸이월드 페이스북 미투데이

당할 것 같군요. 더구나 아버지 자신의 선택이라기 보다는 무언의 압력 때문에 이루어진 퇴직이기 때문에 자존감에 상처가 상당히 커셨으리라 생각됩니다. 최근 들어 사회적으로도 ○○님의 아버지처럼 조기퇴직이나 명예퇴직으로 인해 우울증을 경험하는 분들이 부쩍 늘어났습니다. 이러한 반응성 우울증의 경우, 내인성 우울증보다 회복가능성도 크고 재발확률도 낮습니다. 스트레스로 인한 후유증을 극복하거나 스트레스 원인 자체가 없어지면 쉽게 극복이 되기 때문입니다. ○○님의 글 내용으로 볼 때, 아버지의 상태가 그렇게 가벼운 정도는 아니신 것으로 판단됩니다. 아버지가 술 드시면 미안하다는 말을 하신다고 하셨는데, 그건 아버지의 내면에 가장으로서 가족들에게 느끼는 일종의 미안함과 죄책감이 자리하고 있음을 보여주는 것이라고 생각됩니다. 그런 마음은 ○○님을 포함한 다른 가족들이 아무리 그러실 필요가 없다고 생각해도 아버지로서는 쉽게 벗어나기 어려운 주관적인 고통일 것입니다. 아버지에게 따뜻한 관심과 위로를 보이는 것도 중요하겠지만 가장으로서의 아버지를 인정하고 믿어주는 것이 더 중요하다는 생각을 해 봅니다. 가장으로서 경제적인 책임을 다하지 못하고 있다는 생각이 아버지의 훼손된 자존감과 죄책감의 가장 큰 부분을 차지하고 있을 가능성이 크기 때문입니다. 가족 모두가 각자 자신의 자리를 지키고 그 안에서 최선을 다하면서 아버지가 다시 새로운 일을 시작할 때까지 기다려주는 것이 필요하지 않을까 생각되는군요. 가족들이 아버지 당신을 위해 자기 자리에서 최선을 다해 살아가는 모습을 보면서 아버지도 점차 새로운 시작을 준비하실 수 있을 것입니다. ○○님, 힘내십시오! 아무런 갈등이나 문제없이 살아가는 삶에서의 행복보다 어려움을 극복해가는 삶에서의 행복이 더 값지고 소중하다고 생각합니다. 가족들의 도움으로 아버지가 현재 겪고 있는 슬픔과 고통에서 벗어난다면 앞으로 가족간의 사랑은 더욱 두터워지리라고 확신합니다. 더 궁금하거나 어려운 점이 있으시면 언제라도 편지주십시오. ○○님의 화이팅을 빌면서 이 글을 마칩니다.[27][28]

10. 부자가 되기 위한 습관

부자가 되기 위해 가지고 있어야 할 습관들에는 어떤게 있나요?[29] 그럼 쉬워보이지만 부자가 되기 위해서 꼭 가지고 있어야 하는 습관들로 어떤게 있는지 알아볼까요?[30]

[부자가 되기 위한 10가지 결심들]

◆ 결심 1 - 돈을 덜 쓰기

'커피 한잔 덜 마시기'처럼, 생활속의 작은 행복을 포기하는 절약은 절대 오래가지 못한다. 일단, 강제저축 비율을 높여야 한다. 월급의 50%는 절약하라고 CNN머니는 충고한다. 남는 절반의 월급으로 살려면 자연스럽게 사치가 줄어들게 될 것이다.

◆ 결심 2 - 똑똑하게 투자하기

투자 잘한다는 소릴 들으려면 어떤 특정 종목이나 펀드를 잘 찍는 것이 아니라, 안정형과 공격형 금융상품을 적절하게 배합해야 한다. CNN머니는 '적절한 배합'을 위해 공식 하나를 제안했다. 금융 포트폴리오중 주식투자 비중 추산 공식은 자신의 투자성향에 따라 달라진다. ▷보수성향 :100-자기 나이 ▷중간 : 110-자기 나이 ▷공격성향 : 120-자기 나이

◆ 결심 3 - 빚 갚기

경제학자 메어 스탯먼(Meir Statman)은 '빚에서 헤어나오는 일'을 담배끊는 일에 곧잘 비유했다. 둘 다 의지만으로는 불충분하다. 근원적인 습관부터 바꿔야 한다. 먼저 신용카드를 멀리 치우고(얼음속에 얼려 놓거나), 매주 정해진 현금만 들고 다닐 것이다. 그 다음엔 이자가 높은 빚부터 집중적으

---

27) 2008-03-28 00:00 | 출처 : 한국청소년상담원
28) http://k.daum.net/qna/view.html?category_id=QPR007&qid=3V8a1&q=%C5%F0%C1%F7%C8%C4%C0%C7%BB%EE(2012.2.1)
29) 프리챌 | 2005-12-28 16:02 | 조회 1170 | 답변 1
30) 어떤 습관을 가지고 있어야 하죠? 본인소개 : 모르는게 있음 물어보시오. 말은 쉽지만 부자가 되는 방법은 정말 힘듭니다.

로 갚아나가기로서 물론, 금연만큼 쉽지 않다.

◆ 결심 4 - 직장에서 잘 나가기

샐러리맨에겐 능력을 인정받아 승진하고, 연봉을 올려 받는 것만큼 투자 수익률 높은 게 없다. 그 비법은 뭘까? 일단, 파급력이 큰 프로젝트를 찾아 잘할 것. 그리고 반드시 남들이 그것을 알게 할 것. 또 자신이 잘하는 분야를 발굴해 '남들이 다 찾는 사람(go-to-person)'으로 만들라고 조언했다.

◆ 결심 5 - 적절한 '보상' 주기

누구나 가끔은, 작은 사치와 위안이 필요하다. 그러나 충동구매로 빠지지 않기 위해선 몇 가지 노력이 요구된다. 정말 갖고 싶은 물건을 하나 고른 다음, 냉장고 등에 사진을 붙여 놓는다. 물론 가격표도 함께 붙인다. 그리고 저금통의 배를 가르고, 안쓰던 물건을 팔기도 하며 돈을 열심히 모은다. 목적이 달성되면 꼭 자축할 것이 필요하다.

◆ 결심 6 - 유서 만들기

자신이 죽은 뒤를 상상하기란 쉽지 않다. 그러나 아이는 누가 맡을 것인지, 재산분배는 어떻게 할 것인지를 정해 놓는 일은 반드시 해야 할 일이다.

국내에도 유언을 작성하는 인터넷 사이트가 많으니 한번 방문해 보는 것도 나쁘지 않겠다.

◆ 결심 7 - 여유있게 살기

아무리 부자라도 여유가 없다면 삶의 질이 '제로'다. 모든 것을 혼자 하려하지 말고 주위의 아웃소싱업체를 최대한 이용하자. 자동이체는 반드시 신청하고, 강제로라도 휴가 날짜를 잡아, 미리 돈을 내 버리자. 여유가 없으면 만들어 낼 것도 필요하다.

◆ 결심 8 - 건강하기

새해엔 10kg 줄이기, 담배 끊기, 끊어놓고 안가던 헬스장 가기 등. 매년 일찍 포기하는 결심이지만 가장 중요한 결심 중의 하나다. 작은 걸음부터 떼보자. 콜라는 '라이트'로 마시기, 엘리베이터 대신 계단 이용하기, 한 주에 하루는 담배 거르기 등은 어떨까?

◆ 결심 9 - 세금 줄이기

　돈을 버는 것도 재테크지만, 돈 나갈 일을 줄이는 것도 재테크다. 소득공제 항목은 빠짐없이 신청하고, 혹시 놓친 항목이 있으면 5월 확정신고기간 때 다시 신청하자. 또 일일이 현금영수증 받는 일도 새해엔 버릇들이기 중의 하나이다.

◆ 결심 10 - 장기계획 설립하기

　매해에서 달라지는 결심이 아닌, 10년·20년 장기계획을 세워보자. 무엇보다 장기투자에 몰입하는 것이 중요하다. 퇴직후 삶의 모습을 그려보고, 연금상품 하나씩 가입하는 것도 장기계획을 세우는 방법이다.[31][32]

11. 남편의 정년퇴직과 행동

　남편은 정년퇴직했는데 남편과 1년동안 손한번 못잡아 보았어요. 그게 가능한가요?[33] 같이 자도 삼팔선이예요. 자다보면 몸도 뒤척이고 하는데 남편은 그냥 자요. 제가 옆에 가면 피해요. 그래서 저도 치사해서 말 안합니다. 그러더니 어느 틈엔가 슬며시 딴방으로 가서 자더라구요. 각방이죠. 그 전엔 한달에 한번 정도는 의무방어였는데, 올 10월이 딱 일년되었네요. 손한번 안잡아 본지가. 그리고 중국여행(친구들 7명 부부동반) 갈 때도 삼박사일이었는데 그때도 그냥 손한번 안잡아줘서 정말 서운하더라구요.

　저에게 손하나 까닥 안해요. 자기 말은 그래도 여자는 절대 없다고 하는데 가능한 일인지요? 참고로 남편과 성격차이 경제문제로 많이 싸웁니다. 마지못해 산다고 할까 그런 부부지요.[34] 나이 60이 넘어가면 서로 좋은

---

31) 2005-12-28 16:03 | 출처 : http://tong.nate.com/mtmain/u
32) http://k.daum.net/qna/view.html?category_id=QFA&qid=0sjOt&q=%C5%F0%C1%F7%C8%C4%C0%C7%BB%EE(2012.2.1)
33) 2010-10-18 20:24 | 조회 133 | 답변 1
34) 트위터 싸이월드 페이스북 미투데이, 전문분야 : 컴퓨터,인터넷 (6위) | 답변 12779

점 안좋은 점 볼거 안볼거 다 보고 해서 서로간의 애정 때문에 사는 게 아니라 반평생을 같이 살아왔으니 정 때문에 사는 거라고 볼 수 있습니다.

정년퇴직후에는 할 일이 없고 집에서 맨날 보는 처지니 색다를 것도 없고 의무방어전은 아예 생각조차도 없고 만사가 귀찮을 겁니다. 딱히 삶의 활력소가 될만한게 없다면 부군은 앞으로도 계속 각방 쓰고 재미없는 삶을 살게 될 것 같네요. 이런저런 이유로 황혼이혼이 부쩍 느는 것도 무시할 수 없죠.

부군이 그러하다면 부부가 같이 공통의 관심사, 취미활동이나 알바와 사회복지관에서 실시하는 실버택배 등의 간단한 일을 통해서 돌파구를 찾는 것도 좋은 생각일 것으로 사료됩니다.35)36)

12. 시미즈 요시노리 교수 "한국도 일처럼 퇴직연령 늦춰야"

"고령화를 일찍 경험한 일본은 현재 퇴직연령을 65세까지 늘리려는 움직임마저 일고 있습니다. 정년연장을 통한 일자리 창출이 고령화 국가의 노후 대비 선결조건이 돼야 합니다.37) 한국금융학회 심포지엄에 참석한 시미즈 요시노리 히토쓰바시대 경제학과 교수는 이날 매일경제와 인터뷰하면서 한국에도 은퇴연령 상향조정이 필요하다며 이같이 말했다.

시미즈 교수는 "100세 시대를 고려하면 일본의 퇴직연령은 68세까지 늘어나야 한다"며 "한국은 이같은 움직임이 없는 것으로 알고 있는데 저출산 고령화에 대비하려면 현재 근무자의 일자리를 몇 년간 늘리려는 노력이 필요하다"고 말했다. 시미즈 교수는 일본의 저성장의 상당한 원인은 고령화 문제에서 파생한 것이라고 진단했다. 그는 "일본은 출산율 저하 문제까지 겹쳐서 급격하게 사회가 늙었다"며 "이 때문에 초고령 사회가 되기까지 사

| 채택률 90.7%
35) 2010-10-27 14:48
36) http://k.daum.net/qna/view.html?category_id=QCG012&qid=4Htna&q=%C5%F0%C1%F7%C8%C4%C0%C7%BB%EE(2012.2.1)
37) 기사입력 2012.01.26 17:38:42 | 최종수정 2012.01.26 18:09:44

회적 비용이 급증했고 재정적인 위기가 도래한 것"이라고 말했다.[38]

13. 금융권 구조조정 몰아친다. 희망퇴직·명예퇴직 속출

내년 금융권 수익감소 유럽위기에 수수료 인하, 위로금 줄테니 떠나라. 연말 금융권 흉흉, 금융권 CEO들 '2012년 암초' 정면돌파 의지, 삼성 금융계열사 희망퇴직 받는다. 금융권에 인력 구조조정 한파 거세게 몰아치고 있다.[39] 금융기관들이 내년에 유럽 재정위기의 증폭과 당국의 수수료 규제 등으로 실적부진이 우려되자 위기대응 차원에서 '몸집 줄이기'에 나선 것이다. 26일 금융권에 따르면 은행권에서는 올해 연말과 내년 연초에 감원규모가 2천여명에 달할 것으로 예상된다. 국민은행은 임금피크제 적용대상 직원 130여명을 상대로 준정년 퇴직제를 시행한다. 정년에 가까운 직원들을 대상으로 하는 일종의 희망퇴직이다. 구체적인 시기와 조건에 대해서는 노조와 협의중이다. 우리은행은 내년 4~5월에 전직 지원제를 시행할 예정이다. 직원이 퇴사한 뒤 새 직장에 들어가면 일정기간 지원금을 주는 제도다.

농협은 작년보다 130명 늘어난 521명으로부터 명예퇴직 신청을 최근에 받았다. 지난 9월에 하나은행은 378명에 대한 희망퇴직을 실시했다. 내년에 외환은행을 인수하면 추가 구조조정 가능성이 크다. 농협중앙회 명예퇴직자도 521명에 달했다. SC제일은행은 전체 직원의 12%에 달하는 800여명으로부터 명예퇴직 신청을 받았고, 한국씨티은행은 100여명을 구조조정하려다 노조가 반발하자 유보했다. 증권업계에도 공식·비공식적인 퇴직압박이 거세다. 미래에셋증권은 실적부진 등을 이유로 이사급 이상 간부 10여명을 최근 교체했다. 삼성증권도 직원 100여명으로부터 희망퇴직 신청을 받았다.

신한금융투자도 30~40여명의 장기근속 직원을 희망퇴직으로 보냈다. 보험, 카드, 저축은행도 예외는 아니다. 삼성생명은 최근 희망퇴직 공고를 냈

---

38) 10) http://news.mk.co.kr/newsRead.php?year=2012&no=56451(2012.2.1)
39) 서울=연합뉴스, 증권·금융팀

다. 지난해보다 200명 가량이 많은 400여명이 회사를 떠날 전망이다.

삼성화재는 150여명을 희망퇴직시킬 계획이다. 다른 보험·카드사들도 비공개로 명예퇴직을 진행 중인 것으로 알려졌다. 이같이 금융권이 연말 대대적인 구조조정에 나선 것은 내년에 예고된 실적부진 때문이다. 금융정보업체 에프앤가이드에 따르면 신한금융, KB금융, 우리금융, 하나금융 등 4대 금융지주의 내년 순이익은 모두 올해보다 평균 7% 가량 감소할 것으로 전망됐다. 이중 우리금융(1조9천724억원) 감소폭이 11.41%로 가장 크고 KB 7.87%(2조4천828억원), 신한 5.7%(3조368억원), 하나 0.12%(1조3천947억원) 등의 비율로 각각 줄어들 것으로 전망됐다. 하나금융 외에 나머지 3개 금융지주의 영업이익도 마이너스를 나타낼 것으로 예상됐다.

증권업계의 경우, 대형사의 순이익 전망은 나쁘지 않지만 프라임브로커와 헤지펀드업무 등에서 소외된 중소형사들의 전망은 밝지 않다. 한국금융연구원 이병윤 연구조정실장은 "은행의 경우 이자수익이 전체의 80% 정도 된다. 내년도 경기전망이 좋지 않아 실적도 부진할 것으로 예상된다. 각종 수수료 수익도 사회적인 분위기로 봤을 때 올해보다 늘기 어렵다. 전체적으로 특별히 좋아질만한 구석이 없다"고 말했다.[40][41]

14. 현대중공업노조 첫 '퇴직지원 프로그램 연구' 착수

현대중공업노조가 조합원의 고령화, 퇴직조합원 1천명 시대를 맞아 퇴직지원 프로그램 개발연구에 착수했다.[42] 노조 차원에서 대규모 퇴직지원 프로그램을 개발연구하기는 이번이 처음이다. 현대중공업노조는 노조 산하 노동문화정책연구소에서 퇴직조합원을 위한 지원제도를 마련하기 위해 프로그램 개발연구에 나섰다고 15일 밝혔다. 노조는 이를 위해 프로그램 연구

---

40) kaka@yna.co.kr, 연합뉴스, 2011/12/26 04:56
41) http://www.yonhapnews.co.kr/bulletin/2011/12/24/0200000000AKR20111224046200008.HTML?did=1179m(2012.2.1)
42) 울산=연합뉴스, 장영은 기자

개발에 참가할 국내 최고수준의 연구진을 구성했다. 연구진은 이수원, 이성균 울산대학교 교수와 황기돈 한국고용정보원 선임연구위원, 방하남 한국노동연구원 연구위원, 조자명 비젼노동센터 소장 등 모두 5명이다. 노조는 국내 뿐만 아니라 선진국의 사례도 면밀히 분석하여 실질적으로 도움되는 퇴직지원제도를 개발할 방침이다. 또 노조는 프로그램 개발에 그치지 않고 퇴직예정 조합원 일부에게 프로그램을 적용하기로 했다. 부작용이나 문제점을 파악하고 개선해 노동현장에 적합한 프로그램을 마련할 구상이다.

일정상으로는 10월31일까지 연구사업을 마무리하고 표준모델을 완성하여 현장에서 활용할 계획이다. 노조는 현장적용 이후에도 연구진으로부터 지속적으로 관련자문을 받기로 했다. 현대중공업노조는 이에 앞서 지난해 정년퇴직을 앞둔 근로자 2천명을 상대로 설문조사한 결과, 재고용 희망의 질문에서 83.1%가 계속 고용되길 바란다는 응답이 나왔다고 설명했다. 고용방식(중복응답)에서는 기간제 재고용이 82.5%, 퇴직 인력중심의 사회적 기업 재고용이 63.7%, 협력업체 재고용이 47.3%의 순을 보였다. 한편 한국노총 울산본부는 퇴직을 앞둔 근로자를 위해 올해부터 사업장마다 노사공동 전직지원센터를 설치, 퇴직지원에 앞장서기로 했다.[43)44)]

15. 베이비부머의 대안찾기, 퇴직하면 '생활고' 불보듯

대기업에 몸담고 있는 베이비부머 세대들도 퇴직후 고민이 많다. 대기업 샐러리맨도 현역을 떠나면 경중의 차이는 있으나 노후불안 등 걱정의 근원은 여타 샐러리맨과 마찬가지다. 뉴스핌은 신년기획 일환으로 전자 이동통신 자동차 조선 유통 등 국내 주요기업의 베이비부머 직장인 100인의 퇴직 전후의 대책과 바람을 물어봤다. 인생 100세 시대에서 이들이 리타이어 푸어(Retire Poor)로 전락해서는 안된다.[45)46)] 대기업 임원으로 근무하고 있는

---

43) young@yna.co.kr, 연합뉴스, 2012/01/15 06:35 송고
44) http://www.yonhapnews.co.kr/bulletin/2012/01/13/0200000000AKR20120113171800057.HTML?did=1179m(2012.2.1)

C씨(50)는 '퇴직'이라는 말을 듣기만 해도 섬뜩하다. 대학생과 중학생 아들을 하나씩 두고 있어 앞으로 몇 년간은 꾸준히 목돈이 들어가야 하는데 직장을 잃게 되면 아무런 대안이 없다. 직장의 별이라는 임원 타이틀을 단지 2년이 가까워 오지만, 각종 대출과 생활비, 교육비 등으로 빡빡하게 살아온 탓에 퇴직 이후를 준비할 여력이 없었던 그이다. C씨는 "당장 퇴직을 하게 되면 자녀들의 학자금, 생활비 등 현실적인 문제가 닥칠 게 뻔하다"며 "은퇴를 해서 노후를 보낼 나이도 아니어서 결국에는 다시 구직전선에 뛰어들 수밖에 없는 게 현실이다"고 말했다. C씨처럼 기업에서 부서장이나 임원급으로 활동하고 있는 베이비부머 직장인들이 퇴직을 두려워하는 이유는 생활비와 교육비 등 현실적인 문제가 가장 크다.

뉴스핌의 설문에 응한 베이비부머들은 '퇴직후 가장 큰 고민은 무엇입니까'라는 질문에 절반에 가까운 48%가 '생활비'를 꼽았다. 매월 통장에 꼬박꼬박 입금되는 월급으로 충당해왔던 생활비에 대한 불안감이 가장 큰 것이다. 이어 자녀교육(30%), 건강(15%), 기타(9%) 순으로 응답했다. 퇴직에 대한 불안감이 가장 커질 때는 매년 정기인사시즌(51%)이라는 답이 가장 많았다. 주요 기업들의 인사시즌이 연말에 몰려 있는 점을 감안하면, 새해가 시작되기 직전 직장인들의 긴장감이 최고조에 달하는 셈이다. 다음으로는 부하직원이 승승장구할 때(23%), 직장상사로부터 질책을 당할 때(15%), 업무처리가 미숙할 때(11%) 등이다.

그렇다면, 베이비부머들은 퇴직후 필요한 생활비로 얼마를 생각하고 있을까? 300만~500만원이라는 응답자가 49%로 가장 많았으며, 200만~300만원(38%), 500만~1000만원(11%), 1000만원 이상(2%) 등의 순으로 답했다.

C씨는 "생활비를 충당하고 최소한의 품위를 유지하고 살려면 최소 월 300만원은 있어야 할 것"이라며 "이 중 일부를 국민연금으로 충당한다고 가정했을 때 나머지는 또 다른 일을 찾아서 벌어야 하는 상황이다"고 씁쓸

---

45) 〈편집자 주〉, 2012-01-11 14:14
46) 뉴스핌=김홍군 기자

■ 퇴직후 가장 고민은?

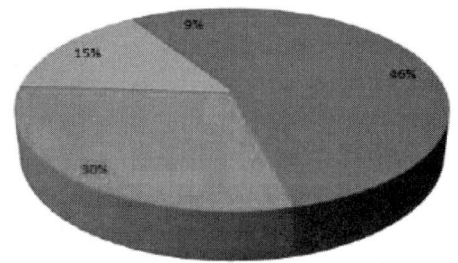

■생활비 ■자녀교육 ■건강 ■기타

자료: 자료: http://www.newspim.com/view.jsp?newsId=20120111000270(2012.2.1)

해했다. 직장인로서 정점에 다다른 베이비부머의 자신의 삶에 대한 만족도는 대체로 높았다. '지금까지의 삶에 대한 자신의 점수는 몇 점인가요'라는 질문에 절반 가까운 46%가 70~90점이라고 답했다. 또 35%의 베이비부머가 50~70점을 주는 등 1960년을 전후해 태어나 1980년대 직장생활을 시작하고, 1990년대와 2000년대를 거쳐 현재까지 직장생활을 하고 있는 베이비부머의 80% 이상이 자신의 삶에 대해 긍정적인 평가를 내렸다. 50점 미만의 불만족을 표시한 베이비부머는 10%에 불과했으며, 90~100점(9%)의 후한 점수도 그리 많지 않았다.

■ 퇴직후 필요한 생활비(월 기준)는

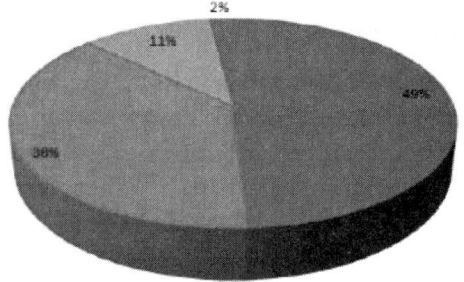

■300~500만원 ■200~300만원 ■500~1000만원 ■1000만원 이상

자료: http://www.newspim.com/view.jsp?newsId=20120111000270(2012.2.1)

대기업 부장 K씨(52)는 "80년대 말 직장생활을 시작한 우리 세대들은 30대에 IMF를 맞아 실직과 전직, 임금삭감 등을 경험하며 노후를 준비할 기회가 제한됐다"며 "베이비부머들의 노후준비가 부실한 것은 세대적인 측면이 강하다"고 말했다. 그는 "퇴직을 하게 되면 20년 이상을 뭘해서 먹고 살지 뚜렷하게 떠오르는 것이 없다"며 "국가적 차원에서 일할 수 있는 고령자들에게 일자리를 만들어 주는 사회안전망이 필요하다"고 덧붙였다.[47)48)]

16. 퇴직후의 인생을 보람있게, 행복설계아카데미

희망제작소가 운영하는 퇴직자학교 '행복설계아카데미' 3기 수강생들이 지난달 14일 경기 안성시에 있는 대안학교 '아힘나 평화학교'를 찾아 비영리기관에 대해 탐색하고 있다.[49)] "비영리기관 일자리 맞춤설계 해드려요"

지난달 14일 경기 안성시에 있는 대안학교 '아힘나 평화학교'에 머리가 희끗희끗한 50, 60대 퇴직자 20여명이 찾아왔다. 대기업 임원, 은행 지점장, 간부급 공무원 등 '잘나가는 직장인'이었던 이들은 희망제작소가 운영하는 퇴직자학교 '행복설계아카데미' 3기 수강생들이다. 경기도 교통연수원 국장에서 퇴직한 뒤 아카데미 2기를 수료하고 아힘나 평화학교 사무국장으로 일하는 윤종태(62) 씨가 '후배'들을 반겼다. 이날 현장 탐방은 비영리기관으로의 재취업 가능성을 살펴보기 위한 프로그램의 하나로 수강생들은 윤 씨와 학교관계자들에게 질문을 쏟아냈다.

"아힘나 평화학교에서 일하게 된 계기가 무엇입니까."

"이곳이 고향이어서 지역단체를 인터넷으로 검색하다 알게됐습니다. 접근하기 쉬운 곳, 연고가 있는 곳이 좋습니다."

수강생들과 윤 씨의 문답이 이어졌다. 수업에 참여한 박용기(60) 전 동아

---

47) 뉴스핌 Newspim, 김홍군 기자 (kiluk@newspim.com)
48) http://www.newspim.com/view.jsp?newsId=20120111000270(2012.2.1)
49) [퇴직후 인생을 보람있게]〈2〉'행복설계 아카데미' 실버산업 2008/05/10 08:09, http://blog.naver.com/sdinet1001/10030657571

제약 마케팅 이사는 "비영리기관에서 일하는 이들은 표정이 정말 밝다. 지금까진 돈, 명예를 위해 달렸지만 이젠 웃으며 일하고 싶다"고 말했다.

1) 인생 후반전 준비하는 퇴직자학교

행복설계아카데미는 전문직 퇴직자들의 사회활동참여를 위한 국내 최초의 프로젝트다. 교통질서 계도 등 단순노무 중심의 '생계형 일자리'를 연결해 주는 재취업 프로그램들과는 달리 행복설계아카데미는 직장생활의 경험과 전문성을 활용해 비영리기관의 사회공헌 일자리에서 인생 후반전을 설계할 수 있도록 지원한다. 희망제작소 남경아 해피시니어팀장은 "사회참여 욕구가 높은 전문직 퇴직자들과 전문성이 필요한 비영리기관을 연결해 '누이 좋고 매부 좋고' 식의 접근"이라고 말했다. 총 120시간의 교육과정에는 퇴직과 비영리기관에 대한 기본교육(40시간) 외에 비영리기관 현장실습(80시간)도 포함돼 있다. 자신의 능력과 경험을 나눌 기관을 찾아 참여방법과 절차에 대해 계획을 세울 수 있도록 일대일 진로컨설팅도 하고 있다.

2) 40% 가까이 '사회공헌 일자리' 찾아

희망제작소는 당초 아카데미를 준비하며 전문직 퇴직자들이 비영리기관에 관심을 갖지 않을 것을 우려했다. 안정된 생활을 해왔던 이들에게 비영리기관은 근무환경이 상대적으로 열악하고 조직문화도 다르기 때문이다.

하지만 지난해 시범적으로 1기(대기업·관공서 퇴직자 38명), 2기(경기도 퇴직공무원 25명)를 운영한 결과 현재 40% 가까이가 비영리기관에서 상근직, 자문위원 등으로 일하고 있다. 나머지 수료자도 적합한 기관을 찾고 있다. 외환은행 본부장을 마지막으로 2006년 퇴직한 3기 수강생 ○○○씨는 "시민단체라고 하면 주먹질하고 시위하는 사람만 떠올렸는데 내가 잘못 알았던 것 같다"며 "회사에서 홍보를 맡았던 경험을 살려 비영리기관에 대한 홍보와 후원금 모금을 책임지고 싶다"고 말했다. 희망제작소는 앞으로 행복설계아카데미를 연 4회씩 정기적으로 열고, 전국 권역별로도 확대할 예정이다.[50)51)]

17. 평균수명 100세 시대, 행복 포트폴리오 만들어야

행복한 은퇴준비 ABCD[52] 은퇴가 제3 인생이 되려면 재무적 준비 뿐 아니라 구체적 목표를 세워야. 미국은퇴자연맹(AARP)은 가입자가 무려 4000만명에 달하는 비영리 단체다. 지난해 이 단체에서 중장년층(46~64세) 미국인들을 대상으로 설문조사를 했는데 그 결과가 흥미롭다. 경기악화로 노후 생활전망이 어두워지고 있지만 여전히 은퇴에 대해서는 좋은 이미지를 가지고 있는 것으로 나타났다.

조사 결과 '은퇴생활은 내가 생각한 것보다 훨씬 좋다'(53%), '일하지 않고 스스로 시간을 보내는 것이 즐겁다'(39%), '은퇴하고 나서 가족들에게 잘할 수 있어 만족한다'(33%) 등 자신의 은퇴생활에 대해 만족감을 표시했다. 행복한 100세 시대를 살기 위해서는 무엇보다 은퇴생활을 잘 보내야 한다. 이를 위한 실천전략을 살펴보자.

1) 감사하는(Appreciate) 마음을 가져라

한국 중장년층에게 은퇴에 대해 물어보면 경제적 어려움이나 두려움, 지루함을 떠올린다고 한다. 은퇴를 사전에서 찾아보면 '하던 일에서 손을 떼고 물러나 한가롭게 지내는 것'이라고 돼 있다. 한창 일할 수 있는데 그저 은퇴할 나이가 됐다는 이유만으로 일에서 물러나야 한다는 것을 좋아할 사람은 별로 없을 것이다. 게다가 노후생활비는 물론 자녀 교육비나 결혼비용을 충분히 준비하지 못한 상태에서 월급과 일자리가 사라져 버린다는 것에 부정적일 수밖에 없다. 평균수명 100세가 만족스러운 삶으로 바뀌기 위해

---

50) 행복설계 아카데미에 대한 문의는 희망제작소 해피시니어 홈페이지 (www.makehappy.org)로 할 수 있다. 홍수영 기자 gaea@donga.com, 류원식 기자 rews@donga.com, 공동기획 : 동아일보-희망제작소, 후원 : 대한생명 [퇴직후 인생을 보람있게] 〈1〉 전문직 퇴직자는 사회의 자산, [퇴직후 인생을 보람있게] 〈2〉 '행복설계 아카데미' 동아일보 & donga.com, 작성자 김종서nga.com 동아일보-희망제작소, 후원 : 대한생명, [시론/조소영]용돈보다 일자리를 다오
51) http://blog.naver.com/PostView.nhn?blogId=sdinet1001&logNo=10030657571 (2012.2.1)
52) 입력: 2012-01-31 15:35 / 수정: 2012-01-31 15:35

서는 기존 은퇴에 대한 정의에서부터 벗어나야 한다. 즉, 이 시간을 오히려 감사하게 생각해야 한다는 얘기다.

선진국에서는 최근 은퇴(Retire)를 재해석하는 추세다. 다시(re) 타이어(tire)를 갈아 끼우고 20~30년을 힘차게 살아가는 나이라는 것이다. 또 은퇴기를 황금시기(gold age), 제3의 인생(third age)으로 인식하면서 최근에는 크리에이티브 에이징(creative aging), 다시 말해 '창조적으로 나이들기'라는 개념으로 발전시키고 있다. 은퇴를 사회생활에서 물러나는 것이 아니라 오히려 꼭 하고 싶던 일을 할 수 있는 좋은 기회로 생각하는 것이다. 이렇게 은퇴의 개념을 바꿔 생각하면 은퇴는 더 이상 걱정의 대상이 아니라 감사하는 마음이 가득한 행복의 대상이 될 수 있다.

2) 균형(Balance)을 잡아라

프랑스 작가 장자크 상페가 쓴 《인생은 단순한 균형의 문제》라는 책에는 사람들이 자전거를 타는 그림이 등장한다. 다음 장, 또 그 다음 장을 넘겨도 자전거를 타는 그림 뿐이다. 상페는 이 그림을 통해 무엇을 얘기하고 싶었던 걸까? 바로 '인생의 행복은 균형에 있다'는 메시지다. 100세 시대를 살기 위한 준비도 마찬가지다.

재무적인 준비가 전부가 아님을 명심해야 한다. 비(非)재무적인 준비가 뒷받침되지 못하면 아무리 경제력이 탄탄해도 균형을 잡지못한 자전거처럼 중심을 잃고 무너진다. 가족과 사회활동, 취미나 여가, 건강 등으로 균형있고 종합적인 '행복 포트폴리오'를 준비해야 한다. 이런 요소들을 골고루 갖췄을 때 비로소 행복한 100세 시대 설계가 완성된다.

3) 부부(Couple)가 함께 준비하라

100세 시대 생애 재무설계는 부부(couple)가 함께 준비하는 것이 중요하다. 한국의 중장년층은 부모를 부양한 마지막 세대이자 자식에게 부양을 기대하기 어려운 첫 번째 세대다.

'자식농사'가 가장 믿을만한 노후대책이던 시대는 이제 끝났다고들 한다.

나이들어 의지할 곳은 자식이 아니라 지금 자신의 옆에 있는 배우자다.

100세 시대를 살아가기 위해 필요한 비용을 엄밀하게 예측하고 싶다면 부부 중심의 재무설계를 해야 한다. 특히 은퇴생활에도 단계가 있다는 점을 유념하는 게 중요하다. 은퇴후 노후생활은 △은퇴 시점에서 70대까지 이르는 활동기 △80대 초반의 회고기 △80대 중반에서 사망까지의 간병기 △부인 홀로 생존기 등 4단계를 거치게 된다. 여기서 많은 사람들이 쉽게 놓치는 부분이 마지막 단계인 부인 혼자 살아가는 기간이다. 일반적으로 부인은 남편을 보내고 10년 정도를 홀로 살아간다. 여성의 기대수명이 남성보다 7년 정도 긴 데다, 대개 2~3살 차이로 결혼하기 때문이다. 고령자일수록 여성의 비중이 절대적으로 많은 것도 모두 같은 맥락이다. 얼마 남지 않은 노후자금마저 남편을 간병하는 데 다 써버리고 아무런 준비없이 맞이하는 부인의 10년이란 시간은 인생에서 가장 고통스러운 시간이 될 수 있다.

4) 구체적(Detail)으로 설계하라

많은 사람들이 평균수명 100세 시대에 대해 막연한 두려움을 갖거나 반대로 막연한 꿈을 갖는 경향이 있다. 은퇴후에 시골에 내려가서 한적한 전원생활을 한다거나 창업을 생각하기도 한다. 아니면 세계 여행을 다니는 꿈같은 삶을 기대하기도 한다. 하지만 100세 시대는 냉철한 현실이다. 구체적으로 준비하지 않으면 은퇴한 뒤 얼마 안가 금세 식상해지고 만다. 아침 일찍 일어나야 하는 이유도, 딱히 갈 곳도 없어지면서 "오늘 뭘해야 하지"라는 생각이 들고, 대부분의 시간을 텔레비전 앞에서 허비할 수도 있다. 노벨문학상 수상자 조지 버나드쇼는 "끊임없이 계속되는 휴일이란 지옥이나 다름없다"고 말하기도 했다. 평균수명 100세 시대를 지혜롭게 살아가려면 자신만의 구체적인 관심사와 목표가 있어야 한다.

한 연구에 따르면 은퇴생활의 만족도가 높은 사람들의 공통적 특징은 은퇴후 목표가 확실하다는 것이다. 따라서 삶의 목표를 구체적으로 세우고 이를 이루기 위해 상세한 계획을 그려야 한다. 예를 들어 '가난한 아이들의 교육을 돕는다'는 삶의 목표를 세웠다고 하자. 단지 관련된 아동후원단체에 돈만 내면 될까? 물질적 지원도 중요하지만 더큰 만족을 얻기 위해서는 직접 그 현장에 나가보는 것이 좋다. 현장에 직접 나가 아이들에게 교육시킬 것인지, 아니면 가난한 아이들의 교육을 활성화시킬 수 있는 조직과 인프라를 구축하는 데 도움을 줄 것인지 등을 결정해야 한다. 재무적인 준비 역시 빠질 수 없다. 자신에게 필요한 생활비 등을 구체적으로 따져보고 국민연금, 퇴직연금, 개인연금 등 지금까지 마련한 자금과 비교해 봐야 한다. 부족한 자금을 어떻게 마련할 것인지에 대해 전문가와 상담을 통해 세부적인 계획을 수립해야 한다. 최근 일찌감치 은퇴준비를 해서 노후를 멋지게 보내는 사람들이 많아지고 있다. 과거에는 은퇴후에 귀농해 농사만 짓는 것으로 끝났다면 요즘에는 귀농해 책을 내거나 정보기술(IT) 노하우를 어려운 농가에 접목해 그들을 도우며 살 수 있는 계획을 구체적으로 마련하는 식이다.

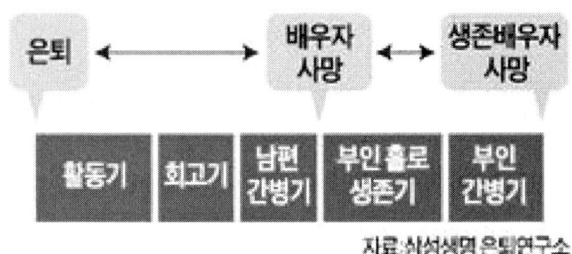

자료: http://www.hankyung.com/news/app/newsview.php?aid=2012013118041(2012.2.1)

이들과 같은 은퇴자들을 '액티브 시니어'라고 부르는데 사실 이런 분들을 만나서 얘기를 해보면 상당히 오랫동안 준비해 왔다는 것을 알 수 있다. 평균수명 100세 시대는 어떻게 준비하느냐에 따라 행복해질 수도 있고 불행해질 수도 있다.53)54)

18. 퇴직후 10만시간, 남은 인생에 대한 설계

[베이비붐 세대 4674명 조사], "65세 이후에도 일할 것" 57%… "자원봉사" 44%[55]

그들의 인생설계에서[56] 은퇴자금의 부담 느끼지만 새로운 삶에 기대도 높아, 자격증 등 자기계발로 제2·3인생 개척 적극적. 현재 40대 후반에서 50대 초반 나이인 베이비붐 세대들은 앞으로 30년, 퇴직후에도 25년(하루 여유 시간 11시간을 고려했을 때 '10만시간') 이상 남은 인생에 대해 어떤 전망과 설계를 하고 있을까? 조선일보와 서울대 노화·고령사회연구소(연구책임자 한경혜 교수)가 한국갤럽에 의뢰해 실시한 베이비붐 세대 4674명 조사에서 베이비붐 세대는 은퇴후 경제생활에 불안감이 있었지만, '새로운 삶'에 대한 기대도 강하게 드러냈다.

1) 57%, 65세 이후에도 일하겠다

베이비붐 세대의 59.2%는 은퇴자금 마련에 부담을 느끼고 있었고, 은퇴 후 경제생활에 대해 58.6%는 기본적인 생활유지가 어렵거나(12.4%) 빠듯한 수준(46.2%)일 것으로 걱정했다. "사회봉사, 즐겁죠" 서울 양천구청에서 향토관리요원으로 일하는 ○○○씨가 목동 파리공원에서 개선문 축소모형에 대해 설명하고 있다. 그는 은행에서 32년간 일하고 퇴직한 뒤 역사해설사, 호스피스 등 사회봉사로 새로운 인생을 살고 있다.[57] 은퇴준비를 제대로 못한 대신, 베이비붐 세대들은 현재 일자리에서 퇴직하더라도 적어도 10년 이상 더 일하고 싶다는 희망을 드러냈다. 이번 조사에서 60세 이전에 은퇴하기를 희망하는 비율은 10.2%에 불과했고, 57.4%가 65세 이후에도, 89.1%

---

53) 우재룡 삼성생명 은퇴연구소장 jaeryong.woo@samsung.com
54) http://www.hankyung.com/news/app/newsview.php?aid=2012013118041(2012. 2.1)
55) 작성자 : 박만식 추천 : 0   조회 : 397   작성일 : 2010/12/13 14:24:34
56) 김민철 기자 mckim@chosun.com, 김경화 기자 peace@chosun.com, 입력 : 2010.12.13 03:02 / 수정 : 2010.12.13 09:45
57) 이태경 기자 ecaro@chosun.com

는 60세 이후에도 일하기를 희망했다. 서울대 최현자 교수는 "베이비붐 세대는 현재 직장에서 퇴직하더라도 또 다른 직업을 갖는, 이전 세대와는 다른 직업경로를 갈 것 같다"며 "은퇴준비를 못했기 때문이기도 하지만 본인들 스스로도 일을 통해 자아실현을 하려는 욕구가 강하기 때문"이라고 말했다. 이들은 경제적인 측면 이외의 삶에 대해서는 긍정적인 전망과 기대를 갖고 있음을 드러냈다. 은퇴 이후 삶의 전망을 묻는 질문 중 여가생활에 대해서는 65.4%가, 부부·가족관계에 대해서는 81.2%가 '긍정적'(좋을 것이라는 의미)일 것으로 답했다. 건강문제도 '긍정적'으로 본다는 응답이 62.9%였다.

지난 7일 한국보건사회연구원이 발표한 '베이비부머 생활실태 및 복지욕구에 관한 조사'에 따르면 베이비붐 세대의 42.3%는 노후에 취미생활을 하고 싶다고, 16.8%는 자원봉사를, 9.1%는 종교활동을 하고 싶다고 답했다. 소득창출을 하고 싶다는 응답은 18.8%였다.

또 44%는 향후 어떤 생활을 하든 자원봉사에 참여하고 싶다는 의향을 보였다. 여성과 도시지역 거주자일수록, 고학력·고소득자일수록 자원봉사에 참여하려는 의향이 높았다. 이에 대해 서울대 노화·고령사회연구소장인 박상철 교수는 "베이비붐 세대는 자기계발을 통해 사회봉사·자원봉사 등 새로운 세상을 가고 싶다는 욕구가 아주 높다"며 "베이비붐 세대는 늘 새로운 길을 개척하는 등 능동적이고 적극적인 세대이고, 치열한 경쟁을 통해 성장해온 세대이므로 노후생활도 강한 의욕을 바탕으로 새 길을 열어갈 것"이라고 말했다. 실제로 이번 조사에서 베이비붐 세대의 61.6%는 '나에게 인생은 지속적인 배움·변화·성장의 과정이었다'는 데 동의했고, '나와 세상에 대해 새롭게 보게 하는 경험은 중요하다'는 데 73.4%가 동의했다. 또 '나는 이미 오래전에 내 인생을 변화·향상시키려는 노력을 포기했다'는 부분에 63.6%가 '그렇지 않다'고 답하는 등 진취적인 자세를 보였다.

베이비붐 세대의 인생설계

※ 서울대 베이비부머 패널연구팀이 한국갤럽에 의뢰해 베이비붐세대 4674명을 지난 5~9월 면접 조사한 결과

은퇴 후 경제생활 수준 예상 단위: %

- 넉넉한 수준 3.5
- 모름·무응답 0.1
- 여유 있는 수준 8.1
- 기본적인 생활 유지 어려운 수준 12.4
- 기본적인 생활에 약간 여유 수준 29.7
- 기본적인 생활 유지 빠듯한 수준 46.2%

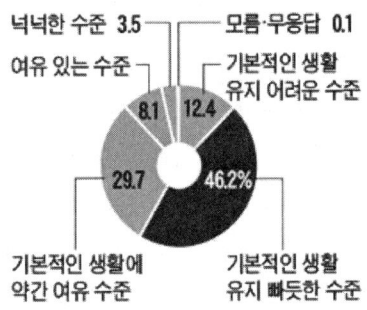

은퇴 이후 삶 전망 단위: %

여가생활
긍정적 65.4% | 부정적 34.6%

건강
62.9 | 37.0

부부·가족관계
81.2 | 18.7

희망하는 노후 생활은? 단위: %

1. 취미생활 42.3%
2. 소득창출 18.8
3. 자원봉사 16.8
4. 종교활동 9.1
5. 자기계발 7.5
6. 편하게 지냄 3.0
7. 손자녀양육 2.5

※ '희망하는 노후 생활'은 보건사회연구원이 7일 발표한 '베이비부머 조사'

언제 완전 은퇴하고 싶은가? 단위: %

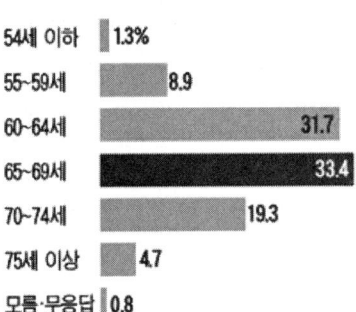

- 54세 이하 | 1.3%
- 55~59세 | 8.9
- 60~64세 | 31.7
- 65~69세 | 33.4
- 70~74세 | 19.3
- 75세 이상 | 4.7
- 모름·무응답 | 0.8

자료: http://buban.org/WEB/Community/01.html?ARTICLE_UID=151000&BOARD_CODE=freeboard&BOARD_MODE=VIEW(2012.2.1)

2) 44%, 은퇴후 자원봉사 희망

은행에서 32년 근무하고 작년 2월 퇴직한 ○○○씨는 이미 사회봉사라는 새로운 인생을 살고 있다. 이를 위해 10개월간 호스피스 수업을 들었고, 역사해설 전문가 과정을 수료했다. ○○○씨는 지난 9월부터 서울 양천구청 향토관리요원으로 구내 문화유적시설 등을 정리하는 일을 하고 한 달에 130만원 정도 받는다. 연말까지 한시적인 일자리이지만, ○○○씨는 돈이 아니라 새로운 '역할'을 찾았다는 데 만족하고 있다고 말했다. 그는 경기도 용인 집에서 새벽 6시 40분에 출근길에 오른다. 구청 출근시간인 9시 넘어 나가도 뭐라고 하는 사람은 없지만, 8시 20분이면 어김없이 구청에 도착해 업무준비를 시작한다. '여행한다'는 생각으로 출퇴근하고, 가끔 서대문 독립공원이나 창덕궁 등 서울시내 유적지에서 해설사로 봉사활동도 하고 있다. ○○○씨는 정년 후 10만시간을 채워갈 또 다른 일로 '호스피스'를 준비 중이다. 대학 때 사회복지를 전공해 은퇴후 여유가 생기면 꼭 호스피스 일을 하고 싶었다. 현재는 자격증 취득후 필요한 봉사활동 200시간을 채워 나가는 중이다. 은퇴후 '돈을 많이 벌어야겠다'는 마음은 접었다. 아들딸은 현업에 있을 때 교육을 마쳤고, 모두 취업에 성공해 더큰 부담은 없기 때문이다. 생활비는 향토관리요원 수입 130만원과 국민연금 72만원으로 충당하고 있다. 국민연금을 61세부터 받기 시작하면 액수가 120만원으로 늘어나지만, 일찍 받으며 검소하게 사는 것을 택했다. 작년까지 은행에서 받은 월급과 비교하면 푼돈일 수도 있지만, 그는 굉장한 만족감을 느낀다고 했다.

"큰돈을 버는 것도 아니고, 누가 높이 인정해주는 일도 아니지만 만족과 성취감은 이루 말할 수 없습니다. 가장이자 사회인으로 32년을 마치고, 어떤 부담이나 제약도 없이 순수하게 '하고 싶은 일'을 하니까요."[58)59)]

---

58) [베이비붐 세대 4674명 조사] 인사이드
59) http://buban.org/WEB/Community/01.html?ARTICLE_UID=151000&BOARD_CODE=freeboard&BOARD_MODE=VIEW(2012.2.1)

19. 퇴직후의 나의 인생, 공장이야기

작업중에 국민연금관리공단에서 나온 각 개인별 연금납입현황과 예상연금수령액이 적힌 안내서가 전달되었다.[60] 퇴직후에 20년 근속기준으로 대략 110만원에서 120만원 정도를 받게 된다고 적혀있다. 지금 받으면 꽤 큰 액수지만 퇴직후의 예상수령액이고 앞으로 국민연금의 수령액이 줄어들면 줄어들었지 늘어나지 않을 것이라고 추측들을 하고 있던 터라 여기저기서 볼 맨 소리들이 터져 나온다.

"연금받으면 막걸리 값이나 나오겠어?"
"연금가지고는 택도 없고 먹고 살 방도가 있어야 하는데...."
이런 대화들이 오가면서 동료들의 얼굴에 슬쩍 슬쩍 불안감이 스쳐가는 것이 느껴진다. 인생 이모작이니 노후 인생설계니 하는 말이 많이 떠돌고 있다. 65세 이상 노년층의 인구가 14%가 넘는 사회를 노령사회라고 하고 한국도 급속하게 노령사회로 진입하고 있다고 한다.

그리고 평균연령이 78세를 넘어섰고 얼마안가 80세도 넘어설 것이다. 건강하다면 60세에 정년퇴직을 하고서도 20여년은 충분히 경제활동을 할 수 있다. 그런데 과연 한국의 노동자들은 노년을 어떻게 느끼고 있을까?

1) 불안과 암울한 회색으로 느끼고 있는 퇴직후의 인생

지금 주위 동료들의 가장 큰 걱정은 과연 퇴직할 때까지 이 회사를 다닐 수 있을 것인가이다. 아이들 대학은 보내고 짤리더라도 짤려야 할텐데라는 말들을 입에 달고 산다. 그리고 또 노년에 대한 불안감과 중압감을 가지고 산다. 퇴직후에 변변한 일자리도 구하지 못하고 구차하게 살아가야 하는 것은 아닌지. 친구들도 다 떠나가고 외롭게 하루하루 시간을 때우듯이 살아가게 되는 것은 아닌지. 갑자기 큰 병이라도 걸리거나 돈도 떨어지고 극빈층으로 전락하게 되는 것은 아닌지. 나이든다는 것은 생각하기도 싫은 의미없고 암울한 모습으로 다가온다.

---

60) 2007/11/25 13:31, http://blog.naver.com/16212by/80045194356

2) 퇴직후의 선배노동자들의 모습을 보면서

정년퇴직한 선배님들을 가끔 마주치게 되면 퇴직하고 나서 1-2년이 지나면 갑자기 늙고 힘이 빠진 모습을 보게 됩니다. 매일 시계추처럼 회사를 왔다갔다하고 해본 거라고는 단순조립작업밖에 없으니 퇴직후에 자신의 존재의미, 삶의 의미, 그리고 의미있는 관계를 다 잃어버린 것처럼 느껴지는 거죠. 처음에는 또래친구들과 가끔 막걸리 한잔하는 낙으로 살다가 자식들 결혼시키고 또 손주들 보는 낙으로 살다가 친구들도 떠나가고 자식들도 자기 살기에 바빠지면서 외롭게 하루하루를 살아가는 전형적인 노인의 모습으로 살아가게 되는 겁니다. 이런 주위 선배들의 모습을 보아온 동료들은 마음이 심란합니다. 저게 나의 모습일텐데. 그런데 과연 반드시 이렇게 힘빠진 노년을 살아야 하는 걸까요?

3) 삶의 여유를, 자신에 대한 투자를

제가 항상 단언하는 것이 있습니다. 지금 삶을 즐길 수 있는 사람이 노년을 적극적으로 개척할 수 있다고. 연월차 한번 쓸 줄 모르고, 잔업특근 한번 빼먹지 않고 회사와 집을 시계추처럼 왔다갔다 하는 동료나 선배들을 보면 정말 걱정이 됩니다. 저러다가 회사를 떠날 때가 되면 자신의 삶의 의미를 어디서 찾을지, 갑자기 다가오는 삶의 공백 때문에 공황상태에 빠지지나 않을지. 잔업, 특근 한대가리 더 하는 것이 중요한 것이 아니라 자신에게 투자하면서 노년을 적극적으로 준비해야 합니다. 나이들어 농사를 지으면서 살고 싶으면 지금부터라도 텃밭이라도 일구면서 농사에 대해서 배우고 재미를 붙여야죠. 장사를 하고 싶으면 지금부터 무엇을 할지 고민도 해보고 작게 부업도 해보면서 준비도 할 수 있고요. 난을 키우는 것이 취미라면 좀더 시간을 투자해서 작은 소득이라도 낼 수 있는 정도의 전문성을 키울 수도 있구요. 노년후에도 친구관계를 넓히려면 산에 다니든 낚시를 하든 친목회나 동아리활동도 열심히 하면 좋구요. 저는 특히 독서를 권하고 싶은데 자신의 내면의 깊이를 만들어 내는데 필수적이구요. 돈을 가장 적게 들이면서 시간을 가장 알차게 보낼 수 있는 취미이기도 하구요.

4) 노동시간의 단축과 자기계발 프로그램의 결합

물론 아이들의 교육문제, 집문제, 이런 것들 때문에 잔업, 특근에 목을 메여야 하는 현실을 모르는 것은 아닙니다. 하지만 최소한의 삶의 여유와 자기계발은 선택이 아니라 필수입니다. 정부는 사회복지차원에서 퇴직후의 인생과 직업설계를 위한 교육훈련서비스를 준비해야 하고 노인들을 위한 일자리를 창출하기 위해서 노력해야 합니다. 그리고 노동조합 차원에서도 퇴직후를 위한 교육을 요구하고 배치할 수 있을 것입니다. 지금 우리 자동차산업의 주력 노동자들의 평균연령이 40대 중반에 접어듭니다. 80년대 중반에 입사했던 주력 노동자층이 이제 근속 20년에 40대 중후반의 나이가 되는 거죠. 몇 년 후면 이 층이 50대에 접어듭니다. 퇴직후의 인생은 이제 개별적인 문제가 아니라 다수 조합원들의 절실한 문제가 되겠지요. 이를 위해서 노동시간 단축은 정말 절실합니다. 지금처럼 매일 잔업에 토요일, 일요일 특근까지 하면서 무슨 노년의 준비이고 자기계발입니까? 잔업, 특근 몇대가리 더해서 매달 급여통장에 찍히는 늘어난 월급액수보다도 더 중요한 가치가 무엇인지를 곰곰히 생각해 보았으면 합니다.61)62)

20. 퇴직한 남편아 제발 좀 나가 놀아줘

드라마 <민들레 가족>, <이웃집 웬수>에 완전공감63) SBS 주말드라마 <이웃집 웬수>와 MBC 주말드라마 <민들레 가족>에 등장하는 퇴직남편의 모습이 중장년 부부들의 공감을 얻고 있다.64) 먼저 SBS 주말드라마 <이웃집 웬수>. 정년퇴직후 껌처럼 집에 착 달라붙어 24시간 아내하고만 놀자는

---

61) 노령화, 인생이모작, [출처] 퇴직후의 나의 인생은?|작성자 김삿갓
62) http://blog.naver.com/PostView.nhn?blogId=l6212by&logNo=80045194356 (2012.2.1)
63) [펌] 퇴직한 남편아 제발 좀 나가 놀아줘| 꿈꾸는 공간, Emiya_Mulzomdao | 조회 35 |추천 0 | 2010.04.25. 10:11
64) 10.04.24 16:06 | 최종 업데이트 10.04.24 16:06   김혜원 (happy4)

남편(박근형 분). 시장을 갈 때도, 부엌에서 멸치를 다듬을 때도, 심지어는 미용실 갈 때도 뒤를 졸졸 따르며 사사건건 '싸니 비싸니, 좋으니 나쁘니' 눈치없는 잔소리까지 하더니 마침내 참을성이 바닥난 아내(정재순 분)에게 서운한 소리를 듣게 된다. "나도 숨 좀 쉬고 살자구요. 당신 이렇게 하루 종일 집에 있으면 내가 얼마나 불편한지 알아요? 당신도 친구들도 만나고, 취미생활도 하고 하다못해 기원을 가든지 등산을 가든지 하세요. 일주일에 세 번쯤은 바깥에 나가줬으면 좋겠어요. 제발 좁쌀영감처럼 굴지 말고 친구들 밥도 사주고, 술도 같이 마시고 가끔 골프도 나가고 그러시라구요." 퇴직 직후에는 그동안 가족을 위해 직장생활을 해 온 남편과 일에 쫓겨 함께 하지 못했던 취미생활도 즐기고 여행도 다니자며 위로해주던 다정한 아내였지만 한 달을 넘기지 못해 언제 그랬냐며 본색을 드러낸 것이다. 이유는 간단하다. 남편이 직장생활을 하는 지난 수십년 동안 아내는 자기만의 공간인 가정안에서 나름대로의 생활패턴을 만들었고 그 패턴에 따라 누구의 간섭도 받지않고 자유롭게 살아왔기 때문에 어느 날 불쑥 혼자만의 공간에 들어온 남편이라는 존재가 어색하고 불편한 것이다. 사랑이 있다면 그 정도 쯤은 이해하고 받아 줄 수 있는 것 아니냐고 반문할 수도 있겠다. 하지만 사랑으로 불편을 참아내기에는 그동안 두사람 사이에 쌓아놓은 서로에 대한 이해가 너무나 부족한 것이 우리나라 장년, 노년층 부부의 현실이다.

1) 사업 말리는 아내와 마냥 놀 수 없는 남편

MBC 주말드라마 <민들레 가족>에도 정년퇴직한 남편이 등장한다. 회사와 자신의 운명을 동일시하다시피 했던 일중독 남편 상길(유동근 분). 스스로도 회사에 기여한 바가 적지 않다는 자부심을 가지고 있기에 퇴직이라는 현실을 받아들이기가 쉽지 않다. 남편은 한참 일을 하고 있을 낮 시간, 집에서 아내 숙경(양미라 분)과 함께 시간을 보내는 것이 낯설고 불편스럽다. 집안 어디에도 마음을 붙이지 못한 남편은 여전히 회사에 마음 반쪽을 두고 온 상태이다. 미련이 남아 여전히 회사 일에 머리를 쓰고 마음을 쓰지만 회사 역시 퇴직자인 자신이 마음 붙일 곳이 아니라는 것을 알게 된다. 결국 평생을 일중독자로 살아 온 상길은 많은 퇴직자들이 그랬던 것처럼 다른 일거리를 찾아 사업 쪽으로 관심을 돌리게 된다. 그동안 모아둔 재산을 투자해 자기 회사를 차려보려는 것이다. 퇴직자들의 불행은 대부분 이때부터다. 퇴직한 남편이 사업이야기를 꺼내면 아내들의 반응은 어떨까? 아마도 백이면 백 펄펄 뛰며 사생결단 말리려 들 것이다. 드라마속 유동근의 아내 양미경도 마찬가지였다.

"우리가 가진 돈이면 애들한테 손 벌리지 않고도 당신하고 나하고 평생 먹고 살 것은 걱정하지 않아도 돼요. 그걸로 가끔 여행도 다니고 맛있는 것도 먹으러 다니고 당신은 친구들과 운동도 다니고, 그렇게 편히 살면 안되나요? 사업이요? 난 절대 동의못해요. 사업하려면 이혼부터 하고 하세요"

남편의 퇴직을 안쓰러워하고 어떻게든 퇴직한 남편의 기를 살려주려 노력하던 착한 아내마저 폭발하게 하는 남편의 사업. 아내는 남편과의 말다툼 끝에 아예 짐을 싸서 집을 나와 버린다. 남편이 싫고 미워서가 아니라 남편의 잘못된 시도로 부부의 노후가 불안해지는 것을 원치 않고 또한 주변에서 어설프게 사업을 시작했다 실패를 한 퇴직자들의 경우를 많이 보아왔기에 그런 실패를 겪고 싶지 않기 때문이다. 아무 일 하지 않고 집에 있어도 문제, 나가서 사업을 하려 해도 문제. 들어와도 걱정, 나가도 걱정. 사실 당사자들에게는 정말 미안한 말이지만 퇴직한 남편은 아내들에게 커다란 부담이기도 하거니와 풀어야 할 숙제이기도 한 것은 틀림없는 사실이다. 그렇다면 퇴직한 남편의 입장은 어떨까?

남편들이라고 아내가 반대하는 사업을 벌이고 싶을 것이며 남편들이라고 왜 나가서 친구들과 만나 차 마시고 술 마시고, 골프치며 노는 것이 싫을까 싶다. "평생 가져다주던 월급을 가져오지 못한다는 것 때문에 스스로 위축이 되고, 가장으로서 일을 하지 않고 가지고 있는 돈을 곶감꼬치 빼먹듯 빼먹는 것이 불안하기도 하고, 그래서 여러 가지로 자신감이 떨어지는 것이다. 남자들이라고 놀기 싫고 돈쓰기 싫어서가 아니라 벌 때 쓰는 돈은 부담이 되지 않지만 벌지 않고 쓰기만 하는 건 큰 부담이거든. 물론 수십억원대의 재산가라면 다르겠지만 말이야." 함께 TV를 보던 남편이 드라마속 퇴직 남편들의 입장에서 한마디를 한다. 왜 집에만 붙어있는 거지? 왜 혼자 놀지 못하고 젖먹이 아이처럼 아내의 치마꼬리를 붙잡고 늘어지는 건지도 궁금했다. "지금 퇴직하는 우리 세대들이 다 그렇지만 대부분 회사에 자신의 운명을 걸었던 세대들이야. 일중독이라고 할 정도로 자신과 가정을 돌보지 않고 오직 일에만 매달렸던 세대들이지. 그러다보니 이 사람들이 회사일 밖에 모르는 거야. 다른 취미나 놀이문화를 즐길 여유가 있었겠냐구." 말을 하다 보니 남편도 살짝 열이 받는지 목소리가 올라간다. "마누라들 입장도 이해하겠지만 퇴직한 남편보고 나가라고 하면 그 사람들이 어딜 가겠어?

술 마시는 것도 하루 이틀이고 취미생활도 하루 이틀이지. 마누라들이 그렇게 자주 술먹고 놀러 다니면서 모아둔 돈 쓰고 다니면 좋아할까? 아마 그러면 더 못살겠다고 난리들을 칠 걸."

2) 아내들 "회사에서 '퇴직교육'해 줄 수 없나"

남편의 말에 수긍이 안되는 것은 아니다. 앞만 보고 달리다 보니 어느 새 퇴직할 나이가 되어 버렸고 살면서 퇴직까지 준비할 여유가 없었기에 아무런 준비없이 퇴직을 하게 된 것 뿐인데 마누라, 자식들 눈치보며 집안에서 받아야 할 스트레스가 너무나 큰 것이다. "우리도 처음엔 24시간 붙어있는데 미치겠더라구. 시장을 가도 따라 오구, 운동을 가도 따라 오구, 남편이 집에 있으니 편히 친구들을 만나 밥을 먹을 수가 있나, 이웃집 아줌마 불러 질펀하게 수다를 떨 수가 있나. 나갔다가도 밥 때 되면 뛰어 들어오기 바쁘고, 나이 오십 넘어서 이게 무슨 시집살인가 싶더라. 남편하고 하루 종일 집에서 지내봐. 하루 24시간이 왜 그렇게 긴지 모른다니까." 올해 퇴직한 남편과 몇 달만에 그러저러한 일로 크게 부부싸움을 했다는 친구. 그 후 남편도 집에서 지내는 시간보다 밖으로 나가는 시간이 많아졌고 그렇게 조금씩 퇴직생활에 적응을 해가고 있지만 퇴직전과 달리 매사에 소심한 모습을 보이는 남편을 볼 때마다 마음 한구석이 무거워진단다. "아직 너무 젊은데 아무 것도 하지 않고 놀기에는 남은 시간이 너무 많고, 무엇을 시작하기엔 위험

부담이 크고, 퇴직한 사람 다시 받아주는 회사도 없고, 마땅한 소일거리도 없고 내가 봐도 우리 남편 참 답답할 것 같아. 일도 없고, 친구도 없고, 취미도 없고 어쩜 인생을 저렇게 재미없게 사나 싶어. 어떤 땐 불쌍하다니까." 나와 친구들의 나이가 오십에 이르다 보니 바야흐로 베이비붐 세대였던 남편들이 역시 하나 둘 정년퇴직의 대열에 합류하고 있다. 그래서 낮 시간 동안은 집전화로 통화하지 않는 것이 예의가 되어버렸다. 혹시라도 친구 남편이 전화를 받게 되면 서로가 당황스럽기 때문이다. 언젠가는 다가올 거라 예상은 했던 정년퇴직. 하지만 남편들도 그들의 아내들도 정년퇴임 이후의 생활에 대해 전혀 준비한 것이 없기에 당황스럽고, 혼란스럽다.

"남자들 퇴직하기 전에 회사에서 퇴직후 혼자 시간을 보내는 방법, 혼자 노는 방법 뭐 이런 것 좀 가르치면 안되나? 모의창업이나 퇴직후 재취업 교육같은 것도 좀 해주고, 퇴직후 즐길 만한 취미교실도 좀 열어주고, 부려먹지만 말고 퇴직후 인생설계에도 도움이 되어주면 얼마나 좋아." 오죽 답답했으면 회사를 향해 되지도 않을 퇴직전 교육까지 바랄까 싶지만 앞으로 홍수를 이루게 될 베이비붐 세대들의 퇴직을 생각한다면 그리 엉뚱한 발상도 아니지 싶다. 퇴직한 남편들도 그를 바라보아야 하는 아내들도 미리 공부하고 준비했더라면 퇴직후 생활에 적응하기가 이렇게 힘들지는 않았을 테니 말이다.65)66)

21. 20년 벌어 50년 사는 인생설계

이미 평균수명 100세 시대다. 지금 30대는 30년 후에도 살아있을 가능성이 높다. 따라서 30년 후에 평균수명이 100세가 된다면 앞으로 30년 후의 노후가 문제가 아니라 그 후 100세까지가 노년을 설계해야 한다는 계산이

---

65) Emiya_Mulzomdao 10.04.25. 10:12 20년 뒤 우리 모습이다. 준비하자. 지금부터 준비하면 늦진 않을게다.
66) http://cafe.daum.net/middleshoolms/IOC4/6?docid=1Iox1|IOC4|6|2010042510 1158&q=%C5%F0%C1%F7%C8%C4%20%C0%CE%BB%FD%BC%B3%B0%E8(2012.2.1)

나온다. 평균 정년퇴직이 58세인 요즘 60세라고 해도 그 후에 일하지 않고 40년을 더 살아야 할 준비를 해야 하는 것이다. 과연 여러분은 몇세까지 준비를 하였는가? 혹 지금 당장도 힘들지 않은가?[67] 과거에는 오래사는 것이 오복중의 하나였다. 하지만 이제 준비되지 않은 노후는 재앙이다. 구조조정의 칼날을 피해 용케 60세까지 일을 할 수 있다고 쳐도 40년을 일하지 않고 먹고 살 수 있는 준비를 해야 하는 것이다. 앞으로 20년뒤에는 65세 이상 노인인구 비율이 20%를 넘어 초고령화 사회로 도달하는 우리나라는 노인인구 부양문제가 심각할 수 밖에 없다. 국민연금이 그렇고 퇴직연금이 그렇고, 사회적 문제가 될 수 밖에 없는 것이다. 그러나 요즘 30-40대도 한창 일할 나이임에도 불구하고 구조조정의 칼날을 피하기 어렵다.

일자리가 많이 창출되었던 고성장 시대에서 일자리가 별로 없는 저성장 시대로 진입할 우리나라로선 큰 문제가 아닐 수 없다. 나는 하루 빨리 준비하라고 말하고 싶다. 장수가 재앙이 될 수 있는 현실을 어떻게 하면 피할 수 있을까? 방법은 없을까? 하루라도 빨리 시작해야 한다고 말하고 싶다.

50세에 100만원씩 준비하는 것보다 40세에 50만원씩 준비하는 것이 훨씬 쉽기 때문이다. 2002년 일본증권투자신탁협회가 실시한 설문조사에서 미국인 92%, 일본인 34%가 왜 투자를 하느냐는 질문에 노후준비라고 대답을 하였다고 한다. 우리나라는 대부분 노후준비를 하지 않고 국민연금에만 의존하고 있다. 자산관리의 최종 종착역인 노후준비를 계획없이 인생을 설계한다면 아무 계획없이 인생설계를 하고 있다고 볼 수 있다. 자산운용시 저금리도 고려해야 한다. 고성장 고금리 시대인 1990년대처럼 은행이자가 13~15%였을 때는 저축상품으로만 자산운용이 가능했지만 이제는 달라졌다. 저금리 저성장 시대에 돌입하는 만큼 미리 준비를 해야 할 것이라고 본다. 행복한 나의 인생설계는 절대 하루아침에 이루어지지 않는다. 장기적이고 체계적인 준비가 필요하다.[68]

---

67) coma1112 | 2007-01-15 13:13 | 조회 805 | 출처: 재테크 독하게 하는 방법
(http://cafe.dau.)

22. 직장생활하기 힘드시죠?

　힘들고 바쁜 직장생활의 이야기, 여러분께서 담당하고 있는 직무 이야기를 허심탄회하게 이야기해 주세요. 직장생활 25시는 직장생활의 여러분의 스트레스, 고단함을 덜고 즐거움을 함께 나눌 수 있는 이야기 공간입니다.[69] 직장에서도 배려가 필요하다. 직원들을 대상으로 직무교육 혹은 생산성 향상을 위한 교육에만 열을 올리는데 회사에서 직원들의 평생을 책임지지 못할 바에야 입사후 일정 시간이 되면 삶에 대한 다양한 방법의 교육기회를 부여하는것이 필요하다는 얘기다. KT가 아주 모범적으로 하고 있다. KT는 40세 이상을 대상으로 단계적인 교육 프로그램을 운영하고 있다.

　1단계가 자기혁명과정이다. 이 과정에서는 변화관리와 재무관리 그리고 창업에 대한 전반적인 이해를 배운다.

　2단계는 NBP(New Business Plan)과정으로 창업과 재취업 중심의 교육으로 이론보다는 실습중심으로 편성되어 있다.

　3단계는 창업과 경영과정으로 퇴직자나 퇴직예정자와 가족을 대상으로 세부적인 창업교육을 실시하고 있다. 이런 과정들이 자칫 직원을 내보내기 위한 수단으로 오해하는 경우도 있지만 실제로 교육에 참가한 50대 직장인들은 이구동성으로 왜 좀 더 젊었을 때 교육을 받도록 해주지 않았느냐는 의견을 피력하고 있다. 이런 교육을 한다고 해서 금방 모든 문제가 해결되는 것은 아니지만 회사에서 직원들에게 다양한 기회를 부여한다는 측면에서 긍정적인 검토가 필요한 것은 사실이다. 직장인들도 생각을 바꿀 필요가 있다. 언젠가는 그만둬야 할 직장임을 알면서도 미래에 대한 준비에 게으른 것이 사실이다. 주말을 이용하거나 가족을 활용하거나 하는 보다 적극적인 자세로 퇴직후의 인생설계를 준비하는 계획을 세워야 한다. 외국계 반도체

---

68) http://k.daum.net/qna/openknowledge/view.html?category_id=QDC&qid=38Udk&q=%C5%F0%C1%F7%C8%C4+%C0%CE%BB%FD%BC%B3%B0%E8&srchid=NKS38Udk(2012.2.1)
69) 직장에서도 배려가 필요하다. 작성자 : apsxh　2009.11.02 09:55

회사에서 혼신의 힘을 다해온 어느 40대 초반의 퇴직 직장인의 하소연 "내가 인생을 잘못 산 것 같다. 나는 죽도록 일만하면 된다고 생각했는데. 결국 내 인생은 내가 준비하고 설계해야 한다는 사실을 잊고 산 자신이 원망스럽다"는 이야기는 우리들에게 여러가지 생각을 안겨준다. 건강은 건강할 때 지켜야 하고, 미래에 대한 준비는 직장이 안전할 때 해야 한다는 사실을 명심해야 한다. 창업은 본인에게 맞는 아이템을 선정하고 그 아이템을 완벽하게 소화할 수 있는 노하우가 절대적으로 중요하기 때문이다. 이제 직장인들도 주말을 이용한 인생설계를 다시 해야 할 때다.[70]

23. 당신이 꿈꾸는 은퇴후의 어떤 모습

지난해부터 우리 사회는 '은퇴'가 화두였다. 연일 신문, 방송, 광고 등에서 은퇴와 은퇴설계에 관한 중요성이 조명되며 많은 사람들에게 '은퇴준비의 중요성'을 불러 일으켰다. 고령화 사회로 진입하면서 은퇴후에 건강하고 행복한 삶을 살기 위해 돈은 물론 일거리, 취미까지 준비해야 하는 것은 이제 일반상식처럼 되어버린지 오래다.[71] 현재 우리나라는 고령사회로 진입하는 속도가 세계 제1위라고 한다. 이미 65세 이상 인구가 전체 인구의 11.3%를 넘어섰고, 2018년이 되면 노인 인구비율이 14.4%에 이를 전망이다.

고령사회를 목전에 두고 있는 지금, 은퇴설계와 준비는 선택이 아닌 필수이며 희망이다. 최근 한 조사기관이 이상적인 노후생활을 조사하며 '은퇴생활의 롤모델로 삼고 싶은 사람은 누구냐'라는 질문을 하자 38.8%가 이해욱 KT 전 대표를 1위로 꼽았다고 한다. 이해욱 대표는 공직에서 은퇴한 뒤 배우자와 함께 전 세계를 여행하고 있다. 이어 2위로 꼽힌 사람은 정년없이 일하는 배우 이순재 씨다. 이순재 씨는 은퇴를 목전에 둔 40~50대들의 높은 지지를 받아 은퇴없는 삶을 원하는 중년들의 바람을 실감케 했다. 은퇴에

---

70) http://people.incruit.com/community/bbsview.asp?BdNo=129&cmmno=7870 (2012.2.1)
71) 북&다이어리 등록일 | 2011.07.15 조회수 | 4,412

대한 고민은 현재 은퇴를 목전에 앞둔 베이비부머 세대(1946~1965년 출생) 뿐만 아니라 현 시대를 살아가는 모든 이들의 한결같은 고민일 것이다. 미래는 생각보다 가까이 있고, 사회는 빠르게 변하고 있기 때문이다. '은퇴설계'에 관한 관심이 부족했던 과거와 달리 차근차근 준비해 성공적인 은퇴를 맞이한 사람들이 늘고 있는 요즘, 은퇴설계는 남의 얘기만이 아니다. 먼 훗날을 위해 새로운 세상을 예측하고 나이가 들어서도 진정한 행복을 추구하는 것, 그것이 지금 우리가 해야 할 '첫 번째 은퇴설계'다. 이제 만족스러운 삶을 위한 은퇴의 방법을 네 가지 유형별로 살펴보고자 한다.

은퇴의 유형은 각자 다양한 모습으로 살아가는 듯 보이지만 그 방향성과 목적은 '자유'와 '만족'이라는 공통점을 가지고 있기도 하다. 아름다운 은퇴의 각 유형별 특징과 관련된 책을 통해 당신도 지금, 현명한 은퇴설계를 시작해 보길 바란다.

1) 유형 1. 발길 닿는대로, 자유를 찾아 떠나는 '보헤미안형'

인생 최대의 정점을 지나 내리막으로 여겨지는 은퇴. 이 은퇴를 가장 아름답게 보낼 수 있는 방법으로 전통적으로 선택되는 방법은 바로 '여행'이다. 자식들이 보내주는 관광이 아닌, 나만의 자유를 찾아 떠나는 여행은 국내와 해외를 불문하고 많은 은퇴자들의 '워너비'로 꼽히고 있다. 사회생활을 하는 동안, 여행을 다니는 일은 사실 그리 쉽지 않다. 때문에 은퇴후 많은 이들은 자유를 찾아, 혹은 그동안 못 나눴던 가족간의 정을 엮고자 여행을 떠나고 있다. 이런 '보헤미안형'에 가장 잘 어울리는 인물은 이해욱 KT 전 대표다. 최근 '은퇴 롤모델' 1위로 꼽히기도 한 그는 1996년 은퇴후 두 달동안 아내와 약속한 배낭여행에 나섰다.

은퇴후 몇 가지 직함을 가졌지만 더 이상 '자리'에 대한 미련도 없었다. "권력과 돈을 가졌다고 해서 그 삶이 행복하리라는 보장은 없어요. 먼저 커리어적인 성공, 가족의 행복과 같은 가치를 잘 지켜냈다면 제2의 인생에서는 온전히 나를 위해 열정을 바치는 시간도 괜찮다고 생각했어요" 이 대표의 이같은 생각은 은퇴후 그를 '여행가'라는 직함을 가지게 했고, 그는 마침

내 2010년 10월, 전 세계 독립국가 192개국을 여행한 최초의 한국인이 됐다.
<어느 은퇴부부의 해외여행기> <은퇴후 떠나는 배낭여행>은 이러한 '보헤미안'의 삶을 이야기하는 책으로, 은퇴후 제로의 상태에서 여행을 떠나 삶을 즐길 수 있는 또 다른 방법을 이야기하고 있다. 한두 번쯤 자녀들에게 등 떠밀려 해외여행을 떠나본 이는 누구나 있지만 처음부터 스스로 계획하여 여행을 다녀온 이 시대의 어머니, 아버지가 과연 몇이나 될까. 책은 처음부터 차근차근 혼자서 또는 부부가 함께 여행을 떠나는 데 필요한 준비를 하도록 도와주고 여유롭게 여행하며 은퇴후 찾아오는 아름다운 노년을 맞이하도록 이끈다.

2) 유형 2. 은퇴없는 삶을 꿈꾸는 '네버엔딩형'

마흔을 넘어 쉰을 바라보는 대한민국 남자들에게 '은퇴'는 가장 두려운 단어가 되었다. 대부분의 중년 남성들이 은퇴후 어떤 삶을 살까 고민하지만, 어떤 은퇴설계보다도 놓치고 싶지 않은 계획이 있다면 그것은 바로 '은퇴없는 삶'이다. 모두가 은퇴 이후의 삶을 걱정할 때, 자신의 능력과 열정을 끝까지 펼치며 살 수 있다면 얼마나 행복할까. 직장에서 정년이 점점 당겨지고 있는 요즘, 무작정 걱정하기보다는 은퇴 자체를 '새로운 인생의 기회'로 삼고 은퇴후에 제2의 직업을 준비하는 자세 또한 끝나지 않은 내 인생을 위한 설계가 될 것이다. 은퇴없는 삶을 살고 있는 대표적인 인물은 배우 이순재 씨이다. 77살이 된 그는 여전히 새벽 5시면 일어나 촬영장으로 향한다.

모두가 은퇴할 나이에 은퇴는 커녕 제2의 전성기를 맞은 이순재 씨는 드라마와 영화촬영, 대학 강의, 각종 홍보대사 등 하루에도 12가지 스케줄을 소화한다. 그가 이렇게 아무렇지도 않다는 듯 활력이 넘치는 이유는 바로 일에 대한 '열정' 때문이다. "대사 암기력에 문제가 생겨 NG가 반복적으로 되면 그때가 은퇴할 시기"라고 말하는 이순재 씨는 연기만으로 시청자를 행복하게 해주는 한 사람이다. '은퇴없는 삶'을 살기 위해 첫 번째로 갖추어야 할 것은 인생에 대한 '열정'이다. <은퇴없는 삶을 위한 전략> <은퇴없이 할 수 있는 100가지 일> 등의 책에서 강조하고 있는 것도 바로 이것이다.

몸과 마음의 건강은 물론, 사회적, 재정적 안정을 위한 준비사항은 다름 아닌 일에 대한 열정이다. 은퇴없는 삶을 위해서 20대 때부터 목적을 가지고 노후생활을 준비해야 한다고 말하고 있다. 또한 현재 은퇴없이 왕성하게 활동하는 소설가, 요리사, 원예사 등의 실례를 들어 현장감 또한 느낄 수 있도록 도와준다. 잊지 마라. 하고 있는 일에 대한 열정과 자신감만 있다면 제2의 직업을 찾는 것 또한 무리가 없다.

3) 유형 3. 해외에서 전혀 다른 삶을 꿈꾸는 '이민형'

직장에서 퇴직한 뒤 필리핀 등 동남아시아 국가들로 이민을 떠나 살고 있는 은퇴자들이 많다는 이야기를 들어본 적이 있는지. '은퇴 이후 꿈꾸는 귀족생활'이라는 주제로 방송도 된 적 있는 이 은퇴유형은 좀더 여유로운 삶을 꿈꾸는 사람들이 선택한 새로운 생활이다. 선진국으로 이민을 떠나는 사람도 있지만 요즘에는 인건비가 싸고 물가가 저렴한 동남아시아 지역으로 이민의 발걸음을 돌리는 이들도 늘고 있다.

똑같은 돈이지만 골프도 즐기며 한국에서와는 전혀 다른 삶을 살고 있는 것이다. 이런 바람을 타고 '은퇴이민 설명회'까지 차례로 열리고 있어 은퇴 후 이민을 결정한 사람은 점점 늘어나고 있는 추세다. <필리핀 Long stay> <은퇴이민 떠나기 전에 꼭 알아야 할 50가지> 등의 책은 여유롭고 행복한 인생 후반전을 위한 은퇴이민의 모든 정보와 현실을 담고 있다. 은퇴이민을 희망하는 사람들은 점점 늘어나고 있지만, 확실한 준비없이는 오히려 노년의 외로움을 느낄 수도 있는 유형이기에 은퇴이민에는 더욱 철저한 준비가 필요하다. <은퇴이민 떠나기 전에 꼭 알아야 할 50가지>는 은퇴후에 일과 여가활동의 균형을 맞추는 일이 중요하다고 강조하며, 우리나라보다는 은퇴이민 대상국에서 보낼 것을 제안한다. 우리나라에서는 은퇴후 사회적으로 즐길 수 있는 문화가 한정돼 있고, 이에 따른 비용도 만만치 않게 들기 때문이다.

4) 유형 4. 나눔과 나이듦의 아름다움을 실천하는 '사회봉사형'

나이들어 삶을 무기력하게 보내는 실버의 시대는 가고, 은퇴후 삶을 더 가치있게 만들어가는 '파워 시니어'의 시대가 도래했다. '파워 시니어'는 은퇴후에도 삶을 더 가치있게 만드는 사람들을 말한다. 벌어둔 돈을 자식들에게 물려주고 자식들에게 의지하며 살겠다는 사람들이 아닌, 가치있는 삶을 위해 꾸준히 사회봉사를 하며 노년을 보내는 이들이 늘고 있다.

나이드는 것을 서러워하지 않는 이들이 가장 추구하는 삶은 바로 자신을 소중히 여기는 것이다. 봉사와 나눔을 통해 누군가에게 도움이 되는 삶이라면 충분히 의미있는 삶이라고 생각하는 이 은퇴유형은 사회적 의미를 찾음과 동시에 보람까지 느낄 수 있는 '가치추구 삶'이다. <가치있게 나이드는 법>의 저자 전혜성은 "사람으로서 한 생을 살아간다면 자신이 할 수 있는 아주 사소한 일이라도 그것이 나만을 위한 것이 아닌, 앞으로 나와 같은 이상을 추구해가는 누군가에게 도움이 되는 삶은 세상이라는 거대한 수레바퀴를 돌리는 동력이 되는 삶"이라고 강조한다. 과거의 영예에 연연하지 말고 소박하더라도 쓸모있게 나이들어야 한다는 생각이다. <떠나든, 머물든>의 저자 베르나르 올리비에 또한 은퇴후 세계를 돌아다니며 비행청소년에게 재활의 기회를 주는 봉사활동을 하며 삶의 의미를 되찾았다. 나눔으로 다시 시작된 삶, 그것은 은퇴를 어떻게 받아들이고 가꾸었는지에 따라 달라진다.[72]

24. '10년후의 나를' 구체적으로 설계

'현재의 나'를 냉철하게 진단하고, '10년후의 나'를 구체적으로 설계해 주는 저서[73)74)] 모두들 현실이 어렵다고 한다. 미래를 예측하기는 더 힘들다고 한다. 10년 후 한국은 어디로 가고, 20~30년 후 세계는 어떻게 재편될까? 그 속에 나는 어떤 모습으로 서 있을까? 오늘도 사람들은 세상과 호흡하

---

72) http://book.interpark.com/meet/webZineDiary.do?_method=diaryDetail&sc.page=1&sc.row=10&sc.webzNo=12503&listPage=1&listRow=10(2012.2.1)
73) 민도식의 자기경영 콘서트 / 민도식 / 북포스
74) 작성자 : 2068young 2008.11.11 16:17

며 희망과 힘겨움을 배운다. 어떤 이는 기회가 많다고 하고, 어떤 이는 힘들다고 하고, 어떤 이는 무표정으로 서 있다. 폭풍전야에는 이 책의 1장 제목이 그러하듯이 감미롭고 평화로운 선율이 흐르게 마련인데 지금의 우리가 직면하고 있는 시점과 너무 닮아있는 것 같다. 한치 앞을 내다볼 수 없는 현 상황에서 어떤 길을 택해서 가야할지 갈피를 잡지 못하고 있는 우리들의 현실인 것이다. 그렇다면 답이 없다는 것인가? 이 책에서 저자는 인생을 3막으로 구분하여 40대 이후에도 기죽지 않고 신바람을 불러일으키며 당당하고 열정적으로 자기 인생을 지휘해 나가는 길을 터준다. 저자가 정의하는 인생의 3막은 "자신이 평생직장이라 여겼던 회사를 그만두게 되는 시점부터 목숨을 다하는 날까지"이다. 그리고 1막은 출생 때부터 첫 직장이나 자기가 할 일을 준비하는 순간까지, 2막은 오래 근무할 거라고 작정한 직장생활의 출발점부터 그 직장을 그만두는 시기와 전직하여 전 직장보다 같거나 나은 대우를 받는 직장을 그만두는 순간까지로 규정한다. 그런데 인생의 1막은 타율과 자율이 결합된 형태로, 부모나 교육제도의 영향을 크게 받는다. 어떤 부모밑에서 어떤 스승을 만나 어느 학교를 다니느냐가 삶을 좌우한다. 자율적인 요소보다 타율적인 요소가 더 강하다. 2막이 되어서야 비로소 자율이 발휘되는 인생을 접하게 되지만, 목표의 부재와 가족부양 등의 경제적 이유로 인해 자율성에 바탕을 둔 자기경영을 하기는 힘들다.

그렇다면 3막 인생은 어떻게 준비해야 할까? 그 첫 번째는 자신의 마인드를 점검하는 것이다. 지금 다니고 있는 직장에 지쳐 있지 않은지, 재미없고 싫증나고 전망이 불투명하다는 이유로 새로운 직장을 찾거나 창업을 하겠다고 생각하는 건 아닌지를 스스로에게 물어봐야 한다. 그런 다음 목표를 정하고 결단을 하고 행동을 취해야 실패를 줄이고 성공확률을 높일 수 있다. 또한 인생의 3막은 2막을 어떻게 관리했느냐에 따라 크게 좌우된다. 3막에 들어서서 자신을 관리하려 하면 이미 늦다. 조기퇴직이 일반화된 오늘날에는 퇴직후에도 새로운 일을 계속해야만 자기 삶을 유지해갈 수 있다.

이제 우리에게 주어진 것은 '어떻게'만 있을 뿐이다. 그것은 자기 스스로를 발견하는 데서 시작된다. 아마도 이 책이 그 출발점이 되고 변화를 읽어 성공으로 나아가는 이정표가 될 수 있을 것이다. 결국 한 사람의 인생을 결정짓는 가장 중요한 매개변수는 개인이 매일 내린 결정의 합인 셈이다. 인간의 수명이 늘어나 100년 인생을 살아야 하는 지금, 왔던 길보다 가야할 길이 많이 남아 경계에 서있는 우리들에게 저자는 강력하게 이야기한다. 직접 겪은 삶의 과정에서 느꼈던 실패와 성공보고서를 통해 얻은 결론은 개인이 겪고 있는 정체성의 혼란을 스스로 극복할 때 길이 열리는 것이라는 강력한 메시지를 담고 있다.[75]

25. 늙어가는 한국, 고령화 대책 시급

대한민국이 빠른 속도로 늙어가고 있다. 일할 젊은 사람은 줄고, 부양해야 할 노인들은 늘어나는 저출산·고령화가 예상보다 빠르게 진행되면서 근본적인 고령화 대책이 시급해졌다.[76] 고령인구가 앞으로 20년 뒤인 2030년에 인구 10명당 2.5명으로 늘어날 전망이다. 또 50년 뒤에는 고령인구가 10명당 4명으로 급증하고 피부양인구가 부양인구보다 많은 심각한 사태를 맞을 것으로 우려되고 있다. 통계청이 7일 발표한 '장래인구추계'에 따르면 일할 수 있는 생산가능인구(15~64세)는 오는 2016년 3704만명을 정점으로 빠르게 감소할 것으로 나타났다. 생산가능인구는 특히 이른바 베이비부머 세대가 고령인구(65세 이상)로 진입하는 2020년부터 10여년간 연평균 30만명씩 줄어들 전망이다. 또 주요 경제활동인구인 25~49세 인구도 2010년 현재 총인구의 56.8%인 2043만명에서 2050년에는 45.2%인 1145만명까지 줄어들 것으로 분석됐다. 경쟁국들에 비해 높은 경제활동인구 비중은 한국경제가 1950년대 전쟁의 폐허에서 반세기만에 세계 10위권의 경제대국으로 초고속성장을 할 수 있었던 배경이 됐지만, 이제 그 성장동력이 급속도로 약

---

75) http://people.incruit.com/community/bbsview.asp?BdNo=129&cmmno=7391 (2012.2.1)
76) 아주경제 원문 기사전송 2011-12-07 17:18, (아주경제 이상원 기자)

화되고 있는 셈이다. 특히 생산가능인구의 감소와 함께 부양해야 할 피부양인구의 비중도 증가하고 있어 고령화에 따른 고용과 복지대책 마련이 시급한 상황이다. 고령인구는 2010년 현재 545만명으로 전체 인구의 11% 비중이지만, 베이비부머 세대의 고령층 진입 이후 2030년에는 전체 인구의 24.3%(1269만명)를 차지하고, 2060년에는 인구 10명중 4명(40%)이 고령자일 정도로 확대될 전망이다.

여기에 저출산으로 줄어들기는 하지만 2030년 12.6%, 2060년 10.2%를 차지하게 될 유소년인구까지 포함하면 생산가능인구가 부양해야 할 피부양인구의 비중은 급속도로 증가한다. 생산가능인구 100명당 피부양인구를 나타내는 부양비는 2012년 36.8명에서 2040년 77명으로 늘고, 2060년에는 101명으로 부양인구와 피부양인구의 역전이 시작된다. 저출산 고령화로 전체 평균연령대는 계속해서 상승해 2060년에는 환갑에 가까운 나이도 '청년'으로 불릴 정도가 된다. 전체 인구를 연령순으로 정렬해 중간을 차지하는 중위연령대는 2010년 현재 37.9세에서 2030년에는 48.5세로 10세 가량 증가하고, 2060년에는 57.9세까지 높아질 전망이다. 한국보건사회연구원 이소정 박사는 "고령화 사회를 맞아 고령인력 활용을 위한 포괄적인 인적자원개발 시스템을 확립해야 한다"며 "퇴직후 제2 인생을 위한 지원을 제도화하는 등 체계적인 노후설계를 통해 퇴직후 사회참여의 연속성이 담보돼야 할 것"이라고 지적했다.[77][78]

26. 포스코 '그린 라이프 디자인'

더 이상의 불안은 없다. 인생을 새로 설계한다.[79] 직장에서 정년퇴직후 생활을 준비하기 위한 교육을 받는다. '정년은 유한, 미래는 무한'이란 기치

---

77) [아주경제 ajnews.co.kr]
78) http://news.nate.com/view/20111207n23116(2012.2.1)
79) [세상읽기] 포스코 '그린 라이프 디자인' 신고하기 이유리, 2010.05.21 00:23 조회 9 | 스크랩 0 '정년은 유한 미래는 무한'

를 걸고 국내 최초로 정년퇴직 예정자를 대상으로 재취업, 창업, 노후대책 등 인생설계 서비스 프로그램 교육을 실시하는 기업이 있어 주목받고 있다.

지난 1997년 IMF 관리체제 이후 국내 민·관공기업 등 각 분야에서 구조조정으로 대량 실업사태를 유발하면서 고용불안정에 따른 봉급생활자들의 의욕을 저하시키는 등 미래에 대한 불안감이 국민정서에 깊게 뿌리 내렸다.

이런 와중에 포스코가 국내 기업중 처음으로 정년을 1년 앞둔 퇴직예정자를 대상으로 성공적인 제2의 진로개척에 필요한 실용정보와 지식을 제공해 퇴직에 따른 막연한 불안감 해소 및 사회적응력을 배양할 '그린 라이프 디자인'과정을 개발, 지난 10월부터 첫 시행에 들어갔다. 처음 실시하는 포스코의 프로그램은 우선 1단계로 정년을 1년 앞둔 희망자 35명(2002년 1/4~3/4분기 퇴직예정자)을 대상으로 1년간 운영하고 내년부터는 상, 하반기(4, 10월)로 나눠 연 2회에 걸쳐 실시하며 교육은 세계 최대규모의 인력컨설팅 기업인 드레이크 빔 모린 한국지사가 맡았다. 교육 프로그램은 공인된 진단기법을 이용, 개인별 가치관, 성격, 행동양식, 핵심역량 등을 진단 결과 분석된 내용을 기초로 미래의 새로운 진로개척을 위한 개인별 카운셀링을 병행한다. 또 퇴직후 당면하게 되는 변화에 적응하고 유연하게 대처할 마인드를 심어주고 노후의 여유있는 재테크 테크닉, 건강 및 스트레스관리 등을 배우는 과정을 3일간 진행한다. 그리고 주1회 카운셀링 날을 지정, 사외 전문컨설턴트의 자문을 받고 진로개척을 위한 전략수립, 목표설정을 세워 입교생들의 관심이 많은 분야는 특별강좌를 개설, 집중교육하며 현장실습을 통한 체험을 하도록 한다. 아울러 교육이 4, 5개월 경과하면 부부동반 프로그램을 가동하여 부부가 함께 미래를 설계하고 인생의 진정한 의미를 찾을 수 있도록 사외 호텔에서 3일간 합숙으로 운영한다. 결국 이 프로그램에서 가장 중점을 두는 것은 재취업과 창업전략으로 9개월간 집중적으로 재취업 희망자에겐 국내 취업 네트워크를 활용, 각종 정보를 제공받아 자신에게 적합한 취업처를 선택해 이에 필요한 각종 지식을 습득하도록 교육한다.

특히 창업과 재취업에 관심이 많은 희망자를 대상으로 창업현장 체험 위주의 이벤트 수업을 4~5개월간 지속적으로 실시한다. 따라서 4개월동안 격주로 1일씩 8일간 창업 현장체험을 위한 워크숍을 실시하고 다음 2개월은 유망 아이템 선정하여 시장조사 및 사업계획서를 작성하고 입지선정과 개인별 투자규모를 감안하고 철저한 분석을 통해 창업을 돕는다. 그리고 퇴직이 임박한 단계에서는 지금까지 수강한 프로그램을 종합하여 개인별 재정계획, 능력배양 계획, 건강관리 계획, 진로 결정 등 미래의 청사진을 제시하는 마스트플랜을 확정하는 워크숍을 갖고 마무리한다. 또 퇴직후에도 3개월간 지속적인 카운셀링을 온라인을 통해 제공받을 수 있도록 전문컨설팅사와의 창구를 운영하고 체계적인 개인별 데이터를 관리해 상호 정보교환을 할 수 있도록 컨설팅사의 홈페이지를 연결 개방한다.

이번 프로그램 운영에 포스코는 1인당 527만원의 비용을 들이고 인재개발원에 입교한 교육생들에게 2인1실 기준 별도 사무실에 P/C, 전화기, 사무집기 등을 지원하는 한편 사내외 전문컨설턴트들이 상주하면서 맨투맨식 카운슬링, 체험활동 동행, 개인학습지도를 돕는다. 이번 교육에 참가한 서의동(55·제선부)씨는 '1년이란 기간이 부담스러워 입교를 망설이다 교육을 받으면서 자신을 위한 최선의 선택이란 결론을 얻고 윤택한 미래를 위해 새로운 각오를 다지고 있다'며 '정년퇴직 예정자에 대한 회사측의 배려에 감사한다'고 말했다. 박경도(55·스테인레스부)씨도 '정년을 앞두고 장래에 대한 막연한 불안감에 답답한 심정으로 교육에 참가, 아직은 무엇을 할 것인지 결정하지 못했지만 자신감을 얻고 삶에 대한 새로운 의욕을 느낀다'고 말했다. 이번 프로그램 시행을 두고 장모(45·제강부)씨는 '정년퇴직 예정자들과 포스코 직원 모두에게 사기진작은 물론 조직응집력을 향상, 생산성 극대화와 사회적 책임과 역할을 충실하게 한다'며 '직원은 자긍심을, 회사는 책임있는 기업으로서의 이미지 제고에 크게 기여할 것으로 기대된다고 말했다. 컨설팅을 맡은 드레이크 빔 모린 한국지사 관계자는 '평생고용이 붕괴된 현재의 불안정한 고용체계에서 포스코의 정년퇴직 예정자 인생설계 프로그램 시도로 이 문제가 향후 국내기업들의 노사간 이슈로 부각되면서

신고용 창출의 모델로 정착되면 다른 기업에도 상당한 파급효과가 있을 것
으로 예상된다'고 강조했다.[80][81]

27. 교육과 노동시장의 연계를 통한 맞춤형 인재육성의 방향과 과제

교육과 노동의 연계 필요성이 강하게 부각되고 있다.[82] 우리나라의 교육시장과 노동시장은 '따로국밥'이라는 지적을 받고 있는 것이 현실이다. 교육시장에서 배출되는 인력이 결국 노동시장에서 효과적으로 활용되지 못하고 있다는 이야기다. 또한 산업구조 변화 및 취업인력 규모에 교육시장이 적절하게 대응하고 있지 못함에 따라 교육시장과 노동시장간의 시그널이 제대로 작동하고 있지 못한 것이다. 직업교육정책 등 자격제도 뿐만 아니라 프로그램 내용들도 지속적인 연계에 한계를 드러내고 있다. 직업교육전문가들은 직업교육경로에 있어서 전이가능성과 이동성을 매우 중요한 요소로 제시하고 있다(Nijhof·Streumer:1994, Raffe:2001, 2003). 전이가능성은 학습자가 평생학습이나 직장생활을 충실하게 수행하도록 하는 지속가능한 역량 및 스킬 등 학습자의 인지적인 결과를, 이동성은 평생직업이 강조되는 시점에 학습자가 노동시장으로 원활하게 이동할 수 있도록 하는 사회경제적인 결과를 의미한다. 직업교육정책과 연구에서의 교육시장과 노동시장의 연계란 정부정책 간의 상호관계성 중시, 연구사업 추진계획 수립 및 추진과정에서 타 정책, 다른 변수 또는 환경과의 연계성을 항상 고려한다는 것으로 파악된다. 특히 교육시장과 노동시장의 효과적인 연계기제 발굴에 초점을 맞추는 것이 관건이다. 결국 직업교육에서의 효율성 추구를 위해서는 전이가능성, 이동성, 연계성 등이 심도있게 고려되어야 할 것이다.

---

80) 포항=김현수 기자
81) http://club.cyworld.com/ClubV1/Home.cy/54190137(2012.2.1)
82) 평생교육정책 / 평생교육 news 2012/01/11 21:51,
    http://blog.naver.com/silverekchun/140149458220, 교육과 노동시장의 연계를 통한 맞춤형 인재육성의 방향과 과제

1) 국제경쟁력 강화를 위한 산학연계 맞춤형 인재개발 논의

세계은행의 발표에 따르면 우리나라의 경우 국부(國富)에서 인적자산이 차지하는 비율이 88%로 천연자원이 풍부한 미국, 캐나다의 50% 안팎에 비해 매우 높다. 우리의 경제가 국제경쟁력을 갖기 위해서 사용할 수 있는 카드는 결국 쓸모있는 인재개발전략 뿐인 셈이다(2011.12.24 동아일보 시론). 이러한 맥락에서 정부는 최근 특성화고를 산업수요 맞춤형 인력양성기관으로 집중 육성하여 기업의 국제경쟁력을 강화시키려는 정책을 추진하고 있다.

특성화고 선취업 후진학 정책에 따라 대학진학자보다는 취업자수가 크게 증가하고 있으나 여전히 고등학교 졸업생들의 대학진학 선호로 중소기업은 기능인력 구인난을 겪게 되고, 대학 졸업자는 구직난에 직면하는 상황이 벌어지고 있다. 또한 우리나라는 장애인, 여성, 고학력자 등의 고용률이 낮으며, 특히 대졸 이상 고학력자의 고용률(2009년 76.1%)이 낮다(2009년 OECD 평균, 83.6%). 인구의 고령화와 100세 시대 진입으로 평생고용능력개발 요구 증대, 청년 실업난과 중소기업 인력난으로 노동시장 불균형 심화, 사회의 양극화 및 직업교육훈련에 대한 스티그마(낙인효과)로 공정사회 구현 저해, 노동시장의 Job Skill 맞춤형 인재양성에 대한 요구 증대 등이 문제로 지적되고 있다. 이러한 가운데 교육과학기술부가 내놓은 2012년 업무보고에서 '일과 학습의 연계'를 주요과제로 한 정책을 추진하기로 한 것은 매우 환영할 만하다. 우리나라 산업의 국제경쟁력 강화를 위해서는 산학연계 맞춤형 인재양성 전략이 성공적으로 추진되어야 할 것으로 판단된다.

2) 산학 맞춤형 인재개발을 위한 정책개발

교육과 고용불일치 문제를 해소하기 위해서는 연계 기제 발굴, 교육시장과 노동시장 간의 원활한 신호기제 작동 담보, 교육과 노동시장의 긴밀한 협력 네트워크 구축 등 정책적 배려와 과제가 교육정책네트워크에 참여하고 있는 교과부, 연구기관 및 교육청, 학교 등에서 지속적으로 추진되어야 할 것을 제안한다.

첫째, 고용을 우선하는 직업능력개발훈련 정책방안과 졸업후 노동시장 이행 관점에서 교육체제 개편방안 등이 통합적으로 제시되어야 한다.

둘째, 고용안정서비스와 직업능력개발 연계 강화방안 및 직무분석을 통한 교육훈련과 고용의 연계강화를 꾀하는 실제적인 프로그램들이 개발되어 교육현장에 제공되어야 할 것이다.

셋째, 전 국민의 평생고용 역량강화를 위해 노동시장 및 정책현안과제 대응 연구기능을 강화하여 고용과 교육훈련정책 및 자격제도의 연계를 촉진하는데 역량을 집중해야 한다.

넷째, 고용과 교육훈련 연계강화, 일자리 창출, 평생직업교육 정책개발, 취약계층 직업능력개발, 고등교육의 질제고 연구 등을 강화하여 노동시장의 불균형을 해소하고 국민의 고용역량개발을 지원하는 연구 및 사업을 지속적으로 확대 추진해야 할 것이다.

일반 보통교육과는 달리 직업교육은 인간의 학습과 노동을 어우르는 복잡한 사회적인 체제 가운데 하나이다. 따라서 직업교육체제를 변화시킨다는 것 또는 직업교육 체제를 유연화한다는 것은 교육체계 뿐 아니라 사회경제적 체제와 문화적인 전통의 변화도 요구한다(Nieuwenhuis, Nijhof & Heikkinen, 2002). 따라서 인재개발을 통한 국가의 국제경쟁력을 확보해야 한다는 국가적인 전략에 부응하기 위해서 교육과 노동시장의 연계는 효과성, 실효성 측면에서 전반적인 평가 및 재검토가 필요하다. 연계와 관련된 법적 근거, 제도적 기반, 학교체제, 기업체의 인사관행, 산업계의 협력적 역할 분담이 요구된다. 특히, 전경련, 상공회의소, 업종별협의체(Sector Council, SC) 등의 적극적인 참여와 협조가 요구된다.

3) 세계 수준의 직업기술교육(TVET)정책 네트워크 포지셔닝을 위한 제언

우리나라의 직업기술교육은 '기술인은 조국근대화의 기수'라는 구호아래 1960~1970년대 경제성장의 밑거름으로 평가되고 있다. 특히 교육과 노동시장의 연계강화 문제는 직업교육의 핵심 화두이다. 상상력과 창의력을 바탕으로 하는 미래역량 강화를 통해 새로운 교육의 미래비전을 선포하고, 적성과 능력중심의 직업역량을 강화하기 위한 교육정책네트워크의 전략을 제시한다는 차원에서 다음과 같은 몇 가지 제언을 하고자 한다. 특히 교육과학기술부, 연구기관, 시·도교육청의 네트워킹을 위한 연계고리 역할수행에 있어서 다음과 같은 사항을 고려해야 할 것이다.

첫째, 미래사회는 접속을 통한 공감소통과 소셜 네트워크가 강조되는 사회적 특징을 갖기 때문에 교육정책네트워크의 미래역량 강화가 더욱 요구된다. 미래학습사회는 국민 개개인의 소질과 적성에 따라 진로를 설계하고 이에 따라 자유롭게 교육 코스 또는 교과를 선택하도록 하여, 그 결과가 취업으로 이어지도록 설계되어야 한다. 이를 위해서는 다음과 같은 것이 전제되어야 한다.

① 수요자 중심의 교육 프로그램의 지속적 개발을 통해 적성과 능력에 알맞은 직업선택을 보장하여야 한다.

② 노동시장 정보를 통해서 교육의 현장 적합성을 높이고 교육정보를 통해서 배출된 인적 자산의 가치를 확립해 주는 신호기능을 수행할 수 있는 기능을 추진해야 한다.

③ 교육정책네트워크의 현장 적합성을 높여 교육과 노동시장의 연계체제를 확립시키고 직업교육의 효율성과 생산성을 높일 수 있도록 해야 한다.

④ 교육정책은 국가의 인력개발정책 및 경제구조변화에 긴밀히 연동되기 때문에 산업사회변화 및 요구에 신속하게 부응해야 한다.

⑤ 교육정책네트워크에 산업체의 참여를 더 넓게 확대하고, 적극적 협력을 유도하기 위해 평생직업교육관련 네트워크 운영에 산업체 인사를 적극 개입시켜야 한다.

둘째, 미래형 인재육성을 위해서는 교육정책네트워크를 확대하고 운영체제를 개선해야 한다.

셋째, 국민의 개개인 비전, 장래목표, 취업, 취업후 진학계획, 퇴직후 제2의 인생설계 등이 포함된 생애학습계획서(Career & learning plan) 등과 관련된 핵심적인 프로그램 개발 및 보급에 역점을 두어야 한다. 교육정책네트워크가 이러한 협력기반하에 추진되고 작동될 수 있는 보다 강한 네트워킹이 필요하다. "Learning by doing"에서 "Learning by meaning!"의 패러다임 전환을 통해 학습자의 직업선택이 미래의 삶과 어떠한 관계를 맺고 있는지를 명확하게 제시할 수 있어야 한다.

넷째, 교육정책네트워크(시·도교육청 및 교육정책 네트워크 참여기관 포함)의 미래역량 강화를 위해서는 직업역량 개발 및 정보제공을 위한 프로그램 운영체제의 혁신이 필요하다.

프로그램 규모의 최적화, 질적 제고화, 사회적 통합화, 프로그램의 특성화와 연계하여 다양한 내부정책이 필요하다. 미래역량 강화를 위한 시스템 개편, 현장에서 필요로 하는 직무능력 개발체제 구축, 산업인력수요에 부응하는 프로그램 신설, 국민의 직업선택 기회 확대 등의 정책방안이 실효를 거둘 수 있도록 운영체제의 변화가 요구된다. 특히 직업현장 경험의 강화가 무엇보다 중요하다. 기업현장에서의 경험을 통한 학습, 현장학습(work-based learning)은 그 중요성이 더욱 커지고 있다. 평생교육과 결부된 현장경험은 다음과 같다.

①고용주와 구직자간의 상호이해 및 구직·구인 등에 도움이 되어야 한다.
②학습을 맥락이 있고 응용지향적인 것이 되게 하여 프로그램의 질을 높일 수 있어야 한다.
③적극적인 태도를 포함하여 중요한 일반 작업기술을 이해하게 하여 취업을 촉진시킬 수 있어야 한다.

다섯째, 국가직무능력표준 및 자격제도와 연계된 교육 프로그램 개발 및 개발절차를 준용한 직업프로그램 개발기법의 전환이 필요하다. 기존의 교육과정 개발방법에서 탈피하여 국가 수준의 직무능력표준 개발절차 및 내용을 적용한다면, 직업현장의 요구에 적절히 부응할 수 있을 것이다.

교육도 이젠, 서비스 산업이다. 이러한 접근방법은 "삶·일·학습·직업프로그램"으로 통합되는 사이클을 거쳐 향후 우리의 경쟁국과는 차별화된 교육

서비스 경영을 통해 대한민국만의 직업기술교육 분야에서의 전략적 포지셔닝이 가능할 것이다.83)84)

28. 인생설계를 행한 사람들의 삶

인생을 설계하는 것85) 대부분의 사람들은 어렸을 때 하나요, 늙었을 때 하나요. 아니, 대체 어떻게 사람들은 인생설계를 하고 있나요? 궁금합니다.

답변 내용으로서 공무원분들은 공무원연금이라고 해서 퇴직후 사망시까지 매달 일정액이 통장에 들어오고요.86) 금융권에 종사하셨던 분들은 주식과 예금을 통해서 노후관리를 하거든요. 대체로 직업에 따라서 인생설계가 달라지더라구요. 기업에 다니시는 분들은 50세 이후, 안정적인 직장이나 공무원의 직업을 가지신 분들은 60세 이후 주로 여유를 즐기시더군요.

안녕하세요! 인생설계라. 저같은 경우에는 한국사람이고 아직 나이도 안 먹었지만 그래도 인생설계를 열심히 하고 있는 것 같아요.87) 그리고 그것이 안될 경우까지 생각해 놓고 한 20대 초반부터 이제 인생설계를 하지 않겠습니까. 우리 한국사람들은 우선 대학에 가기전에는 대학이 총 목표이지요. 우리나라 사람들은 신기하게도 말입니다. 그렇게 죽도록 공부하고 원하는 과보다는 점수 맞춰서 그렇게 대학 들어가고 이제는 대학에서 시간도 남고, 뭐지 이건 이런 생각으로 살다가 점점 인생에 대해서 압박도 들고 그래서 그때 즈음 해서 인생설계를 하는 것 같더군요. 아무래도 제대로 된 인생설계를 하는 시기는 20대 후반 ~ 30대 초반으로 생각이 됩니다.88) 물론

---

83) 김선태 실장은 국무총리실 정책 평가위원, 고용노동부 직업훈련기관 평가위원을 역임한 바 있으며, 현재 한국직업능력개발원 평생직업교육연구실장으로 근무하면서 교육과학기술부 교육과정 심의위원을 맡고 있다. [출처] 교육과 노동시장의 연계를 통한 맞춤형 인재육성의 방향과 과제|작성자 평교인
84) http://blog.naver.com/silverekchun/140149458220(2012.2.1)
85) dkqrnwjd321, 2010.04.01 10:27 답변 3, 조회 133
86) wjsgmltlr, 답변, 2010.04.01 10:30
87) popcorn42, 답변 2010.04.01 11:06
88) 답변 k-900601, 2010.04.01 17:36

그중에 자신의 길을 일찍 찾은 사람은 10대 후반부터 인생설계를 할 수도 있지만 보통 평범한 사람의 경우 진로를 바꾸거나 하는 등의 변동이 많기 때문입니다.

29. 좋은 친구 많아야 장수

인생 100세 시대다. 과학의 진보가 가져다준 선물이지만 사람에 따라서는 끔찍한 비극이 될 수 있다. 운좋게 60세에 퇴직한다 해도 40년을 더 살아야 한다. 적당한 경제력과 건강이 받쳐주지 않으면 그 긴 세월이 신산(辛酸)의 고통이 될지도 모른다. 그러나 돈과 건강을 가졌다고 마냥 행복한 것도 아니다. 부와 지위가 정점에 있던 사람들조차 스스로 몰락하는 일을 우리는 최근 몇년 사이에도 적지 않게 보아왔다. 서로 아끼고 사랑하는 주위 사람들과 함께하는 인생이 없다면 누구든 고독의 만년을 보낼 각오를 해야 한다. '우(友)테크'의 시대. 재테크에 쏟는 시간과 노력의 몇 분의 일 만이라도 세상 끝까지 함께 할 친구들을 만들고, 확장하고, 엮고, 관리하는 일에 정성을 쏟아야 할 때다. 우리는 지금껏 앞만 보고 달려오느라 공부 잘하는 법, 돈 버는 법에는 귀를 쫑긋 세웠지만 친구 사귀는 법은 등한시했다.

'우테크'는 행복의 공동체를 만드는 기술이다. 행복하게 사는 전략이다. 그렇다면 무엇을 어떻게 해야 할까. 당신이 먼저 연락하라. 우테크는 재테크처럼 시간과 노력을 들인만큼 성공확률도 높아진다. 우연히 마주친 친구와 '언제 한번 만나자.'는 말로 돌아설 것이 아니라 그 자리에서 점심약속을 잡아라. 아니면 그 다음날 전화나 이메일로 먼저 연락하자. 기꺼이 총무를 맡아라. 평생 '갑(甲)'으로 살아온 사람들일수록 퇴직하면 더 외롭게 지내는 것을 종종 본다. 항상 남들이 만나자고 하는 약속만 골라서 만났기 때문이다. 남녀노소를 따지지 마라. 어느 전직 장관 한 분은 요즘 젊은 친구들 만나는 재미에 푹 빠졌다. 영어회화를 함께 수강하는 20대의 친구들과 영화도 보고, 문자메시지도 교환한다. 비결은 다음과 같다.

자기 나이보다 스무살 이상 적은 사람도 언제나 존댓말로 대할 것
혼자서만 말하지 말 것
교훈적인 이야기로 감동시키려 들지 말것
가끔 피자를 쏠 것
매력을 유지하라
항상 반짝반짝하게 잘 씻고 가능하면 깨끗하고 멋진 옷을 입어라
동성끼리라도 매력을 느껴야 오래 간다
후줄근한 모습을 보면 내 인생도 함께 괴로워진다
육체적 아름다움만 매력이 아니다

끊임없이 책도 읽고 영화도 보고 새로운 음악도 들어야 매력있는 대화 상대가 될 수 있다. "우테크'의 일순위 대상은 배우자다. 가장 많은 시간을 보내는 집안에 원수가 산다면 그것은 가정이 아니라 지옥이다. 배우자를 영원한 동반자로 만들기 위해서는 우선 배우자의 건강을 살펴야 한다. 혼자 자는 일도 삼갈 일이다. 자다가 침대에서 떨어져도 모르면 큰일이다. 공동의 관심사나 취미를 만드는 것도 중요하다. 그렇다고 자기 취미를 강요해서도 안된다. 함께하는 취미를 만든답시고 등산하는 데 데리고 가서는 5시간 동안 부인에게 한 말이라고는 빨리 와라는 말 뿐이었다는 얘기를 들은 적이 있다. 그 후로 사이가 더 나빠졌음은 물론이다[89]

30. 나를 위한 인생설계 논어에서 찾기

40대, 논어의 의미를 절감하는 시기, 마라톤으로 치면 반환점에 온 것이다.[90] "마흔을 마라톤에 비유한다면 반환점이라 할 수 있습니다. 경마장의 말처럼 앞만 보고 달리던 30대를 지나 인생을 다시 한번 고민해 볼 때죠.

---

[89] http://club.paran.com/club/home.do?clubid=4050cafe-bbsView.do?menuno=68104-clubno=13930-bbs_no=1POvE(2012.2.1)
[90] ○○○ 교수 "나를 위한 인생설계 논어에서 찾으세요' '마흔, 논어를 읽어야 할 시간' 저자 ○○○ 교수, 출간 4개월만에 2만권 팔려

남은 인생을 내 것으로 만드는 데 논어만큼 깊은 가르침이 없지요."[91]) 10여년 교수생활을 하면서 단행본만 20여권을 집필한 ○○○ 성균관대 동양철학과 교수는 고리타분하게 여기기 쉬운 유학(儒學)의 경전인 사서삼경(四書三經) 중 논어를 으뜸으로 꼽았다. 그가 쓴 20여권의 단행본 중 논어를 주제로 한 책만 5권이나 되는 것도 가르침이 깊어 곱씹을수록 맛이 새롭기 때문이다.

그는 "완전고용·정년보장이 어려워지면서 퇴직후의 인생설계가 중요해져 '인생 2모작'이라는 신조어가 등장했다"며 "논어의 가르침을 한마디로 압축하면 자율적 인간이 되라는 것인데 마흔이 넘어 경력·능력을 되돌아보면서 인생 2모작을 염두에 둔다면 회사와 가족이 아닌 나를 위한 인생을 설계해야 한다"고 덧붙였다. 인생 2모작을 위한 가치관을 논어에서 찾으라고 권하는 그는 "100% 회사형 인간은 퇴직후 배반과 허무로 절망에 빠져 스스로 인생을 파괴하기 쉽다"며 "환갑 이후 새로운 인생을 준비하기보다 지금부터 매일 한 시간이라도 하고 싶은 일을 하면서 '하루 2모작'을 실천해 행복한 인생 후반부를 만들어가야 한다"고 강조했다. ○○○ 교수는 사서삼경이 죽은 경전이 아니라 현대인에게 여전히 중요한 삶의 철학이라는 것을 쉽게 설명하기 위해 커피 이야기를 끄집어냈다. 그는 논어(論語)는 카페모카, 역경(易經)은 에스프레소, 맹자(孟子)는 아이스 아메리카노에 비유했다.

"논어는 문장이 강건하거나 웅변적이지 않고 잔잔하면서도 부드럽고 쉬우면서도 맛이 깊어 카페모카에 비유할 수 있지요. 인생의 기본인 삶과 죽음, 성공과 실패를 다룬 역경은 쓴맛이 기본인 에스프레소에 해당하고요. 씩씩하고 강건해 이상향을 향해 '돌진 앞으로'를 외치는 돈키호테같은 맹자는 청량감이 있어 아이스 아메리카노가 어울립니다." ○○○ 교수가 지난 10월 출간한 '마흔, 논어를 읽어야 할 시간(21세기북스)'은 중장년층을 겨냥해 재해석한 논어로 출간 4개월만에 2만권이 판매됐다. 그는 "인생의 고비

---

[91] 장선화 기자 india@sed.co.kr 입력시간 : 2012.01.09 18:18:29 수정시간 : 2012.01.09 18:18:29

를 넘어 다소 편안해지는 나이가 마흔 즈음으로 인생의 맛을 알기 시작한 때가 아닐까 한다"며 "논어는 문체가 부드럽고 내용이 평범해 자칫 '좋은 말씀' 정도로 치부하기 쉽지만 마흔이 넘으면 논어의 묘미를 절감하는 시기"라고 설명했다. ○○○ 교수는 총선과 대선을 치르는 올해 정치인들이 갖춰야 할 덕목으로 논어의 393절에 있는 '수기안인(修己安人)'을 골랐다. 그는 "정치인은 늘 남을 위해 살겠다고 웅변하지만 스스로 도덕적 수양을 완성하지 못하면 남에게 고통을 되돌려주게 된다"며 "스스로 노력하고 준비하지 않은 정치인이 자리에 오르면 그릇된 판단으로 사람들을 불편하게 만들기 쉽다. 또 부정부패가 만연하게 된다"고 지적했다.

○○○ 교수는 새로운 시대의 경영자를 위한 가르침으로 '박시제중(博施濟衆·널리 베풀고 힘겨운 삶을 함께 풀자)'을 제시했다. 그는 "박시제중은 세상이 나를 위해 돌아야 한다는 사고에서 내가 세상으로 들어가 함께 돌겠다는 방향전환을 의미한다"며 "1970~1980년대 성장제일주의 시대의 이념이었던 사업보국(事業保國)을 대체할 만한 테제(방침)가 될 수 있다"고 했다.

그는 이어 "이익 창출과 주주의 이익을 대변해온 기업이 이제는 소비자에게 눈을 돌려 나눔을 실천하는 기업으로 이념을 재정립해야 할 때"라며 "그러나 기업의 사회공헌은 아직 보여주기식에 머물러 있다. 자사의 재고처리를 위한 연말 불우이웃돕기 행사 등 홍보를 위한 일회성 깜짝 이벤트에 그치거나 비리경영자에게 면죄부를 주기 위한 사재출연, 그리고 재단설립을 통한 세금회피로 이어지기도 해 진정성을 알기 어렵다"면서 도움이 필요한 이웃이 자립할 수 있도록 기업의 나눔도 방향을 전환해야 한다고 지적했다.[92)][93)]

Q : 정년퇴직을 하고 집에서 시간을 보내는 60대 가장입니다. 아내에게 미안하기도 하고 자식들 보기에도 무능한 아버지가 된 것 같아요. 제자리가 없어지는 것 같아 우울해집니다. 자신감을 되찾을 수 있는 좋은 방법이 없

---

92) 출처: 인터넷한국일보
93) http://economy.hankooki.com/lpage/people/201201/e20120109181829118530.htm(2012.2.1)

을까요?94)

　A : 선생님, 60대면 아직 활발하게 활동할 수 있는 나이인데 정년퇴직을 해야 하는 상황이 안타깝습니다. 많은 분들이 같은 고민을 하고 계실텐데 사회와 국가가 이 문제를 해결하기 위해 머리를 맞대고 고민했으면 좋겠습니다. 지금껏 가정을 위해 열심히 일해오신 것을 생각하면 박수갈채를 받아 마땅하다고 생각합니다. 아마 가족 모두 같은 마음일 것입니다. 자신감을 갖기 위해 먼저 규칙적인 생활로 복귀하시기를 권해드립니다. 출근할 때와 같이 기상, 식사, 운동, 수면 등 기본적인 생활을 규칙적으로 유지하셔야 합니다. 신문보기, 독서 등과 같이 지적인 활동을 꾸준히 유지하는 것도 필요합니다. 대인관계를 유지하기 위해 노력하십시오. 친구, 친척들도 만나고 인터넷 동호회 등에 가입해 활발히 활동하시면 좋겠습니다. 그리고 나를 필요로 하는 곳을 찾아보십시오. 이 사회에는 도움의 손길을 기다리는 여러 곳이 있답니다. 당장 돈을 벌 수 없더라도 보람을 느낄 수 있는 곳이면 좋겠습니다. 결국 직장생활을 할 때처럼 열정을 유지하기 위해 노력하시고 평소에 계획했던 일, 시간제한으로 못했던 일을 할 기회가 왔다고 생각하면 마음이 달라지지 않을까요? 앞으로 남은 삶은 깁니다. 20년은 충분히 남았다고 생각됩니다. 인생 1막도 열심히 했던 사람들의 무대였던 것처럼 인생 2막도 마찬가지일 것입니다. 힘을 내신다면 충분히 보람찬 삶을 사실 것이며 자신감도 회복될 것이라 확신합니다.95)

31. 공무원연금지 취재 참고자료

　○○○ 선생님 안녕하십니까? 저는 매월 공무원연금지를 받자마자 ○○○님이 취재하여 글을 올린 "요즘 어떻게 지내십니까?"를 감명깊게 읽습니다.96) 전국 여러 곳을 찾아 다니시면서 우리 연금수혜자의 퇴직후의 생활

---

94) ○○○, 경기 부천시
95) http://lady.khan.co.kr/khlady.html?mode=view&code=4&artid=201201101216051&pt=nv(2012.2.1)

상을 생생하게 전하여 주시니 더욱 고맙고 감사합니다. ○○○ 선생님! 강원도청 출신 공무원들의 특별한 장수모임을 한번 취재하시지 않겠습니까?

개인 연금수혜자의 활동상 취재를 한번쯤 접고서 연금수혜자의 단체 취미활동상을 취재해 보심이 어떠하신지요. 아니면 제가 보내드리는 활동내용을 참고하시어 연금지에 올릴 수 없는지요.「부광장수회(富光長壽會)」란 이름을 가진 우리 모임은 강원도청에서 30년 이상 몸담았던 공직자들이 퇴직후의 여가활동으로 골프와 등산 운동으로 노후의 건강을 챙기고 매일 점심식사를 함께 하면서 친목도모를 목적으로 뜻을 같이 한 모임이 1996년 4월9일에 결성되었으니 벌써 16년 가까운 진짜 장수모임이 되었습니다. 이 모임은 강원도지사, 부지사, 도의 국 과장을 비롯하여 시장 군수를 역임한 회원과 6급 공무원 출신들이 모여 창립하였습니다. 창립 당초에는 14명이던 회원이 25명까지 늘어나더니 그동안 타계한 분과 거동 불편한 회원을 제외하여 지금은 20명의 회원이 매일 만나고 있습니다. 우리 모임은 매월 1인당 10만원의 회비를 모아서 매월 1~2회의 골프운동을 하고 매주 화요일에는 희망회원들이 춘천 근교산 뿐 아니라 여러 지역의 유명산에 등산을 하면서 노후의 건강과 심신을 단련하고 있습니다. 현직에 있을 때 매일 직장에 출근하던 습관 때문에 집에 있을 수가 없고 집에 있는 것 보다 밖에 나가는 것이 건강에 유익할 것 같아서 우리 회원들 모두가 아침식사 후에 한결같이 매일 일정한 장소에 모여 담소를 하다가 점심을 하면서 약간의 술과 차를 마시면서 재미있는 얘기꽃으로 화기애애한 시간을 가지면서 친목을 도모하고 있습니다.

우리 모임의 15년 8개월동안 모임과 회식 등의 통계를 내어 보았습니다. 우리들은 골프 운동을 연인원 1,700여명이 440개팀을 구성하여 넓은 초원에서 120회의 골프 라운딩을 하였고 등산을 연인원 6,700여명이 750회 정도 하였습니다. 그러나 무리한 등산은 하지 않고 2~4시간 정도의 시간이 소요

---

96) 제목 『공무원연금지 취재 참고 자료』, 받는사람 : 공무원연금지 기획 취재팀 "이수인" 〈wood74@geps.or.kr〉, 보낸 날짜 : 2011년 12월 22일 목요일, 21시 39분 46초, 보낸 사람: 이종영 〈jylee1026@hanmail.net〉

되는 험하지 않는 산을 이용하기 때문에 우리들에게 알맞는 운동이 됩니다.

　또한 설과 추석날을 제외하고 하루도 걸러지 않고 매일 하는 점심식사 회수가 15년 8개월동안 4,890회에 식사인원이 51,900여명에 달합니다.

　이 숫자는 회원 20명이 하루 평균 11명이 점심을 한 것이고 식사와 더불어 마신 주량이 총 1,820병으로 1일 평균 2.2병을 마시면서 시국 논쟁과 덕담과 대화를 나누었습니다. 이외에도 우리 모임에서는 강원지역에 수해 또는 태풍피해 등이 있었을 때 과거 공직자 시절의 어려움을 알기 때문에 수해의연금도 납부하였고 불우이웃돕기, 학교 운동부 지원, 축의금, 조의금, 치료비 지원, 개업 축하 등의 지원도 하고 있습니다. 우리 모임이 이렇게 연금수혜자 모임에서 찾아 볼 수 없을 정도로 20명 인원으로 구성된 모임이 퇴직후 15년 8개월동안 매일 같이 만나서 점심을 같이 하고 운동을 함께 하는 모임은 우리 모임이 유일하다고 생각됩니다.

　여하튼 우리 모임이 꾸준하게 장기간 지속되고 있는 동기는 순번으로 돌아 오는 회장 중심으로 단결하고 협조하고 양보하여 상부상조하는 마음을 같고 있기 때문이며 가정에서의 도움으로 우리 회원들이 건강을 유지하도록 뒷바라지하여 주기 때문이라고 우리 모두들은 생각하고 있습니다.」 이상입니다. ○○○ 선생님 꼭 취재하여 주시기 바랍니다. 저는 현재의 회장 "○○○"입니다.[97]

32. 세상사는 이야기

　옛말에 선비는 삼상(三上)이고 상인(商人)은 삼동(三動)이라고 했습니다.[98] 선비는 말위에서, 화장실에서, 정자 위에서 시상이(詩想) 떠 오르고, 상인은 발을 부지런히 움직이고, 머리를 부지런히 움직이고, 돈을 부지런히 움직여야 된다는 얘기지요. 고인이 된 정주영씨의 유명한 얘기가 있지요.

---

97) http://blog.chosun.com/blog.log.view.screen?logId=6157119&userId=hanks35 (2012.2.1)
98) 2011/09/16 20:05 | 조회수 108, 고도리햅번

직원들이 일을 잘못하면 "빈대만도 못한 놈들"이라고, 막노동판에서 일하던 때의 이야기지요. 정주영씨가 하루 종일 피곤하게 일하고 잠을 잘려고 하면 이놈의 빈대 때문에 잠을 설쳐서 책상 위로 옮겨서 자는데 빈대가 책상다리를 타고 올라와서 또~물더라는 겁니다. 다음 날은 대야에 물을 받아서 책상다리 네개를 담궈놓고 자는데 그래도 또 물길레 불을 켜봤더니만 이놈의 빈대가 전깃줄을 타고 내려와 떨어지면서 물더라는 겁니다.

미물인 빈대도 먹고 살려고 이렇게 머리를 쓰는데 하물며 사람이야 더 말할 나위가 있겠습니까? 70년대까지만 해도 한 가정에서 남자 혼자만 벌어도 먹고 살만 했지만 이제는 부부가 같이 벌어도 경제가 어려운 세월이 되었습니다. 쌀과 금이 화폐가치의 기준이고 먹고 사는 문제가 인생의 목적이였던 시절은 지나가고 이제는 인간답게 문화생활을 즐길 수 있는 양질의 삶을 살려고 하니 어쩔 수 없는 일이겠지요. 호주제 폐지로 인하여 가장의 자리는 없어져 버리고 평생을 다니던 직장을 퇴직하고 나면 더 이상 갈 곳이 없는 애물단지가 되어서 집안에서 서열도 애완견만도 못한 신세가 되는 지금의 현실은 정말로 세월이 어디로 가는 건지 알 수가 없습니다. 한 인생이 가족을 위해서 평생을 일하고도 가정에서 홀대를 받는다면 뭔가 잘못된 것은 분명하지요? 심지어는 삼식(三食)이라고 하루 세끼를 집에서 밥을 먹으면 냉대를 받는다고 할 일도 없이 지하철안에서 배회하는 가장들이 부지기수지요. 어느 시점이든 "나는 아버지가 싫으니까 엄마 성으로 할꺼야"하면 모계혈통이 되는 거지요. 유전학적으로야 어차피 DNA가 절반씩 섞여서 후손들이 태어나겠지만 나중에는 남매끼리도 결혼을 하게 되는 이상한 가정이 생겨 날 수도 있습니다. 법에서는 동성동본의 혼인을 반대하면서 호주제 폐지라는 이상한 법을 만드는 사람들의 속 마음을 알 수가 없군요. 여성 유권자들의 표를 의식한 걸까요? 과수원에서도 부사가 많지만 변두리에 반드시 품종이 다른 토종 능금나무가 있지요. 같은 부사끼리 수정이 되면 크기는 물론이고 모양도 이상한 사과가 달립니다. 우리 속담에 "처갓집하고 변소는 멀어야 된다"는 데는 상당한 이유가 있었습니다.

옛 어른들이 혼인을 멀리하는 이유는 좋은 자손을 보기 위함이였습니다. 법원 판결에 출가외인이라도 친정에 재산권이 인정된다는 판결이 있었지요? 그러면 여자는 양다리를 걸치고 있는데 시가(媤家)에도 벌초를 하고 친가에도 벌초는 물론이건만 봉제사도 해야 되는데 현실은 그렇지가 않지요.

누구나 의무를 다 했을 때 권리가 발생하듯이 앞으론 여자도 군대에 가야 된다고 봅니다. 이웃한 북한도 그렇고 이스라엘도 여성의 병역의무를 당연시하고 있습니다. 똑같은 나라안에서 누구는 국민이 아닙니까? 이제는 여자들의 위상이 남성들보다 위에 있는데 말입니다. 피끓는 시기에 남자들은 근 2년이라는 세월을 국방의무를 하는데 국가시험에 남자들만 가산점을 준다고 불만을 하고 있으니 여자들도 당연히 군대를 가는 것이 타당하겠지요.

옹졸한 발상이라고 할런지는 몰라도 옛말에 "성인도 시류를 따른다"고 했지요. 나중에는 남자들이 살림하고 여자들이 사회활동을 하는 시대가 도래할지도 모릅니다.

언론매체들도 잘못은 있지요. 평생을 윗사람 눈치보면서 힘들게 돈 벌어오는 남자들의 노력은 당연시 하면서 여자들의 가사노동을 돈으로 계산하는 이상한 풍토를 만든 것이 언론이지요. 어릴 때 보았던 "자이안트"라는 영화에서 남편이 군대에 가니까. 여자가 그 많은 농사를 모두 짓더라구요. 어린 마음으로 느낀건 "아~!! 미국은 저러니까 여자한테 잘하는구나"하는 생각이 들더라구요. 부부는 동등한 자격이라고 법에는 명시를 해놓고 사회분위기는 여성들이 한 발 앞서가는 우위를 지키고 있는게 현실이지요. 세상에서 위험한 일이나 힘쓰는 일은 모두 남자들이 도맡아 하고 있으며 아기를 출산하는 것 빼고는 전문인들은 남자들이 대부분이지요. 세상 모든 것은 각자가 제자리를 지키고 있을 때를 평화스럽다고 얘기를 하지만 현실은 퇴직한 남자들이 여자의 발목을 잡는 것처럼 위상을 비하하는 사회풍토도 문제가 많은 것 같습니다.[99]

---

99) http://club.paran.com/club/home.do?clubid=damoon24-bbsView.do?menuno=
3976321-clubno=1589160-bbs_no=1Q4RF(2012.2.1)

제2장 퇴직후의 직업과 일자리 탐색

1. 일자리가 복지

'준비없는 은퇴후 자영업'[100] 음식점·도소매업 이미 포화상태. 경기도 시흥시 아파트 밀집지역에서 고깃집을 운영하던 ○○○사장(65)은 퇴직전 정부 중앙부처에서 '꽤 잘 나가는' 공무원이었다. 그러나 식당을 개업했다가 두 차례 쓴맛을 본 뒤 최근 점포를 정리했다. 종업원을 채용할 여력이 없어 하루 12시간씩 부인과 함께 일했지만 돈을 벌기는 커녕 오히려 빚이 수천만원 늘었기 때문이다. 몸과 마음이 지칠대로 지쳤다. 결국 귀농하기로 뜻을 굳혔다. ○○○사장을 만난 창업 컨설턴트들은 "장사할 준비가 전혀 안돼 있었다"고 냉혹한 평가를 했다. 이 고깃집이 위치한 상가 주변에 식당이 20여곳이나 들어서 있었다. ○○○사장 고깃집의 맛은 인근 음식점에 비해 특출한 편도 아니었다. 게다가 그는 잘 웃지도 않아 손님으로부터 인기를 끌지 못했다. 주력 요리가 한우이다 보니 경기침체의 영향도 가장 먼저 받았다.

은퇴한 사람들이 과거 경력을 활용할 수 있는 일자리를 찾기가 쉽지 않다. 그래서 ○○○씨처럼 은퇴자들의 대부분이 자영업으로 몰린다. 전문성이 없다 보니 성공기를 쓰기보다는 눈물을 삼키면서 가게 문을 닫는 사례가 더 많다. 이미 포화상태인 음식점이나 도소매업 등에 준비없이 뛰어든다. 통계청이 집계한 자영업자 수는 작년 11월 566만6000명이었다. 2006년 5월부터 꾸준히 감소하다가 5년2개월 만인 작년 8월부터 다시 늘기 시작했다. 지난해 9월 8만8000명, 10월 10만7000명, 11월 13만5000명 등으로 증가폭도 커지고 있다. 5인 미만 영세 자영업자 중 50대 비중은 55%를 넘는다.

---

100) 입력: 2012-01-13 16:52 / 수정: 2012-01-16 00:20

창업전문가들은 신규창업자의 성공확률이 '15%가 채 안된다'고 지적했다.
　한 창업 컨설턴트는 "매출부진으로 컨설팅을 의뢰해온 자영업자 중 3분의 1은 당장 폐업해야 할 정도로 '답이 안나오는' 케이스"라며 "많은 은퇴자들이 창업전 최소한의 교육도 받지 않고 의욕만 앞서 시작했다가 망하는 사례가 많다"고 전했다.101)102)

2. 정년퇴직후 구직 0.27%

　50대 이상 고령인구가 직장을 그만두면 딱히 일자리가 없어 고령화 인구의 공동화 현상이 새로운 사회문제로 대두되고 있다. '일하고 싶다. 정신적으로 육체적으로 아직도 한참 일할 나이에 구조조정이다 뭐다 해서 그만둬야 하는 50대 후반의 간절한 소망이다. 하지만 정년퇴직후 50~60대 정정한 노인들이 일자리를 찾기 힘들자 아예 구직활동 자체를 포기하는 사례가 늘고 있다. 인터넷 취업전문업체 인크루트(www.incruit.com)가 50대 이상 고령인구의 구직활동을 조사한 결과 전체 구직자(21만1464명) 중 50대 이상 구직자는 0.27%(574명)에 불과했다. 이 중 임원급은 28.2%(162명)에 달해 전문직 종사자들의 구직활동이 활발한 것으로 조사됐다. 그러나 162명 중 150명이 50대에 몰려 있었으며 60대 이상 임원급은 12명에 그쳤다. 영업 및 영업관리직도 18.3%(105명)나 됐다. 자신만의 기술력을 갖춘 기술직도 12.9%(74명)에 달해 비교적 왕성한 구직활동을 펼친 것으로 나타났다.
　이와 달리 일반 사무직과 정보통신, 인사·총무분야의 구직자는 각각 3~1%대로 저조했다. 이같은 현상은 전문직 종사자들이 자신의 기술과 능력을 살려 적극적으로 구직활동을 하는 반면 기술이 없는 일반 사무직 종사자들은 나이제한 등으로 자신감을 잃고 구직활동을 아예 포기하기 때문인 것으로 풀이된다. 더큰 문제는 대부분 기업에서 노인들의 생산성 저하를 인

---
101) 임현우 기자 tardis@hankyung.com
102) http://www.hankyung.com/news/app/newsview.php?aid=2012011397581(2012. 2.1)

식해 재고용을 꺼리고 있다는 데 있다. 현재 우리나라는 65세 이상 노인이 전체 인구의 8%로 이미 고령화 사회에 진입한 상태다. 따라서 노인들도 생산활동에 참여할 수 있도록 적극적인 지원이 필요한 시점임에 틀림없다. 전문가들은 노인들이 생산현장의 한 집단으로 인정받기 위해서는 정부가 나서 기업이 노인을 채용하면 보조금 지급 등 인센티브를 주거나 연령을 이유로 해고하면 불이익을 주는 제도를 도입해야 한다는 입장이다.[103)104)]

3. 중년남성 취업은 하늘의 별따기

통신회사 연구소장으로 일한 ○○○(53)씨는 지난 2007년 1월 회사가 다른 곳에 인수합병돼 정든 직장에서 퇴사했다. 관리직으로 오래 근무해 일자리를 어렵지 않게 구할 수 있을 것으로 생각했지만 3년이 지난 지금까지도 실업자 상태다.[105)] ○○○씨는 "해마다 연봉이나 근무조건 등 기대치를 15% 이상 낮추고 있지만, 나이도 많고 시장환경도 좋지 않아 일자리 찾기가 어렵다"고 말했다. 구직 포털사이트 등을 통해 백방으로 알아보고 있지만, 대부분 서류심사에서 탈락하고 최종 면접까지 가본 곳은 4~5곳에 불과하다. ○○○씨는 자녀들이 아직 대학원생·대학생이기 때문에 적어도 3~5년은 직장생활을 해야 한다고 생각한다. 그는 "아직은 '노후보장'이라는 개념을 생각할 여유가 없다"고 말했다. 베이비붐 세대는 스스로를 '젊은 노인'이라 생각해 퇴직후에도 다들 재취업을 생각하지만 현실적으로 재취업은 '하늘의 별따기'다.

미래에셋퇴직연금연구소가 지난해 55세 이상 은퇴자 500명을 설문조사한 결과, 은퇴자의 34%는 은퇴후 근로활동 경험이 없는 것으로 나타났다. 근로활동을 경험한 사람도 정규직이 아닌 기업체 아르바이트 일을 했거

---

103) 고성훈 기자 ksh127@mk.co.kr
104) http://info.incruit.com/news/?action=r&p=&id=32398(2012.2.1)
105) 천사와 악마 (eh***), 조회 579 10.01.10 16:00, 트위터싸이월드more페이스북미투데이

나(63.5%), 창업(18.2%), 돈을 받고 가족의 일을 돕는 경우(9.4%)가 많았다.

재취업이 어려운 경우에는 창업으로 눈을 돌리기도 한다. 다음 달에 H대기업의 대구사옥 관리사무소장에서 정년퇴임하는 ○○○(55)씨는 '인생 2막'을 어떻게 살 것인지 고민하다 재취업이 어렵다는 결론을 내렸다. 대신 개인사업을 할 생각으로 애견농장을 계획하고 있다. ○○○씨는 "퇴직후 남보다 잘할 수 있는 일이 별로 없는 것 같아서, 취미로 즐기면서 할 수 있을 만한 일을 구상하고 있다"고 말했다. 이경희 창업전략연구소장은 "재취업이라는 것이 말처럼 쉬운 것이 아니기 때문에, 많은 퇴직자들이 창업시장으로 몰린다"며 "베이비붐 세대 은퇴가 다가오면서 지난해 연말부터 창업상담을 문의하는 베이비붐 세대가 크게 늘었다"고 말했다. 몇몇 비영리단체나 지방자치단체 등에서 고령자 인재은행 등을 운영하며 베이비붐 세대 재취업을 돕고 있지만 효과는 제한적이라는 지적이 많다. 고령자 인재은행 등에서 주선하는 일자리가 대부분 가정도우미·간병인·경비·주차관리 등 단순직이거나 중견전문인력 고용지원센터의 경우 ▲정부기관 4급 이상 ▲교원 이상 등으로 대상자가 좁기 때문이다. 정부의 재취업 대책도 대개 65세 이상 고령자에 초점이 맞춰져 있어, 상대적으로 젊고 취업시장에서 벗어난 기간이 짧은 베이비붐 세대는 사각지대에 놓여 있다.[106]

4. 노인 일자리 찾기 캠페인

"서비스는 친절하게 추억은 덤으로 드립니다"[107] 부모님과는 사뭇 다른 푸근함을 선사하는 할머니 할아버지, 그들에게서 느끼는 추억을 서비스와 함께 선서하는 노인일자리사업이 있다. 청주 우암시니어클럽이 진행하고 있는 은빛 맥가이버사업단과 할머니 손맛도시락사업단이 그것이다. 청주

---

106) http://bbs1.agora.media.daum.net/gaia/do/debate/read?bbsId=D115&articleId=851689(2012.2.1)
107) 스크랩] 〈기획〉노인일자리찾기 캠페인, 초록바다 | 조회 14 | 추천 0 | 2008.12.18. 11:19

우암시니어클럽은 청주시 상당구 지역의 노인들에게 알맞은 일자리를 개발 보급해 경제활동의 여건을 제공하고 이를 통해 사회활동 참여기반을 확보하기 위해 노력하는 노인일자리창출 전문기관이다.

1) 무엇이든 고쳐드립니다-은빛 맥가이버사업단

은빛 맥가이버사업단 참여자들이 접수가 들어온 주택 등을 방문해 시설을 보수한다. 볼펜과 구두굽, 모자와 옷가지 등을 이용해 늘 기발한 아이디어로 물건을 만들어 내던 맥가이버를 기억할 것이다. 맥가이버와 같은 손놀림으로 고장난 기계를 고쳐주고 집안 곳곳을 수리해주는 이들이 있다. 물론 흰머리와 주름살이 더 많은 60대 이상의 노인들이지만 고객들의 문의가 끊이지 않는다. 젊은 수리공에게 느끼는 왠지 모를 위협과 불안함을 덜 수 있다는 이유에서다. 은빛 맥가이버사업단을 꾸려나가는 청주 우암시니어클럽의 신병호 팀장은 "퇴직전 건축과 설계계통에서 근무하던 유경험자 중에서 선발된 이들이기 때문에 노련한 손놀림을 기대해도 좋다"라고 자랑하며 "지역 인테리어업체와의 연계를 통해 기술교육을 수행한 후 일반가정으로 출장가기 때문에 노인이라고 해서 새로운 기계에 적응하지 못할 거라는 편견을 없앴다"고 전했다. 또한 여름이나 겨울에는 장마와 동파로 인해 수리 문의가 많은 편이며 혼자 사는 여성이나 아이가 혼자 있는 집 등에서 선호하는 편이라는 말도 덧붙였다. 현재 사업에 참여하고 있는 이들은 전기와 수도, 보일러 등에 각 1명씩 4명이며 기본급 20만원에 개인별 월 실적 배분금이 추가로 주어진다.

2) 잊을 수 없는 맛-할머니 손맛도시락사업단

신선한 식재료로 도시락을 만들고 있는 역할은 할머니 손맛도시락사업단 참여자들의 몫이다. "할머니가 만들어 준 백김치와 장조림은 엄마가 만들어 준 것보다 딱 곱절만큼 맛있었다" 음식점 앞에 할머니가 붙는 '할머니 OO집'은 이제 음식점의 단골 이름표가 됐다. 그만큼 할머니들의 손맛에 사람들이 열광하기 때문이다. 그렇다면 할머니가 되면 누구나 음식솜씨가 좋아지는 걸까? 물론 예외도 있겠지만 손자 혹은 손녀를 향한 애정이 덤으로 들어가 더 맛있었던 것이 아닐까 짐작해 본다. 세월이 흐른 지금, 할머니들의 손맛을 이용해 노인일자리사업으로 유도한 청주 우암시니어클럽은 '할머니 손맛도시락사업단'을 꾸리고 주민들의 입맛잡기에 나섰다. 할머니 손맛도시락사업은 신선한 식재료를 공급해 사업장 노인들이 직접 음식을 만들고 일회용 용기가 아닌 도시락에 음식을 담아 배달과 회수까지 도맡고 있다. 한번 먹고 버리는 용기가 아니기 때문에 도시락을 수거하며 좀더 정을 나눌 수 있다는 점과 음식에 대한 신뢰를 수거시 전달할 수 있어 일반도시락 배달사업과 차별을 뒀다. 할머니의 손맛을 느낄 수 있는 양념과 밑반찬 덕분에 점심시간에는 인근 직장인들의 주문도 늘어나고 있다. 현재 사업에 참여하고 있는 노인은 총 5명이며 이들 역시 월 기본급 15만원에 수익현황에 따른 배분금이 지불된다. 청주 우암시니어클럽측은 "다른 지역에도 밑반찬 사업과 도시락 사업을 진행하고 있지만 참여 노인들의 손맛 하나는 자랑할 만하다"며 "타지역과 차별화 전략으로 수거까지 진행하는 도시락사업을 진행하게 됐다"고 설명했다.[108)109)]

5. 50세 넘어 퇴직시 재취업 가능성

요즘 지하철을 타보면, 시간에 관계없이 항상 차 있는 자리가 있습니다. 바로 '노약자석'인데요, 노인 인구가 급격히 증가하다 보니 이제는 지하철의 일반석을 줄이고, 대신 노약자석을 더 늘려야 되지 않을까하는 의견도 조심스레 제기되고 있습니다.[110)] 65세 이상 인구가 차지하는 비율이 7% 이상이면 고령화 사회라고 하는데요, 우리는 2009년 현재 10.7%로 이미 7%를

---

108) 서희정 기자 hans@bokjinews.com, 등록일:2007-08-17/수정일:2007-08-17
109) http://cafe.daum.net/suurring/20e4/266?docid=xqaT|20e4|266|20081218111914&q=%C5%F0%C1%F7+%C8%C4+%C0%CF%C0%DA%B8%AE+%C3%A3%B1%E2(2012.2.1)
110) 일자리 나누기, 4대강 살리기 | 조회 11 |추천 0 | 2009.10.21. 11:39, 50 넘어 퇴직해도 재취업 가능할까?

훨씬 넘었습니다. 65세 이상 인구가 총인구에서 차지하는 비율이 20% 이상이 되는 초고령사회가 되기까지 그리 오랜 시간이 걸리지 않을 것이라는 전문가들의 의견도 있고요.

1) 노인자살률, 범죄률 급증

의료과학의 발달로 건강하게 장수할 수 있다는 점은 아주 반가운 일입니다. 하지만 그에 따른 사회적 문제도 무시할 수 없는데요, 이는 급증하는 노인자살률만 봐도 알 수 있어요. 통계청에 따르면 2004년 이후 해마다 평균 4300명 정도의 노인이 자살로 삶을 마감한다고 합니다. 증가속도 또한 빨라 지난 10년동안 세 배 이상 뛰었고요. 우리나라의 노인자살률은 경제협력개발기구(OECD) 회원국 중 가장 높은 수준입니다. 뿐만 아니라 노인범죄율도 나날이 증가하고 있는데요.

살인, 강도, 강간, 방화를 '4대 강력범죄'로 꼽는데, 이와같은 범죄를 저질러 검거되는 노인의 수가 최근 4년간 46.1%나 증가했습니다. 이와같은 노인문제는 왜 발생할까요? 많은 전문가들은 사회적 경제적으로 노인들이 소외되고 있는 점을 그 이유로 들고 있습니다. 살아갈 날은 길어지는데, 정년퇴임의 시기는 빨라지고, 그에 따라 이 사회에서 노인들이 설 수 있는 자리가 갈수록 줄어들고 있기 때문이라는 것이죠.

2) 60세 이후 새로운 삶 찾은 사람들

모든 노인들이 이처럼 불행하고 무기력한 삶을 사는 것은 아닙니다. 본인의 의지와 능력에 따라 새로운 삶을 시작하시는 분들도 많아요. 서울시 종로구에 위치한 희망제작소 이곳에서는 시니어들의 모임인 '희망도레미'가 활동하고 있는데요, 이곳의 시니어들은 현직에서 은퇴한 후, 제2의 인생을 그 누구보다도 활기차게 살고 계십니다. 희망도레미의 대표인 ○○○님(63)은 한 은행의 부은행장으로 재직하다, 은퇴후 자신의 경험과 능력을 살려 사회에 공헌하고자 뜻이 맞는 12명의 시니어분들과 함께 '희망도레미'를 설립했습니다. 각자 300만원씩을 모아 국세청에 정식으로 등록도 하고, 어려운이들과 함께 하는 보람찬 활동도 활발히 하고 있고요. 경제적으로 어려운 사람들에게 낮은 금리로 돈을 빌려주는 '마이크로 크레딧'사업과 함께 국가인권위원회의 봉사요원으로도 활동하고 있습니다. 희망도레미의 일원인 ○○○님(65)은 평소 다른 이들을 위해서 살고 싶은 아름다운 생각을 가진 사람들은 많습니다. 그러나 죽기전에 언젠가는 해야되겠지라는 식으로 미루기만 하다가는 안된다고 생각했지요. '당하는 죽음이 아니라 맞이하는 죽음'으로서, 할 수 있을 때 해야 한다는 마음으로 보람을 느끼며 노력하고 있습니다."라며 희망도레미 활동이 은퇴후 삶을 풍요롭고 가치있게 해주고 있다고 말했습니다.

3) 고령자 임금피크제 지원 확대

모든 노인분들이 희망도레미의 시니어들처럼 활기찬 삶을 산다면 참 좋겠다는 생각이 드는데요, 이를 위해 정부도 발벗고 나섰습니다. 정부는 급증하는 노인 소외문제의 해결점을 '일자리'에서 찾았습니다. 은퇴후에도 자신을 필요로 하는 자리가 있고, 그에 따라 경제활동을 할 수 있다면 지금과 같은 노인문제는 크게 줄어들 것이기 때문입니다. 노인을 위한 일자리 창출은 현시점에서 매우 큰 의미를 지닙니다. 6·25전쟁 후 태어난 베이비붐 세대들이 지금은 55~63세로 대부분 퇴직하는 나이가 됐습니다. 이에 따라 퇴직자들도 갑자기 늘어나게 되었죠. 뿐만 아니라 우리나라의 50대 경제활동참가율은 74.5%로 OECD 평균인 77.5%보다 비교적 낮은 수준입니다. 결국 노인의 일자리를 창출함으로써 급증한 퇴직자들의 사회활동을 돕고 나아가서는 젊은층이 부담해야 하는 노인복지 부담도 줄일 수 있게 됩니다. 지난 13일 고용노동부는 '50+(50세 이상) 세대의 일자리 창출사업 방안'을 발표했습니다. 활력있는 고령사회라는 비전을 가지고 다양한 정책을 마련했는데요, 먼저 현재 직업을 가지고 있지만 정년이 얼마 남지 않은 예비 시니어들을 위해 고용시기를 연장할 수 있는 다양한 방안을 마련했습니다. 방안에 따르면 일정 연령이 지나면 임금을 낮추는 임금피크제를 활성화시킵니다. 임금피크제를 도입하는 사업장에는 소정의 지원을 해주고, 지원대상을 1

천명에서 2천5백명으로 확대합니다. 임금피크제 도입을 원하는 사업장을 위한 컨설팅 지원도 23개소에서 48개소로 강화하고요. 56세 이상으로 정년을 연장하거나 정년 퇴직자를 계속 고용하는 기업에게 주는 장려금도 확대합니다. 또한 사업주가 퇴직이 예정되어 있는 사람이 퇴직후에도 새로운 직업을 쉽게 구할 수 있도록 의무적으로 지원하도록 합니다. 현재 이 법은 국회에 계류중에 있는데요, 조만간 국회를 통과하면 실질적인 효력을 가질 것으로 예상됩니다. 창업, 해외취업 등 다양한 지원방안 마련돼. 이미 은퇴를 했다면? 이런 분들을 위해서는 일자리를 늘리고 취업교육 등을 취업에 유리할 수 있도록 다양한 각도에서 지원을 아끼지 않습니다. 나이가 많은 분들도 취업할 수 있도록 상담과 직무훈련, 현장연수에 이어 취업까지 연결해 주는 '고령자 뉴스타트 프로그램'이 확대 실시되는데요. 지원대상이 2009년 7백명에서 2010년 3천명으로 늘어났습니다. 전문지식을 가지고 있는 퇴직자를 중소기업이 고용할 경우 120만원 한도내에서 1인당 인건비 3/4 수준으로 지원금을 지급하고 있는데요, 이 또한 지원대상이 3백여명 늘어나 2010년에는 1만명 이상이 지원을 받게 됩니다.

4) 창업지원금 풍부

고령자가 창업을 하거나 이미 운영하고 있는 사업장을 위해 돈이 필요할 경우 일정 정도의 금액을 지원해줍니다. 2010년에만 200억원의 자금이 이를 위해 사용되었고 대기업, 공공기관과 연계한 퇴직자 프로그램을 운영해 퇴직자의 창업교육과 컨설팅을 지원할 계획입니다. 더불어 마땅한 기술이 없는 고령자들도 취업할 수 있도록 지원합니다. 17만 6천개 정도의 일자리가 생길 예정으로, 아동안전보호, 문화재 보호, 숲생태 해설, 환경보호, 취약계층 지원 등의 노인에게 적합한 일자리가 마련됩니다. 해외취업을 원하는 고령자 250명에게는 1인당 연수비용 60만원을 지급해 언어, 문화, 직무교육 등을 실시합니다. 정부의 지원정책도 중요하지만 무엇보다도 고령자에 대한 우리의 인식개선이 시급한 것 같습니다.

이를 위해 현재 우리나라에서 실시하고 있는 연령차별 금지제도가 제대로 실시될 수 있도록 엄격히 감독하는데요. 다음 달에는 고용강조주간을 설정해 고용포럼, 우수사례 홍보 등의 에이지 캠페인을 전개할 예정입니다.

또한 앞으로도 고령자를 위한 고용프로그램을 개발하고, 새로운 일자리도 꾸준히 개발할 계획이고요. 혹시 지금 퇴직을 앞두고 많은 걱정을 하고 계시는지요, 혹은 퇴직한 후 다시 사회활동을 할 엄두가 나지 않아 고민이 되시나요? 희망을 가지고 또 다른 삶을 찾기 위해 다시 한 번 새로운 도전을 해보시는 것은 어떨까요?[111][112]

6. 퇴직연령 경제활동 참가율 환란 이후 최고

40~50대 중견 전문인력 경력직을 대상으로 하는 채용박람회에서 구직자들이 이력서를 작성하는데 그것은 노후준비 부족·자녀지원을 위해 일하기 위해서이다. 퇴직 연령대 고령자들이 지난해 외환위기 이후 최고의 경제활동 참가율을 기록한 것으로 나타났다.[113] 퇴직을 하고도 '생활전선'에서 벗어나지 못하고 있는 셈이다. 1일 통계청과 고용노동부, 퇴직연금업계에 따르면 지난해 전체 생산가능인구(15~64세) 가운데 최고령층인 55~64세(1948~1957년생) 인구의 경제활동 참가율이 63.7%로서 2000년 이후 가장 높았다. 이들은 한국전쟁 전후에 태어나 1970~1980년대 산업역군으로 일해오던 50대와 60대에 걸쳐 있는 고령자들이다. 일부 베이비붐 세대(1955~1964년생)도 포함돼 있다. 이들의 경제활동참가율은 2000년 59.5%를 기록한 이후 59~60%대에 머물다가 글로벌 금융위기 직전인 2007년 62.0%로 오른 뒤 4년만에 63%대로 뛰어올랐다.

---

111) 정책공감, 녹색뉴스포털 그린투데이 http://giti.kr
112) http://cafe.daum.net/747kw/AKRE/191?docid=1DWBD|AKRE|191|2009102111 3906&q=%C5%F0%C1%F7+%C8%C4+%C0%CF%C0%DA%B8%AE+%C3%A3%B1%E2 (2012.2.1)
113) 서울=연합뉴스, 한승호 박상돈 한지훈 기자

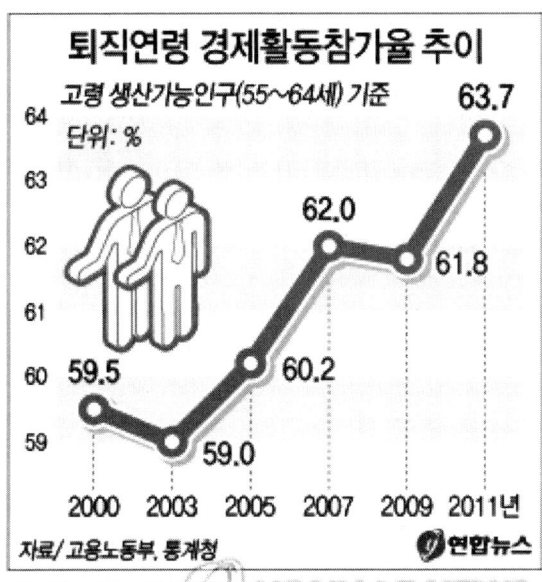

〈그래픽〉 퇴직연령 경제활동참가율 추이

자료: http://www.yonhapnews.co.kr/bulletin/2012/01/31/0200000000AKR2012013120
8400008.HTML?did=1179m(2012.2.1)

 또 이들 고령인구가 전체 생산가능 인구에서 차지하는 비중도 2000년 10.6%에서 지난해에는 15.0%로 4.4% 포인트나 증가했다. 퇴직에 임박했거나 은퇴한 연령인데도 활발하게 경제활동을 벌이면서 생활전선에서 여전히 떠나지 못하고 있다는 얘기다. 연령대별은 50대의 경제활동 참가율이 2000년 68.7%에서 지난해 73.1%로 상승했다.[114] 특히 50대 여성은 2008년부터 더 생활전선에 내몰리고 있는 것으로 나타났다.[115] 노동시장에서 근로자의 평균연령도 2000년 36.2세에서 2010년에는 39.0세로 높아졌다. 이들 고령자 중 상당수가 도소매업이나 음식업 창업을 통한 자영업에 종사하는 경우가

---

114) 서울=연합뉴스, 이재윤 기자
115) yoon2@yna.co.kr @yonhap_graphics(트위터)

늘고 있는 것으로 나타났다. 비정규직이나 한시적인 일자리를 얻는 경우도 많은 것으로 파악됐다. 고령자들이 일자리의 질(質)을 가리지 않고 활발한 경제활동을 나서는 것은 무엇보다도 노후준비가 부족한데다 청년실업과 결혼연령 상승 등으로 인해 자녀부양부담이 적지 않기 때문으로 풀이되고 있다.

국민연금연구원은 지난해 실태조사 보고서를 통해 은퇴를 앞두거나 은퇴생활을 하고 있는 50대 이상의 중·고령자 10명 가운데 7명은 노후준비를 전혀 하지 않는 것으로 조사됐다고 전했다. 미래에셋퇴직연금연구소 공도윤 연구원은 "노후준비가 안된 시점에서 정년을 맞다 보니 일을 할 수밖에 없는 상황이 된 것"이라며 "자녀를 지원하느라 노후를 위한 자금이 많이 부족한 상태에서 소득을 창출하기 위해 일자리를 찾는다"고 분석했다. 이에 따라 경제활동에 참가하는 고령자에 대한 정책적 배려가 필요하다는 목소리도 높다. 황수경 한국개발연구원(KDI) 연구위원은 "일자리의 정년을 늘리는 것이 가장 중요하다"며 "60세 이상 국민연금 수급연령까지는 원래 직장에서 일할 수 있도록 해줘야 한다"고 강조했다.[116]

7. 삼성전자, 임직원 인생설계 위한 '경력컨설팅센터' 설립

삼성전자가 임직원의 체계적인 인생설계 지원을 위해 '경력컨설팅센터'를 설립했다.[117] 삼성전자는 17일 서울 서초동에서 경영지원실 윤주화 사장, 인사팀 원기찬 전무 등이 참석한 가운데 '경력컨설팅센터' 개소식을 가졌다. 삼성전자 '경력컨설팅센터'는 직업상담사, 창업컨설턴트 등 전문가들로부터 임직원들이 재무설계, 건강관리, 인간관계 등 성공적인 노후를 준비할 수 있도록 하는 생애설계교육은 물론, 퇴직후 창업컨설팅까지 체계적인 서비스를 제공할 예정이다. 특히 임직원들이 지속적으로 경력을 개발, 관리

---

116) http://www.yonhapnews.co.kr/bulletin/2012/01/31/0200000000AKR20120131
　　208400008.HTML?did=1179m(2012.2.1)
117) 2011-08-18 13:21:00, (K모바일=박동민 기자)

할 수 있도록 취업과 창업정보를 제공하고 자격증 취득 등의 역량개발 프로그램도 지원한다. 퇴직후 취업을 원하는 경우에는 구인 기업과 연계해 취업을 주선하고, 창업을 준비하는 경우에도 컨설팅과 실질적인 행정업무를 지원해 도움을 줄 수 있도록 할 예정이다. '경력컨설팅센터'는 서울 뿐만 아니라 수원, 기흥, 구미에서도 운영된다. 삼성전자 경영지원실 윤주화 사장은 "장기적인 경력개발과 관리에 대한 임직원들의 관심이 날로 높아지고 있어 앞으로 회사 차원에서도 적극적으로 지원할 예정"이라고 말했다. 삼성전자는 또, 현재 재직중인 임직원 뿐만 아니라 퇴직 임직원까지 '경력컨설팅센터'의 서비스를 이용할 수 있도록 하고 9월부터 근속 20년 이상 퇴직 임직원의 자녀 결혼과 같은 경조사를 지원하는 등 퇴직 임직원과의 교류도 강화할 예정이다.[118)119)]

8. 퇴직후 꿈의 직업찾는 방법

미국 베이비부머들이 퇴직 연령에 도달하고 있지만 상당수는 직업을 바꿔 일을 계속하고 있다. '퇴직'이란 일에서 물러난다는 뜻이지만 퇴직하고도 일을 계속하는 노년이 일상화되고 있는 것이다.[120)] 투자전문 사이트 마켓워치는 21일 '퇴직후 꿈의 직업 발견하기'란 제목의 칼럼에서 "퇴직 이후 돈만 벌지 말고 새로운 직업을 즐기라"고 조언했다.

1) 퇴직소득의 평균 25%는 근로소득으로 충당

마켓워치에 따르면 65세 이상 노년층을 대상으로 조사한 결과 소득 상위 20%의 전체 퇴직소득 가운데 38%가 근로소득이었다. 65세 이상 노년층 평균적으로는 총 퇴직소득의 25%가 근로소득에서 나왔다. 퇴직후에도 계속 일할 생각이라면 돈을 얼마나 벌어야 하는지, 일자리를 얻으려면 어떤 기술이 필요하고 어떤 교육이나 훈련이 필요한지 파악해야 한다. 노년 인생설계

---

118) news@kmobile.co.kr, 출처 : 디시뉴스
119) http://www.dcnews.in/news_list.php?code=digital&id=627685(2012.2.1)
120) 2011/03/21 16:10:37, 머니투데이, 권성희 기자, 글로벌 비즈&트렌드

가로 유명한 피너클 자문의 마이클 킷세스 리서치 이사는 "우리는 20년 혹은 30년, 40 몇년을 특정 직업, 특정 산업, 특정 분야에 종사하도록 훈련받아왔다"며 "이 때문에 지금 하고 있는 일만이 유일한 기회이고 다른 대안은 없다는 생각을 갖게 된다"고 지적했다. 인생이 일과 퇴직이라는 2가지로 이뤄졌다는 생각에서 빨리 벗어날 필요가 있다는 의견이다. 그는 "많은 사람들이 나이가 들어도 이전과 비교해 월급이 많거나 최소한 같아야 한다거나 지위가 높아져야 한다고 생각하는데 퇴직후 일을 할 때는 이런 편견부터 벗는 것이 중요하다"고 강조했다.

2) 경력이란 끝없이 올라가는 사다리가 아님

호스마우스의 퇴직 및 재무설계사인 엘레인 플로이드 이사는 퇴직후에 하는 일을 연금이나 저축이 줄어드는 시기를 늦추는 한 가지 방안으로 생각하라고 조언했다. 퇴직전 소득의 25%만 벌어도 된다고 생각하면 다양한 일자리와 가능성이 열린다는 지적이다. 킷세스 이사는 "대부분의 사람들이 직장경력에 초점을 맞추면서 경력이란 계속 발전해야 하고 발전할 때마다 소득도 같이 늘어나야 한다고 생각한다"며 "자신의 경력에 결코 후퇴란 없다는 임전무퇴의 태도를 갖고 있는데 퇴직후의 삶이란 전혀 그렇지 않다"고 말했다. 퇴직후의 일이란 근로소득이 필요한지, 일을 해서 돈을 번다면 생계에 얼마나 도움이 되는지, 그 돈을 번다면 어떤 일을 해야 하는지 등이 가장 중요한 변수다. 그렇다면 퇴직후 꿈의 직장을 찾을 수 있는 최선의 방법은 무엇일까. 방법은 사람마다 다르지만 기본은 같다. 자신의 강점이 무엇인지, 무엇을 잘할 수 있는지 이해하는 것이 첫째고 자신이 정말 좋아하면서 돈이 될만한 일이 무엇인지를 찾는 것이 둘째다. 킷세스 이사는 "사람들과 퇴직상담을 하다 보면 결국엔 가장 근본적인 질문, 자신이 가장 잘하는 일이 무엇인지 묻게 된다"며 "정년 때까지 30년 가까이 일해온 사람들은 대개 자신이 어떤 일을 잘 하는지 잘 알고 있다"고 말했다.

3) 지금의 직장에서 기회를 찾는 것도 좋은 방법

그 다음 중요한 문제가 자신이 잘하고 좋아하는 일인데 그 일로 과연 돈을 벌 수 있는가 하는 점이다. 킷세스 이사는 돈이 되는 일을 일단 지금 하고 있는 일이나 현재 직장에서 찾아보라고 조언했다. 그는 "대부분의 사람들이 회사측과 퇴직후에 자신이 할 일이 있는지 의논조차 못한다"며 "어차피 머지않아 퇴직할텐데 퇴직후 더 적은 급여를 받고 할만한 일이 있는지 물어보는 것은 밑져야 본전"이라고 말했다. 플로이드 이사는 퇴직후 직업은 대개 자영업 혹은 프리랜서를 의미한다고 지적했다. 그녀는 "퇴직후 원하는 일자리를 찾을 수 없다면 직접 만드는 것도 방법"이라며 "자신이 할 수 있는 일, 제공할 수 있는 서비스에서 약간의 고객을 확보할 수 있다면 일주일에 20시간 정도 일하며 돈을 벌 수 있을 것"이라고 말했다. 킷세스에 따르면 퇴직후에 사람들이 많이 하는 일은 평생을 종사했던 분야에서 작가나 강사, 컨설턴트로 활동하는 것이다. 물론 취미를 돈벌이로 바꾸면서 완전히 다른 분야에서 기회를 찾는 경우도 적지 않다. 킷세스는 "퇴직후에도 많은 사람들이 계속 일을 하는데 퇴직이란 단어를 계속 써야 하는지도 고민해야 할 문제"라며 "자신이 하고 싶은 일을 할 수 있을 만큼 여유가 생겼다는 의미에서 퇴직을 재정독립기라고 부르는 것도 한 방법"이라고 말했다. 또 "많은 사람들이 자기가 하는 일을 좋아하지 않으면서도 매달 나오는 급여 때문에, 사회적 지위 때문에, 대단한 인맥 때문에 일을 그만두는 것을 두려워한다"며 "하지만 세상과 소통하는 다른 방법은 분명히 존재한다"고 밝혔다.[121)122)]

　인생중심 재무설계는 어찌보면 재무만을 다루는 분야는 아닙니다. 관련된 서적들을 보고 각종 관련 종사자들의 사례를 듣다보면 언뜻 이게 재무설계를 하자는 것인지 심리상담을 하자는 것인지 혼란이 올 수도 있습니다. 저도 그런 느낌이 들었으니까 말이죠. 하지만 결국 돈은 수단이며, 돈이라는 수단은 내가 행복한 삶을 살기 위해 필요한 것이다라는 전제를 시작

---

121) 머니투데이 권성희기자 shkwon@, 리얼타임 뉴스, 퇴직 후 꿈의 직업찾는 방법, 2011/03/21 16:10:37, 출처: 팍스넷 뉴스
122) http://cn.moneta.co.kr/Service/paxnet/ShellView.asp?ArticleID=2011032116103704844(2012.2.1)

으로 한다면 인생중심 재무설계는 어쩔 수 없이 심리학적인 측면과 결합이 필요합니다.

바로 행복한 삶의 문제가 돈만으로 해결되지 않기 때문이죠. 우리나라보다 재무설계업의 역사가 오래된 미국의 예를 보면 지난 9.11 테러 이후 많은 변화가 이루어졌고 그 전에 작은 흐름이던 행복한 삶에 대한 고민이 급부상하게 됩니다. 사회적으로 큰 충격이 생기면서 물질적인 것에서 정신적인 것으로 중요성이 옮겨온 것이죠. 마치 전쟁 직후 신생아가 급격히 늘어나는 베이비붐 현상과 비슷하다고 생각하면 될 것 같습니다. 그 전까지 돈을 많이 벌기 위해, 더 부유해지기 위해 노력하던 사람들 중 많은 수가 9.11 테러 이후 삶의 변화를 맞이하게 됩니다. 예를 들어, 여러분이 바로 어제까지 열심히 돈을 벌기 위해 노력해왔고 한 푼이라도 아끼기 위해 온갖 노력을 기울여왔는데 오늘 갑자기 죽는다면 어떤 기분일까요. 엄청난 충격을 받게 되는 것은 당연할 것이라고 봅니다. 저라도 그럴테니까요. 살아서 아무리 많은 돈이 쌓여있어도 결국 내가 죽고 난 이후에는 허무함이 남는 것이죠. 미국의 많은 부자들, 혹은 자산가들도 이런 경험을 직간접적으로 하게 된 계기가 9.11 테러였습니다. 갑작스런 가까운 사람들의 죽음이 그들의 생각을 바꿔놓은 것이죠. 그런 흐름과 함께 인생 중심의 재무설계가 발전했습니다. 과거 단순히 숫자에 집중하고 그 사람이 모으려 하는 목적자금을 어떻게 준비할 것인가에 집중하던 재무설계는 그 이전에 더 소중한 것에 집중하게 됩니다. 바로 재무설계를 통해 더 행복한 삶을 살게 도와준다는 본질에 접근한 것이죠. 과연 연봉을 10% 더 받기 위해 출퇴근 시간이 더 길어지고 가족과의 시간은 줄어들고 업무로 인한 스트레스는 늘고 내가 꿈꾸던 이상적인 삶에서 멀어지는 것이 옳은 것일까요?

이런 의문을 해소하고 내게 어떤 장애물이, 그리고 미리 포기하고마는 '절대 이룰 수 없을거야.'라는 단정은 어떻게 해결할 것인지. 이런 종합적인 부분으로 재무설계가 변화하게 된 것이죠. 한국 사회는 OECD 가입국 중에서도 자살율이 높습니다(무척이나요). 그리고 한국은 세계 10위권의 경제대국입니다. 전 세계에 170개가 넘는 나라가 있고 GDP 1만불 이하의 나라들도 엄청나게 많으며, 가깝게는 바로 북쪽에 굶어죽는 사람들이 매년 수없이 생기고 있고 아프리카는 한 끼에 몇 백원하는 옥수수가루로 만든 긴급영양식이 없어서 아이들이 죽고 있습니다. 상대적으로 본다면 경제대국 맞습니다. 우리가 늘 우리보다 더 부자인 나라들만 뒤쫓고 있기 때문에 그걸 인식하지 못하는 것이죠. 경제적으로 과거보다 부유해진 반면 그 구성원들의 행복한 삶은 보장되지 않는 현실을 보며 뭔가 잘못된 건 아닐까? 혹은 꼭 돈이 많다고 행복한 삶을 사는 것은 아니구나라는 고민이 생길 수 밖에 없는 현실이죠. 여러분은 지금 행복하십니까? 월급을 100만원 받을 때보다 월급을 200만원 받을 때 내 삶의 행복도 2배로 늘어날까요? 과연 나는 살면서 행복해지려면 최소한 얼마의 소득이 필요한 걸까요? 정말 단순히 많으면 많을수록 좋은 걸까요? 그 고민이 바로 인생중심 재무설계의 핵심이며 필요한 이유입니다.123)124)

9. 어느 퇴직 공무원 F씨

책 대여점을 하는 사람이다. 지금도 책 대여점이 있나하고 사람들이 놀라는 세상이니 수입은 말이 아니다.125) 그러나 돈도 없고 기술도 없고 나이도 많은지라 뾰쪽한 방법이 없어 한숨으로 세월을 보내고 있는데 어느 날 60대 초반의 남자가 들어와 묻지도 않았는데 자랑스럽게 자기는 정년퇴직한 전직 공무원으로 이름은 F인데 미국역사를 공부하고 싶어 도움이 될만한 책을 대여해 가고 싶다고 말했다. 나는 어이가 없었다. 나이들어 정년퇴직 했어도 공부하겠다는 마음은 가상하지만 번지수를 잘못 찾아왔다. "미국역사 공부에 도움이 될만한 책은 없는데요'" "그런 좋은 책이 없다면 도대체 무슨 책들을 대여하십니까?" 나는 이렇게 뭔가를 모르는 사람에게 더 이상

---

123) 요즘 트위터 더보기 페이스북 미투데이
124) http://blog.daum.net/xxnextxx/45(2012.2.1)
125) 누리 2005-12-09 22:02:24

말하고 싶지 않아 대꾸도 하지 않고 TV 쪽으로 고개를 돌려 버렸다. 마침 TV에서는 시위하는 사람들의 모습을 보여주고 있었는데 이를 본 전직 공무원이 말했다. "한국 놈들은 그저 몽둥이로 조저야 돼, 조금만 풀어 놓아주면 저 지랄들이라니까." 나는 상대하기도 싫어 그저 화면만 쳐다보았다. 그래도 그는 계속 지껄이었다. "박정희 전두환 때가 좋았어. 김대중이와 노무현이가 대한민국을 망쳐버렸어. 북한에다 퍼주기만 하고 부정축재나 하고 김대중이가 엄청난 돈을 잘못 관리해서 나라 경제가 이 모양인데 노무현이는 김대중이를 조사할 생각도 안해 웬줄 아시요?" 나는 대꾸하지 않았다.

그래도 그는 계속했다. "왜냐하면 노무현이가 김대중에게서 돈을 받아 먹었기 때문이지. 김대중이와 노무현에게 속아 넘어가 대통령으로 뽑은 국민들이 한심하지. 안 그렇소?" 전직 공무원은 계속 "IMF 때 많은 기업들을 외국에 팔아 먹었지. 멍청한 국민들이 불쌍하지." 멍청하고 불쌍한 국민 중의 하나인 나는 정말 참을 수 없을 만큼 화가 났다. 그래서 소리쳤다. "그래 나도 멍청하고 한심한 국민들 중에 한 사람이다. 그런데 내가 생각하기에는 책 대여점에 와서 미국역사 공부에 도움되는 책을 찾는 사람이 더 멍청하고 한심하다. 당신같은 사람이 대한민국 공무원으로 이 삼십년 근무를 했으니 나라 꼴이 이 모양이지." 그 전직 공무원은 나의 고함소리에 놀랐는지 "이 사람이 왜 이래" 라는 말을 남기고 사라졌다. 요즈음 세상에 책 대여점을 하면서 저런 사람들을 상대하여야 하는 내 신세가 정말 처량하다.126)

10. 100세 시대 콘퍼런스 호모 헌드레드 시대, 퇴직은 인생의 중간

"퇴직은 인생의 끝이 아니라 중간이다. 80세가 기준이던 생애주기를 이제는 100세에 맞추고 개인과 사회의 전 분야를 다시 설계해야 한다."127) 기획

---

126) http://kr.fun.yahoo.com/NBBS/nbbs_view.html?bi=1406&bt=&mi=267022 (2012.2.1)
127) 8일 열린 '100세 시대 종합 콘퍼런스'에서 전문가들이 토론했다. 참석자들은 이수영 행정대학원 교수, 유복환 기획재정부 정책조정국장, 김병섭 서울대 행정대학원

재정부를 포함한 정부 11개 부처와 경제·인문사회연구회는 8일 서울 중구 남대문로 대한상공회의소에서 '100세 시대 종합 콘퍼런스'를 열고 이같은 방향을 제시했다. 연금, 복지, 보건, 국가재정, 교육, 취업, 정년제도, 인생플랜 등 사회 전반의 제도와 시스템이 그간 80세까지 사는 것을 전제로 짜여 있었지만 이제는 100세를 기준으로 전환해야 한다는 것이다. 이수영 서울대 행정대학원 교수는 이날 '뉴 노멀(New Normal)'이란 개념을 제시하며 100세 시대를 사회 구성원 모두가 새로운 기준으로 받아들여야 한다고 강조했다. 그는 "100세 시대의 대비는 고령화와 복지정책이란 구도를 넘어서

80세 시대와 100세 시대 비교

80세 시대		100세 시대
시혜적 복지의 대상 사회적 부담 부정적 인식	노인에 대한 인식	생산적 존재 사회적 자원
취업자	고령층 복지 부담	취업자와 은퇴자 공동
개인별 준비와 공적연금 보조	노후 대비	공적연금 개인연금 퇴직연금 등 다양한 보장체제 구축
30대 이전까지 집중	교육 수요	전 세대에 걸친 교육 수요
세대 간 단절	일자리	세대 간 공유
부부 중심	가정 구성	결혼, 가족 개념 약화 1인 또는 공동체 가정
노인 가구 고립	주거	자생적인 노인공동체 형성
재산 증식의 수단	금융	생애주기별 지원 수단
대규모 제조업 중심 수출 중심	산업	제조업 쇠퇴, 다양한 수요의 서비스업 및 실버산업 등장

자료 : 이수영 서울대 행정대학원 교수

자료: http://club.paran.com/club/home.do?clubid=yd50-bbsView.do?menuno=1096607-clubno=1096605-bbs_no=0zxbP(2012.2.1)

장, 김현준 고려대 행정학과 교수, 하종대 동아일보 사회부장. 원대연 기자 yeon72@donga.com

가족 자체의 재설계가 필요하다"고 말했다. 100세 시대에는 결혼과 가족의 개념이 약화되고, 노인공동체와 같은 자생적인 공동체 가정이 생겨나는 등 변화를 겪을 것이라는 의미다. 이어 "유엔은 세계인구고령화 보고서에서 2020년에 평균수명이 80세가 넘는 국가가 31개국에 달할 것으로 전망하면서 이를 '호모 헌드레드 시대'로 정의했다"며 "100세 시대는 고령자 집단만의 문제가 아닌 만큼 인류학적 패러다임속에서 해법을 찾아야 한다"고 설명했다. 이 교수는 "앞으로 고령층의 복지부담을 취업자와 은퇴자가 공동부담하고 교육도 평생교육으로 전환하는 식으로 발상의 전환이 필요하다"고 덧붙였다.

이소정 한국보건사회연구원 박사도 "100세 생애주기를 고려해 최소한 60~65세까지는 은퇴하지 않고 노동시장에 머무를 수 있는 제도적, 사회적 틀을 만들 필요가 있다"고 밝혔다. 그는 "100세 시대에는 퇴직이 인생의 끝이 아니라 중간이 된다"며 "사회적 측면에서 고령자 인적자원을 활용하는 것은 물론 개인적 측면에서 삶의 만족도를 높이기 위해서라도 고령자의 사회참여가 중요하다"고 강조했다. 박명수 한국고용정보원 박사는 "저출산 고령화시대에도 높은 경제성장률을 유지하기 위해서는 여성과 청년층, 고령층의 경제활동참가율을 선진국 수준으로 끌어올려야 한다"고 지적했다.

그는 현재와 같은 저출산 고령화 추세가 지속되면 경제활동인구가 2030년 2604만명으로 줄어들고, 2018년부터 노동력 증가율은 1% 이하로 낮아지고 경제성장률은 마이너스로 돌아설 것으로 내다봤다. 이런 상황에서 20~29세의 청년층과 여성의 경제활동참가율을 높이는 것이 무엇보다 중요한 과제라는 설명이다.

한국의 여성 경제활동참가율은 2010년 54.5%로 덴마크(76.1%) 등 선진국에 비해 상당히 낮은 수준에 머물러 있다. 교육비 부담 때문에 출산을 꺼리는 현실을 고려해 대학 학자금을 체계적으로 준비할 수 있도록 정부가 세제 혜택을 강화해야 한다는 제안도 나왔다. 영유아를 둔 가정이 자녀의 대학 학자금 마련을 위해 10년 이상 저축 또는 투자한 금액에 대해 연간 360

만원까지 미리 소득공제를 해주자는 것이다. 홍원구 자본시장연구원 연구위원은 "정부가 세제혜택 등 적절한 인센티브를 제공하는 대신 인출과 사용처를 제한해 장기적으로 자산이 축적될 수 있도록 유도해야 한다"고 말했다.[128]

사실, 퇴직은 인생의 끝이 아니라 중간이다. 80세가 기준이던 생애주기를 이제는 100세에 맞추고 개인과 사회의 전 분야를 다시 설계해야 한다. 그런데 잘 안되는데 열심히 노력해야지.[129] 나는 젊었을 때 정말 열심히 일했습니다. 그 결과 나는 실력을 인정받았고 존경을 받았습니다. 그 덕에 65세 때 당당한 은퇴를 할 수 있었죠. 그런 내가 30년 후인 95살 생일 때 얼마나 후회의 눈물을 흘렸는지 모릅니다. 내 65년의 생애는 자랑스럽고 떳떳했지만 이후 30년의 삶은 부끄럽고 후회되고 비통한 삶이었습니다. 나는 퇴직 후 이제 다 살았다, 남은 인생은 그냥 덤이다라는 생각으로 그저 고통없이 죽기만을 기다렸습니다. 덧없고 희망이 없는 삶, 그런 삶을 무려 30년이나 살았습니다. 30년의 시간은 지금 내 나이 95세로 보면 3분의 1에 해당하는 기나긴 시간입니다. 만일 내가 퇴직을 할 때 앞으로 30년을 더 살 수 있다고 생각했다면 난 정말 그렇게 살지는 않았을 것입니다. 그때 나 스스로가 늙었다고, 뭔가를 시작하기엔 늦었다고 생각했던 것이 큰 잘못이었습니다.

나는 지금 95살이지만 정신이 또렷합니다. 앞으로 10년, 20년을 더 살지 모릅니다. 이제 나는 하고 싶었던 어학공부를 시작하려 합니다. 그 이유는 단 한가지, 그것은 10년후 맞이하게 될 105번째 생일 날! 95살 때 왜 아무것도 시작하지 않았는지 후회하지 않기 위해서입니다.[130]

11. 퇴직후 내게 맞는 일거리 찾기

퇴직자 대부분은 직장생활동안 얽매였던 자신에게 보상을 주듯 자유를

---

128) 송만호, 은행나무
129) 2012/01/30 12:20, 감동: 어느 95세 할아버지의 회고, 한발짝더 2010-06-23 06:43:08
130) http://kr.fun.yahoo.com/NBBS/nbbs_view.html?bi=1201&mi=885978(2012.2.1)

만끽한다.[131][132] 퇴직 초기에는 하고 싶은 일을 하며 시간을 보내다 3개월 정도 지나면 서서히 자신의 존재가치를 찾게 된다. 지금의 자유가 진정 자신이 원하는 인생인가를 고민한다. 따라서 이 시기에는 자신의 인생에서 결코 놓치지 말아야 할 것과 털고 나아갈 것을 아는 것이 아주 중요하다.

1) 남의 시선보다 나 자신의 소리에 귀 기울여야

내면의 소리를 들어야 한다. 직업선택도 이것과 무관하지 않다. 그런 내면의 소리와 퇴직후의 직업이 연계될 수 있도록 평생직업을 설계한다. 이때 경계해야 할 것은 직장이 우리에게 주던 지위, 권력, 명예, 돈, 인정, 자긍심 등에 연연하지 말고, 공동체 소속감같은 안락함에 기대지 말아야 한다. 직장에 다닐 때처럼 허겁지겁 출퇴근 길을 달리고, 시간에 맞춰 회의에 참석하는 등 시계에 얽매인 직업을 설계해도 안된다. 특히, '이 일을 하면 세상 사람이 나를 어떻게 볼까'하는 기존에 갖고 있는 직업의 정체성을 버려야 한다. 오로지 자신의 내면에 집중한 직업을 갖는 것이 무엇보다 중요하다.

2) 직업선택의 기준은 행복, 처지, 희망

직업을 선택하는 첫 번째 기준은 '이 일을 하면 내가 행복한가'이다. 일을 할 때 정말 행복할 수 있는가를 먼저 고려해서 내가 좋아하는 일을 하면 행복하다. 일을 할 때 가치가 있다고 생각해도 행복하다. 일이 좀 고되더라도 남에게 도움이 되거나, 사회적으로 가치있는 일이라면 행복을 느낀다. 적어도 해야 하는 일은 이제 그만하고, 하고 싶은 일을 하면서 여생을 보내야 하는 것이다. 두 번째 기준은 자신의 상황도 고려한 직업이어야 한다. 현실적인 부분을 전혀 무시할 수는 없지 않은가.

3) 퇴직자가 택하는 5가지 유형의 직업

퇴직후의 직업은 5가지 유형으로 요약된다.

첫째, 생계형 직업이다. 이는 직업선택 전 우선 재정진단을 해 보는 것이

---

131) 자유게시판, 창업맨 | 조회 52 |추천 0 | 2010.08.05. 09:35 , [행복한 '인생 제2막'을 위하여] 이렇게 살아라.
132) 김명자 JM커리어 수석전문위원

좋다. 자신의 상황이 어렵다면 빠른 취업을 해야 할 것이다. 일반적으로 고령자에게 소개되는 직업이나 자신의 경력을 활용한 직업에 포커스를 두고 접근하는 것이 좋다.

둘째, 희망했던 직업을 택하는 것이다. 그동안 내가 꿈꿨던 직업이 있었는가를 생각한다. 대부분의 한국 남자들은 꿈꾸던 직업과 상관없이 가장의 책임을 다하고, 자식 교육을 위해 최선을 다하며 기회를 얻지 못했을 수 있다.

퇴직후에는 어린 시절 꿈꾼 직업이 있을 수도 있고, 최근 멋져 보이는 직업을 발견할 수 있다. 그렇다면 과감히 도전하라. 지금이 그 일을 할 기회이고, 마지막 기회가 왔음을 인지해 용기있게 자신의 인생을 선택해 보는 것이다.

실제로 교장선생님으로 퇴직한 후 자신이 꿈꾸던 '마술의 세계'에 빠져 행복해 하는 분이 있다. 그 분은 행복을 나누기 위해 마술 시연을 했으며, 감동한 고객이 그를 강사로 초빙했다. 그 일을 계기로 또 다른 직업이 생기는 연쇄반응이 일어나고 있는 것이 현실이다.[133]

고령화 사회로 접어드는 시점에서 이같은 일이 많다. 자신을 계발하다 보면 뜻하지 않은 곳에서 새 일이 생기고 있음을 잊지 말아야 할 것이다. 이렇듯 많은 분이 자신의 행복에 기초한 직업을 선택하고 만들어 가고 있다.

셋째, 새로운 직업의 도전이다. 특별한 직업을 꿈꾸지 않았지만 무슨 일이든 적응을 잘하고 성과를 냈던 사람이라면 새 직업에 도전해 볼 것을 권하고 싶다. 연령에 따라 경쟁력이 약해지는 부분도 있지만 더욱 경쟁력이 쌓이는 부분도 많다. 핀란드 국립직업건강연구소에 따르면 퇴직자들은 명석함, 신중한 협의 능력, 판단력, 통찰력, 의사소통력, 삶에 대한 관리능력, 책임감, 성실성, 풍부한 업무경험, 열의 등이 높다는 연구결과를 내놓고 있다.

새로운 분야의 도전은 직업시장에 대한 정보를 정확히 얻은 후 도전하는 것이 좋다. 숲 해설가나 문화관광 해설가, 문화도우미 등도 이에 속한다. 새

---

[133] 초등교장 정년퇴직후 택시기사로 새 출발한 사람은 ○○○씨이다.(연합뉴스)

로운 분야로의 도전은 두려움도 있지만 설레임은 무엇과도 바꿀 수 없다.

넷째, 경력을 활용한 직업이다. 이는 일반적인 구직자처럼 이력서부터 경쟁력있게 만드는 것이 좋다. 자신의 핵심역량을 명확히 알고 시장가치를 객관적으로 파악하는 것이 우선돼야 한다. 지인을 활용하거나 직접 시장을 찾아가는 구직전략을 구사해 보는 것도 좋다. 이 방법은 어려워 보이지만 숙련된 경쟁력을 가진 사람이면 더 빨리 직업을 찾을 수 있다. 이런 경우, 당부할 점은 '중소기업에 대한 이해'를 숙지하는 것이 좋다. 그래야 구직활동시나 입사후에도 새로운 기업에 무리없이 적응할 수 있다.

다섯째, 여가봉사형 직업이다. 직업을 굳이 보수와 연관해서 생각할 필요는 없다. 내가 좋아하는 취미를 직업으로 가질 수 있고, 사회봉사에 뜻을 품고 직업으로 선택할 수도 있다. 많은 퇴직자가 "이제는 자신의 능력을 사회에 환원하고, 좋은 일 하고 싶다"는 의견을 피력하곤 한다. 의식적으로 사회적 어른의 역할을 하고자 하는 욕구를 갖는 것이다. 적극적 정치참여나 '사회운동' 등에 관심을 갖고 피켓을 들고 적극적으로 나서는 일을 모색할 수도 있다.

과거에는 가장으로, 회사의 책임자로 있어 미처 생각하지 못했던 일을 이제 시작해 보는 것이다. 지금은 시간적 여유도 있고, 사회적인 관계로도 거리낌없는 위치에 있기 때문에 자신이 해야 할 역할을 찾을 수 있다.[134]

12. '과학기술계 종사자들의 퇴직후' 설문조사 결과

"56~60세 정년에 퇴직할 것으로 예상…경제적 불안이 가장 아쉬워"

정부가 과학기술인들의 전주기적 지원 시스템 구축을 통해 선진연구 환경을 마련하기 위해 노력하고 있지만, 아직 현장에서 체감하기에는 부족한 것이 현실이다. 특히 과학기술계 종사자들의 퇴직후 삶의 부분이 가장 열악하다. 1999년 외환위기 때 정부출연연구소들은 경영혁신 일환으로 책임급 61세, 그 외 58세로 연구원 정년을 낮췄지만, 경제회복 후에도 65세로 환원

---

134) http://cafe.daum.net/ebc114/EOyO/5?docid=1LJoT|EOyO|5|20100805093521
&q=%C5%F0%C1%F7%C8%C4%C0%C7%BB%EE(2012.2.1)

되지 못하고 있다.

연구환경 안정과 고급인력 활용, 과학기술인 사기진작 등의 차원에서 정년의 원상회복은 시급한 문제 중의 하나로 꼽히고 있지만 진전되고 있지 않다. 정부출연연구소를 기피하고 대학을 선호하는 결정적인 이유 중의 하나도 퇴직시점인 것으로 분석되고 있다.

또 연구원들의 경우 대부분 내부 연구활동만 한 덕분에 노후준비에 약할 수밖에 없다. 지난 2004년 과학기술인공제회(이사장 조청원·이하 과기공제회)을 통해 숙원이던 과학기술인연금(이하 과기연금)이 도입, 과학기술발전장려금을 기반으로 과기인들의 노후보장제도로 빠르게 자리매김하고 있지만 아직까지는 연금의 안정성을 위해 추가적인 연금재원 확충이 필요한 시점이다. 일부에서는 과기연금도 군인연금이나 공무원연금과 같은 방식으로 전환해야 한다는 의견도 있다.

그런 가운데 과기공제회와 대덕넷이 과학기술계 종사자들을 대상으로 '과학기술계 종사자들의 퇴직후'를 주제로 설문조사를 기획, 시행했다. 과학기술계 종사자들의 퇴직을 위한 준비실태를 파악하고, 국가 및 기관, 공제회에 바라는 제도 등을 조사한 이번 설문조사에는 총 2545명이 참가해 의견을 전달했다.

설문에는 정부출연연구기관(52.0%), 과학기술분야 비영리기관(12.2%), 대기업연구소(10.4%), 정부부처(7.5%), 엔지니어링 활동주체(7.2%), 교육기관(4.8%), 중소벤처기업연구소(2.1%), 국공립연구기관(1.0%) 등에 소속된 연구직(53.3%), 기술직(27.0%), 행정직(15.2%), 기능직(2.6%), 임원(2.6%) 등이 참여했다. 참여자들의 연령대는 40세 이하(34.9%), 41~45세(19.2%), 46~50세(17.2%), 51~55세(17.3%), 56~60세(9.7%), 61세 이상(1.6%)으로 비교적 고르게 나타났다.

◆ 예상퇴직연령 56~60세…퇴직사유는 '직장의 정년'이 될 것

과학기술계 종사자들이 예상하는 조직에서의 퇴직연령은 56~60세(45.9%)가 가장 많았다. 이어 61~65세(38.2%), 51~55세(8.3%)의 순으로 나타났다. 50

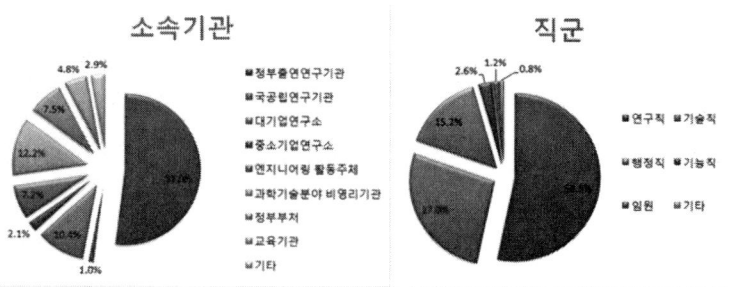
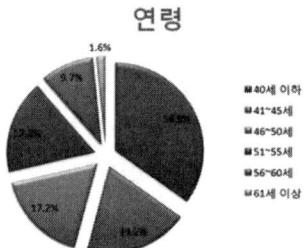

▲설문 참여자들의 일반사항 2010 HelloDD.com

세 이하 조기퇴직을 예상한 경우도 5.3%나 됐으나, 65세 이상으로 예상한 비율은 2.3%에 그쳤다.

퇴직사유를 예상해 달라는 질문에는 과반수를 훨씬 상회하는 77.8%의 응답자가 '직장의 정년'을 꼽았다. 이어 '조직개편과 인원감축(8.5%)', '업무 외 개인적인 이유(6.9%)', '연구 혹은 업무능력의 저하(4.6%)', '기타(2.2%)'의 순으로 나타났다.

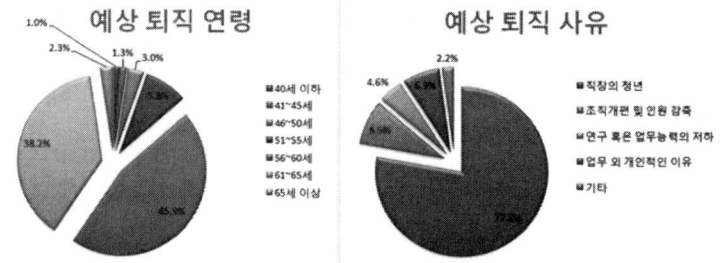

▲설문 참여자들의 예상 퇴직연령과 예상 퇴직사유 2010 HelloDD.com

정부출연연구기관, 비영리연구기관, 대기업연구소 등 응답자 비율이 높았던 3개의 소속기관의 차이를 분석해 본 결과, 대기업연구소에서 일하는 과학기술계 종사자들의 예상 퇴직연령이 가장 낮았으며, 이어 비영리연구기관, 정부출연연구기관의 순으로 나타났다. 퇴직사유에서는 '직장의 정년'이 가장 큰 비중을 차지한다는 점에서 답변에 큰 차이는 없었지만, 대기업연구소에서의 '조직개편 및 임원감축'에 의한 퇴직이 다른 기관에 비해 2배 이상 높게 조사됐다.

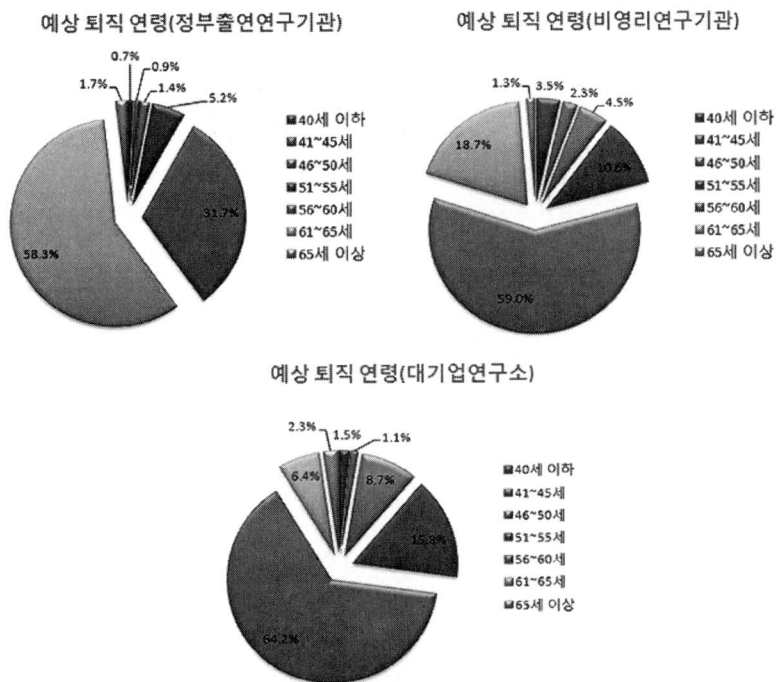

▲예상 퇴직연령의 기관별 비교 2010 HelloDD.com

◆ 퇴직 이후 경제적 준비는 "기본연금에 의지", 사회적 생활은 "유사분야 재취업할 것"

과학기술계 종사자들 중 퇴직 이후 경제적 생활을 위한 준비를 하고 있는 사람은 71.3%. 이들 중 절반 이상(52.0%)은 국민연금과 과학기술인연금 등 기본적인 연금수당에 기대하고 있고, 노후에 대비해 개인연금보험과 은행예금 등을 마련하고 있는 비중은 23.7%였다. 부동산, 주식 등 재테크 등을 통해 노후자금을 마련하고 있다고 응답한 사람은 11.9%, 재취업 혹은 창업으로 지속적인 경제활동을 계획하고 있는 사람도 11.1%였다.

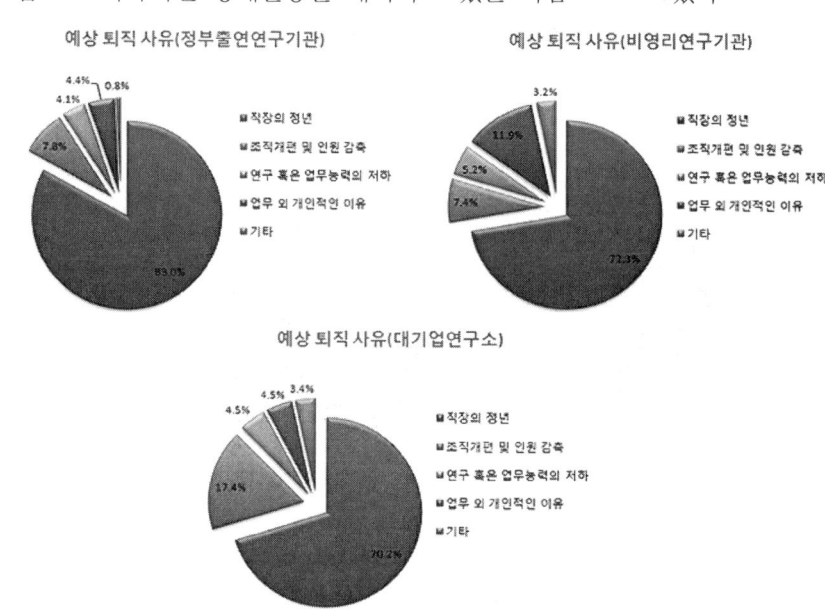

▲예상 퇴직사유의 기관별 비교 2010 HelloDD.com

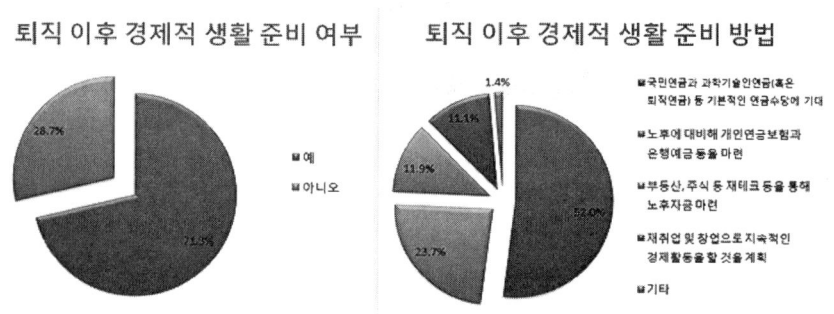

▲퇴직 이후 경제적 생활에 대한 준비 2010 HelloDD.com

응답자들 중 32.0%는 2개 이상에 복수응답, 기본연금 외에 개인연금이나 재테크 수단을 준비하고 있는 것으로 나타났다. 3개 이상의 수단을 통해 적극적으로 노후의 경제적 생활을 준비하고 있는 비중은 8.9%였다. 현재 국민연금과 과기연금 등 기본연금은 노후의 최저생계비를 보장할 뿐 안정된 생활에는 못 미치는 수준으로 알려져 있어, 상당수의 과학기술계 종사자들이 안정된 노후에 대한 충분한 준비를 하고 있지 못한 것으로 조사됐다.

퇴직 이후 사회적 생활에 대한 준비 여부는 이보다 더 미흡했다. 60.4%에 달하는 과학기술계 종사자들이 따로 퇴직 이후의 활동에 대해 준비를 못하고 있는 것으로 나타났다. 이에 대한 준비는 '유사분야 재취업 준비(31.2%)', '기타(18.2%)', '타 분야에 대한 수학 및 자격 등 준비(15.8%)' '창업준비(15.2%)', '기업의 연구개발에 참여준비(11.8%)', '독자적인 기술연마(7.7%)' 등의 순으로 조사됐다.

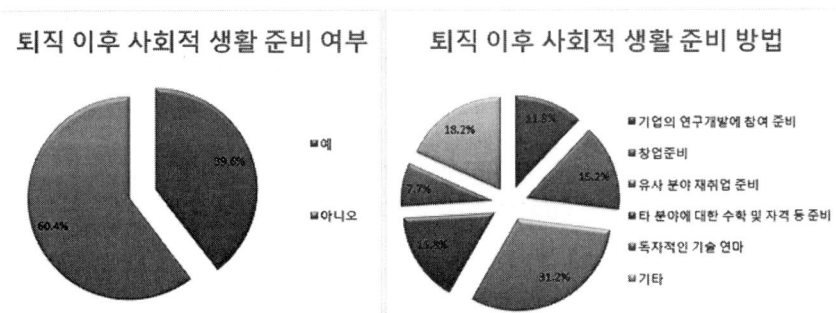

▲퇴직 이후 사회적 생활에 대한 준비 2010 HelloDD.com

◆ 퇴직연령 63~65세가 적정…"정년 연장, 과기연금 확충 희망"

그렇다면 과학기술계 종사자들이 희망하는 퇴직시기와 퇴직후 삶은 무엇일까. 먼저 과학기술계 종사자들이 생각하는 적정 퇴직연령은 63~65세(43.5%). 평균적으로는 63.9세로 나타났으며, 무정년제도를 도입해야 한다는 의견도 9.7%나 됐다. 앞서 본인들이 예상했던 퇴직시기인 56~60세에 비해 최소 3년에서 8년은 늘어나야 한다는 의견이다. 또 본인이 희망하거나 기대하는 퇴직시기에 비해 빨리 퇴직을 하게 됨에 따라 가장 아쉽게 생각하는 부분은 '경제적 불안(51.4%)'으로 조사돼 이에 대한 과학자들의 불안감을 해소하는 것이 시급한 것으로 파악된다.

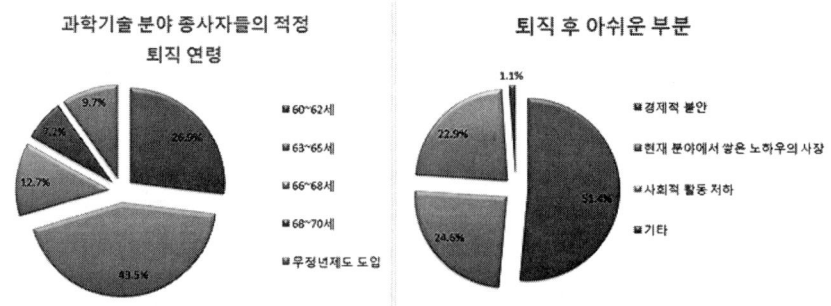

▲ 과학기술 분야 종사자들의 퇴직에 대한 의견 2010 HelloDD.com

과학기술계 종사자들이 국가 및 기관차원에서 과학기술인의 퇴직과 관련해 도입해야 할 제도로는 7개의 보기를 제시해 중요도에 따라 1순위, 2순위, 3순위를 꼽도록 했다. '임금피크제 도입 후 정년연장'과 '과학기술인연금 지원 확충'에 1순위와 2순위 선택이 집중됐으며, '석좌연구원, 자문연구위원 등 기관별 정년후 연장근무제도 도입'이 뒤를 이었다.

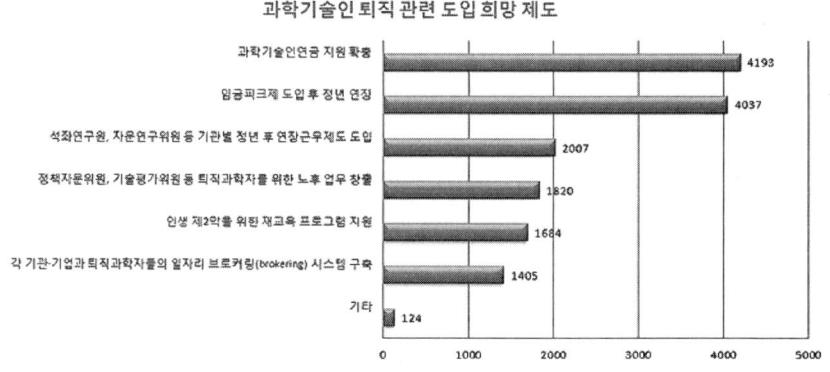

2010 HelloDD.com

이를 1순위는 3점, 2순위는 2점, 3순위는 1점으로 가산점을 부여해 수치화해 본 결과, '과학기술인연금 지원 확충'이 4193점으로 가장 높게 열망하는 것으로 나타났고, 이어 '임금피크제 도입후 정년연장'이 4037점으로 2위를 차지했다.

이에 대한 주관식 의견을 종합해 본 결과, 과학기술계 종사자들은 과학기술인연금에 대한 정부의 적극적인 지원으로 과학기술인들의 노후를 보장해 줄 것을 원하고 있으며, 후배들을 위해 절대적인 숫자의 정년연장보다는 임금피크제 도입으로 보다 유연하게 연구조직을 운영할 수 있기를 희망했다.

또 지금이 과학기술인 정년연장과 과학기술인연금 확충 등 여기에 대한 본격적인 논의가 이루어져야 할 시점임을 지적하는 의견도 많았다.

이어 과기공제회에서 과학기술계 종사자들의 퇴직 이후를 위해 지원해줬으면 하는 서비스에는 '퇴직후 경제적 안정을 위한 다양한 연금·보험·금융·재테크 프로그램 제공'이 1위를 차지했고, '기술분야 재취업에 대한 정보 제공'과 '퇴직을 대비한 건강관리 및 생애설계 교육·강연'이 각각 2, 3위를 기록했다. 해당 문항 역시 보기를 제시한 후 우선순위를 매기도록 하여 가산점을 부여, 점수화했다.

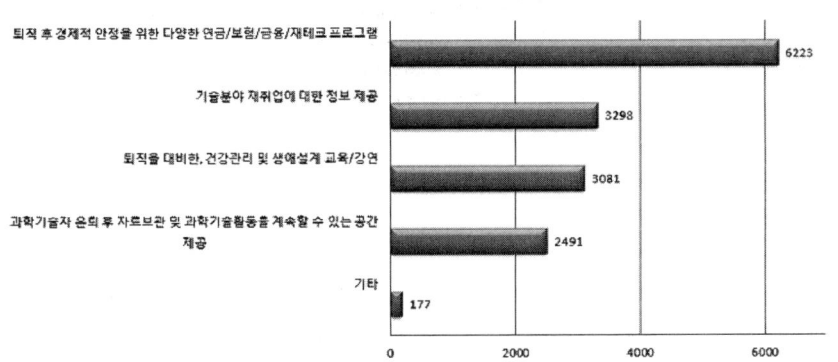

과기공제회 희망 도입 서비스

2010 HelloDD.com

또한 응답자들은 기타 의견을 통해 과학기술인공제회가 과학기술인 분야 종사자들이 퇴직후에도 자유롭게 참여할 수 있는 커뮤니티의 구심 역할을 해주길 당부했다.

그렇다면 과학기술계 종사자들이 퇴직후 희망하는 '제2의 인생'은 무엇일까. 해당 문항에서 역시 11개의 보기를 제시한 후 우선순위를 매기도록 하여 가산점을 부여, 점수화한 결과, 자신의 분야에서 높은 전문성과 노하우를 갖춘 만큼 '현 조직에서 쌓은 업무 노하우를 바탕으로 국내기업 취업'을 희망하는 사람들이 가장 많았다. 하지만 이에 못지않게 '여가생활을 즐기거나 혹은 봉사활동'을 하겠다는 응답도 높게 나타나 과학기술계 종사자들도 타 분야 사람들과 마찬가지로 경제적 불안만 해소된다면 퇴직 이후엔 치열한 연구에서 벗어나 느긋하게 보내고 싶은 열망을 갖고 있는 것으로 파악됐다.

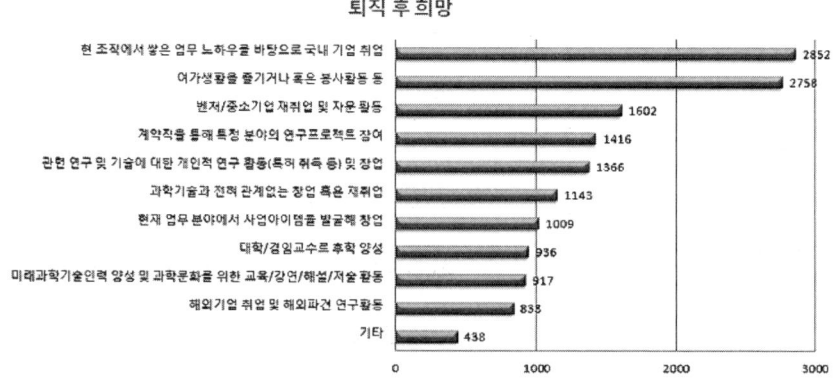

한편 기타 의견에서는 보다 구체적인 과학기술계 종사자들의 바람이 표출됐다. 과학기술계 종사자들은 타 산업체에 비해 현격히 낮은 복지제도를 지적하고, 처우개선에 힘써줄 것을 강조했으며, 무엇보다 과학기술계 종사자들이 본인들의 분야에서 쌓은 높은 전문성과 노하우를 전수할 수 있는

'기회'와 '방법'에 대한 연결고리를 만들어줄 것을 희망했다.

이번 설문조사에는 비교적 짧은 시간에 많은 과학기술계 종사자들이 자발적으로 참여, 퇴직후에 대한 의견을 적극적으로 전달했다. 특히 이번 조사를 통해 과학기술계 종사자들이 희망하거나 혹은 적정하다고 생각하는 시기에 비해 빨리 퇴직을 맞게 되고 있음을 알 수 있었으며, 이에 따라 경제적인 불안감을 크게 느끼고 있는 것으로 파악됐다.

또 과학기술인들이 퇴직후 경제적 생활을 기본연금에 의지하고 있음은 이에 대한 보다 확실한 지원이 필요함을 시사하며, 높은 전문성을 가진 과학기술인들이 퇴직후 사회적 활동에 대한 계획을 거의 하지 못하고 있는 것은 국가적인 차원에서도 심각하게 고민해봐야 할 것으로 보인다.

과학기술인들이 희망하는대로 과학기술인연금 확충과 정년연장 등을 실현시키는 것도 중요하지만, 이에 못지않게 과학자들에게 비교적 이른 시기부터 은퇴를 포함한 생애설계 교육을 실시하고, 퇴직후 과학자들이 노하우를 전수하고 높은 지식과 기술을 활용할 수 있는 시스템을 구축하는 것이 시급함을 시사한다.

〈대덕넷 정윤하 기자〉 yhjeong@HelloDD.com 트위터 : @andgreece[135] 2010년 12월 27일

---

135) http://www.hellodd.com/Kr/DD_News/Article_View.asp?Mark=33196&Midx=1 (2012.2.1)

제3장 퇴직후의 봉사와 보람찬 일하기

1. 한전 퇴직후 해외봉사로 '제2의 인생'

한전 부장 시절 전산업무 도입 20주년 기념 행사장에서, 환갑에 해외봉사단원으로 스리랑카 근무, "봉사는 결국 나를 위한 것이다." 한전 전산실서 27년 근무하다 98년 외환위기 때 명예퇴직, 영어 공부 매달려 국제협력단 해외봉사단에 응모 스리랑카에서 2년간 컴퓨터 강의,136) 지금은 서울 청계천 문화관서 매주 두 차례 외국인 안내봉사. 지난 21일 자원봉사자로 일하고 있는 서울 청계천문화관에서 급하게 나를 찾는 전화가 걸려왔다. 원예기술을 배우고자 우리나라를 찾은 아프가니스탄 영농인들이 문화관을 방문하는데, 통역과 설명을 해줄 사람이 필요하다는 것이었다. 내가 일하는 날(월·수요일)은 아니었지만 흔쾌히 요청에 응했다. 그분들은 코이카(KOICA·한국국제협력단) 초청으로 방한했는데, 나는 KOICA 해외 봉사단원으로 스리랑카에서 일한 적이 있었다. KOICA 초청이라고 하니 반가운 마음이 먼저 앞섰다. 벌써 6년이 지났지만, 당시 경험은 내 인생에서 아주 큰 전환점이 되었다.

1998년 12월 나는 30년 가까이 다닌 한국전력에서 명예퇴직했다. 세상은 뒤숭숭했다. IMF 외환위기 이후 '폐업' '구조조정' '명퇴' 같은 단어들이 연일 신문지상을 도배했다. 당시 나는 전산업무를 담당하는 정보처리처의 처장으로 일하고 있었다. 아니나 다를까 우리 부서의 업무도 통째로 '아웃소싱'(외부 위탁)이 결정됐다. 명색이 부서의 장(長)으로서 책임을 느꼈고, 후배들에게 조금이라도 도움이 되겠거니하는 생각에 명예퇴직을 결정했다.

---

136) [앙코르 내 인생]한전 퇴직 후 해외 봉사로 '제2의 인생' 찾은 ○○○(69)씨, A37면| 기사입력 2011-10-26 23:53

아쉬운 마음도 컸지만, 되돌아보면 쉬지 않고 달려온 인생이었다. 나는 경기도 용인에서 서울로 올라와 국립체신고등학교에 입학했다. 국가에서 전액 장학금을 주는 대신 졸업후 일정 기간 체신부에 근무해야 하는 특수 목적학교였다. 모두가 가난했던 시절이라 내가 들어갈 때 입시 경쟁률은 50대1이 넘었다. 국립체신고등학교를 졸업한 후 서울 중앙전화국에 배치됐다.

그곳에서 야간대학에 다녔고, 군대도 다녀왔다. 그리고 의무근무 기간을 채운 뒤 1969년 2월 한전에 대졸 공채 사원으로 입사했다. 그 후 27년간 전산관련 부서에서만 근무했다. 1970~80년대 남들보다 일찍 전산을 접한 터라 지금도 IT에는 밝은 편이다. 얼마 전에는 명함 뒷면에 'QR코드'도 넣었다.137) 회사를 퇴직하고 몇 달간 마음의 갈피를 잡지 못했다. 아침에 눈을 떠도 별다른 할 일이 없는 상황을 처음 겪었다. '할 일'이 필요했다. 그래서 처음 1년은 영어공부에 빠져 지냈다. 내가 다닐 때 체신고등학교는 기능교육 위주여서 체계적으로 영어를 공부하지 못했다. 마음 한구석에 늘 "제대로 영어공부 한번 하리라"는 생각을 품고 평생을 미뤄왔다. 늦게 시작한 대신 정말 열심히 공부했다. 학원에 다녔고, 1년만에 미국대학 진학이 가능한 수준까지 도달했다. 그때 쯤 KOICA에서 해외봉사단원을 뽑는다는 공고를 보았다. 지원 자격은 21~61세였고, 나는 만 61세까지 6개월여가 남아 있었다. 전공과 영어·적성검사를 거쳤고, 외국에서 발생할지도 모르는 사고에 대비해 가족 동의서까지 제출했다. 그렇게 나는 KOICA의 최고령 봉사단원이 되어 2002~2004년 스리랑카에 가서 '한국·스리랑카 직업훈련원'에서 컴퓨터를 가르쳤다. KOICA는 한국인 봉사자끼리 어울리는 것을 금지하고 철저히 현지에 동화할 것을 요구했다. 젊었을 때 화려함만 생각한다면 엄두도 못낼 생활이었다. 나는 2년을 꼬박 현지인 집에 방을 얻어 자취했다.

대학 다닐 때도 해보지 않은 것을 환갑 지나서 한 셈이었다. 쌀을 사려면 수도인 콜롬보까지 갔다오는 데 하루를 꼬박 들여야 했다. 마을 사람들의

---

137) 26일 오후 서울 청계천 문화관에서 ○○○씨가 청계천의 역사에 대해 설명하기도 했다. 전기병 기자

마음을 열기 위해 집집이 찾아다니며 "한국에서 왔다"고 알리고, 설이면 가족사진도 찍어줬다. 강의를 하면서 "알아들었느냐"고 해도 고개만 가로저을 뿐인 학생들을 보며 답답했는데, 그 나라에선 '예스'나 '노'나 모두 고개를 젓고 다만 거절이나 부정할 때는 고개를 더 빨리 젓는다는 사실을 뒤늦게 알게 됐다. 그들과 생활하면서 행복은 물질적 풍요만이 아니라는 것을 절실하게 느꼈다. 그리고 봉사는 남을 위하는 마음에서 출발하지만 결국은 자기 자신을 위한 것으로 귀결된다는 깨달음도 얻었다. 귀국후 지금까지 일주일에 2~3차례씩 자원봉사를 핑계로 청계천에 나가 외국인들에게 서울을 소개하고 있다. 틈틈이 크고 작은 '새로운 도전'도 시도하고 있다. 퇴직후 취미를 붙인 마라톤은 몇 차례 완주에 성공했다. 지난 2007년에는 안나푸르나 등반을 시도, 베이스캠프(해발 4130m)까지 다녀왔다. 어린 시절 아버지가 우리 형제의 손을 잡고 걸어 다녔던 서울~용인의 160리 길을 한번 뛰어보자는 생각에 혼자 100㎞를 쉬지 않고 달려보기도 했다.

요즘은 외발자전거 타기에 흥미를 느끼고 있다. 젊은이들에게 '내 삶은 어떤가'라고 묻고 싶다. 나이는 중요하지 않다. 무엇으로 그 삶을 채우고, 무엇에 도전하고 있는가가 더 중요하지 않을까.[138][139]

2. 은퇴후의 직업, 미리미리 준비하는 퇴직후의 직업

시간이 남을 때 웹서핑을 많이 하는데, 웹서핑할 때마다 나오는게 은퇴후 어떻게 살아가야 하나입니다. 저도 아직은 멀어서 별로 몸에 와 닿지는 않지만, 가끔씩 생각해보면 막막한게 퇴직후에 무얼해야 하나입니다. 갈수록 길어지는 평균수명에, 은퇴는 갈수록 빨라지고,미리미리 준비해야 하지만 그렇게 하는 사람들은 많이 없고 걱정인게 태산입니다. 일반적인 평균 은

---

[138] 정리=신동흔 기자 dhshin@chosun.com, 조선닷컴, 조선일보 앱, 인포그래픽스, 조선일보 & chosun.com
[139] http://news.naver.com/main/read.nhn?mode=LSD&mid=sec&sid1=110&oid=023&aid=0002322460(2012.2.1)

퇴연령은 53세라고 하는데, 2009년 평균 기대수명이 남자가 77세라는 점을 감안해서 계산하면 은퇴 후 약 24년, 내지는 30년을 살아야 하고, 시간은 160,000시간을 보내야 한다고 하네요. 수명이 길어지면서 은퇴뒤에 제2의 인생을 살고자 하는 은퇴자들을 많이 볼 수 있는데, 은퇴전처럼 직장에서 젊은이처럼 일하고 싶어하고, 건강이 허락하는 한 일을 하고 싶어한다는 것입니다. 무엇보다 나이를 먹어서도 직업을 가지고 있는게 중요하다는 점은 아침에 일어나 직장에 출근한다는 생각을 하는 것만으로도 건강한 느낌이 든다고 합니다. 그래서 건강이 허락하는 한 계속 일을 하고 싶다는 은퇴자들이 많이 있다고 합니다. 아직 우리나라는 은퇴 이후에 직업이 별로 없지만 미국은 우리보다 고령화 시대를 겪게 되면서 직업에도 여러가지가 있네요.

〈미국에서 50대 이후의 최고 직업 순위〉

1위 보조금 코디네이터

-> 보조금 코디네이터는 개인 만족도와 스트레스·직업의 유연성에서 높은 평가를 받았다고 하네요.

2위 개인 트레이너

-> 전문 트레이닝 교육을 받으면 누구나 가능한 개인 트레이너는 운동을 즐기는 사람들에게 가장 추천되는 직업이라고 합니다.

3위 에너지 측정사

-> 에너지 측정사는 경제가 어려운 시기에 에너지 비용을 삭감하려는 대중의 요구가 강해지면서 인기를 얻고 있습니다.

4위 온라인 마케터

-> 블로그·트위터·페이스북 등의 소셜네트워킹(SNS)이 인기를 얻으면서 온라인 콘텐츠 마케팅의 인기는 이어질 것으로 내다보고 있습니다.

5위 개인교사

-> 가정에서 아이를 1대1 방식으로 가르치는 개인교사에 대한 수요는 자녀교육 열풍과 함께 늘고 있습니다.

6위 검색엔진최적화(SEO)

-> SEO전문가는 인터넷 이용자들이 2억5000만개가 넘는 웹사이트를 가장 손쉽게 찾을 수 있도록 하는 일을 하고 있습니다.

7위 필라테스/요가강사

8위 마케팅 책임자

9위 테크니컬라이터

-> 테크니컬라이터는 정보기술(IT) 등의 소비자가 이해하기 어려운 복잡한 기술을 습득해 알기쉽게 전달하는 직업입니다.

10위 보건교육사

-> 보건교육사는 학교부터 대중, 개인단체까지 보건에 관한 교육을 전담하는 직업입니다. 140)141)

3. 베이비부머 56% "퇴직후 노후준비 안돼"

전경련 조사 88% "퇴직후 중견·중소기업 재취업 원해"142) 1955년~1963년 출생한 한국 베이비부머(베이비붐 세대) 10명중 5명 이상이 퇴직 이후 노후준비를 하지 못하고 있는 것으로 나타났다.143) 24일 전국경제인연합회(전경련) 중소기업협력센터에 따르면 중견인력 채용포털인 커리어잡에서 제공한 1천명의 베이비부머를 대상으로 리서치앤리서치에 의뢰해 전화설문조사를 한 결과 56.3%가 '퇴직 이후 노후생활 준비가 안돼 있다'는 응답을 했다.

노후준비가 돼있다는 응답은 13.9%에 그쳤다. 퇴직후 가장 큰 걱정거리로 64.3%가 생계비, 자녀교육비 등 경제적 문제를 꼽았고, 13.9%는 건강, 10.0%는 스트레스, 7.4%는 갑작스러운 공백시간을 활용하는 문제를 들었다.

퇴직후 경제문제를 해결하기 위해 48.8%가 직장에 재취업을 선호했고, 20.6%는 자영업 또는 창업, 14.1%는 연금, 퇴직금, 보험금 등으로 생활,

---

140) [출처] 은퇴후직업, 미리미리 준비하는 퇴직후직업|작성자 희망과사랑
141) http://blog.naver.com/wifehealth/20149713104(2012.2.5)
142) 기사입력 2011-11-24 11:01:52, 베이비부머 56% "퇴직후 노후준비 안돼"
143) (서울=연합뉴스) 이동경 기자

6.9%는 부동산 처분 방법을 택했다. 중견·중소기업에 재취업할 용의가 있느냐는 질문에 88.4%가 '그렇다'고 응답했다. 재취업하면 희망하는 연봉은 3천만원이 35.7%, 4천만원 내외 19.1%, 5천만원 내외 14.7%, 5천만원 이상 14.7%, 2천만원 내외 13.1% 등이었다. 퇴직후 연간 필요한 자금으로 3천만원 미만이 39.4%, 2천만원 미만은 21.9%, 4천만원 미만 15.6%였다. 베이비부머의 재취업률을 높이기 위해서는 43.3%가 나이보다 업무능력을 중시하는 기업·사회 풍토를 만드는 것이 중요하다고 말했다. 또 28.3%는 정부가 고용보조금 등 인센티브를 확대해 퇴직자를 채용하는 기업이 늘어나야 한다는 주장을 제기했다. 중소·중견기업들이 베이비부머의 채용을 기피하는 이유에 대해 36.8%가 나이 많은 직원에게 업무지시가 어렵기 때문이라고 말했다. 또 33.3%는 기업들이 임금부담이 낮은 청년층을 선호하기 때문이라고 했고, 16.4%는 퇴직자의 업무효율성이 떨어질 것으로 생각하기 때문이라고 응답했다.144) 정년퇴직후, 어느 노인은 반평생을 다니던 직장서 은퇴한 뒤 그동안 소홀했던 자기충전을 위해 대학원에 다니기 시작했다.145)

처음에 나간 곳은 세계적 명문인 하바드대학원. 이름은 그럴싸하지만 국내에 있는 하바드대학원은 "하"는 일도 없이 "바"쁘게 "드"나드는 곳이다. 하바드대학원을 수료하고는 동경대학원을 다녔다. "동"네 "경"노당이라는 것이다. 동경대학원을 마치고 나니 방콕대학원이 기다리고 있었다. "방"에 "콕" 들어 박혀있는 것이다. 하바드→동경→방콕으로 갈수록 내려앉았지만 그래도 국제적으로 놀았다고 할 수 있는데 그러는 사이 학위라고 할까 감투라고 할까 하는 것도 몇 개 얻었다.

처음 얻은 것은 화백 "화"려한 "백"수. 이쯤은 잘 알려진 것이지만 지금부터는 별로 알려지지 않은 것이다. 두 번째로는 장노다. 교회에 열심히 나가지도 않았는데 왜 장노냐고? "장"기간 "노"는 사람을 장노라고 한다는군. 장노로 얼마간 있으니 목사가 되라는 것이다. 장노는 그렇다 치고 목사라니.

---

144) http://economy.donga.com/total/3/01/20111124/42114179/1(2012.2.1)
145) 이름:rocky, 2009/5/14(목), 조회:360

"목"적없이 "사"는 사람이 목사라네. 기독교 감투만 쓰면 종교적으로 편향되었다고 할까봐 불교 감투도 하나 썼다. 그럴듯하게 "지공선사" "지"하철 "공"짜로 타고 경노석에 정좌하여 눈감고 참"선"하니 지공선"사" 아닌가[146]

4. 아름다운 황혼, 퇴직후의 삶을 성공적으로 이끄는 활동

퇴직후의 삶을 성공적으로 이끄는 활동은 다음과 같다.[147]

○ 긍정적으로 활기차게 생활하라. 그러기 위해선 먼저 옛 것은 버려야 한다. 당신은 이제 은퇴한 새 사람이다.

○ 가족으로부터 독립해야 한다. 자식의 부담이나 늙은 부모들로부터 독립하라.

○ 부부가 함께 할 수 있는 낙을 찾아야 한다. 우리의 생활습관은 아내 따로 남편 따로 문화다. 이것은 노후 불화의 근본이다. 함께 행복할 수 있도록 서양문화를 받아 들여야 한다.

○ 적극적으로 참여하라. 지금까지의 직장동료들을 대신 할 수 있는 새로운 사회적 만남을 만들어야 한다.

○ 즐길 수 있는 놀이나 운동이 있어야 한다. 그것은 사회성을 키우며 자만심을 버리고 자부심을 간직할 수 있게 할 것이다.

○ 창조성을 발휘할 수 있는 취미활동이 필요하다.

○ 공부를 계속해야 한다.

○ 봉사하는 생활이 훨씬 여유롭고 아름다워 보인다. 본인도 삶의 긍지와 만족감을 얻을 수 있다.

평균수명이 길어졌다 해도 청춘이 길어졌거나 일할 수 있는 노동기간이 길어진 것은 아니다. 노인의 기간만 길어졌다. 수명이 길어진 만큼 일할 수

---

146) http://rockywa.hubweb.net/technote/read.cgi?board=rojoke&nnew=2&y_number=435(2012.2.1)
147) [아름다운 황혼] 퇴직후 삶을 성공적으로 이끄는 활동| ....부부,자녀글, 2006.04.06. 00:02

있는 건강한 경제활동 기간도 길어져야 한다. 요즘의 60세는 스스로 노인이라고 느끼지 않을 만큼 육체적 정신적으로 건강하다. 그 옛날의 꼬부랑 할머니 할아버지들이 아니다. 그럼에도 사회의 인식은 퇴물 노인으로 간주한다. 사회적 손실이요 개인적 불행을 초래하는 의식의 전근대성이다.[148]

5. 경찰퇴직후의 삶에 대한 현실적인 이야기

요즘 50대 60대는 옛날과는 다릅니다.[149] 사회가 변하고 평균수명이 상승한만큼 예전처럼 그냥 퇴직하고 유유자적할 나이가 아니라 한참 일할 나이죠. 요샌 월급쟁이 생활하다 퇴직하고 50-60대가 일도 안하고 연금만 타먹고 있으면 20~30대 백수들 만큼이나 잉여취급 받아요. 물려받은 재산이 많거나 큰 돈을 모은 분들이라면 모를까. 대부분 집 한채가 유일한 재산이고 월급쟁이의 삶을 살아오신 분들은 다 고만고만한 서민이죠. 참고로 몇년 전 저희 아버지 퇴직하실 때 같은 서에 동갑내기 4분이 함께 퇴직하셨는데 그 중에 두분은 평소 지병이 있으셨는지 아님 퇴직후 급격히 건강이 나빠지셨는진 모르겠지만 채 60도 되기전에 이미 조상님들 만나뵈러 가셨고, 한 분은 연금을 일시불로 목돈받아 사업하려다 아다리 잘못 걸리셔서 죄다 말아먹고 월 60만원에 현직직원들 눈치나 실컷보는 수사민원상담관 신청하셨답니다. 그나마 연금으로 돌리시고 운좋게 재취업에 성공하신 아버지만 별 리스크없이 지내시곤하죠. 아버지 퇴직하실 때도 주변에서 이거하자 저거하자 이런 유혹 정말 많았어요. 이런저런 달콤한 말에 혹하시기도 하고 심지어 저를 좋은 자리 넣어준다는 그런 유혹까지. 그래도 전 평생을 형사생활하신 분이 차마 사기라도 당하겠냐 생각했는데 어머님 말씀이 요샌 검찰이든 국정원 출신이든 눈감으면 코베어갈 정도로 사기당하기 좋은 세상이라며 오히려 평생 한가지 일만 해온 사람들이 자기일에선 프로일지 몰라도

---

148) http://cafe.daum.net/beautiho/cKG/2048?docid=LZgq|cKG|2048|200604060
00253&q=%C5%F0%C1%F7%C8%C4%C0%C7%BB%EE(2012.2.1)
149) KSMº - 경시모게시판, Jagermeister | 조회 1157 |추천 0 | 2011.08.07. 21:29

세상물정은 되려 어두울 수도 있다고 하시더군요. 만약 일시불로 땡겨서 이상한 유혹에 혹하면 이혼까지 불사하겠다며 강경한 태도를 취하신 어머니 덕분에 그나마 저희집은 별탈없이 지내고 있는 것 같네요.

이젠 아시다시피 우리 세대는 공무원연금 적용도 못받고 지금 이미 연금 국고도 바닥난지 오래라, 그리고 우리가 퇴직할 때 쯤 세상이 어떻게 될진 아무도 몰라요. 경찰합격해서 정년만 채우고 연금만 타먹으면 유유자적 평생이 보장될 것처럼 생각하시는 분들이 많은 것 같은데 그거 정말 위험한 생각이 아닐 수 없습니다. 오지랖 넓게 남의 인생에 뭐라뭐라 하고 싶은 생각은 없지만요. 제가 일하는 병원도 공공기관이라 직원분들 60세까지 정년 보장되고 공단연금 적용받는 분들임에도 불구하고 40대 이상이신 분들은 입만 열면 노후걱정하십니다. 요즘 세상에 절대적인건 없다면서, 완벽하게 보장되는건 아무 것도 없다면서, 지금은 남은 기간동안 마무리 공부에 최선을 다해 꼭 합격하는게 우선일테구요. 나중에 합격하더라도 한살이라도 젊을 때 좀더 부지런히 이것저것 많이 배우고 할 수 있는 것 늘리고 자기만의 능력을 키워나가야지. 오로지 경찰 월급이나 연금만을 믿고 아무 생각없이 살다간 나중에 우리가 5~60대 됐을 땐 지금보다 훨씬 극심한 제2의 취업난에 시달리게 될 것은 불보듯 뻔한 것 같아요. 아 물론 집에 물려받을 재산이 많거나 돈버는 재주가 탁월하신 분들은 예외입니다. 평균수명 100세가 머지않은 세상입니다.[150]

6. 퇴직후의 삶을 성공적으로 이끄는 활동

은퇴 그리고 긴 노후, 인생은 짧은 중에 청춘은 더욱 짧다.[151] 평균수명이 증가했어도 오히려 노동기간은 짧아졌다. 사오정이니 오륙도니 하는 자

---

150) http://cafe.daum.net/policeacademy/2Cy/745270?docid=1Li|2Cy|745270|20110807212904&q=%C5%F0%C1%F7%C8%C4%C0%C7%BB%EE (2012.2.1)
151) [스크랩] 퇴직후의 삶을 성공적으로 이끄는 활동| 회원들(휘수회)글 모음, 김소암 | 조회 5 | 추천 0 | 2009.04.08. 11:50

조적인 유행어가 생기기도 하고 조기은퇴는 준비되지 못한 채 노인기간의 연장을 가져왔다. 그러면 이 퇴직을 어떻게 받아들이고 퇴직 이후의 삶은 어떠해야 하는가? 당신은 일만 하다가 어느 날 갑자기 쓰러져 죽는 것을 원하지 않았을 것이다. 또 일은 무엇 때문에 했는가? 물론 언젠가는 퇴직을 희망했을 것이고 그것이 예상하지 못한 시기에 다가온 것일 뿐이다. 은퇴나 퇴직은 안올 것이 온 것이 아니라 올 것이 온 것일 뿐이다. 그럼에도 퇴직은 실제보다 훨씬 더 심각한 문제로 평가되고 있는 것이 현실이다. 그러나 지금 무슨 일을 하든가라든가 어떤 모습으로 존재하는가 보다 지금 이 순간이 내 삶에 어떤 의미가 있는가를 확인하는 것이 필요하다. 앞으로의 인생을 충실하고 즐겁게 살아가기 위해서는 지금 어떻게 해야 하는가.

  무슨 일을 해야 하는가를 생각해야 합니다. 당신의 인생과정에서 퇴직은 어떤 의미를 가지고 있는가를 검토해야 합니다. 퇴직은 또 하나의 삶의 이정표입니다. 이전의 삶과는 다른 새로운 삶의 시작입니다. 마음을 비우고 편안하게 퇴직을 맞이하는 것은 축복입니다. 그러나 은퇴를 충분히 준비하지 못한 자에게 현실은 삶의 무게를 감당하기에도 벅차다면 노후의 안락함이며 평안을 말하는 것도 사치일 뿐이다. "은퇴준비를 중요하다고 생각하지 않는 사람이 어디 있겠냐."

  다 심각하게 고려하지만 발등의 불이 급하다 보니 알면서도 못하는 것이지, 이렇게 수긍한다면 은퇴준비란 지극히 일부의 부유층, 사실 그들은 은퇴준비가 필요치도 않은 부자들을 빼고 아무도 못할 것이다. 어렵고 절박한 가운데서 묘안을 찾고 사실 그것은 묘책이 아니라 결단일 뿐이다. 중단없이 실행하는 의지가 필요하다. 지금의 세대가 은퇴 이후를 심각하게 거론하고 또 절박한 문제로 제기하는 것은 은퇴 이후의 삶이 이전보다 훨씬 길어졌다는 점과 가족제도의 변천, 사회와 개인의 의식이 변하고 있기 때문이다.

  자식농사 잘 지으면 노후는 걱정없다든가 늙으면 자식과 함께 살면 되는 것이지 하는 사고방식은 이제 더 이상 자식들의 생각이 아니라는 것을 알아야 한다. 이제는 부모가 자립하지 못하면 부모 자신들은 물론 자식에게도 불효자라는 부담과 갈등의 짐을 지어줄 뿐이다.

  퇴직후의 삶을 성공적으로 이끄는 활동은 다음과 같다.

  ◯ 긍정적으로 활기차게 생활하라. 그러기 위해서는 먼저 옛 것은 버려야 한다. 당신은 이제 은퇴한 새사람이다.

  ◯ 가족으로부터 독립해야 한다. 자식의 부담이나 늙은 부모들로부터 독립하라.

  ◯ 부부가 함께 할 수 있는 낙을 찾아야 한다. 우리의 생활습관은 아내 따로 남편 따로 문화다. 이것은 노후 불화의 근본이다. 함께 행복할 수 있도록 서양문화를 받아 들여야 한다.

  ◯ 적극적으로 참여하라. 지금까지의 직장 동료들을 대신 할 수 있는 새로운 사회적 만남을 만들어야 한다.

  ◯ 즐길 수 있는 놀이나 운동이 있어야 한다. 그것은 사회성을 키우며 자만심을 버리고 자부심을 간직할 수 있게 할 것이다.

  ◯ 창조성을 발휘할 수 있는 취미활동이 필요하다.

  ◯ 평생 공부를 해야 한다.

  ◯ 봉사하는 생활이 훨씬 여유롭고 아름다워 보인다. 본인도 삶의 긍지와 만족감을 얻을 수 있다.

  평균수명이 길어졌다고 해도 청춘이 길어졌거나 일할 수 있는 노동기간이 길어진 것은 아니다. 노인의 기간만 길어졌다. 수명이 길어진 만큼 일할 수 있는 건강한 경제활동 기간도 길어져야 한다. 요즘의 60세는 스스로 노인이라고 느끼지 않을만큼 육체적 정신적으로 건강하다. 그 옛날의 꼬부랑 할머니 할아버지들이 아니다. 그럼에도 사회의 인식은 퇴물 노인으로 간주한다. 사회적 손실이요, 개인적 불행을 초래하는 의식의 전근대성이다.[152)153)]

---

152) 출처: 아름다운노년생활, 중년/장년/고령화의 모든 것, 글쓴이 : 위기는 기회
153) http://cafe.daum.net/samsan529/2CbK/434?docid=bDri|2CbK|434|20090408
115018&q=%C5%F0%C1%F7%C8%C4%C0%C7%BB%EE(2012.2.1)

7. 명예퇴직 혹은 정년퇴직후 어떤 삶을 살게 될까

 안녕하세요. 맞게방엔 다양한 여러분이 계시니까, 여쭈어 보면 알려줄 것 같아서요. 참, 새해 복 많이 받으세요.[154] 저는 사십대 초반이구요. 이제 나이가 드니 그러나요(물론 아직 한창이다 할 분도 많지만) 20, 30십대에 너무 전력질주하면서 일을 해서 그런지 요즘은 그만 두고 싶다는 그런 생각이 들어요. 직장을 그만둔다고 하면 많은 사람들이 먼저 걱정하는 경제적인 부분은 그냥 전업주부로 돌아가면 덜 쓰고 조금 더 아끼며 살면 될 것 같아요.
 어차피 맞벌이의 함정, 직장생활하면서 자주 느껴요. 또 많은 사람들이 돈 때문에 직장 못 그만둔다 하면서도 씀씀이도 줄이지 않고 그런 현상을 보면서 아직은 조금 더 천천히 생각하면서 한 10년 있다가 그만두어야지 해요. 그럼 그땐 나이가 50대 초반이겠죠. 그럼 그때 명예퇴직하려구요. 그래서 그 이후에 삶이 사실 조금 궁금하고 한편으론 두렵기도 해요.
 평생 직장생활에서 모든 생활 사이클을 맞추고 살았는데 어느 날 직장이 없으면 어떨까? 허무하지 않을까? 아는 분도 정년퇴직하고 집으로 돌아가니 너무 허무하다고 하더라구요. 한동안 아주 많이 힘들었다고 하더라구요. 그래서 저가 여쭙고 싶은 부분은 다음과 같습니다.
 (1) 명예나 정년후의 삶은 어떤가요?
 (2) 어떻게 해야 미리 준비하는 삶일까요?
 (3) 이전보다도 소득이 많이 줄어도 살만하던가요?
 (4) 그 외 기타 등등
 좋은 내용 있으면 알려주시면 감사합니다. 많은 분들이 누구나 때가 되면 죽어야 하는 것처럼, 직장생활도 언제까지나 하는 것이 아니니 서로 생각하는 시간도 될 것 같아요. 저도 굉장히 궁금하네요. 사십대 후반 쯤 일찍 퇴직하신 여자분들이 후회를 많이 하신데요. 아이들 학교 끝나고 문열어주고

---

[154] 미리 잘 준비하는 마음을 위하여 | 맞벌이 부부의 삶, 긍정적인 생활습관 | 조회 993, 2011.01.01. 12:27

간식만들어 주는게 정말 소망이셨다는 분, 사십중반 쯤 일찍 퇴직하셨는데 딱 한달은 그리 좋더래요. 정말로[155] 딱 두달째부터 괜히 일찍나왔다고 후회한다고 해요. 사십후반 쯤 되신 분은 아예 자녀가 "엄마 집에서 심심하실텐데 더 일하시라구" 이런데요. 금전적으로 충분히 여유로우시다면 그저 써가며 즐거이 보낸다지만 그렇지 않다면 계속 일하는게 남는 것 같다는 생각이 들어요. 그렇죠. 특별한 대안없이 혹은 현실이 답답해서 그만두면 처음 몇 달만 좋지 금방 후회될 것 같아요. 다시 직장을 잡지 않는다고 하더라도 무엇을 하고 어떻게 내 생활을 할까. 그런 것이 필요하지 않을까. 저도 생각해봤네요.[156] 저는 40대 후반, 이젠 서서히 은퇴를 생각할 나이입니다. 40초반에는 그만두고 싶어서 노래(?)를 부르고 다녔는데 이젠 오히려 내 일(?)을 즐기며 오래하고 싶어지네요. 아이들도 다 크고, 오래 직장생활을 해서 주변 아는 사람도 없고. 죽~ 정년까지 갈까하고 생각중입니다. 정말로 아이들이 계속 일을 하라고 하네요. 조금은 서운하지만 차라리 그것이 낫다 싶어지는 겨울입니다.[157] 음 동동님같은 말도 많이 들었어요.

그죠, 40대에는 그렇게 그만 두고 싶더니 이젠 50을 넘어서니 후배를 위해서 내가 물러나야지 하는 생각도 들지만 이젠 일이 즐겁다고 아이들 다 크고 무엇보다도 자식들이 원하지 않는다고. 저도 자식이 일을 원하면 흔들릴 것도 같아요.[158] 전 40대 초반 52세까지 일해서 아이 교육비 출가비 노후준비까지 마무리를 한 다음 사놓은 땅에 집짓고 텃밭 일구며 살려고요. 사회생활하느라 집안살림엔 젬병이라 한번 주부로서 삶을 좀 누려보고 싶어요.

된장, 고추장, 김치 담그는 법도 배우며 너무 환상적으로 생각하는건가요? 전 연금을 좀 일찍 들어서 55세 60세 65세에 개시입니다. 사치하는 스타일이 아니라 나름대로 연금가지고 생활이 가능하리라 생각됩니다.[159] 그

---

155) 잉명중 2011.01.01. 14:46
156) 긍정적인 생활습관 2011.01.01. 19:05
157) 동동주와막걸리 2011.01.01. 15:42
158) 긍정적인 생활습관 2011.01.01. 19:05

렇죠, 직장생활하다 보면 특별히 부지런하거나 슈퍼맘 아니면 이런 저런 부분 다 잘하긴 어려운 것 같아요. 그 중에서 김치나 장 담그는 것은 약간의 두려움도 있어요. 그리고 연금을 일찍 들어서 일찍 받으니 뿌듯하시겠어요.[160] 오랫동안 맞벌이 한 50세 중반의 여자예요. 윗분처럼 시골에 땅 사놓았지만 막상 가기에는 용기가 필요하더군요. 친구, 간헐적인 사회생활 등 남편과도 잘 맞아야 하고. 지금은 반 은퇴 성격의 일을 하고 있는데 2년 후에는 완전히 그만두려구요. 5년 후부터는 연금(부부국민연금 + 개인연금) 등이 나와 살기 그다지 궁핍하지는 않을 것 같고 그때까지는 모아놓은 돈 녹여먹고 살아도 될 것 같아요. 아이들 교육 마치고 나니 생활비 그다지 많이 안들어요. 다만 앞으로 20~30년은 더 살아야 하니 어떤 의미있는 일을 해야 하나가 화두입니다.[161] 여사님도 준비 잘 해두셨네요. 그쵸, 앞으로 평균 120년 수명시대라고 하니 노후에 미리 준비를 안해두면 경제적인 문제 외에 무엇을 할 것인가 많이 고민해야지하고 생각해요. 지금은 50중반이 너무 먼 이야기같지만 저도 곧 그리 되겠죠.[162] 제가 해당자라 한 말씀 안드릴 수가 없네요. 60년생이고 대학 4학년 졸업전에 안정적인 직장에 취직하여 25년간 일하고 자진 명퇴했습니다. 수입은 기타 등등하여 재직시와 비교하여 40%선의 제 수입이 되요. 물론 남편수입은 그대로고요.

　개인차가 심한데 저는 허무하거나 그렇지는 않고 다시 예전자리로 돌아가기는 싫습니다. 그 업무부담과 가사에 대한 부담 대신 스트레스 다시 겪고 싶지는 않아요. 그러나 가처분소득이 준만큼 사치성이나 문화성 소비에 인색해 질 수 밖에 없고 늘 직장과 업무관계, 공식적인 사람 만남 등에 익숙하다 허술한 관계에 처음에는 좀 뭐랄까. 무가치 혹은 시시함 뭐 이럴 걸 느끼다 차츰 익숙해져요.[163] 정말 하고(수입이나 경력개발과 무관해도 좋

---

159) hmm1219 2011.01.01. 16:29
160) 긍정적인 생활습관 2011.01.01. 19:00
161) 김여사~~ 2011.01.02. 11:05
162) 긍정적인 생활습관 2011.01.01. 18:58
163) 선1004 2011.01.01. 18:06

은) 싶은 일이나 취미나 열정이 있다면 금상첨화가 아닐까 생각이 듭니다.

일상이 무료할 정도는 아니고 당분간 쉰다는 생각하에 여유롭게 지내고 있습니다. 연령대가 젊거나 활동적이거나 인생이란 뭔가 끝임없이 성취해야 한다는 사고방식이신 분들은 맞지 않는 것 같습니다. 50세 정도가 되면 자신감이 떨어지고 인생의 피로가 밀려오고 마음의 여유가 좀 생기거든요. 최소한 50세는 넘어야 은퇴가 편안할 듯 해요.[164] 네 감사합니다. 글속에서 편안함이 느껴지네요. 게다가 바깥분이 아직도 수입이 있으니 정말 다행이어요. 주위에서도 보면 남편이 한참 연장자거나 혹은 본인이 생활의 주 수입원이 되면 경제적인 문제 때문에라도 그만 둘 결심을 못하더라구요. 이래저래 마음의 상황에서 여유로움이 보여서 글을 보는 저도 편안함이 느껴지네요. 그런데 궁금한게 있어서 여쭈어볼게요. 퇴직금을 연금형식으로 받으셨는지 아니면 일시금으로 받았는지요. 명퇴수당은 어떻게 활용하셨는지요.

너무 개인적인 질문이면 답을 안해주셔도 되구요. 저도 한 10년 천천히 준비해서 성공하는 퇴직을 하고 싶네요.[165]

저는 은퇴하게 되면(얼마남지 아니함) 무력감이라든가 이런 것이 생길 것 같고 해서 박물관이라든가 이런 데에서 사회봉사활동을 하고 싶은 생각이 있네요. 은퇴노후자금은 연금+상가임대료 수입 등으로 월 700만원 정도로 맞출려고 계획하고 있어요.[166] 네 그렇더라구요. 퇴직하신 분들 특히 남자분들은(일이 아무래도 인생의 중심이었다보니) 비정규직이나 혹은 환경관련 자원봉사등 활동을 하시더라구요. 그런 활동이 삶의 활력도 된다고 하시구요. 그리고 700만원 정도면 아주 안정적인 규모네요. 많이 준비하셨나 봅니다. 저도 열심히 노력해서 노후에 경제적인 어려움을 겪고싶지 않더라구요. 물론 가족이나 기타 등등도 잘 안정적이고 싶고요. 참 은퇴 이후 즐거운 생활되시길 기원합니다.[167] 저도 62년생인데 지금 생각으로 6년 후면 경력

---

164) 선1004 2011.01.01. 18:11
165) 긍정적인 생활습관 2011.01.01. 18:52
166) 임시로1 2011.01.01. 18:26

33년이 되거든요. 명퇴해서 취미활동, 봉사활동하면서 살려구 그래요. 둘다 교육공무원인데 노후는 될 것 같네요. 이것 저것 공무원연금, 개인연금, 오피스텔 월세 등을 합하면 저한테만 월 400만원 정도 떨어질 것 같은데. 애 아빠는 별도로 연금받구요. 둘이 합해서 아마 700-800만원 정도는 되지 않을까 싶네요. 그럼 괜찮겠죠?168)169)

8. 퇴직후의 삶, 삶의 이야기

　안녕하세요. 다 지나간 과거가 되었습니다. 오늘 거의 육십을 바라보는 사람과 대화가 이뤄졌습니다. 이분은 퇴직후의 얘기죠. 이분은 중견회사에서 부장까지 지냈던 분이라네요. 57세에 회사를 그만두고 현재 직장을 구하지 못하고 와이프에게 돈을 타서 쓴답니다. 탈 때마다 미안한 마음이라고 하소연입니다. 대체 그러겠더라고요. 와이프에게 돈을 타 쓴다. 여러분 어떠세요. 그러면서 이분은 이렇게 얘기하더군요. 한번 들어보시기를 바랍니다.170)

　"인맥이 언젠가 도움이 될 거라며 바쁜 직장생활 중에서도 열심히 쫓아다녔으나 다 소용이 없습니다." 위의 이야기를 듣고 이런 생각을 했습니다.

　살아가면서 인맥도 한껏 도움이 됩니다. 참 중요하죠. 하지만 인맥은 위의 사람의 말대로 후순위에 속하지 않나 싶어요. 퇴직후의 제2모작 인생은 아무래도 내가 할 수 있는 기술이 필요하죠. 그러니까 내가 소지하고 있는 능력가치를 고용주(다른 사람)가 살만한 가치있는가 말이요. 본인도요. 후회가 될 때가 있어요. 젊었을 때 왜 '기타'를 일찍 배우지 않았던가. 아쉬움이 있더라고요. 이처럼 배움은 젊었을 때 깨우쳐 배워야 하는데 이제 배우려니 기회비용도 많이 들고 시간도 없고요.

---

167) 긍정적인 생활습관 2011.01.01. 18:55
168) 지금만 익~ 2011.01.02. 12:45
169) http://cafe.daum.net/10in10/1pRl/436777?docid=1yKm|1pRl|436777|20110101
　　 122728&q=%C5%F0%C1%F7%C8%C4%C0%C7%BB%EE(2012.2.1)
170) 파이팅 | 조회 36 | 추천 0 | 2010.09.05. 08:59

참 그러고 보면 배움이란 시기가 있는 것 같아요. 원래 본인은 음악은 음치라서 배우고 싶더라고요. 기타를 잘칠 수 있는 가치를 만들었다면. 또한 조직에서 좋은 자리에 안착하여 좋았던 일은 다 흘러가 버립니다. 좋았던 시절을 상상하며 과거를 되뇐들 무슨 소용이 있단 말입니까. 앞으로 내가 할 수 있는 즉, 다른 사람에게 영향을 줄 수 있는 가치를 만들지 않으면 노후는 그 자리에서 안주할 수밖에 없을 것입니다. 회사는 대개 55세에 정년입니다.

퇴직 후에 살아가야 할 기간은 우리나라의 평균수명으로 약 80세면 25년간이란 긴 세월입니다 앞으로 더 늘어나면 늘어나지 줄어들지는 않습니다.

젊은 날은 기다림 및 기대감이 있지만 노년의 시기는 시들어가는 시기죠. 그러니 젊었을 때 빠르게 깨우쳐 대비하는 것이 젊은 사람은 멋진 노후를 맞이하죠. 언젠가 말했지만 인생의 삶은 '어어'하는 사이에 60-80으로 흘러 버립니다. 노후는 제대로 대비하지 못한 삶은 참으로 비참함 그 자체입니다. 젊은 사람이라면 자신에게 이런 질문을 던져 볼 필요가 있다고 봅니다.

첫째 구체적으로 내가 할 수 있는 일이 뭔가?

둘째 다른 사람이 내 가치를 돈을 주고 사겠다는 가치가 있는가?"

셋째 노동시장에서 젊은 사람들이 계속 쏟아지고 있는데 이 젊은 사람과 가치를 차별화할 수 있는가?

우리는 아주 잘사는 나라도 아닙니다. 하지만 이 정도의 생활할 수 있는 나라도 만들었다는 것은 감지덕지해야 합니다. 세월이 가면 부모 때문에 탓할 수는 없습니다. 우리가 성장할 때 아마 여러분들은 아시겠지만 '보리고개'라는 것 알죠? 참 배고팠던 시절도 있었습니다.

앞으로 훗날 내 자신의 건강 지식 내 가슴 내 발 내 능력밖에 믿을 건 없겠더라고요. 아무쪼록 내가 뭣이 필요한지 내역을 차곡차곡 조금씩 축척하여 훗날 대비하는 그런 방향으로 가지 않으면 위에서 이야기한 비참한 말로가 될 것이다. 내 주변에서 자주 듣죠 준비밖에 없다. 준비하라. 오늘은 일요일입니다. 월요일을 위하여 충전 많이 많이 하셔서 즐거운 월요일 맞이하시길. 이 몸은 서점에서 근무합니다. 요즈음은 바쁘거든요. 그래도 내가 일요일 이렇게 바쁘게 근무하고 있다는 것을 감사하게 생각합니다. 고객이 먼 곳에서 찾아오는데 쉰다면 되겠어요? 왜냐고요? 초. 중. 고등학교 교과서 구입코자 방문하거든요. 내방하여 이때 이것저것 구입하는 고객이 많아요.
 견물생심이라고 그러잖아요? 여러분도요. 교과서가 필요하면 연락주세요. 노후를 걱정하며 이것저것 썼습니다. 읽어주셔서 감사합니다. 여러분 날마다 억지로 웃어보세요 아마 엔도르핀이 팍팍 쏟아지더라고요. 한번 웃어야지(우하~ 하하하)171)172)

9. 퇴직후의 새로운 삶

 미국의 국민화가로 불려진 모지스(1860-1961) 할머니는 놀랍게도 76세에 그림을 그리기 시작하여 101세 되던 해 세상을 뜨기 전까지 그림을 그렸고, 어느 95세 노인은 65세에 퇴직후 인생의 3분의 1을 "남은 인생은 그냥 덤이다."라는 생각으로 고통없이 죽기만을 기다리며 희망도 없이 덧없는 삶을 살았다고 후회하면서, 앞으로 얼마를 살지 모르지만 지금까지 하고 싶었던 어학공부를 시작하려 한다는 내용의 글을 읽은 적이 있다.173) '의학발달로 인간의 평균수명이 늘어남에 따라 퇴직후의 삶을 어떻게 건강하고 보람차게 살 수 있을까'는 요즘 화두다. 어찌 보면 매우 중요하고 심각한 문제다.
 우리 주위에는 "나이는 숫자에 불과하다. 인생은 60부터다."라며 정년퇴직 후에 각종 평생교육원에서 재교육을 받아 봉사활동, 문학, 사업 등 새로운 삶을 사는 사람들이 있는가 하면, 어떤 이는 "이 나이에 무엇을"하며 꿈도 희망도 없이 복지관, 공원, 다리 밑에서 화투나 치고 막걸리 한잔으로 세월을 보내는 사람들도 많다. 꽃이 지면 꽃은 없어지지만 새로운 열매의 시

---

171) 근무처 서점에서 9/5일 일요일 광주에서
172) http://cafe.daum.net/simuhwi/IPQb/167?docid=ySDq|IPQb|167|20100905085927&q=%C5%F0%C1%F7%C8%C4%C0%C7%BB%EE(2012.2.1)
173) 전흥배 | 조회 23 | 추천 0 | 2008.10.09. 12:31. 퇴직 후의 삶

작이며, 열매는 떨어져 썩지만, 여기에서 새싹이 나오 듯 우리 인간도 마찬가지다. 초등학교 졸업은 중학교 입학의 시작이고 대학교의 졸업은 사회로의 출발점이다. 어떤 사람은 군으로, 직장으로, 개인사업으로 새로운 삶을 향해 나가지 않는가? 그러므로 정년퇴직도 인생의 끝이 아니고 새로운 삶의 시작이다. 새로운 일을 시작하려 할 때 "내 나이가 몇인데"하면서 용기가 나지 않는다.

가장 큰 걸림돌은 두려움이다. 이 두려움이 변명거리를 만들어 망설이고 그르치게 하는데, 이 두려움은 누가 가져다준 것이 아니고 자기 스스로 만든 것이니 두려움을 자신감으로 바꿔야 한다. 어떤 사람은 매사에 불평불만으로 가득차 부정적이며, 열등감과 패배의식으로 마음을 닫고 고달프게 살아간다. 그런데 젊게 사는 사람을 보면 부족해도 만족한 듯 매사를 긍정적으로 사는 사람이다. 긍정적인가? 부정적인가 하는 것은 오직 자기 마음에 달려있다. 사람은 몸과 마음으로 이루어져 있다. 몸이 건강해야 함은 당연하지만, 마음이 건강해야 몸도 더 건강하고 긍정적이다. 그런데 사람들은 몸의 건강에는 신경을 쓰면서도 마음의 건강에는 무관심하다. 육체의 건강을 위해서 운동을 하듯이 마음의 건강을 위해서도 운동을 열심히 해야 한다. 마음이 건강하도록 하는 운동은 독서를 비롯하여 많이 있다. 버니 S. 시겔의 '내 마음에도 운동이 필요해'에 보면 기도, 좌선, 명상, 여행 등이 마음운동의 좋은 방법들이라고 한다. 나이가 들어 몸은 늙었어도 마음은 아직도 젊다고들 말한다. 그런데 마음이 늙으면 몸은 더 빨리 늙는다. 마음은 마음 바꾸기에 따라서 얼마든지 건강하고 젊어질 수 있다. 인생은 서로 도우며 더불어 살아가지만, 누가 대신 살아 줄 수는 없다. 삶 자체는 자기 몫이므로 혼자 살아가기 마련이다. 작은 꿈이라도 꿈을 가지고 그 꿈을 이루려고 의욕적으로 새로운 삶을 계획하고 실천하되, 조급히 서두르지 말고 여유를 가지고 설계에 따라 꾸준히 노력하면 힘이 솟고 자신감이 생겨 젊은이 못지않게 살 수 있다.[174)]

10. 정년퇴직후 제2의 삶 연 전 교장

"배려와 나눔 인생, 이젠 음악으로 봉사"175) 정년퇴직후 음악을 통해 소외된 이웃에게 기쁨을 선사하는 도레미 섹소폰 연주단 ○○○단장은 자신의 연습실에서 연습을 한다.176) 타고난 천재가 노력하는 이를 이길 수 없고, 노력하는 사람이 즐기는 사람을 이길 수 없다고 한다. 모든 일에는 의무감이나 열정이 필요하지만, 평소 생활속에서 하기 힘든 일을 고통으로 여기지 않고 즐겁게 할 경우 그 효율성이 가장 클 수 있다는 점을 강조하는 말이다. 지난 26일 17세 이하(U-17) 여자축구 월드컵에서 우승한 비결도 따지고 보면 "평소 즐기면서 축구를 한 것"이라고 하니, 마음에서 우러나 즐거운 마음으로 임할 때 효율은 최고조임을 알 수 있다. 40년 가까이 교직에 몸담아 오다 지난달 말 00중학교 교장을 끝으로 정년 퇴직한 ○○○ 전 교장(62). 그의 삶은 '배려와 나눔도 얼마든지 즐기면서 할 수 있고, 그렇게 해야만 자신은 물론, 주위 사람들에게 훈훈한 정을 심어준다는 것을 시사한다.

핸드볼 국가대표 선수로 출발, 교직에 몸담은 뒤 줄곧 어려운 제자를 지도해 온 참 스승으로, 그리고 정년 퇴임후엔 음악을 통해 소외된 이웃에게 기쁨을 선사하는 그다. ○○○ 전 교장은 요즘 교육계에 있을 때보다 훨씬 더 바쁘다. 자기 스스로 즐겁고, 주위 사람들에게도 좀 도움이 될 수 있는게 뭘까 고민한 끝에 오래전 시작한 색소폰 공연을 통한 봉사를 위해 매일 연습을 하기 때문이다. 지난 2007년 5월, 15명으로 창단한 '도레미색소폰' 단장을 맡고 있는 그는 당장 10월 3일 소리문화의 전당에서 열리게 될 축하공연 준비에 여념이 없다. 전영길 회장(66 자영업)이나, 홍윤기 총무(60 서전주중 교장), 김윤수 악장(55 건축업), 서봉호 단원(52 전주시청), 강진숙 단원(46 자영업) 등 회원들과 멋진 앙상블을 만들어내기 위해 비지땀을 흘리

---

174) http://cafe.daum.net/ongeul/AeKI/439?docid=TtZO|AeKI|439|20081009123153&q=%C5%F0%C1%F7%C8%C4%C0%C7%BB%EE(2012.2.1)
175) [전북일보] 정년 퇴직후 제2의 삶 연 김홍식 전 교장| 색소폰 마을 자유게시판, 최인수 | 조회 87 |추천 0 | 2010.09.28. 10:06
176) 이강민

며 준비중이다. 지난 4일엔 회원들과 전주 덕진공원 분수대 근처에서 시민들을 위한 '한여름밤의 색소폰 콘서트'를 가졌고 개인적으론 거의 매주 토요일 밤 시간을 이용, 삼천 고수부지에서 멋진 공연을 하곤 한다. 자신이 가장 좋아하는 '마이 웨이'란 곡을 색소폰으로 공연할 때면 삼천을 걷던 많은 이들이 주위에 몰려들어 흥얼거리며 피로를 씻는다. 겨울철이면 거의 매주 동호회원들과 함께 장애우, 부랑자, 노인 수용시설을 찾아 위문공연을 해온게 벌써 수년째다. 어려운 사람들을 찾아 공연할 때면 맛있는 음식이나 생활필수품 또는 후원금을 빼놓지 않음은 물론이다. 다른 사람 같으면 은퇴 후 골프나 등산을 즐길 법도 하지만 ○○○ 전 교장은 자신 뿐 아니라 다른 사람에게도 도움이 되는 것을 음악, 그중에서도 색소폰에서 찾는다. 그것은 바로 음악이 인생에 리듬을 심어주고 매사를 즐기면서 할 수 있도록 해준다는 확신 때문이다. 원광대 재학 때 핸드볼 국가대표에 선발됐던 그는 첫 부임지인 고창 해리중 교사 시절 "슬리퍼를 던져 교실에 있는 쥐를 잡은 선생"으로 알려질만큼 뛰어난 체육인이었다. 하지만 그는 김제중, 진안중, 용담중, 봉남중 등 주로 농촌학교에서 재직하면서 생활이 어려운 학생들을 수없이 많이 접했고, 그 과정에서 단순한 체육교사에서 벗어나 봉사를 몸소 실천하는 참된 스승의 길을 걷기 시작한다. 학교폭력이나 가출을 일삼는 학생들을 지도하기 위해 이들과 함께 3~4일씩 불우시설을 찾아 봉사하며 학생 스스로 깨우치게 했다. 조손 가정 학생의 할머니가 유명을 달리했을 땐 몸소 시신을 정성껏 염하고 입관하는가 하면, 생일상 한번 받아본 일 없는 학생들을 위해 자주 삼겹살 파티와 함께 색소폰 공연을 통해 어린 제자들의 아픈 마음을 달래줬다. 자신도 자식을 키우면서도 공부할 곳이 없는 학생들을 위해 집에 가지않고 관사에서 머물며 영어와 컴퓨터를 지도하기도 했다.

이러한 희생과 봉사정신이 알려지면서 그는 지난 2008년 전북일보가 주최한 제30회 전북대상(교육부문)과 제17회 SBS 교육대상을 받는 등 수없이 많은 표창을 받았다. 하지만 그의 봉사와 배려는 은퇴가 끝이 아니었다.

"교직을 떠난 뒤 무얼할까 고민한 끝에 음악(색소폰)으로 주위 사람들에게 조금이라도 봉사하는 삶을 살겠다고 결심했다"는 그는 "건강과 힘이 닿는대로 불우시설을 찾아 희망을 잃은 사람들에게 색소폰을 통해 작은 기쁨이나마 선사하고 싶다"고 각오를 밝혔다. 그것이 자신의 기쁨이라는 것이다.177)

11. 퇴직후에 더 멋있게 살아가는 분들의 삶

내 삶을 새로 성찰하고 경험할 수 있는 기회를 주자.178) 바로 오늘 시작하는 거다. 화산이 폭발하고 유성이 지구에 떨어지고 버스에 치이거나 직장에서 잘리기 전에. 이 모든 변화가 일어나 너무 늦어버리기 전에(대니 그레고리, 『창작면허 프로젝트』 중에서). 제 주위에는 퇴직후에 더 멋있는 인생을 살아가는 부러운 분들이 꽤 있습니다. 그 분들과 소주잔을 기울이며 내는 우찌 살꼬라는 막연함에 대해서 인생 선배들의 조언 모음입니다.

그림을 배워보신 적이 있습니까? 시를 써보신 적이 있습니까? 그림 그리기를 통해서든, 시 쓰기를 통해서든 자신을 예술적으로 표현하고 사는 일은 참 행복한 일입니다. 대니 그레고리는 말합니다. 예술은 운전면허처럼 열심히, 꾸준히 노력하면 누구나 할 수 있는 것이라고. 그림 그리기, 춤추기, 서예, 악기(특히 섹스폰)연주, 사진, 글쓰기, 국궁, 낚시, 여행 등

바로 오늘부터 자기 발견을 위한, 자신만의 창작면허 프로젝트에 도전해보시지 않겠습니까?179)

12. 정년퇴직후의 삶

우리 친구의 얘기입니다. 참고가 되실까 하고180) 친구의 남편이 은행 지

---

177) http://cafe.daum.net/mysaxophone/1X0l/642?docid=XEQU|1X0l|642|20100928100632&q=%C5%F0%C1%F7%C8%C4%C0%C7%BB%EE(2012.2.1)
178) 퇴직후에 더 멋있게 살아가는 분들 삶 소개| 속삭임방. 행수어른 | 조회 40 |추천 0 | 2010.06.28. 09:40, 창작면허 프로젝트
179) http://cafe.daum.net/jhs0119/JwhT/104?docid=1Ke3G|JwhT|104|20100628094005&q=%C5%F0%C1%F7%C8%C4%C0%C7%BB%EE(2012.2.1)

점장으로 재직하다가 12월부로 퇴임을 하셨어요. 6개월전부터 교육을 받으셨대요. 어떤 교육인지 몰라도 40명이 교육을 받았는데 그중 마음과 뜻이 맞는 7명이 돈을 모아서 원룸 작은 평수를 얻었대요. 직장에 출근하듯 출근하고 저녁에 퇴근하고 그러므로 해서 부인한테는 시간을 주었고 남편은 무료하지 않은 퇴직생활을 하는거죠. 7분의 모든 부인들이 너무 좋은 생각이라고 누가 이렇게 좋은 아이디어를 냈느냐고 만족스러워 한다는 거죠. 물론 어느 정도 여유자금은 있는 분들이라 생각은 합니다. 그래도 퇴직후의 남편들이 겪는 공허함도 없을 것이고 부인들의 3식 걱정도 덜고 돈이 안들어올 뿐 같이 있어야 하는 불편도 없을 것이고 남자는 아침에 나가서 저녁에 들어오는게 서로를 위해서 좋을 것이라는거죠. 주위에 퇴직을 앞둔 분들게 참고가 되게 해주시면 좋을 것 같아서 글 한번 올려봤어요. 좋은 아이디어네요. 혹시 사무실 낼 돈이 없으시면 지인사무실 이용은 어떤지요? 저도 20년간 직장생활하고 잠시 쉴 때 친구가 사무실 일부 공간을 할애 해줘 아지트 비슷하게 이용했는데 아침에 출근할 곳도 있고, 연락도 돼고 사업구상도 할 수 있어 여러모로 유익하더군요. 아무튼 퇴직후 집에 무료하게 있는 것은 정신적으로나 육체적으로나 백해무익이라고 생각합니다.[181][182]

13. 퇴직후 종전 직장연관업체서 연명해 가는 삶이라면

중화학 공업육성과 수출증대만이 나라의 살길이라며 불철주야로 일만 알고 살아온 세대들, 그 때는 다른 생각할 겨를도 없었고 그렇게 하는 것을 당연시했던 것 같다.[183] 처음 건설하는 특수 공장시설물인지라 높은 대가를 주고 외국 기술자를 초빙해서 함께 일했고 우리들은 그들의 업무 노하우를 전수받으려고 알게 모르게 노력한 것도 사실이다. 지금은 이같은 기술

---

180) 자유 게시판, 김희정 | 조회 115 |추천 0 | 2009.01.06. 17:06
181) 권영배 2009.01.06. 17:27
182) http://cafe.daum.net/MAGOK/EV9A/370?docid=17VP4|EV9A|370|20090106170609&q=%C5%F0%C1%F7%C8%C4%C0%C7%BB%EE (2012.2.1)
183) 산내들 | 조회 27 |추천 0 | 2009.02.26. 16:56

을 프로그램화시켜 컴퓨터를 가동함으로써 예전보다 정확하고 무척 빨라져 소수인원으로도 많은 양의 업무를 효율적으로 수행가능해졌다. 어려웠던 시절에 몸으로 익혀온 자들은 대부분 퇴직한 상태다. 아직도 일 할만한지라 예전의 실무경험을 살려보길 원하지만 현실은 이런 자들을 필요로 하는 경우가 극히 적다. 예전 직장과 관련된 업체들이 이들의 지위를 이용해서 영업정보나 수주에 도움이 될 듯하여 관심가질 뿐이다. 이들은 직장 후배들을 찾아 영업정보 수집과 부탁하는 일을 맡게 되는데 실적이 기대치 이하이면 뻔하지 않겠는가.

　후배들은 이같은 모습으로 나타난 직장상사를 보고 어떻게 생각할까. 예전에 함께 근무하면서 좋지 아니한 추억이 있었다면 냉담한 표정으로 상대하기를 꺼려할 것이고, 사람은 저마다 흠이 있기 마련이라 상호관계에 따라 평가는 다양할 수밖에 없다. 퇴직한 이후 과연 어떤 모습으로 살아야 할까.

　예전의 상하관계를 떠나 고객입장에 있는 후배에게 머리 조아리며 굽실거려야 할지. 후배가 내뱉는 혹독한 꾸지람도 달게 받아 드리며 문제점을 속히 보완해서 다시 올리도록 하겠으니 선처를 부탁합니다. 이런 모습으로 살아가는 선배를 장하다고 말할 수 있을까? 목구멍이 포도청이라면 어쩔 수 없을 것이라며 연민의 정을 가지겠지만.

　그런 것도 아니라면 당당한 모습으로 하고 싶은 일이나 취미생활로 자신을 위해 살아야 하지 않을까? 업무일선에서 후배직원 눈치보랴, 경영자의 눈치보랴, 심신이 바쁘다면 건강에 좋다고 볼 수 있을까? 저 정도의 사람이라면 경제문제는 해결되었을텐데 예전처럼 오로지 일만 알고 저렇게 늦게까지 돈벌어서 어디 쓸려고 악착같을까? 인생의 연수가 칠십이요 강건하면 팔십이라는데. 솔직히 늦게까지 업무일선에 머물러 있으려고 자존심을 내던져가며 몸부림치는 모습은 아무래도 좋은 것 같지 않다. 퇴직후 경제적 문제가 없어야 하는데 오래 산다는 것도 어찌 보면 좋은 것만은 아닌 것 같다.[184]

14. 퇴직후 새 삶 일군 네부부

"직장서 25년, 진짜 인생 이제부터 25년"[185]

1) 퇴직, 내 인생의 끝은 아니다

정년퇴직하고 처음 몇 달은 나보다 아내가 더 스트레스를 받았어요. 아내 친구들이 집에 전화했는데 남자가 받으면 그냥 끊어버려. 낮에 나 혼자 집에 있을 때는 자동응답기 틀어놓고 살았어요. 내가 집에서 지내는 사람이라고 인정하고 적응하는데 1년쯤 걸렸나봐. 직장 그만두고 자동차 사고로 기억상실증에 걸려 한 2년 고생했어요. 그래도 '세상이 나같은 인재를 놀릴 턱이 있나' '조만간 어디서 와달라고 할 것'이라는 기대속에 살았지요. 두 딸이 재수생, 고2일 때 내가 직장을 그만 두어 딸들이 마음의 상처를 입은 것 같아요. 공장장하다가 가게 한다니까 처음에는 친구들한테 아빠 직업을 못 밝히더라구요. 직장 아니면 굶어죽는다고 생각하고 살았으니, 퇴출당하고 마음 고생도 심했어요. 아이들이 중학교 다닐 때였으니 학비며, 생활비며 살아갈 길이 막막했지요. 집에 있으니 아내하고 다툴 일도 많아졌어요.

집 청소하는데 도와주지는 못할 망정 신문본다고 자리를 차지하고 앉았으니 '빗자루질하는데 다리 걸린다'고 눈치줘요. 사소한 것 갖고 사사건건 충돌하다가 심각한 지경까지 이른 적도 있어요.

2) 나이, 조금 먹긴 했지만 늙은 건 아냐

나는 작년에 쉰 셋 나이로 와인 공부하겠다고 프랑스 유학 다녀왔습니다. 평생 할 내 사업을 50세라는 조금 늦은 나이에 시작했을 뿐 늙었다고는 생각 안해요. 뭐든 열심히 할 수 있는 나이지. 정년 지나서 그만 두니까 어디 취직할 데가 없어요. 군대있던 사람이 사업했다가는 퇴직금만 날린다고들 해 장사할 엄두도 안나고 매달 연금 나오니까 그 돈으로 생활규모 줄여서 살기로 했지요. 대신 남은 인생 취미생활하면서 즐겁게 살자 마음 먹었어요.

---

184) http://cafe.daum.net/sorozon/FQmT/40?docid=znZX|FQmT|40|20090226165606&q=%C5%F0%C1%F7%C8%C4%C0%C7%BB%EE (2012. 2. 1)
185) 해오름 정보광장, 오리온 | 조회 28 | 추천 0 | 2001.11.02. 17:58

취미라고 대충대충하지는 않아요. 사진도 직장 다니듯 열심히 찍었습니다. 친구들에게 '나처럼 영어방송 좀 듣고 컴퓨터도 배우라'고 권유했더니, '이 나이에 그런 걸 해서 뭐하냐'며 꼭 내일 모레 죽을 사람처럼 얘기해.

'이 나이에 그런 것'하는 생각은 던져버려야 해요. 손주 있으니까 할아버지이기는 한데, 나 스스로는 아직 할아버지로 불릴 나이는 아니라고 생각해요. 나이 70세쯤 되면 그 소리에 익숙해질까? 전철에서 '할아버지 앉으세요' 하면서 자리를 비켜주면 화들짝 놀라요. 시퍼렇게 젊은 총각이 '할아버지' 부르면 듣기 싫어. 그 소리 안들으려고 염색합니다. 집사람은 첫 손주가 '할머니' 부르니까 정색하고 '할머니 하지 마라, 김여사라고 불러달라' 그러기까지 했어요.

3) 한 우물만 파기도 바쁘다

직장다닐 때 외국사람과 영어로 이야기하고 업무도 처리했지만 외국인들끼리 속닥거리는 것은 제대로 못 알아들었어요. 그게 한평생 마음에 맺혀 '시간나면 꼭 영어공부해야지'라고 생각했었지요. 집에 있으면서 단파라디오 꺼내놓고 BBC방송을 꾸준히 들었어요. 21개월 들으니까 영어가 우리 말처럼 술술 들려오는 거예요. 그 경험을 책으로 펴낸 덕에 지금은 어린 학생들한테 영어공부 상담을 해주지요. 친구들은 예편하고 나니까 집에서 심심해서 죽겠다고들 난리야. 하지만 난 젊은 시절의 취미를 살려서 사진촬영하고 직접 스캔해서 홈페이지에 올리느라 직장 다닐 때보다 시간이 더 모자라요.

다들 부러워합니다. 자기한테 맞는 취미를 개발해서 우왕좌왕하지 말고 그 방향으로 계속 나가면 즐겁게 지낼 수 있어요. 와인만 팔지 않고 이 술 저 술 다 팔면 매상은 몇 배로 올라갑니다. 하지만 돈에 대한 욕심을 접고 와인전문점만 고집했어요. 그 덕에 아내도 반쯤 와인전문가가 됐고, 큰 딸도 아빠 뒤를 잇겠다며 프랑스로 와인 공부갔어요. 대를 이어 이 사업을 해 나갈 수 있게 됐지요.

우리도 수육하고 칼국수 딱 두 가지만 팝니다. 대신 손님 한 사람 한 사람의 입맛과 기호를 꼼꼼히 파악해둡니다. 통고추 좋아하는 사람, 마늘 좋아하는 사람, 면발은 조금 먹고 국물 많이 먹는 사람. 이런 식으로 기억했다가 손님 기호대로 음식을 냈더니 손님이 점점 많아져요. 한 가지에 집착하면 끝낼 때까지 몰두합니다. 퇴직후 혼자 책보고 주변에 물어물어 컴퓨터랑 포토샵을 배웠어요. 이번에 낸 CD롬도 직접 사진 스캔해서 제가 만든 거예요. 나처럼 60세 넘은 사람 중에는 컴맹이 많은데 컴퓨터는 손도 안대려고 해. 나이들었다고 전자매체에 소외당하면 안돼요. 나도 친구들한테 그럽니다. 할일 없다고 왔다갔다하지 말고 컴퓨터 하나 제대로 배우라고. 그럼 컴퓨터로 고스톱도 칠 수 있고 하다못해 인터넷에서 포르노라도 보면서 시간 보낼 수 있잖아요.

4) 떼돈 벌겠다는 욕심은 버려야

새 인생 개척하려고 해도 뭔가 기댈 언덕이 있어야 해요. 돈이 있든지, 기술이 있든지, 장점이 있든지. 직장생활하던 사람이 큰 돈이 있나. 결국은 그동안의 경력과 전공분야에서 단서를 찾아야 해요. 칼국수집 낼 때 수중에 돈 1000만원 밖에 없었어요. 은행 소상공인센터에서 창업자금 2000만원 빌리고 형제들한테 꾸어서 겨우 6500만원을 마련해 가게냈어요. 하지만 직장에서 일했던대로 칼국수집에 품질관리를 도입했습니다. 체크리스트를 만들어 놓고 손님들에게 음식맛이 어땠는지를 일일이 점검했어요. 그 덕에 음식의 '품질'을 꾸준하게 유지해요. 회사 나올 때는 그럭저럭 식구들 밥먹는 것은 어렵지 않을 거라고 생각했어요. 가게 열고 3년동안 내리 적자였어요.

이것 하나도 제대로 못해 사회 낙오자로 끝나나 싶어 앞이 깜깜했지만 투자기간이라 생각하고 버텼어요. 4년째 접어들어 적자를 벗어났어요. 창업도 처음 3~5년은 밑거름 닦는다고 생각하고 어려운 고비를 이겨내야 합니다.

직장 들어가면 누가 처음부터 과장, 부장자리 주나요. 고비만 넘기면 자신있게 밀고 나갈 수 있어요. 내가 영어책 낼 줄 누가 알았겠어요. 작년 말에 책 나와 올 9월말까지 2만215권 팔았습니다.

인세가 800여만원 되나? 책이 50만권쯤 팔려 돈도 더 많이 벌면 좋겠지만, 돈 별로 안들어오는 지금도 행복합니다. 새벽 4시에 일어나 컴퓨터를 켜면 어린 학생들이 '할아버지 덕분에 영어공부가 잘돼요' '환절기에 건강 조심하세요'하고 글 보내와요. 내가 대단한 사람이 된 것 같은 착각에 빠져 살아요. 우리 부부는 매주 사진촬영 다니고도 한 달에 다 합쳐 30만~40만원 쯤 씁니다. 지방 촬영가도 꼭 취사도구 챙겨가서 밥 해먹고, 사진도 최소한 만 인화해요. 다른 데 돈 허비하지 않는 대신, 최소한의 돈으로 얼마든지 즐겁게 지낼 수 있어요. 현실을 빨리 인정하고 받아들이는 게 50세 이후에 행복해지는 길입니다. '옛날에 내가 뭐였는데' 하는 생각부터 버려야 해요. 주어진 환경, 주어진 생활형편속에서도 즐겁게 살려고 노력해야지요.

5) 내 사전에 더 이상 정년퇴직은 없다

회사 다닐 때 생각했던 성공하고 지금하고는 생각이 많이 달라졌어요. 이건 내 평생직장이고, 좋아하는 것 즐기면서 가족들 먹여 살릴 수 있으면 성공한 인생이라고 봐요. 예전에는 회사에서 전무, 사장되는 것만 최고인 줄 알았는데 그것 아니고도 얼마든지 내가 만족하고 사는 삶이 있다는 걸 이 나이에 깨달았어요. 올 3월에 홈페이지 만들어 내 사진을 인터넷에 띄워요.

많은 돈들여 사진전 열어도 일주일 내내 전시장에 1000명 오기가 힘든데 홈페이지에 2000~3000명도 넘게 방문해서 내 사진을 봐줍니다. 친구 남편들 중에도 50대에 직장 그만 두고 집에서 노는 사람이 허다해요. 다행히 부모님한테 물려받은 재산으로 먹고 살 걱정은 없다해도 참 딱하다는 생각이 듭니다. 긴긴 인생 어떻게 보낼까 싶어서요. 당장 큰 돈은 못벌어도 내일을 기약할 수 있고 희망이 있다는 게 행복해요. 직장생활 25년간 했는데, 내 것을 가지니 25년간 더 일할 수 있게 됐어요. 정년퇴직, 명예퇴직 안겪고도 평생 즐겁게 내일 할 수 있잖아요.

6) 아내 성격, 20년만에 파악했다

회사 다닐 때는 부부싸움 할 시간도 없었어요. 회사 그만두고 하루 종일 같이 지내니까 그 때부터 슬슬 성격이 나타나는 거야. 아내가 천사인 줄 알고 살았는데, 결혼 20년만에 마누라 고약한 성미 처음 발견했어요. '속았다'

싶더라구요. 그래도 싸우다 싸우다보니 점점 싸우는 건수도 줄어들어요. 지금은 웃으면서 싸워요. 남편이 직장생활하는 동안에는 언성 높여 싸운 적이 한 번도 없었어요. 남편의 직장 일은 내게 결정권이 없으니까 그저 양보하고 따라가기만 했지요. 하지만 둘이서 새로 개척하는 인생은 달라요. 남편의 판단이 언제나 옳을 수는 없으니까 적극적으로 내 의견을 내세웠어요.

그래서 나이들면 여자들 목소리가 커지나봐요. 직장다닐 때는 남편 성격을 제대로 몰랐나봐요. 함께 지내보니 밖에서 하는 행동과 집에서 하는 행동이 다르다는 걸 알게 됐어요. 20년 아니라 30년을 같이 살아도 평생 서로 모를 수 있어요.

7) 효자 자식보다 악처가 낫다?

처음에는 혼자만 사진찍다보니 어딜 가면 아내랑 건건이 충돌이야. 나는 사진 찍는데 푹 빠져서 아내는 굶든 말든 나타날 생각을 않는 거예요. 함께 다니며 운전도 해주고 말동무도 하자며 아내가 사진을 시작했어요. 취미가 같으니 티격태격하는 것도 없어졌어요. 평생 집에서 살림만 하던 사람이 와인선물세트 들고 처음 배달나갈 때는 가게에 혼자 앉아 속으로 펑펑 울었습니다. 젊었을 때는 아내한테 함부로 대했는데 나이드니 슬슬 친구처럼 변해요.

그러니까 마음자세도 달라져요. 친구니까 함부로 고함지르면 안되고 인격적으로 대하게 돼요. 우리 부부는 신혼 때부터 회사 일 때문에 떨어져 산 날이 더 많아요. 지금은 아침 점심 저녁을 같이 먹고, 평생 처음 신혼살림이지요. 옛날에는 회사가 첫 번째였는데, 나이 드니 가족이 첫 번째예요. 그 중에서도 아내가 제일 소중합니다. 80년대에 미국 가서 공부할 때는 아이들 생각이 먼저 났어요. 작년에 프랑스 갔을 때는 아내 생각이 훨씬 많이 나 매일 국제전화했어요.[186)187)]

---

186) 진행=강경희 기자 khkang@chosun.com, 박종세 기자 jspark@chosun.com) ○김준철(54)·김소희(51 ·불참) 두산 마주앙공장장 지내고 1996년 퇴직. 와인숍 'JC 와인셀러'운영. 작년 9월부터 1년간 프랑스 보르도의 와인스쿨에서 소믈리에 과정

15. 정년퇴직후의 남자들

얼마전 일간신문에 남자들이 정년퇴직후에 집에 있게 되면 여자들이 마음에 부담을 느껴 싫어한다는 것이다. 어디를 가든지 부인만 졸졸 따라다니고 집안에서는 본인은 아무 것도 안하면서 시키기만하는 남편이 싫다는 것이다.[188] 거기다가 평균연령이 높아지면서 20-30년은 더 같이 살아야 하는데 여자들에게는 너무나 마음에 부담이 된다는 내용이였다. 그 글을 읽고 나 자신을 한번 돌아보았다. 집안에서 일은 모르겠으나 마음에 걸리는 것이 외출시 늘 아내와 같이 붙어 다니는 편이여서 아내에게 물었다. 여보 내가 당신과 늘 같이 다니는 것이 부담스러운거요? 하고 물었더니 아니요, 좋아요하기에 안심이 되었다.

일전에 책을 읽다가 더욱 놀라운 사실은 어느 기자가 노숙자 센터에서 50대 남자에게 왜 쫓겨났느냐고 물었습니다. 그랬더니 아침밥을 달라고 해서 쫓겨났다고 했다. 60대는 화장하는 아내에게 어디 가느냐고 물어봤다가 쫓겨났다는 것이다. 70대 노숙자는 아침에 눈을 떴다고 쫓겨났다는 것이다.

물론 과장되기는 했겠지만 남자들이 한번 생각해봐야 할 것 같다. 아무래도 정년퇴직후에는 아내와 같이 얼굴 맞대고 사는 시간이 많게 된다. 지혜롭게 서로 섬기면서 나이들어도 남자들도 자신의 개발을 위해서 살아가야 한다는 생각이 든다. 그런 의미에서 나는 50대에 10년을 노년을 위해 그림공부를 한 것이 다행이라는 생각이 든다. 이제 이곳 미국에 정착하기 위해

수료. ■김근호(52)·김경희(44) 충남방적에서 18년간 근무, 1996년 한보로 옮겼으나 한보사태로 실직. '이조궁중칼국수' 개업하고 프랜차이즈 설립. 칼국수로 ISO 9002(품질인증)받음. ■이재룡(59)·고영숙(54) 풍림산업,삼호 사우디지사 근무후 1990년 퇴직. 영어관련 책 '이재룡할아버지, 297시간만에 귀를 뚫다'의 저자. 인터넷 영어상담사로 활동. ■권경석(63)·김순자(55) 육군 대령 출신으로 1994년 대한보증보험에서 퇴직. 부부가 함께 한국사진작가협회 정회원.부부 사진집 '포토 에세이'를 CD롬으로 펴냄.

187) http://cafe.daum.net/dbsunrise/99x/269?docid=uhc|99x|269|20011102175837&q=%C5%F0%C1%F7%C8%C4%C0%C7%BB%EE (2012. 2. 1)
188) ★마음♣♣나누기, 바나바 | 조회 82 | 추천 0 | 2011.12.07. 23:04

영어공부하는 코스에도 등록을 하고 헬스장에 가서도 규칙적으로 운동도 열심히 하고 차분하게 그동안 읽지 못했던 책들도 열심히 읽으려고 한다.

그리고 열심히 그림도 그리면서 은퇴후에 더 바쁘게 살고 싶다. 요즈음은 아이들과 저녁에 슈퍼에도 가고 쇼핑센터에 가서 이거저거 구경도 하고 미국 슈퍼에도 각가지 맛보기 음식을 준다. 우리 아들과 며느리, 아버님 이거 한번 맛보세요하며 이쑤시개로 미국 음식들을 찍어다가 주기도 한다. 그동안 함께 못했던 시간들을 여유로움을 가지고 잘 보내고 있다.

며느리와도 많이 익숙해져서 우리 가족은 올빼미처럼 밤 데이트를 즐긴다고 히득히득 웃으면서 따라 다닌다. 그래도 재미있고 즐거운 시간들이다.

12월 16일 경엔 딸이 살고 있는 메릴랜드로 가서 크리스마스와 새해를 보내고 오기로 했다. 차로 10시간 정도 가는 거리이다. 미국에 와서 아직 손자 손녀들을 못만나서 전화로만 통화했다. 크리스마스 선물약속 때문에 할아버지 할머니를 손꼽아 기다린다는 손자, 그래도 기다려 준다니 감사하다.

우리 며느리는 김밥 맛있게 싸가지고 가면서 즐겁게가요라고 한다. 그래도 시아버지 어머니와 함께 가는 여행길을 기대하고 재미있어하는 며느리가 고맙고 감사하기만 하다. 아내는 아이들을 위해 음식을 준비하며 즐거워하는 모습이 아름다워 보인다. 왜냐하면 아이들이 맛있다며 잘 먹으니까 그런가보다. 알젠틴에서는 못보던 모습이라 아내가 해준 음식에 대한 자신을 한번 돌아보았다. 오늘 점심은 카페라이스[아내 담당], 저녁은 월남쌈[며느리 담당]이란다. 저녁은 야채로 간단하게 먹자고, 식생활 개선을 하려고 한다.

우리네의 삶이라는게 감사를 찾으면 더 행복해진다. 노년에도 바쁘게 살고, 가족간에도 감사하며 서로를 배려하며 섬기며 아름답게 살고 싶다. 하나님의 법칙 아래서 늘 주님 중심으로 살아간다면 남은 삶이 더 행복할 수 있을거란 생각이 드는 아침시간이다. 행복한 시간되시겠네요. 맛난거 많이 드시고 건강하세요. 오늘 점심에는 아들이 전화와서 함께 맛있게 먹고 지금 돌아왔습니다. 주님 은혜 생각하면 감사할 것 뿐이네요.[189) 목사님 늘 효성스런 자녀들을 보며 목사님 가정의 빛난 열매를 봅니다. 사모님께도 아드님께서 사랑의 안부 전합니다.[190] 가정의 진행을 아름답게 스케치해 주신 장로님! 글 솜씨도 그림같으세요. 늘~행복하시니 감사하며 건강하세요.[191] 보석님, 그 환한 모습과 넉넉한 마음이 전해옵니다. 한국에서의 사랑의 관심 감사했어요.[192] 장로님 행복한 모습입니다. 오늘은 이곳 직장에서 신우회를 조직하고 첫 예배를 드렸습니다. 14명이 모였는데 사장님도 참석하여 무척 좋았습니다. 신실한 일꾼들이 예비되어 마음을 모아 하나님의 뜻을 구현해 보기를 기도합니다. 주님께서 인도하여 주시기를 기도합니다. 기도 부탁드립니다.[193] 집사님이 가시는 곳은 직장 선교지네요. 그 사명을 감당하실 때의 기쁨은 말로 못하시지요? 그 곳에 또 하나님 나라가 임하시길 기도합니다.[194] 장로님 글을 읽는 내내 제가 다 행복했습니다. 그림이 그려지면서요.

　장로님 어쩌다가 그런 세상이 되었는지 예전에는 생각도 못한 일이지요.[195] 아마도 서로가 변해야함을 풍자한 것 같아요. 요즘 한국에 또 유행하는 말이 있어요. 일식씨, 두식이, 삼식이 등 이런 말들이요. 이제 남성들도 예전보다 가부장적인 것보다 서로 배려해가며 도와가며 살기를 바라는 것 아닐까.[196] 정년이 없는 나이가 좋습니다. 늘 배우면서 새로운 시작하시는 것이 좋습니다. 또 그전에 배웠던 것 꺼내보시는 즐거움이야 말로 표현 못할겁니다. 장로님 행복하게 노후 보내십시오. 감사드립니다.[197][198]

---

189) 빌립 2011.12.08. 14:26
190) 리디아 2011.12.10. 16:48
191) sk보석함 2011.12.08. 17:29
192) 리디아 2011.12.10. 16:49
193) power 2011.12.08. 22:09
194) 리디아 2011.12.10. 16:51
195) 아이제이야 2011.12.14. 07:54
196) 아이제이야 2011.12.14. 07:54
197) 진달래 2011.12.17. 13:26
198) http://cafe.daum.net/rnrfud/Ge1i/7528?docid=onQS|Ge1i|7528|20111207230411&q=%C5%F0%C1%F7%C8%C4%C0%C7%BB%EE(2012.2.1)

16. 퇴직을 즐기는 방법

1) 퇴직을 즐기는 1001가지 방법

　퇴직자 뿐만 아니라 언젠가는 퇴직할 사람들에게 도움이 될 여러 가지 아이디어들로 가득한 책이다. 저자는 너무 일에만 매달리지 말고 퇴직 이전에 삶을 행복하게 꾸려 나갈 수 있는 능력을 개발하는 것이 중요하다고 말한다.[199] 어니 J. 젤린스키는 『일하지 않고 사는 즐거움 The Joy of Not Working』의 저자로서 이미 잘 알려져 있다. 이 세계적인 베스트셀러는 영어·중국어·일본어 등 12개국에서 번역 출판되었으며, 한국에서도 곧 출간될 예정이다. 『느리게 사는 즐거움 Don't Hurry Be Happy』은 한국어로 번역 출판되어 베스트셀러가 되었다. 사람들에게 처음으로 큰 감동을 준 어니의 작품은 『엄마 보세요, 삶은 단순한 거예요 Look Ma, Life's Easy』로서 그가 쓴 아홉 번째 글이다. 2003년 프랑스에서 출판된 이 책은 그 당시 프랑스에서 번역 출판된 『누가 내 치즈를 옮겼을까』보다 더 좋은 평과 인기를 얻었다. 또한 이 책은 중국어로 출판되어 많은 인기를 얻고 있으며, 국내에서는 도서출판 물푸레에서 출판할 예정이다. 그는 이 외에도 『게으르게 사는 즐거움 The Lazy Person's Guide to Success』 『게으른 사람의 행복찾기 The Lazy Person's Guide to Happiness』 등이 있다.[200] 삶을 살아가는 데 중요한 세 가지는 시간, 돈, 창의성이며, 그 가운데 가장 무한한 것이 창의성이다. 따라서 창의성을 삶의 포인트로 삼는다면 시간과 돈이 모자라는 일은 없게 된다. 또한 시간은 돈으로도 살 수 없는 것이므로 주어진 시간을 현명하게 쓰기 위해 얼마나 열정을 갖고 사느냐가 삶을 기쁘게도 하고 지겹게

---

[199] 어니 J. 젤린스키| 좋은글과 함께 해요, 최수현 | 조회 17 |추천 0 | 2011.09.26. 15:56, 퇴직을 즐기는 1001가지 방법, 어니 J. 젤린스키 지음/홍민경 옮김, 도서출판 물푸레/2004년5월

[200] ■ 역자 홍민경. 홍민경은 1998년 경북대학교 경영학과를 졸업했다. 주요 번역물로는 『The Joy of Burnout』(경향미디어 출판사, 출판 예정)이 있으며, 그밖에도 다수의 유아아동, 의복 및 의학 관련 서적 등을 번역했다. 현재 건국대학교 번역센터 랭스테크 소속 인문사회 번역사 겸 PM으로 활동 중이다.

도 한다고 말한다. 요즘은 정년퇴직을 기다릴 것도 없이 조기퇴직으로 직장을 떠나는 경우가 많다. 아무런 준비없이 맞게 되는 퇴직으로 퇴직후의 생활은 더욱 힘들어 보인다. 그러나 퇴직후의 삶이 우리 인생에서 가장 멋진 시간이 될 수가 있다면 솔깃해지지 않는가! 이 책은 퇴직자 뿐만 아니라 언젠가는 퇴직할 사람들에게 도움이 될 여러 가지 아이디어들로 가득하다.

여러 조사에 따르면, 퇴직후의 삶에 대해 미리 계획을 세웠던 사람일수록 퇴직후의 시간을 유용하게 보내는 것으로 나타났다. 따라서 저자는 너무 일에만 매달리지 말고 퇴직 이전에 삶을 행복하게 꾸려 나갈 수 있는 능력을 개발하는 것이 중요하다고 말한다. 이미 퇴직한 사람들이라면 주어진 시간들을 마지못해 살아가야 하는 시간으로 생각하지 말고, 기쁨과 즐거움, 도전과 배움, 흥분과 만족으로 가득 채워 나갈 삶의 한 단계로 인식하고, 이제야 비로소 하고 싶은 일을 맘껏 할 수 있는 희망적인 시기로 받아들이라고 권하고 있다.

〈주요 목차〉
(1) 마침내 맞이한 인생의 황금기
(2) 퇴직생활 알차게 즐기기
(3) 하는 일 없이 어슬렁거리지 마라
(4) 창의력을 발휘하라
(5) 삶을 살찌우는 평생교육
(6) 즐거움과 모험, 그 이상을 얻게 되는 여행
(7) 살기 좋은 곳으로 이주하기
(8) 지루함은 인생의 퇴직을 의미한다.
(9) 나이 따위는 잊어 버려라

2) 마침내 맞이한 인생의 황금기

언론 매체를 통해, 이후의 삶을 그다지 잘 꾸려 나가지 못한 사람들에 의해 퇴직이 마치 세상이 끝난 것처럼 잘못 전해지는 경우가 종종 있다. 그러나 그나마 다행스러운 일은 이런 사람들은 소수에 불과하다는 사실이다. 트

리마크 투자관리회사에서 실시한 최근 조사에서, 조사 참여자들은 퇴직으로 얻게 된 두 가지 장점으로 스트레스가 감소하고 지적 자극이 증가했다는 점을 꼽았다.

3) 준비가 최선

○○생명보험회사에서 실시한 조사에 따르면, 퇴직 이후의 삶에 대해 미리 계획을 세웠던 사람일수록 이 시간을 더욱 유용하게 보내는 것으로 나타났다. 직장에 몸담고 있는 동안 그리고 퇴직을 계획하는 동안 무슨 계획을 세워야 하는지, 직장에서의 규칙적인 하루 일과와 소속감을 느낄 수 있는 조직 그리고 일을 해야 한다는 목표의식을 상실한 뒤 일어날 수 있는 문제점에는 어떤 것들이 있는지 스스로에게 질문을 던져 보고 심사숙고해야만 한다.

가장 중요한 것은 자신의 재산을 어떻게 하면 불려 나갈 수 있을지를 계획하는 일보다 자신에게 주어진 시간을 활용하는 방법에 대해 생각하는데 더 많은 시간을 투자해야 한다는 점이다. 경제적인 측면에서도 준비가 필요하다는 것은 분명한 사실이지만, 심리적·사회적 준비 또한 간과해서는 안 된다. 직장에서 근무하는 시간을 만족스럽게 보내기 위해서는 퇴직 이후를 준비하는 것이 가장 좋은 방법이다. 일을 하면서도 인생을 즐길 수 있고 동시에 퇴직에 대해서도 만반의 준비를 갖출 수 있는 방법을 소개한다.

- 퇴직하기 훨씬 이전부터 일과 사생활 사이에 균형을 잡고 최선을 다해 그 균형을 유지해 나간다.
- 지금 하고 있는 일 이외에 인생의 가장 중요한 목표를 정립한다.
- 고독을 즐기는 방법을 익히는 동안에는 대부분의 시간을 혼자서 보낸다.
- 규칙적인 운동을 해서 퇴직후 다양한 활동을 즐길 수 있도록 신체를 단련시킨다.
- 주변 세계와 접촉할 수 있는 통로를 많이 열어 둔다.

퇴직 이후의 삶을 행복하게 꾸려 나가기 위해서는 퇴직 이전에 행복을 누릴 수 있는 능력을 개발하는 것이 가장 중요하다. 퇴직후의 삶을 보다 의미있고 윤택하게 보내고자 하는 사람들의 경우에는 퇴직전에 세웠던 목표를 달성하기 위해 장기적인 계획을 세워야 한다.

4) 바로 지금 퇴직나무 심기

이미 퇴직을 했든 퇴직이 다가오든 그 누구라도 퇴직 이후의 삶을 무료하게 또는 아무런 성과없이 보내고 싶지 않다면 지금 이 순간 퇴직나무(Retirement Tree)를 심어야만 한다.

퇴직나무는 일반적으로 마인드맵〔mind-map : 읽고 생각하고 분석하고 기억하는 그 모든 것을 마음속에 지도그리듯한다는 의미로 사고와 기억의 원천지인 두뇌의 기능을 정확히 파악한 후 그 기능을 효과적으로 활용할 수 있도록 고안된 학습기법으로서 스포크 다이어그램(spoke diagram), 사고망(thought web), 군집화 다이어그램(clustering diagram)〕이라고 알려진 것을 좀더 다양화시킨 것이다. 우리가 직장을 영원히 그만둔 이후에도 이것만은 도저히 중단하고 싶지 않다는 생각이 드는 활동을 많이 생각해 낼 수 있는 창의적인 접근방법이다. 퇴직나무를 만들기 위해서는 가장 먼저 백지를 꺼내 놓고 종이 한 가운데에 이 나무의 목표나 주제 혹은 목적을 적는다. 그런 다음 중앙에서부터 페이지 바깥쪽으로 가지나 선을 긋는다. 각 가지 위에는 나무의 목적과 관련된 핵심 아이디어를 적는다. 퇴직 이후 추구하고자 하는 활동을 알아내기 위해서는 다음의 세 가지 핵심 아이디어를 활용하는 것이 중요하다.

　(1) 현재 관심이 있는 활동
　(2) 과거에는 관심이 있었지만 그만둔 활동
　(3) 해 보려고 생각은 했었지만 아직 해보지 못한 활동

1차 가지에서 뻗어 나오는 2차 가지를 그린 다음, 그 위에 각각의 핵심 아이디어와 관련된 다양한 활동을 적는다. 연기하기·자원봉사하기·야간수업듣기 등을 적을 수 있다. 2차 가지에서 파생되어 나오는 가지를 더 그린 다음 3단계에 해당하는 아이디어를 기록할 수도 있다. 즉, 참선 배우기·와인 시음·소설 쓰기·비즈니스 코스 등은 자신이 듣고 싶은 야간수

업의 내용을 상세하게 나타내주는 아이디어에 속한다. 이 외에도 자신이 선택하고자 하는 비즈니스 코스의 내용을 더욱 세부적으로 나타내기 위해서 마케팅·회계학 등과 같은 4단계 아이디어를 기록할 수도 있다. 아무리 하찮게 보이는 일이더라도 생각나는 것은 모두 기록하고, 섣불리 자신의 아이디어를 평가하지 않도록 한다. 이틀, 사흘이 걸리더라도 반드시 적어도 50가지는 생각해내야 한다. 같은 아이디어가 여러 카테고리에서 중복되어 나타나도 상관없다. 왜냐하면 이는 그 활동이 자신의 삶에 있어 그만큼 중요한 퇴직후 활동이라는 사실을 의미하기 때문이다. 아이디어 생성도구(idea-generating tool)로서 이 퇴직나무는 무엇보다 수많은 아이디어를 한 페이지에 모두 나타낼 수 있을 만큼 구성 자체가 간결하며, 필요한 경우에는 새로운 종이를 덧붙여 퇴직나무를 키워나갈 수도 있다. 퇴직나무가 갖고 있는 또 다른 이점으로는 장기적인 도구로서 사용할 수 있다는 것이다. 정기적인 업데이트를 통하여 무한히 펼쳐져 있는 퇴직후의 활동들로 선택영역을 넓혀 나갈 수 있어야 한다. 이 퇴직나무는 판에 박힌 듯한 단순한 리스트보다 훨씬 더 유용하고 재미있어 보인다. 다음에 퇴직 이후의 시간을 좀더 효율적으로 관리하는 데 도움이 될만한 몇 가지 주의사항을 소개한다.

- 삶이라 부르는 그 불가사의하고 전혀 예측할 수 없는 현상을 즐길 수 있는 시간을 짜내기 위해서 삶의 숨겨진 비밀을 밝혀내려 하지 마라. 삶을 즐기고 싶다고 해서 삶을 완전히 이해해야 하는 것은 아니다.
- 다른 사람들이 얼마나 짧은 시간과 적은 노력으로 그토록 엄청난 일을 처리했는가 하는 것과는 상관없이 그 일을 처리할 수 있는 더욱 효과적이고 능률적인 방법은 반드시 있기 마련이라는 사실을 명심한다.
- TV시청 시간을 적어도 하루에 한 시간 이상 줄여 나간다. 이렇게 하면 훨씬 가치있는 퇴직후 활동을 할 수 있는 시간이 365시간 또는 날짜로 따지면 15일 정도 늘어난다.
- 마음에 내키지 않는 사람에게 시간을 뺏기는 것이 가장 큰 시간낭비 중의 하나이다. 자신이 가장 좋아하는 사람과 시간을 보내고 눈곱만큼도 좋

아하지 않는 사람은 절대 만나지 않도록 한다.
- 삶을 살아가는 데 있어 가장 중요한 세 가지 즉, 시간·돈·창의성 중에서 가장 무한한 것이 바로 창의성이다. 따라서 창의성을 가장 중요한 삶의 방편으로 삼는다면 시간과 돈이 모자라는 일은 없을 것이다.

5) 퇴직생활 알차게 즐기기

사람들은 무엇을 얻을 것인가 대신 무엇을 포기해야 하는가에 관심을 가지기 때문에 퇴직을 두려워하는 경우가 종종 있다. 무슨 수를 써서라도 퇴직해서는 안된다는 생각을 버리고, 퇴직후 생활을 기쁨이나 즐거움·도전·흥분·만족으로 가득 채워나갈 삶의 한 단계로 인식해야만 한다. 퇴직을 좀더 긍정적인 시각으로 바라본다면 일을 할 때 보다 더 많은 것을 얻을 수 있다. 퇴직 이후의 시간은 직장을 다녔던 동안에 그러했던 것처럼 어쩔 수 없이 살아가야만 하는 시간이 아니라 자신들이 꾸며 나가고 싶은 삶의 시기이다. 적극적인 사람이라면 수없이 펼쳐진 흥미진진한 일을 발견하고 그 일에 점점 더 많은 시간을 할애하게 된다. 다음에 소개된 사례들은 여러분에게 퇴직이 얼마나 값진 경험인지에 대한 확신을 심어줄 뿐만 아니라 여러분 자신도 퇴직생활을 즐길 수 있는 갖가지 방법을 알려 준다.

6) 근심 걱정 사라진 자유로운 라이프스타일

1998년 영화제작자인 마리안 마진스키는 마이애미 비치에 있는 퇴직자촌을 방문하여 그들이 여생을 보내는 방법에 대해 조사하였다. 당시 69세였던 베티 설리번 역시 PBS 다큐멘터리 〈퇴직의 꿈〉에 등장한 인물 중의 한 사람이었다. 다른 사람들과는 달리 그녀는 별 문제없이 퇴직생활을 만끽하고 있었다. 베티는 퇴직 전 17년 간 마이애미대학 동물병리학과에서 근무했었고, 그 전에는 매사추세츠주 암허스트 지역에서 남편과 함께 재봉틀 가게를 운영했었다. "직장을 그만두기 전 직장동료 중에는 내가 퇴직하면 무료함이나 상상건강이상(imaginary health problem), 목표상실, 우울증 등을 겪게 될지도 모른다고 놀리기도 했었어요. 하지만 나에게는 아무런 일도 일어나지 않았어요." 퇴직후 스스로 계획하고, 계획을 현실화시킨 모든 사람들처럼 베티 역시 퇴직 이후의 삶이 얼마나 즐거운 시간인지를 알고 있었던 것이다.

7) 자연이 준 선물 마음껏 즐기기

사람들은 자연이 선물한 수많은 경험을 망각한 채 살아간다. 인간이 자연으로부터 점차 멀어져 갈수록 마음은 더욱 조급해지고 이제까지 살아온 세계와도 점차 멀어진다. 자연과 조화를 이루며 살아가는 사람은 기계장치나 장신구 그리고 기타 현대사회가 만들어 낸 갖가지 세간들로 가득한 방에서 시간을 보내기보다 공원이나 숲을 산책하는 데서 더 큰 만족감을 느끼게 된다. 미시간주 핀코닝에 사는 퇴직자 아만다 마이예트와 론 마이예트 부부는 1년에 다섯 달 정도는 미국 전역의 국립공원을 찾아다닌다. 브라이스 국립공원을 하이킹하고 있을 때 전직 간호사였던 아만다는 AP통신의 존 하일프린 기자에게 "우리는 우리의 꿈을 이루며 살아가고 있어요"라고 말했다.

퇴역한 공군 중위인 남편은 "매일 매일이 새로운 모험으로 가득하지요"라고 덧붙여 말했다. 아만다와 론 부부가 보여주듯이, 퇴직은 자연이 보여주는 멋진 그림속에 더욱 자주 빠져들 수 있는 기회를 제공해 주며 이는 사람의 기분을 좋아지게 할 뿐만 아니라 삶을 더욱 윤택하게 만든다.

지금 당장 야외로 나가서 상쾌하고 편안한 기분을 느껴보라. 자연을 접하게 되면 신체적 건강 뿐 아니라 인생관에도 역시 놀라운 기적이 일어나게 될 것이다.

8) 관심 분야에서 자원봉사하기

퇴직하기전 윌리엄 카바노프는 뉴저지 석세스 카운티 대 배심(grand jury)의 기소장 역할을 맡게 되었다. 무엇보다 이 일로 인해 그는 사법제도에 대해 관심을 갖게 되었다. 그 결과 카바노프는 광산업 경영자의 자리에서 퇴직한 뒤, 우연히 발견하게 된 이 관심사에 대해 열정을 가지고 파고들기로 결심하였다. 카바노프는 상급법원인 오션카운티 가정법원에서 1300시간 이상을 재판보로서 자원봉사한데 대해 최초로 오션 퍼스트 재단으로부터 상을 받았다. 이 상은 뉴저지주 도버 타운십의 퇴직자들과 노인들의 자원봉사 프로그램(RSVP)에서 수여한 것이었다.

9) 돈은 문제가 아니고 시간이 부족할 뿐

마케팅 목적으로 미국에 거주하고 있는 사람들을 인구통계학적으로 분류하는 회사인 클래리터스에서 실시한 연구조사, 프리즘 시스템(PRIZM system)에 따라 분류된 그룹 중의 하나가 바로 '퇴직자'이다. 대부분 '퇴직자' 가정의 수입과 자산은 전국 평균치를 밑돌지만, 이들 가정에서는 자신들이 가난하다고 생각하지 않는다. '퇴직자' 가정을 이루고 있는 퇴직자는 65세 이상이 보통이다. 하지만 이 사람들이 그저 집안에서 왔다갔다하며 하루종일 TV 앞에만 앉아 있을 것이라고 생각하면 큰 오산이다. 오히려 그 반대로 퇴직자들은 종일 근무를 하던 시절만큼 바쁜 나날을 보내고 있으며 무엇보다 퇴직생활을 즐기고 있다는 점이 가장 좋다고 하겠다. '퇴직자'들 대다수가 하고 싶은 일을 다 하기에는 돈이 부족하다는 사실에 대해 불평하지 않는다는 사실이 클래리터스 연구조사 결과의 백미라고 할 수 있다.

정작 이 사람들이 살아가면서 느끼는 가장 큰 불만은 하고 싶은 일을 다 하기에는 시간이 부족하다는 것이었다. '퇴직자' 가정을 통해 알 수 있는 사실은 퇴직할 당시 벌어 놓은 돈이 얼마 안된다고 해서 여생을 즐길 수 없는 것은 아니라는 점이다. 클래리터스에 따르면 노년의 힘을 가진 퇴직자들은 전직 기업총수나 기업·금융·의학·법률·언론 전문가들이 다수였다. 노년의 힘을 가진 퇴직자는 대부분의 시간을 '골프를 치고, 건강검진을 받으며, 많은 돈을 어디에 투자할지 포트폴리오를 관리하는 데' 보낸다. 이들처럼 전형적인 노년의 힘을 가진 퇴직자들이 시간과 돈을 쓰는 방법을 그대로 모방할 필요는 없다. 예를 들어 메릴랜드주 서부 토슨 지역에 사는 돈 라이트는 이웃에 부유한 퇴직자가 살고 있었다. 라이트는 퇴직을 하자 캐딜락이나 뷰익이 아닌 포르쉐를 장만했다. 기자에게 말하기를 "아시다시피 그런 말이 있잖아요. 지금 수중에 있는 돈이 부족하다면, 포르쉐를 사라."

10) 아침에 눈을 떠야 하는 이유 만들기

일단 퇴직한 지 1년 이상이 지나게 되면 지겨워 죽겠다고 외치는 사람들도 생기게 마련이다. 그러나 80세의 번 세도르와 69세의 팻 페리언은 예외이다. 페어필드와 아이오와주에 사는 이 두 사람은 페어필드 노인복지센터에서 시행하는 식사 배달 서비스(Meals on Wheels : 거동이 불편한 노인을 대상으로 노인의 가정으로 식사를 배달하여 주는 프로그램)에서 파트타임으로 일했다. 세도르와 페리언은 비바람이 몰아치는 날에도 각 고객들에게 식사를 배달해야 했지만, 그들은 불평 한마디하지 않았다. "이 일이 있기 때문에 아침에 눈을 뜬답니다."라고 세도르가 말했다.

11) 도전할 만한 일을 찾아 정복하기

지루함을 달랠 길은 많다. 하지만 약간의 활동만으로는 만족하지 못하는 퇴직자들도 있을 수 있다. 이런 사람들에게는 도전할 만한 일이 필요하다.

샌프란시스코 베이 지역에 거주하는 앤 베크만을 예로 들어보자. 그녀는 퇴직한 지 3년이 지나자 지루해지기 시작했다. 그래서 무언가를 해야겠다고 결심했다. 그녀는 캘리포니아주 헤이워드에서 사회학 학사학위를 받았다.

그 와중에 결장암을 선고받고 사투를 벌이기도 했다. 전직 고등학교 사서라 할지라도 통계학과 같은 복잡한 과목을 공부하려면 얼마나 어려운지 잘 알고 있을 것이다. 베크만은 퇴직 이후의 지루함은 도전적 활동과 끈기로 정복할 수 있다는 사실을 증명해줬다. 뿐만 아니라 나이가 많다고 해서 지루하게 살아야 하는 것은 아니라는 사실 또한 보여 주었다.

12) 하는 일 없이 어슬렁거리지 말기

어떤 사람들에게는 퇴직에 대비하는 최선의 방법이 절대 퇴직하지 않는 것일 수도 있다. 실제로 일 중독자들은 퇴직이나 예비퇴직과 같은 대안을 찾는 대신, 70대와 80대가 될 때까지 일을 놓지 않고 힘든 시간을 보내는 것이 가장 좋다고 말하는 전문가들도 있다. 연구조사에 따르면 퇴직후에도 능력껏 일을 계획하고자 하는 사람들이 많아졌다고 한다. 즉, 이런 사람들은 수입이 줄어들더라도 근무시간을 줄이거나, 자영업을 하거나, 개인적으로 보람을 느낄 수 있는 일로 직업을 바꾸고자 한다. 대부분의 베이비붐 세대들에게는 취미생활과 여가를 이상적으로 배합한 신개념의 퇴직이 수년간 열심히 일한 데 대한 보상으로서 무한한 여가시간을 누릴 수 있다는 예전의 퇴직 개념보다 훨씬 호소력이 있다. 인구통계학자들에 따르면, 대부분의 베이비붐 세대들은 모든 일을 그만두지 않아도 되는 퇴직을 원한다고 한다.

패기 만만한 베이비붐 세대들과 그 외 세대들이 퇴직후 펼쳐지는 새로운 세상에서 무엇을 추구하는지 몇 가지 사례를 통해 설명하고자 한다.

13) 좀더 의미있는 삶으로의 변화

부동산 회사에 입사한 잭 파이저는 부동산 개조·관리전문가가 되었고, 결국 그 회사를 인수하였다. 그는 31년을 그 회사에서 보낸 뒤 회사를 다른 사람에게 팔았다. 그 후 파이저는 퇴직생활에 접어들었다. 자신의 욕구를 만족시킬 무언가를 찾기 위해 그는 매사추세츠대학에서 노인학을 비롯해 노인들의 문제점에 대해 다루는 강좌를 몇 과목 신청했다. 이것이 바로 평범한 퇴직생활을 대단한 그 무언가로 변화시키는 일생일대의 결정이었다.

그 강좌를 통해 파이저는 연방정부가 노인들을 위한 사회복지정책을 펼쳐야 한다는 생각을 갖게 되었다. 81세의 나이에 매사추세츠대학에 있는 노인학회에서 연금보조사업을 진행하였다. 퇴직자들이 연금을 받아낼 수 있도록 도와주었다. 파이저는 '옳은 일을 하고 있다는 만족감'이 자신의 퇴직생활을 '인생의 황금기'로 만들었다고 말했다. 파이저의 경우는 그저 무턱대고 퇴직을 해 버리는 사람들에게 경종을 울리고 있다.

14) 예비퇴직은 전문가가 될 수 있는 기회

프랭크 플레먼은 완전히 퇴직하지는 않았지만, 자신이 경영하는 회사에서의 근무시간을 단축했다. 67세인 그는 경영책임을 한 간부에게 위임했다.

예비퇴직 기간 동안 그는 기업전문가가 될 수 있었다. "나는 이제 독창적인 아이디어를 구상하는 아이디어맨입니다"라고 그는 말했다. 회사운영에 직접 관여하지 않게 되자 플레먼은 보다 편안한 생활을 누릴 수 있게 되었다.

이제는 오전 10시에 출근하여 약 한 두 시간동안 건강에 관한 책을 읽는다. 뿐만 아니라 예비퇴직으로 인해 부수적으로 생겨난 여가시간을 마음껏 즐기는 동안, 많은 사람들 또한 이런 생활을 누릴 수 있어야 한다는 생각이 들었다.

15) 과거의 삶을 포기

"과거에 해왔던 것과 완전히 다른 일을 배우고 실행하는 데 시간을 쏟아 부어라"라고 존 버켄필드는 충고했다. 이는 '지적 자극'을 유지할 수 있는 가장 좋은 방법이다. 당시 30년 경력의 IBM 베테랑인 버켄필드는 회사에서 후한 퇴직조건을 제시한 그 순간 제2의 직업을 시작했다. 뉴멕시코주 산타페 근처에 있는 엘 란초 데 라스 골론드리나스 박물관 관장으로 일하게 된 것이다. 그는 뉴욕 그리니치 지역에 살았을 때부터 미술에 깊은 관심을 갖게 되었다. 버켄필드는 경제적 혜택보다는 이제까지와는 전혀 다른 일을 해보고 싶다는 생각과 그 일의 성격이 맞아 떨어졌으므로, 이 새로운 직업이 자신과 잘 어울린다고 생각했다. 그의 광고와 마케팅 덕분에 박물관을 찾는 관람객의 수가 세 배로 늘어났으며, 수입은 두 배로 뛰어 올랐다.

16) 돈을 벌 수 있는 기회 만들기

퇴직은 오히려 돈을 벌 수 있는 기회일 수도 있다. 실제로 퇴직 이후 가난에서 벗어날 뿐만 아니라 멋진 삶을 누릴 수 있는 경우도 있다. 프랭크 카이저가 이에 딱 맞는 사례이다. 카이저는 플로리다 남부지역의 노숙자들을 도와주기 위한 비영리조직인 노숙자연합(Street Smarts Coalition)을 시작하였다가 돈을 다 날리고, 집까지 다른 사람 손에 넘어가는 일만은 막기 위해 돈을 벌 수 있는 일이 필요했다. 카이저는 노인들이 엉터리 내용이 가득한 신문을 읽는 최고의 애독자라는 사실이 생각났다. 그 순간 그는 이런 노인들에게 더욱 재미있는 이야깃거리를 제공할 수 있는 칼럼을 정기적으로 실으면 어떨까 하는 생각이 떠올랐다. 정기 칼럼의 표제는 〈어느 날 갑자기 노인이 된 사람들(Suddenly Senior)〉이었고, 첫 번째 기사의 제목은 '40년전 방식대로 섹스를 즐겨라'이었다. 키라고인디펜던트(Key Largo Independent)의 편집자는 이 글을 정기칼럼으로 싣기로 결정했다. 이내 카이저의 재미있는 글은 몇 개의 신문, 잡지에 실리게 되었다. 카이저의 인기가 올라가면서 그는 자신의 유머와 인생관을 인터넷에 올리기로 결심했다. 그는 자신의 창의력을 만화나 해학이 넘치는 사진과 재미있는 이야기에까지 충분히 활용하여 자신의 홈페이지(www.suddenlysenior.com)에 실었다. 현재, 세계 72개국의 사람들이 그의 사이트를 방문하고 있다.

17) 창의력 발휘

모든 퇴직자들은 자신들의 창조적 욕구를 인식하는 것이 무엇보다 중요하다. 사람들은 저마다 마음속 깊은 곳에 예술작품을 창조하고자 하는 욕망이 자리잡고 있을 뿐만 아니라 예술가다운 창조적 능력을 갖고 있다. "모든 어린이들은 예술가이다"라고 파블로 피카소는 단언했다. "문제는 어떻게 하면 성장한 뒤에도 여전히 예술가로 남아 있을 수 있느냐 하는 점이다."

예술가가 됨으로써 즐거움을 느끼고 스스로에게 경탄하며 만족감을 얻는 것을 가장 중요한 동기로 삼아야 한다. 새로운 예술적 활동을 추구하는 일은 친구나 가족들과의 관계가 더욱 돈독해지는 등 삶의 다른 부분에까지 의미있는 발전을 일으키는 발판이 될 수 있을 뿐만 아니라 사람을 자극시키고, 도전의식을 불러 일으키며, 즐거움을 줄 수도 있다. 동시에 예술적 활동을 통해 마음이 편안해지고 살아가면서 느끼는 스트레스를 줄일 수도 있다. 그 중에서도 가장 중요한 것은 예술적 활동을 통해 보다 새롭고 밝은 사고방식을 키울 수 있다는 사실이다. 이제 창조성을 마음껏 발휘해 보라. 창의성을 발휘할수록 삶은 제자리를 찾게 된다.

18) 독서는 중요한 창조적 활동

대부분의 사람들은 "독서가 무슨 예술활동이야"라고 말하겠지만, 나는 독서 역시 퇴직후에 누릴 수 있는 중요한 창조적 활동에 포함시키고자 한다. 사실 독서는 다양한 분야에 대한 창의력을 키워주는 역할을 하기 때문이다. 마음속에 미래를 위한 목표를 가지고 책을 읽을 때, 독서를 즐길 수 있게 된다. 더 좋은 것은 북클럽에 가입하여 대인관계도 넓히면서 세상에 대한 정보도 얻고 삶에 대한 시각도 새롭게 가다듬을 수 있다는 것이다. 지역 신문이나 서점 안내문, 도서관의 게시판을 통해 새로운 회원을 모집하는 북클럽이 있는지 살펴본다. 어떤 클럽은 특정인들을 대상으로 이루어지는 경우도 있다. 예를 들어 퇴직자들을 대상으로 하는 클럽이나 소설을 좋아하는 사람들을 위한 클럽, 종교에 관심이 많은 사람들을 위한 클럽 등이 그것이다. 중요한 것은 자신의 관심과 성격에 맞는 클럽을 찾아내어 선택하는 일이다. 북클럽 회원들은 그 제목과 관련된 활동을 계획하거나, 이제까지 읽었던 책의 내용에 자극을 받을 수도 있다. 퇴직 이후 생활의 질을 현저히 높일 수 있는 영감을 떠오르게 하는 책을 읽은 후에 독자들은 운동량을 늘리거나 학습의욕이 증가하는 등 라이프스타일에 변화를 일으킬 수도 있다.

19) 삶을 살찌우는 평생교육

실제로 퇴직자들 중에는 교육을 통한 자극이 그저 괜찮은 일 정도가 아니라 행복을 위한 필수조건이 되는 사람들도 있다. 퇴직자들 중에는 자기가 하고자 하는 일에 대한 자격을 얻기 위해 또는 학력을 높이기 위해 정규학생으로 등록하여 학위를 취득하고 싶어하는 사람도 있다. 미국 교육부 통계자료에 의하면 1999년 가을 전문대학과 일반대학에 등록한 노인들의 수가 전국적으로 51만 9000명에 이른다고 한다. 지역신문이나 인터넷을 통해 자신이 거주하는 지역에 퇴직자를 위한 교육기관이 있는지 알아볼 수도 있다.

캐나다와 미국에 있는 대학들 중에는 정원이 다 차지 않은 학과에 한해 퇴직한 사람들이 아주 적은 비용으로 강의를 청강할 수 있도록 하는 규정을 마련해 두고 있다. 청강은 학위를 더 따기 위해서가 아니라 개인적 발전과 자기개발, 평생교육을 위해서였다.

20) 컴퓨터와 친해질 것

컴퓨터에 문외한인 퇴직자들이라도 일단 컴퓨터 사용법과 인터넷 활용법을 배우기만 하면 삶의 질을 상당 수준 향상시킬 수 있게 된다. AOL 로퍼 스타치(AOL Roper Starch)의 조사에 따르면, 미국 노인들 중 활발하게 인터넷에 접속하는 사람들의 평균 접속시간은 일주일에 20시간 이상이었다. 컴퓨터를 사용하는 노인들 중 93%라는 어마어마한 숫자의 사람들이 인터넷을 통하여 삶의 질이 전반적으로 향상되었다고 답했다. 인터넷을 통하여 퇴직후 시간을 좀더 편리하고 즐겁게 보낼 수 있는 방법이 많이 있다. 여기에 그 가운데 몇 가지를 소개한다.

- 친구·친척·손자들과 의사소통을 할 수 있다.
- 여행을 계획할 수 있다.
- 새로운 사업기회를 모색할 수 있다.
- 노후를 건강하게 보낼 수 있는 방법에 대해 배울 수 있다.
- 노인들을 위한 구인 구직란에서 일자리를 구할 수 있다.
- 도서관에서 현재 이용할 수 있는 책 목록을 조사하고, 필요한 책을 예약할 수 있다.
- 채팅을 통해 새로운 친구를 사귈 수 있다.
- 편리하게 쇼핑을 할 수 있다.
- 인터넷 뱅킹을 이용할 수 있다.
- 퇴직자들을 위한 모임을 찾아볼 수 있다.
- 자신이 누릴 수 있는 공공혜택이 무엇인지 알아볼 수 있다.

퓨 인터넷 앤 아메리칸 라이프 프로젝트(The Pew Internet & American Life Project)에서 실시한 조사에 따르면 인터넷을 이용할 수 있는 노인 중 70%가 매일 인터넷에 접속한다고 한다. 이는 전체 사용자 대비 56%라는 숫자와 비교할 만하다. 노인들이 가장 활발히 사용하는 인터넷 기능에는 이메일을 통하여 다른 사람들과 연락을 주고받거나 최근 뉴스 기사를 읽거나 건강과 관련된 자료를 조사하거나 날씨를 확인하는 일 등이 있다.

21) 즐거움과 모험, 그 이상을 얻게 되는 여행

퇴직자들에게 있어 여행은 퇴직으로 인해 누릴 수 있는 가장 큰 기쁨 중의 하나이다. 그러나 여행은 순전히 즐거움을 얻기 위해서 뿐만 아니라 갖가지 모험을 해볼 수 있다는 점에서도 필요하다. 뿐만 아니라 여행을 통해 사람들은 퇴직후의 목표나 임무를 달성할 수도 있다. 매일 똑같은 일상생활과 환경속에서는 맛볼 수 없었던 고도의 흥분과 자극, 상쾌함을 제공한다는 점에서 여행은 퇴직후 삶의 질을 상당히 높여 줄 수 있다. 여행은 세상을 그리고 삶의 의미를 좀더 다른 시각에서 생각해 볼 수 있는 아주 효과적인 방법이다.

22) 수준 높은 여행 즐기는 방법

여행이 즐겁고, 새롭고, 만족할 만한 여행이 될 수 있느냐 하는 것은 여행계획을 얼마나 잘 세웠느냐에 달려 있다. 뿐만 아니라 여행의 가치는 자발적인 자세와 여행 내내 얼마나 정적인 태도를 유지하느냐에 의해 좌우된다.

여행의 질을 높일 수 있는 가장 멋진 방법은 바로 인터넷을 활용하여 여행지에 대한 사전조사와 예약을 하는 것이다. 특히 인터넷은 상점별 가격을 비교하여 최적의 상품을 선택하려는 퇴직자들에게 꼭 알맞다. 활동적인 베테랑 노인 여행가들은 이제 좀더 색다른 곳이나 잘 알려지지 않은 곳 또는 모험적 요소가 있는 곳을 찾는다. 이들은 삶을 더욱 풍요롭게 할 수 있는 경험을 학수고대한다. 다른 나라에 체류할 때 비용을 줄일 수 있는 방법은 워킹 홀리데이나 '자원봉사 여행'을 통해 사람들에게 가끔씩 가볼 만한 곳이나 모험을 만끽할 수 있는 곳이 어디인지 주워 듣는 것이다. 워킹 홀리데이를 통해 역동적이면서 만족스러운 여행경험을 얻을 수 있다고 생각할 것이다. 자원봉사 여행에서는 대부분 참가자들이 여행의 기쁨과 더불어 좀더 살기 좋은 세상을 만든다거나 또는 그런 세상을 만들 수 있는 방법을 배우는 등 단순한 관광 이상의 목표를 달성할 수 있도록 하고 있다. 자원봉사자들은 그 프로젝트를 수행하는 동안 교통비는 자비를 들이는 것이 보통이다.

지역민들과 함께 지내고 일하는 동안, 자원봉사자들은 그곳 문화에 대한 나름대로의 통찰력이 생긴다. 이러한 문화체험은 다른 환경을 접하고 외국인들을 만날 수 있는 기회가 된다. 뿐만 아니라 이를 통해 자신이 제 3세계에 얼마만큼 잘 적응하고 살아갈 수 있는지를 시험해 볼 수도 있다.

자원봉사 여행의 한 가지 방법은 우퍼(wwoofer) 예찬자가 되는 것이다. 우퍼란 숙식을 제공받는 대신 무급으로 유기농장에서 장기간 일을 하는 여행자를 말한다. 우핑(wwoofing)은 건강상태가 좋은 퇴직자들만 생각해 볼 수 있는 여행방법인 것은 분명하다. 일반적으로 우퍼들은 주 6일 하루에 6시간 일정대로 일을 하고, 일주일 중 하루는 쉬면서 주변 지역을 돌아다닌다. 우프라는 이름의 국제협회(www.wwoof.org)가 최근 결성되어 우퍼들에게 숙식을 제공할 농장주들의 참여를 촉진하고 있다. 우퍼가 되는 것 외에도 워킹 홀리데이를 즐길 수 있는 방법은 많이 있다. 아프리카에서 교량 건설을 도와주든 이스라엘 키부츠에서 일을 하든 코스타리카에서 영어를 가르치든지 간에 일을 하면서 휴가를 즐길 수 있는 기회는 계속해서 증가하고 있다. 물론 이렇게 휴가를 보낸다고 해서 돈이 들지 않는 것은 아니지만, 외국에 나가 5, 6개월 간 혼자서 지내는 것보다는 훨씬 경비가 적게 든다.

23) 집 가까운 곳을 둘러보며 늘 하고 싶었던 일 해보기

한번 여행을 떠나면 집에서 멀리 떨어질수록 더 좋은 여행이라고 믿는 사람들이 많이 있다. 하지만 가까운 곳으로 여행을 떠나 퇴직만 하면 꼭 해보겠다고 마음은 먹었지만 시간이 없어서 하지 못했던 일을 해 볼 수도 있다. 이제까지 가보지 못했던 아름다운 공원, 재미있는 거리, 멋진 이웃, 훌륭한 식당, 유적지가 있을 수 있다. 전 세계를 방방곡곡 누비는 여행이든, 이따금씩 집 근교를 돌아보는 여행이든, 퇴직생활에 대한 계획표에 있는 곳이어야만 한다. 무엇보다도 나이가 얼마든 상관없이 여행은 세상 살아가는 맛을 되찾아 주며 동시에 기운을 북돋워 준다.

24) 지루함은 인생의 퇴직을 의미

퇴직생활에 지루함을 느낀다는 것은 인생을 퇴직했다는 것을 의미한다. 신체적이면서 정신적인 광범위한 활동은 지루함을 극복하는 데 아주 유용하다. 여가활동은 창조적이면서 도전적이고 건설적이어야 한다. 쉬운 활동 대신 도전해 볼 만한 의욕을 불러일으키는 활동이 삶의 즐거움을 배가시킨다. 하기 쉬운 일에는 곧 지루함을 느끼게 된다는 것은 말할 필요도 없다.

지미 카터의 충고를 따른다면 지루함을 극복하고 외로움을 물리치는 일이 그다지 어려운 일만은 아니다. 카터는 자신이 퇴직생활을 성공적으로 보낼 수 있었던 열쇠에 대해 다음과 같이 말했다. "노후를 성공적으로 보낼 수 있는 가장 기본적인 방법이 두 가지 있다. 그중의 하나는 관심있는 일을 하면서 활기차게 생활하는 것이고, 또 한 가지는 다른 사람들과 친밀한 인간관계를 맺는 것이다. 이를 실천한다면 깜빡거리는 TV 앞에 앉아 자신이 충분히 할 수 있는 일인데도 다른 누군가가 대신 해주기를 바라는 무기력한 사람이 되지 않을 수 있다."

25) 새로운 일로 돈을 벌고, 또 다른 일에 도전

나이와는 상관없이 지루함을 없애기 위해 새로운 일을 시도해 보고, 그 과정에서 약간의 돈을 번 다음, 그 돈으로 한 번도 해보지 못했던 일 다섯 가지를 새로 시작해 본다. 제시 리 브라운을 예로 들어보면, 그녀는 98세의 나이에 처음으로 쓴 책을 백만달러에 팔았다. 학교교육도 받지 못하고 미숙한 작가인 이 왕 할머니는 노인들을 위한 글쓰기 강좌에서 썼던 자신의 회고록을 책으로 펴냈다. 경매를 통해 워너북스(Warner Books)는 『주어진 시간들(Any Given Day)』의 출판권을 샀다. 이 책을 계약함으로써 그녀는 난생 처음 비행기도 타보고, 리무진에도 올라 보고, 고급호텔에도 묵어 보고, 토크쇼에도 출연하게 되었으며, 신문기사에도 실렸다. 그녀는 자신의 성공에 대해 겸손한 태도로 이렇게 말했다. "저도 사실은 다른 사람들과 다를 바가 하나도 없습니다."

26) 적극적으로 새 친구를 만들기

퇴직후 친구들과 함께 할 수 있는 시간은 늘어났지만, 안타깝게도 이미 친구 수가 줄어들어 버린 경우도 많았다. 따라서 퇴직생활에서 외로움과 지루함을 느끼는 사람들은 가장 먼저 친구를 사귀도록 한다. 이때 중요한 것은 그저 집안에 앉아서 누군가 자신을 찾아주기만을 기다려서는 안된다는 사실이다. 다음은 새로운 친구를 사귈 수 있는 장소와 방법이다.

- 사회적·환경적 요인을 진작시켜 줄 수 있는 믿음이 가는 단체에 가입한다.
- 자신이 좋아하는 혹은 배우고 싶은 주제를 다루는 평생교육강좌나 워크숍에 참가한다.
- 퇴직한 친구들과 같이 지금 자신을 위해 더 많은 시간을 할애해 줄 수 있는 옛 친구를 찾아본다.
- 지역사회를 위해 봉사하는 우애단체에 가입한다.
- 투자동호회·독서동호회·작가동호회 등과 같이 취미가 비슷한 단체에 가입한다.
- 야구·볼링·골프 등과 같은 단체 스포츠에 참가한다.

다른 무엇보다 퇴직후에는 여가시간을 어떻게 활용하느냐에 따라 생활의 질이 달라진다. 여가시간을 현명하게 활용하면 각기 다른 삶의 단계를 거쳐 가는 동안 계속해서 성장하고 깨달음을 얻을 수 있게 된다.

27) 나이 따위는 잊어버릴 것

「성격과 사회심리학 저널(Journal of Personality and Social Psychology)」에 실린 연구결과에 따르면, 노인들은 육체보다 정신적으로 훨씬 더 빨리 늙어간다고 한다. 실제로 자신의 나이를 부정적으로 생각하는 사람이 삶을 긍정적인 시각에서 바라보는 동료들보다 7,6년 정도 수명이 짧은 것으로 나타났다. 연구 내용을 종합해 보면 "본 연구는 두 가지 메시지를 전달하고 있다. 그중 나쁜 소식은 부정적인 자기 인식은 삶에 대한 기대치를 감소시킬 수 있다는 사실이고, 좋은 소식은 긍정적인 자기 인식은 삶에 대한 기대감을 높일 수 있다는 사실이다"라는 결론이 나온다. 무엇보다도 행복한 퇴직생활을 영위할 수 있는 비결은 자신의 나이를 잊어버리는 것이라는 사실을 잘 보여주고 있다.

28) 101세에도 일과 휴식의 균형을 유지할 수 있는 확실한 방법

21세기가 시작되면서, 서덤신문(Southam Newspapers)에는 미국내 최고령 근로자에 대한 기사가 실렸다. 전직 병리학자였던 프레드릭 윌리엄 선더맨은 당시 나이가 101세였다. 지난 30년간 임상실험과학연보(Annals of clinical and Laboratory Science)의 편집자로서 선더맨은 매일같이 나비넥타이를 매고 조끼까지 갖춘 정장을 입고 출근했다. 선더맨이 이렇듯 장수할 수 있었던 원인은 무엇인가? 그는 헌신적인 아내와 유머감각, 금연, 소량의 알코올, 오전 8시에 출근하여 오후 4시 15분이면 퇴근하는 정확한 업무일과가 자신의 건강을 지키고 늘 감사하는 마음으로 생활하는 데 가장 큰 기여를 했다고 말했다. 선더맨은 일과 휴식 사이에 균형을 철저히 지켜 나갔다. 제 아무리 일 벌레라 할지라도 4시 15분이 되어 퇴근하는 일을 반복해 보라.

29) 나이와는 상관없이 더 나은 내일을 기대

하버드 의대가 실시한 '뉴잉글랜드내 100세 이상의 사람들에 대한 연구조사' 담당자인 토마스 펄스와 하버드의 신경심리학자 마저리 허터 실버는 연구 결과 장수의 비결은 모든 스트레스를 피하는 것만이 대수가 아니라는 결론을 얻었다. 장수는 시련과 고통에 시달릴 때 이를 삶의 자연스런 한 부분으로 생각하고 넘겨버림으로써 근심 걱정과 우울함을 최소화하는 능력에 달려 있었다. 실제로 젊은 사고방식은 노후에도 활기차고 즐거운 생활을 영위하는데 도움이 된다. 노후를 생산적으로 보내게 되면 자부심을 키울 수 있을 뿐만 아니라 지적 자극과 사회적 상호작용 또한 증가시킬 수 있다.

게다가 이는 자기 자신의 삶의 질을 높일 뿐만 아니라 동시에 다른 사람의 삶 또한 윤택하게 만든다.

30) 활기차게 살아가는 데 필요한 조건

60세가 넘어서도 대단한 열정과 활력과 의욕을 가지고 새로운 경험을 추구하는 사람은 무수히 많다. 또한 이들은 자신만의 독특한 개성을 개발한다. 다음은 활동적이고 활기에 넘치는 노년을 보내기 위해서 반드시 해야만 할 일들이다. 창조성을 키워라. 친근하게 대하라. 호기심을 가져라. 많이 웃어라. 많이 놀아라. 위험한 것에 도전하라. 사랑하라. 신체적, 정신적 건강을 유지하라. 폭넓은 활동에 참여하라.

31) 노후를 인생의 황금기로 만들 것

80세에 접어든 며칠 후 가장 영향력있는 TV 연출자 중의 한 명인 노만 리어는 이렇게 말했다. "나는 매일 희망을 품고 하루를 시작합니다." 미국 노인문제협의회(NCOA)의 연구조사에 따르면, 65~69세 사이의 노인들은 49%가 현재를 '인생의 황금기'라고 말했다. 70대(44%)와 80대(33%) 중 많은 사람들 역시 이에 동의했다. 무엇보다도 중요한 것은 행복한 퇴직생활을 보낼 수 있느냐 하는 태도의 문제이다. 따라서 의미있는 일 그리고 반드시 해야 하는 일에 몰두하지 않는다면 퇴직생활을 성공적으로 보낼 수 없다는 사실을 명심하도록 해야 한다. 행복한 퇴직생활이란 자신의 정신적, 육체적 능력을 모두 쏟아 부어야 한다. 삶의 어느 순간보다도 퇴직은 그 시간을 100% 즐길 수 있는 기회이다. 그 시간을 감사하는 마음으로 받아들인다면 자신에게도 퇴직이 인생의 황금기가 될 수 있다.201)202)

17. 장수학, 퇴직후 심리상태에 주의

사람은 누구나 나이가 들어간다. 나이가 들 때마다 생활방식과 개인의 신분, 책임, 심리상태가 변하게 된다. 일반적으로 중년 이전에는 이런 변화들이 위를 향하여 변한다.203) 중년 이후에는 부담감은 가중되지만 정력이 약해진다. 그러면 실질적인 노인문제에 맞닥뜨리게 되는 것이다. 이것은 아무도 피해갈 수 없는 문제이다. 60세가 되면 퇴직을 하게 된다. 표면적으로도 상황이 안 좋지만, 정신과 육체에도 역시 아주 커다란 변화인 것이다. 자연적으로 '앞으로 무엇을 해야 하나'하는 심리적 과도기에 처하게 된다. 사람이 일생을 살면서 고정된 감정을 가지고 살아가기는 불가능하다. 그래서 상황에 맞추어 마음을 조절하는 것이 중요한 문제이다. 나이가 들어 퇴직을

---

201) 출처 :그대 머문 그리움으로, 글쓴이 : 청사초롱
202) http://cafe.daum.net/karim-wed/NVBA/5?docid=1OIfM|NVBA|5|20110926155609&q=%C5%F0%C1%F7%C8%C4%C0%C7%BB%EE(2012.2.1)
203) 설천 | 조회 21 |추천 0 | 2010.05.29. 13:31. 퇴직후의 심리상태에 주의하라

하는 것은 지극히 정상적인 일이다. 퇴직이란 한 사람에게 있어서 커다란 전환점이다. 그것을 호기로 삼고 기대와 희망을 가지고 밝고 유쾌하게 살면 제2의 새로운 인생이 기다릴 것이다. 매일 반복되던 생활규칙들이 하루아침에 깨지면 망연자실할 수도 있다. 그렇지만 직장 때문에 자기의 취미같은 것들은 방치하며 살아왔을 것이다. 퇴직후에 이런 것들을 다시 하나씩 실행하여 후회가 남지 않는 충실한 미래의 삶으로 나아가야 할 것이다. 현대는 각종 다양하고 풍부한 취미생활이 있기 때문에 자신의 의지만 있다면 이런 활동에 참가하기는 어렵지 않을 것이다. 사람의 건강과 장수는 심리적인 요소와 깊은 관계가 있다. 나이를 두려워하지 않으면 장수를 할 수 있다. 이것은 정신적으로 젊음을 유지하는 것이다. 그러면 신경계통의 기능이 정상적으로 발휘되고 신진대사도 왕성해져 생명력이 강해진다. 미국의 어느 노인은 항상 '삶은 아직 끝난 것이 아니다'라는 생각으로 66세부터 등산을 시작하였다. 미국에 있는 많은 산들을 정복한 그는 91살 생일날에 해발 3776m의 일본 후지산 등반에 성공하였다. 자신감을 가지고 삶을 향유하며 살아간다면 노령 자체를 향유하며 살아갈 수도 있을 것이다. 나이를 두려워하지 않는 것은 매우 중요한 마음의 효과이다.

　은퇴를 앞두고 밀려오는 공허함은 사회와 자신과의 관계가 단절되면서 오는 불안감 때문일 것이다.[204] 준비되지 않은 상태에서 끝을 맞는 상황이 두렵고, 여생에 대한 막연함이 은퇴자들의 발목을 붙든다. 그러나 은퇴전의 긴 여정은 마라톤 완주와 같이 축복받을 일이다.[205] 퇴직이라는 영광의 월계관을 얹고도 두려움이 앞서는 은퇴자들은 당당하게 자신의 삶을 설계할 수 있는 용기를 내야 한다. 자신의 가면을 벗어 버리고, 막중한 책임감을 내려 놓고, 가족을 위해 직장에서 들이켰던 쓴 잔을 토해내야 한다. 새롭게 시작하려면 과거의 끈으로는 해답을 찾을 수 없다. 그렇다고 과거를 덮어두라

---

204) 박숙정 JM커리어 상무이사
205) 퇴직후 행복한 인간관계 만드는 법 [행복한 '인생 제2막'을 위하여] ④이렇게 살아라<3> | ☆ 『카페지기 집무실』, 동네이장 | 조회 9 | 추천 0 | 2011.11.25. 21:52

는 것은 아니다. 직장생활 30년을 돌아보며 내 모습은 어떠했는지 객관적으로 보고 끝까지 완주한 자신에게 아낌없는 박수를 보낼 수 있어야 한다.

그리고 삶에 감사할 시간이 그리 길지 않다는 것을 염두에 두며 자신을 위해 남은 시간을 어떻게 살지 고민해야 한다.

1) 먼저 자신을 객관적으로 평가

행복하게 살기 위해 먼저 할 일은 자신을 객관적으로 평가하는 것이다. 우리나라 사람은 다른 사람에 대해 물어보면 많은 것을 이야기하지만 자신에 대해 말하라고 하면 입을 꾹 닫는다. 나는 어떠한 사람인가? 상대방에게 나는 어떠한가? 내가 원하는 것은 무엇인가? 나는 무엇을 할 때 가장 행복한가? 언제 스트레스를 받는가? 등에 대해 답을 찾는다면 남은 삶을 행복하게 설계할 수 있다. 은퇴자들은 50년 이상 살면서 나름대로 경험과 가치로 지금의 자신을 만들었다. 아집을 만들기도 하고, 삶의 연륜으로 모난 세상을 보듬을 방법도 터득했다.

세상 사람 중 나와 같은 생각을 하고 같은 가치를 가진 사람은 없다. 그럼에도 우리는 다르면 틀렸다고 생각하고 다른 이를 미워하고 원망하며 부정적인 감정을 키우곤 했다. 결국 그 감정은 자신에게 화가 되고, 스트레스가 되면서 심상을 비틀기도 했을 것이다. 직장생활 30년을 자신의 원래 모습대로 산 사람은 많지 않았을 것이다. 조직의 성취욕이 마음의 진실을 눌렀을 것이고, 화난 모습을 드러낼 수 없었던 적도 많았을 것이다. 그 과정에서 내 모습은 사회화된 이미지로 다른 사람에게 비춰지고, 그런 모습이 때로는 스스로에게 버거운 면이 됐을 것이다. 은퇴는 모든 것을 내려놓고 진정한 내 모습으로 살아가는 것이다. 베이비부머 세대들은 자신만을 위해 살 수 없는 세대였다. 우리나라는 물론 주변이 모두 힘들었기 때문에 경주마처럼 앞만 보고 달릴 수 밖에 없었을 것이다. 그래서 은퇴후 시간이 남아도 무엇을 해야 할 지 난감해 한다. 취미활동을 해 온 분은 취미를 즐기느라 바쁘게 보낼 수 있다. 하지만 취미가 없는 분은 시간이 점점 무료해지면서 무기력해질 수 있다.

은퇴를 앞두면 자신과 많은 대화를 해야 한다. 내가 하고 싶은 것에 대해 솔직해지고, 은퇴 후 새로운 도전에 나이 탓 하지 말고, 남의 시선에 상관없이 자신을 위해 도전할 수 있어야 한다. 새로운 여가는 자신이 원하는 것으로 선택해야 한다. 내 스타일을 이해하기 위해 객관적 진단도구를 활용하는 것도 좋다. 세상에는 나와 같은 생각을 하고 같은 모습을 가진 사람은 없다는 것을 마음에 새기면 사람에게 스트레스는 줄일 수 있을 것이다. 인생의 중심에 나를 세우는 훈련을 해야 한다.

2) 노년에 가장 그리운 것은 사람

60세를 넘기면 가장 그리운 것이 사람이라고 한다. 많은 사람과의 관계는 하루 아침에 만들어지는 것이 아니라는 것을 우리는 잘 알고 있다. 가랑비에 옷 젖듯 다양한 사람과 관계를 돈독하게 만들어 가야 한다. 그래야 외롭지 않은 노년을 보낼 수 있을 것이다. 그동안 알고 지내온 다양한 만남을 분류해 지속적으로 관리해 나가야 한다. 셀프모티베이션(Selfmotivation) 즉, 자발적으로 행동하는 것이 은퇴후 현실을 긍정적으로 받아들이는 기본자세다. 그래야 인생의 주도권을 자신이 쥘 수가 있다. 무엇보다 자신을 이해하고 사람들을 이해해야 한다. 사람은 자신만의 세상을 재는 잣대를 가지고 있다. 그 잣대를 정확히 알면 상대방에게 나를 맞출 수 있지만, 그렇지 않으면 내 잣대가 정답이라고 하면서 타인과 벽을 쌓을 수 밖에 없다. 내 잣대만 고집하면 유연성있는 인간관계를 만들 수가 없다. 나를 상대에 맞출 수 있는 사람만이 인간관계의 달인이 될 수 있다.[206]

3) 가족관계는 노년관리의 0순위

인간관계에서 빼 놓을 수 없는 것이 가족관계다. 은퇴자들의 퇴직전 가족관계는 늘 일에 밀려 2순위였다. 우리는 조직에서 성과를 내기 위한 많은 교육을 받는다. 그러나 가장 중요한 관계인 좋은 부모, 좋은 남편이 되는 교육은 따로 없다. 인간관계를 성공적으로 만드는 역할은 커뮤니케이션이다.

---

[206] 은퇴자에게 가장 그리운 것은 사람이다.(연합뉴스)

커뮤니케이션도 스타일이 있다. 내 스타일만 고집하면 오해와 갈등이 생긴다. 말 한마디를 하더라도 선물을 포장해서 전하는 것처럼 해야 한다.

상대방의 말을 경청할 귀를 열어야 한다. 잘 들어야 잘 말할 수 있고, 소통할 수 있다. 잘한 일은 아낌없이 칭찬할 수 있어야 한다. 표현에 익숙하지 않은 사람들은 칭찬도 인색하지만 칭찬은 사람의 마음을 밝게 하는 묘약이다. 그래서 마음을 표현하는 훈련이 필요하다.

어떤 이는 이것이 익숙하지만, 어떤 이는 마음에 글을 새긴다. 하지만 마음에 새겨진 글은 아무도 읽을 수가 없다. 사람들은 표현하는 것만 이해할 수 있다. 은퇴설계는 가족과 함께 현재의 심정을 전하며 어떻게 살 것인가를 공유해야 한다. 그러다 보면 원만한 가족관계는 자연스럽게 만들어진다.

모든 인간관계는 주고 받는 것이다. 준 것 만큼 되받는다는 것을 기억해야 한다. 50평생을 살았는데 새삼스럽게 변화를 시도하면 어색하고 쑥스러울 수 있다. 하지만 남은 시간이 적어도 30년 이상이라고 생각하면 새로운 변화는 시도할 만하다. 인생 2막은 새로운 관계속에서 단순한 환경의 변화가 아니라, 내면의 변환을 일으켜야 된다는 것을 잊지 말아야 한다. 행복한 제2막을 원한다면 인간관계의 작은 변화에서 출발해 보는 용기를 갖기를 바란다.[207]

18. 퇴직후 쉽게 실패하지 않는 방법

이의수의 마흔 이후 남자의 생존법[208] 퇴직후 쉽게 실패하고 싶지 않으려면 꿈은 볼 수 없는 것을 보게 하고, 미래에 이루어질 미래를 바라보는 것이라고 한다. 남자들은 출근할 때마다 생각하는 것들이 있다. 지금 내가 하고 있는 이 지긋지긋한 일들이 끝나면, 앞으로 하고 싶은 일들을 생각하며 상상한다. 하지만 마음속으로 생각한 것들을 퇴직후 현실로 옮길 때면

---

[207] http://cafe.daum.net/muziksamo/NiWI/25?docid=1Omen|NiWI|25|201111252
15254&q=%C5%F0%C1%F7%C8%C4%C0%C7%BB%EE(2012.2.1)
[208] 핑클쉼터, 롱핌플 | 조회 17 | 추천 0 | 2011.09.09. 08:48

의욕만큼이나 쉽게 실패한다. 한국경제의 일부분은 퇴직한 남성들이 개업하는 식당과 각종 체인점들 인테리어 및 홍보비용으로 움직이는 듯한 느낌이 들 정도다. 퇴직 이후 새로운 삶을 살겠다고 생각하는 여러 가지 일들이 왜 그리 쉽게 실패로 이어질까? 그 이유는 생각만으로 접근하고 현실에 적응이 안된 상태에서 시작하기 때문이다. 직장생활에 익숙한 남자들은 나 홀로 일처리하는 것에 익숙하지 않다. 직장에서는 내가 생각하지 못했던 일들을 점검하고 지원해 주는 상사와 동료들이 있었다. 따라서 퇴직후 혼자서 생각하고 진행하는 대부분의 일들은 위험스러운 일들이 되기 쉬운 것이다.

서두르면 망친다는 서양격언대로 열심히는 하지만 잘못된 방향으로 열심을 내는 일이 생길 수 있는 것이다. 쉽게 실패하는 또 하나의 이유는 전문성에 대한 것이다. 남들이 성공한 일을 내가 따라 한다고 쉽게 성공할 수 있다는 생각은 오판이다. 전문성은 하루 아침에 이루어질 수 없다. 적어도 남은 인생을 걸고 시작하는 일이라면 내가 새롭게 시작하는 일에 대해 전문성이 인정되어질 때까지 기다리며 노력해야 한다. 내가 전문성을 확보할 수 있을 때 비로소 내가 해야 할 일들이 어떤 가능성을 갖고 있는, 판단할 수 있는 미래 예측능력을 가질 수 있게 된다. 설렁탕집을 시작하고 싶었던 남성은 설렁탕집 점원으로 들어가 홀서빙을 하고, 청소를 하면서 손님을 대하는 법을 배우고, 주방에서 보조로 일하면서 조리하는 법을 배웠다고 한다. 전문가가 될 수 있을 때 내가 하고자 하는 일에 대하여 주도적일 수 있다. 내가 운영하고 있는 식당에서 손님들에게 제공하고 싶은 맛의 비밀은 주방장이 아닌 주인의 몫이어야 한다. 퇴직후 성급한 시도로 실패하는 또 다른 이유 중의 하나는 체면이다.

체면이 밥 먹여 주냐는 말을 종종 사용하곤 한다. 맞는 말이다. 그럼에도 남자로서 번듯한 인생을 살고 싶은 마음을 떨칠 수 없다. 퇴직 이후 더 잘 나간다는 이야기를 듣고 싶고 자신이 원하는 일을 멋있게 하고 산다는 말을 듣고 싶은 것은 모든 남성들의 공통점이다.

하지만 기억하자. 체면이 밥 먹여 주는 것이 아니라 체면 생각하다 밥도 먹기 어려운 상황이 될 수 있다는 것을 말이다. 따라서 체면보다는 현실을 더 소중히 여겨야 한다. 로키 산맥 해발 3000m 높이에 수목 한계선인 지대가 있다고 한다. 이 지대의 나무들은 매서운 바람으로 인해 곧게 자라지 못하고 '무릎을 꿇고 있는 모습'으로 성장한다. 이 나무들은 열악한 조건속에서도 생존을 위해 무서운 인내를 발휘하는 것이다. 그런데 세계에서 가장 공명이 잘되는 명품 바이올린은 바로 이 '무릎을 꿇고 있는 나무'로 만들어진다고 한다. 아름다운 영혼을 갖고 인생의 절묘한 선율을 내는 사람은 아무런 고난없이 좋은 조건에서 살아온 사람이 아니라 온갖 역경과 아픔을 겪어온 사람들이다. 우리를 둘러싸고 있는 인생의 환경이 열악한 상태에 있다 할지라도 인생의 목적이 분명하다면 훗날 우리는 가장 아름다운 선율을 내는 사람이 될 수 있을 것이다. 9월의 햇살, 따스한 추석을, 기나긴 우기도 지나고 이젠 맑고 따사로운 햇살이 어느 때보다 감사하게 느껴지는 날들입니다. 들녘의 곡식들이 탱탱하게 여물어가는 소리가 들리는 듯 싶습니다.[209] 이틀만 더 남녘의 햇빛을 달라고 기도하는 시인 릴케의 음성과 같이 모처럼 연휴, 추억 남기는 좋은 일정 되십시오. 추석 명절, 9월의 햇살과 더불어 따사롭고 풍성하게 보내시길.[210][211]

19. 평생직장은 옛말, 은퇴후의 노후준비 제대로 하기

국민연금 퇴직연금 개인연금 3층으로 보장받는 것이 유리[212] 많은 사람들이 평생동안 재테크를 하며 돈을 모으고 불리고자 노력한다. 이유가 무엇일까? 아마도 은퇴후 남은 노후생활까지 안정되고 여유롭게 보내기 위해 노력하는 작업중의 하나가 재테크일 것이다. 평생직장이란 말은 옛말이 된지 오래이며 제대로 일을 할 수 있는 기간은 줄어들고 의료기술의 발달 등

---

209) leeyuesu@korea.com
210) 장인영감 생각
211) http://cafe.daum.net/pingkled/3S2D/709?docid=wLVN|3S2D|709|201109090
    84851&q=%C5%F0%C1%F7%C8%C4%C0%C7%BB%EE(2012.2.1)
212) 작성자: 김희정

으로 인해 평균수명은 점점 늘어나고 있다. 그렇다면 단연 노후준비가 가장 큰 걱정거리 중의 하나가 될 것이다. 아끼고 아껴도 노후를 풍요롭게 준비하기는 어렵다. 그렇다면 적은 자산이라도 효율적으로 운영하여 보다 큰 성과를 이루어내는 것 또한 매우 중요한 작업 중의 하나이다. 노후는 누구에게나 다가올 문제이다. 나는 노후를 어떻게 준비하고 있는가?

1) 부동산

노후를 준비하는 방법은 참으로 다양하다. 부동산을 통해 임대수익을 얻을 수 있으며 다른 투자방안을 통해 수익을 내는 방법들도 참 많을 것이다. 그 중에서도 연금이라는 금융상품을 통해 준비하는 방법도 좋은 방법이다. 누구나 부동산을 통한 임대수익을 꿈꾼다. 하지만 부동산의 경우 초기에 많은 비용이 필요하다. 일반회사 직장인이 몇천만원 혹은 몇억원이나 되는 돈을 갑작스레 마련하여 부동산 수익을 내기는 쉽지 않다. 하지만 연금이라는 금융상품은 직장 또는 회사에서 일하면서 매달 발생하는 월급 부분에서 일정 부분 꾸준한 적립을 통해 안정적이며 높은 기대 수익률을 올릴 수 있는 장점이 있다. 또한 큰 비용이 한꺼번에 들지 않고 본인의 상황과 여유에 따라 소액이라도 준비를 할 수 있는 특징이 있다. 그렇게 꾸준히 준비한 연금은 노후에 안정적으로 특정 기간 또는 원하는 방법에 따라 혜택을 볼 수 있는 등 여러 가지 장점을 가지고 있다.

2) 연금

연금은 기본적으로 3층으로 복층 보장을 받는 것이 좋다. 가능하면 국민연금, 퇴직연금, 개인연금 3가지를 보장받도록 준비하여 어느 하나가 금액이 줄어들거나 보장에 문제가 생겨도 다른 부분에서 보장을 받도록 하여 최소한의 생활비와 생계유지비 등 노후생활에 지장이 없도록 준비하는 것이 바람직하다. 과유불급이라는 말이 있다. 지나치면 모자란 것만 못하다는 것이다. 하지만 연금만큼은 예외로 다다익선이다. 많이 준비하여 여유로운 노후를 준비하고 남게 된다면 다시 저축과 투자 혹은 자녀를 위한 준비도

해 줄 수 있는 것이다.

그렇다면 연금은 어떻게 준비해야 할까? "남들이 하니까 나도 해야지" "어떤 특정상품이 수익률이 좋더라"하는 식의 방법으로 준비하는 것은 매우 잘못된 방법이다. 왜냐하면 사람마다 좋아하는 옷의 스타일과 원하는 옷, 맞는 옷이 다르듯이 연금이라는 금융상품 또한 개개인마다 나이와 투자성향, 소득수준, 원하는 연금의 수령기간 등에 따라 준비하는 방법이 다르기 때문이다. 올바른 연금을 준비하기 위해 고려해야 할 부분들은 다음과 같다.

첫째, 소득수준을 고려해야 한다. 연금은 크게 봐서 세제 적격 상품과 세제 비적격 상품이 있다. 세제 적격이라 함은 내는 금액에서 연간 400만원(현재 기준) 한도로 소득공제 혜택을 볼 수 있는 상품이다. 소득공제 혜택을 받는 대신 연금수령시 5.5%의 연금 소득세를 원천징수한다. 또 국민연금, 퇴직연금 등의 공적연금과 합산하여 연 600만원 이상 수령시 종합과세 대상이 될 수 있다. 여기서 중요한 부분은 소득세율 구간에 따라 환급액이 달라진다는 사실이다. 소득이 높을수록 환급액이 많고 소득이 낮다면 환급액도 적어진다. 즉, 세제 적격 상품은 소득 수준이 높은 사람이 유리하다. 이러한 차이점이 있기 때문에 무조건 소득공제를 받는다고 하여 누구나 세제 적격 상품을 가입하는 것은 옳지 않다.

둘째, 나이도 중요한 고려 요소이다. 전반적인 재테크 방법과도 비슷하다. 나이가 젊다면 공격적으로 나이가 많다면 안정적으로 운영되도록 하는 것이 좋다. 젊을 때는 단기간의 손실을 보더라도 오랜 기간 운영이 가능하기 때문에 회복이 가능하며 오랜 기간에 따른 높은 기대수익률을 바라볼 수 있도록 준비하는 것이 좋다. 또한 시장은 늘 변동하는데 젊기 때문에 시간의 힘을 빌린다면 시장의 변동성 즉, 리스크를 헷지할 수 있기 때문에 공격적으로 준비하는 것이 좋다. 나이가 많다면 기대수익률을 높이는 것보다 수익률은 좀 낮더라도 안정적으로 손실을 보지 않는 방향으로 운영이 될 수 있도록 준비하는 것이 좋다.

셋째, 개개인의 투자성향도 고려해야 한다. 금융시장에는 수많은 다양한 상품이 존재한다. 상품은 다양하기 때문에 공격적인 운영방법과 안정적인 운영방법이 있다. 펀드나 채권 등에 투자가 되는 공격적인 운영은 물가상승률(inflation)을 이길 수 있는 높은 기대수익률을 얻을 수 있으나 시장의 상황에 따라서 손실도 가능하다. 공시이율 혹은 금리연동으로 안정적인 운영을 할 경우 만기시 원금보장이 가능하나 물가상승을 이기지 못하는 상황이 발생될 수 있으니 각각 운영방법에 따라 일장일단이 있다고 할 수 있다.

요즘은 주식투자 비중이 높은 보다 더 공격적인 상품과 여러 가지 옵션 등이 장착된 보다 더 다양한 상품들이 계속 출시되고 있다.

넷째, 수령기간도 고려해서 준비하는 것이 바람직하다. 확정 기간만 연금이 필요하다면 확정 기간이 가능한 방안으로 다른 연금이 준비가 되어 있지 않아 종신토록 연금이 필요하다면 종신수령이 가능한 방안으로 준비하는 것이 좋다. 국민연금의 경우 기금고갈을 우려하여 연금이 개정되면서 수령시기가 늦춰지는 추세로 가고 있다. 은퇴는 점점 빨라지고 있고 국민연금 같은 공적연금의 수령 시기가 늦춰지기 때문에 새로운 10년의 보릿고개라는 신조어가 생기고 있다는 뉴스기사를 심심치 않게 접하게 된다.

이럴 때는 은퇴후 연금이 없는 기간에 확정수령 연금을 받고 그 후에 국민연금을 수령하여 연금이 중복되지 않도록 하는 것도 절세의 한 가지 팁이 될 것이다. 연금도 무조건 받는 것이 아니라 세금같은 부분의 고려가 필요하다.

다섯째, 경제상황이나 미래의 예측도 필요하다. 공시이율이나 금리연동으로 된 연금을 준비할 경우 현재는 충분히 준비를 했다고 생각했으나 나중에 연금수령시 상당히 적은 금액을 받을 수도 있다. 그것은 현재 기준금리 수준에 따른 예상금액을 생각한다면 큰 오산이 될 수 있다. 요즘 뉴스 기사를 보면 예전에 높은 금리 수준의 상황에서 예시된 연금액을 생각했다가 실제 수령액이 그에 훨씬 못 미친다는 뉴스 기사를 많이 접할 수 있다.

그것은 경제가 발전함에 따라 금리 수준이 낮아지는 것을 간과해서 생기는 문제이다. 금리 수준이 낮아질수록 돈은 주식시장과 같은 투자의 방향으로 몰리게 될 것이다. 그것은 우리나라보다 앞서 경제가 발전을 했던 선진국들을 보면 예상되는 부분이다. 이렇듯 연금 부분 하나만 준비하더라도 고려되어야 할 부분이 굉장히 많이 있다. 은행이나 증권사, 보험사 등 금융기관을 통해 자세한 상담을 받아 본인에게 맞는 올바른 방법으로 연금을 준비하는 것이 필요하다. 다른 목돈을 모으거나 다른 용도로 준비하는 금액은 잘못된 점이 있으면 수정이 가능하다. 하지만 연금은 인생의 마지막 노후를 위해 준비하는 것이기 때문에 노후가 되었을 때 예상된 계획이나 목표와 다른 결과가 발생한다면 매우 곤란한 상황에 처하게 될 수도 있다.

꼼꼼히 준비하는 것이 잘못된 선택을 줄이는 방법이 될 것이다.[213][214]

20. 퇴직후 인생 즐기기

1) 마침내 맞이한 인생의 황금기

퇴직후 누릴 수 있는 혜택은 많다. 준비가 최선이다. 임시휴직은 예행연습이다. 바로 지금 퇴직나무를 심어라. 퇴직나무 제대로 활용하기이다.

해야 할 일은 너무나 많다. 퇴직에 대한 폭넓은 정보를 활용하는 것은 중요하다. 퇴직생활을 바쁘게 보내는 방법을 탐색해야 한다.[215]

2) 퇴직생활 알차게 즐기기

퇴직은 채워나갈 삶의 한 단계일 뿐이다. 새로운 아이디어 · 희망 · 격정이 넘치게 하라. 근심 걱정이 사라진 자유로운 라이프 스타일이 중요하다.

한계성의 극복에서 조기퇴직은 빠르면 빠를수록 좋다. 조기퇴직은 하늘의 축복이다. 자신에게 일어난 일 중 가장 멋진 일을 생각한다.

3) 하는 일 없이 어슬렁거리지 말기

---

213) SK모네타 손철수 재무상담사, 기사입력: 2012/02/03 [19:06]
214) http://www.sisakorea.kr/sub_read.html?uid=7162&section=sc22(2012.2.4)
215) **노후준비(은퇴준비,노후건강,운동,살 정원,행복추구), 북극성 | 조회 63 |추천 0 | 2010.11.11. 11:23, 퇴직후 인생 즐기기

퇴직하기 위한 최선의 방법은 퇴직하지 않는 것이다. 노후에 하고 싶은 일을 찾아라. 좋아하는 일이라면 그만둘 것 없다. 좀더 의미있는 삶으로 변화시킨다. 소중히 여기는 일을 계속하라. 독창적인 시각으로 자신의 일을 바라보라. 예비퇴직은 전문가가 될 수 있는 기회이다. 재미삼아 투자하기도 필요하다.

4) 창의력 발휘하기

예술적 재능은 누구에게나 있다. 창조적 삶을 살수록 자리가 잡힌다. 자신의 숨은 재능을 찾아라. 저축은 역시 든든하다. 개성 만점, 톡톡 튀는 홈페이지 만들기를 하라. '행복한 퇴직'이란 이름의 보드 게임를 즐기고 취미를 살려 즐겁게 돈벌기를 하라. 창의력으로 만든 진짜 맛있는 빵은 예술이다.

5) 삶을 살찌우는 평생교육

늦깎이 대학생이 되라. 퇴직자 교육대학를 활용하고 개인의 발전, 자기개발, 평생학습을 위한 '행복강좌'에 참가하라. 젊은 학생들과 어울리는 재미를 느끼고 컴퓨터와 친해져라.

6) 즐거움과 모험, 그 이상을 얻게 되는 여행

새로운 눈으로 세상을 바라보라. 아직 기운이 있을 때 떠나라. 수준 높은 여행을 즐기는 방법은 인터넷에서 찾는 경제적이고 실속있는 여행이다.

색다른 곳으로 떠나는 모험여행, 마음속에 품고 있던 여행 실행하기, 나무 위에 지은 집에서 하룻밤 자기, 얼음호텔에서 보내는 겨울휴가는 생각만 해도 즐겁다.

7) 살기 좋은 곳으로 이주하기

다른 곳에서 꿈을 이루어 본다. 여유있게 지낼 수 있는 곳으로 간다. 두 도시에서 여름나고 겨울나기는 더욱 좋다. 친구도 사귀고 다양한 활동도 즐길 수 있는 곳을 찾아라.

8) 지루함은 인생의 퇴직을 의미

흥미를 느끼는 일에 적극 참여하라. 더 이상 편안하게 느껴지지 않을 때는 편치 않은 일을 해 보라. 즐거운 일에 매달리면 우울증은 사라진다. 새로운 일로 돈을 벌고, 또 다른 일에 도전하라. 자연의 일부가 되고 퇴직전에 즐겨했던 일 계속하기와 적극적으로 새 친구 사귀기는 즐거움을 준다.

9) 나이 따위는 잊어 버리기

스스로 젊다고 생각하면 젊게 산다. 퇴직은 잠자리에 들 시간이 아니라 깨어날 시간이다. 한번 웃으면 한번 젊어진다. 웃으며 살자. 근사하게, 즐겁게, 때로는 아슬아슬하게 어린 시절의 꿈, 열기구 타기, 63세에 에베레스트산 정복은 최고령 기록을 깬다. 운전 배우기에 너무 많은 나이는 없다. 장수 비결은 바로 평생학습이다.216)217)

21. 퇴직후의 생활

어느 대학교수가 쓴 좋은 글중에서 재인용한다. 그 제목은 퇴직후 생활보장이란 없다.218) 직장에 다니는 사람들은 40대에만 들어서면 벌써 퇴직후의 생활안정을 걱정하게 된다. 그런데 이때 주로 하는 기본적인 발상이 안전한 곳에 돈을 묻어두고 생활비를 꺼내 쓸 수 있는 재산관리 묘안이 없을까하는 것이다. 그래서 누구나 한번쯤 생각해 보는 것이 자그마한 상가건물을 지어 아래층은 세를 주고 위층에 살림집을 짓고 살겠다는 생각이다.

안전한 곳에 자신의 돈을 투자하고 싶은 마음 때문이다. 그러나 세상은 자꾸 변하고 있다.

어느 곳이든, 어느 상품이든, 어느 기술이든 이제 명소, 명품, 명기의 개념은 흔들리고 있다. 그 이유는 정보화 사회 때문이다. 어느 곳이든지, 어느 상품이 훌륭한지, 어떤 기술이 뛰어난지를 누구나 손쉽게 알 수 있게 된다.

그에 대한 대응전략이 세계에서 수립되고 있다. 뛰어난 창조적 아이디어

---

216) 어니 J. 젤린스키
217) http://cafe.daum.net/AMP.CEO/eUl4/158?docid=1Kde9|eUl4|158|2010111111
2300&q=%C5%F0%C1%F7%C8%C4%C0%C7%BB%EE(2012.2.1)
218) 영상시, 좋은글, 이창주 | 조회 79 |추천 0 | 2003.05.19. 14:09

가 시간과 공간을 뛰어 넘으며 세상을 바꾸어 놓기 때문이다.

따라서 퇴직후 20-30년 동안 삶을 안정하게 보장해 줄 사업이나 자산은 없다고 해도 과언이 아니다. 그리고 생활비는 자산의 규모보다는 소득의 규모를 통하여 조절하는 것이 바람직하다. 현재 상태에서 미래 20-30년을 내다보고 생활비를 예측해서 일정한 규모를 계산해 두었다면 이는 크게 어긋나기 쉽다. 노화방지를 위해서도 꾸준히 돈이 들어간다는 점을 중시하여야 한다. 적당한 운동, 적당한 두뇌활동, 적당한 사교생활을 영위키 위해서 노후에 지출을 하게 된다. 바로 이를 해결하는 방법으로 사회교육이 강화되는 것이 바람직하다. 사회교육을 위해서 새로운 시대의 변화를 익히고, 변화된 사회에 다시 도전할 수 있는 직업의 기회를 탐색하고, 새로운 교우관계를 형성할 수 있는 여러 장점을 가지고 있다.

교육개혁 종합방안에 이런 퇴직자의 재충전, 재도전의 사회교육이 좀더 구체적으로 반영되길 기대해 본다. 결국 가장 좋은 노후관리는 재산을 묻어두고 운용하는 것보다 계속 할 일을 찾는 것이라고 할 수 있다.[219]

나는 가끔씩 이런 생각을 해 봅니다 .우리가 살아 가자면 경쟁력도 키워야 하겠지만, 그저 소박하게 땅을 파며 욕심없이 살아가는 것이 가장 좋은 것이 아닐까 합니다. 낟알 하나를 땅에 심으면 수 없이 많은 열매를, 강낭콩 알 하나가 60~70개의 열매를 맺듯이. 정년퇴직도 없고, 그저 땅만 파면 많은 수확이 보장되죠?[220][221]

22. 퇴직후를 내다보는 이직 플랜

퇴직후를 내다보는 이직 플랜! 눈앞만 보는 '근시안 이직' 삼가야 자칫하면 '메뚜기도 한철' 신세된다.[222] "이 세상 사람 누구에게나 '때'가 있다."

---

219) 엄길청 교수가 쓴글 중에서
220) 봄날 2003.05.19. 23:58
221) http://cafe.daum.net/osangten/DEjh/132?docid=KCf1|DEjh|132|20030519140942&q=%C5%F0%C1%F7%C8%C4%C0%C7%BB%EE (2012.2.1)

얼마 전 TV 예능프로그램에서 유명 노장가수가 목욕탕에서 10년 이상 피부청결사로 일한 전문가의 결론이라며 전한 말이다. 가볍게 웃어 넘겼는데 그 말이 맞다. 사람은 누구에게나 '때(dirty와 time)'가 있다. 올해도 벌써 1분기를 지나면서 자신의 때를 묻는 이들이 많다. 지난 연말연초에 이직 타이밍을 놓친 아쉬움 때문일까? 그들은 다른 기회가 있는지 혹은 현 직장에 그대로 있어야 할지 물어온다. 그럴 때마다 이렇게 묻는다. "성공적인 이직을 위해 스스로 어떤 경쟁력을 갖고 있으며, 앞으로 어떤 분야의 전문가로 성장하고 싶은가요?" 이직한 후 똑같은 고민으로 다시 이직을 고려하는 사람들이 의외로 많기 때문이다. 이직이 잦을수록 '직장수명'은 단축된다.

직장수명이 단축되지 않기 위해서는 스스로의 경쟁력과 장기적인 계획이 반드시 필요하다. 이직을 결심할 때는 나태한 일상에서 벗어나려는 탈출 욕구, 지금보다 많은 급여와 더큰 직장에 대한 욕심 등이 작용한다. 이런 이유를 무시할 순 없지만 장기적으로 볼 때는 중요치 않다.

사람에게는 '때(퇴직)'가 다가오기 마련이다. 여기서 때는 정년퇴임이 아니다. 요즘은 정년퇴임은 그야말로 '신의 축복'이 있어야 가능한 현실이다.

이때 말하는 때는 그냥 퇴직이다. 퇴직을 사전에서 찾아보면 '현직에서 물러남'이다. 즉, 내가 직장을 다니고 싶어도 아무도 나를 채용하지 않는 바로 그때가 온다는 것이다. 퇴직후 가장 슬픈 것은 일에 대한 열정과 능력이 있는데도 단지 나이 때문에 채용기회가 줄어드는 상황이다. 어떤 헤드헌터는 한 미국 전자업체의 한국법인 CFO 포지션 주선을 진행했다. 5일 동안 70여통의 이력서가 접수되었고 문의전화도 수없이 걸려왔다. 이력서를 보낸 지원자들은 대다수 해외 유학파에다 유명기업에서 경력을 쌓은 고급인재들이었다. 특이하게도 그들 상당수가 "나이 상한선이 있느냐?"는 질문을 가장 먼저 꺼냈다. 고급인재들도 취업 문턱에서 나이 상한선을 걱정하는 것이다. 그런데 안타깝게도 이번에 진행한 포지션은 나이 상한선이 있었다.

---

222) 눈앞만 보는 '근시안 이직' 삼가야 자칫하면 '메뚜기도 한철' 신세 된다. 직장인 金과장 • 李대리, PNC | 조회 84 | 추천 0 | 2011.04.09. 23:13

고객사는 40대 초·중반까지를 원했다. 최근 새로 부임한 한국법인 CEO가 조직의 균형을 위해 자기보다 나이가 적은 CFO를 원했기 때문이다. 그런 상황을 설명하니 상한선을 넘긴 지원자들이 매우 아쉬워했다. 자신은 나이가 어린 보스를 모신 경험이 있으니 재고해 달라는 이도 있었다. 하지만 결과는 달라지지 않는다. 그들은 나이 제한이 없는 회사나 경영진의 나이가 아주 많은 회사에서 자리가 나기를 기다려야 한다.

1) CEO경력의 여성도 컴백에 난관

IT업종에서 꽤나 유명했던 P대표를 얼마전 만났다. P대표는 1961년생 여성이다. 그가 직장생활을 할 무렵 IT업계에서 여성의 입지는 매우 좁았고 한계도 있었다. 하지만 P대표는 남성들과의 경쟁을 뚫고 IT업종 대기업에서 여성 최초로 차장직급까지 승진한 기록을 썼다. 그 뒤 다른 기업으로 옮겨 연구소총괄, 마케팅 및 영업총괄에서 CEO영역으로까지 발을 디디는 데 성공했다. 스스로 끊임없이 경쟁력을 개발하는 것은 물론 남성 임원들과의 경쟁, 회사내의 정치적 긴장감속에서도 늘 온화한 카리스마로 인정을 받던 그였다.

하지만 그는 4년 전 돌연 퇴사한 후 미국 보스턴에서 자녀와 함께 재충전 기간을 가졌다. 얼마 전 되돌아온 그는 최근 임원 채용시장에 대해 물어봤다. 결국 냉정한 현실을 말할 수밖에 없었다. P대표의 개인적 인맥을 활용한 포지션이 아니라면 일반 구직시장에서 경쟁을 통한 채용기회는 매우 적을 것이라고 말해줬다. 본인도 어느 정도 예상했겠지만 막상 헤드헌터에게 그같은 이야기를 들으니 실망한 듯 보였다. 몇 년 전만 해도 건설경기가 아주 좋았다. 당시 유명 대기업에서 주택공사 공무경력만 10년 이상 쌓았던 K과장은 중견 건설사의 러브콜을 받고 부장직급으로 이직했다. 그런데 지난해 갑자기 그 회사가 워크아웃기업이 되면서 K과장은 작년 가을부터 구직활동을 하는 신세다. 그는 1970년생이며 유명 대학교 건축공학과 출신이다.

매우 우수한 인재임에 틀림없지만 건설업종이 얼어붙는 바람에 취업문이 막힌 것이다. 그는 얼마전 한 회사에서 취직면접을 봤다고 했다.

전 직장들보다 작은 기업이어서 따로 설명하지 않아도 자신의 경쟁력을 알아줄 것으로 생각했는데 결과는 불합격이었다. 다른 이유도 아닌 나이 때문에 그 회사가 부담을 느꼈다는 것이다. 기존 직원들보다 아주 나이가 많거나 혹은 젊은 경우가 아니면 융화가 어려울 것으로 판단한 것 같다고 그는 덧붙였다. K과장은 이제 자신을 원하는 기업이라면 어디든 감사한 마음으로 찾아간다고 한다. 그러면서도 "앞으로 퇴직후 내가 하고 싶은 일에 맞춰 일을 선택해야 할 것 같다"고 말한다. 40대의 이직은 머지않아 다가올 그때(퇴직)를 준비해야 한다는 깨달음인 셈이다.

2) 퇴직 이후 준비, 40대 이전에 시작

우리 부모나 직장선배들이 알려주지 않은 사실이 있다. 노년을 위한 계획과 목표는 나이를 먹으면 자연스럽게 얻어지는 것이 아니라 언제까지 쌓아야만 하는 때가 있다는 것이다. 그때를 맞이하기 전에 나름의 경쟁력과 명확한 목표를 갖추지 않으면 스스로 삶의 주인공이 될 수 없다. 40세가 넘어서 역전의 기회를 준비하는 것은 어렵다. 그러기에 40대 이전에 그 이후를 위한 준비를 갖추어야 한다. 스스로의 경쟁력과 목표에 대한 진단이 필요하다. 그것 없이 때(이직)만 찾는다면 자신도 모르게 그때(퇴직)가 성큼 다가와 있을지도 모른다.

자신의 경쟁력을 잘 알기 위해선 어떻게 해야 할까. 무엇보다 자기 자신을 먼저 알아야 한다. 일반적으로 사람은 자신이 무엇을 원하는지 모르는 경우가 많다. 거울속의 나의 모습, 진정한 나 자신이 원하는 것에 귀 기울이기보다 남의 시선과 평가를 의식하며 살기 때문이다. 대학 졸업 후 첫 취직은 사회에 나가 꿈을 이루기 위한 취업이 아니라 취업 자체가 목적이고, 직무도 스스로 선택한 것이 아니라 운으로 배정받는 경우가 많다. 일을 하면서도 재미를 느끼기보다는 맡겨진 업무니까 책임감으로 수행하는 경우가 더 많을 것이다. 그래도 열심히 일하다 보면 승진하고, 또 자연스럽게 정년퇴임을 할 것이라고 생각한다. 그러나 아쉽게도 세상은 너무나 빨리 변하고 있다. '사오정', '오륙도'라는 가슴 아픈 현실이 투영된 단어가 나돌아도 실상 사람들은 그게 자신의 이야기라고는 믿지 않는다. 그저 막연한 불안감만 갖고 있을 뿐이다. 사오정, 오륙도에 이르는 때에 대비해 무엇을 어떻게 준비할지 모르기 때문이다. 이직은 단순히 직장을 옮기는 것이 아니다. 그때(퇴직) 이후의 자신을 설계하는 과정이다. 따라서 급여 수준이 올라가는 것으로, 회사 규모가 조금 더 커지거나 유명해지는 것으로 만족해서는 안된다. 이직은 자신에게 다가올 때(퇴직)를 위한 준비과정과 연결되는 것이 바람직하다. 헤드헌터라는 직업에 처음 입문할 때 이직은 새로운 기회를 만들기 위한 과정이라고만 생각했다. 물론 이직이 새로운 기회임에는 틀림없지만 그 새로운 기회는 조금 시간이 지나면 낡은 기회가 된다. 본인 스스로 명확한 중심이 없다면 다시 흔들릴 수밖에 없다는 뜻이다. 이직은 다가올 그때(퇴직)와 반드시 연관시켜야 한다. 퇴직후에는 모두가 '업자'가 된다고 한다. 자영업자 아니면 실업자 말이다. 그때 가서 아쉬움을 토로하기보다는 미리 준비하자.

3) 이직에 앞서 '자기진단'부터 수행

평소 건강진단을 위해 가야 할 곳이 있다. 병원이 아닌 목욕탕이다. 병원은 병이 생긴 뒤에 치료를 받기 위해 가는 곳이지만, 목욕탕이야말로 자신의 몸을 제대로 살펴보고 진단할 수 있다. 가끔 피부청결사의 손길 덕에 몸속의 암덩어리를 발견했다는 사례를 들어봤을 것이다. 그렇다면 자신의 경쟁력을 진단하려면 어디에 가야 할까. 커리어 코칭 서비스를 제공하는 회사나 경험 많은 헤드헌터의 도움을 얻는 것도 좋은 방법이다. 코칭 서비스 회사의 진단과 헤드헌터의 진단은 차이가 있다. 코칭 서비스가 '전반적인 대학입시' 준비를 돕는 것이라면 헤드헌터의 진단은 '원 포인트 레슨'이라고 할 수 있다. 헤드헌터는 구인사에서 요청하는 인재를 직접 찾고 또한 추천하기 전에 사전 필터링을 한다. 실질적으로 기업에서 찾는 인재인지 아닌지 여부를 '촉'으로 알 수 있다. 전문적인 커리어 코칭 컨설턴트는 아니지만 그 '촉'의 진단으로 현실적인 진로선택에 도움을 줄 수 있는 것이다.

앞으로 많은 때(이직 기회)가 올 것이고 지나갈 것이다. 좋은 기회라는 것은 어떻게 알 수 있을까? 먼저 자기 자신의 경쟁력과 목표에 대한 진단이 반드시 이뤄져야 한다. 그 진단을 바탕으로 때(이직)를 향한 자신의 심장 뛰는 소리를 듣게 되면 그게 그때임을 알 수 있으리라. 이상형을 만났을 때 심장에서부터 알아본다고 하는 것처럼이다. 이직에 성공하려면 자신의 경력을 잘 관리하고 숨겨진 경쟁력을 찾아야 한다. 앞으로 다가올 이직 기회를 잘 포착하기 위한 '연결'을 생각해야 한다. 적어도 일년에 두 번쯤은 사우나에 가서 피부청결사의 도움을 받아보자. 혹시 아는가? 자신도 몰랐던 숨겨진 '암덩어리'를 발견하여 수명을 연장할 수 있을지 누가 알겠는가?[223]

23. 노후 준비 7원칙

1) 제1원칙은 평생현역[224]

불가능한 10억 만들기에 절망할 것이 아니라 평생 일을 하라는 것으로 '신세대 노인'으로서 평생현역으로 일하겠다는 마음의 자세가 필요하다. 젊어서 돈을 벌기 위해 일했다면 은퇴후에는 자신이 좋아하는 일하기가 필요하다. 행복해지는 일을 하면서 평생 현역으로 살라는 것이다. 정년퇴직에 임박해서 노후를 준비할 것이 아니라 미리 자신이 퇴직후에 무슨 일을 할 것인지를 생각해서 그에 관한 전문지식과 식견을 준비해야 한다.

2) 제2원칙은 평생경제

노후에도 작은 일이라도 해서 경제적 활동으로 돈을 벌어야 한다는 조언이다. 젊었을 때 벌어놓은 돈을 쓰면서 산다는 것은 환상이다. 젊을 때 노후에 필요한 돈을 다 버는 것이 불가능하기 때문이다. 또 저금리 현상이나 인플레이션 등 각종 예기치 못한 상황에 따라 이자수입으로 살기도 힘든다.

---

[223] http://cafe.daum.net/otrsclub/NmXF/86?docid=1AwxK|NmXF|86|201104092 31323&q=%C5%F0%C1%F7%C8%C4%C0%C7%BB%EE(2012.2.1)
[224] "노후 준비 7원칙"(퇴직후 놀려고 했는데 생각좀 해봐야 할 것 같네), bellwest | 조회 19 | 추천 0 | 2010.08.19. 10:33

3) 제3원칙은 **평생건강**

평소 규칙적인 운동을 통해 건강을 지킨다. 늙어서 중병을 앓으면 서럽고 애써 모은 노후자금을 병원비로 지불하기는 안타까운 일이기 때문이다.

4) 제4원칙은 **평생젊음**

매사에 젊은이들처럼 도전정신을 유지한다.

5) 제5원칙은 **평생관계**

정기적으로 만날 수 있는 친한 사람이 최소 여섯 명이고 일상사의 불편에서 벗어날 수 있다면 노후가 행복하다. 노후에도 정기적으로 만날 수 있는 인맥을 만들어 두라는 조언이다.

6) 제6원칙은 **평생공부**

현 시대 지식의 양은 급격히 증가해 학교에서 배운 지식만으로는 평생을 살 수 없다는 것이다. 자신이 맡은 업무는 물론이고 다양한 분야에서 관심을 두고 끊임없이 학습하라는 주문이다. 세상이 변화하는 것에 맞춰 끊임없이 공부하는 자세를 지녀라.

7) 제7원칙은 **평생마음개발**

일상에서 불가피하게 부닥치는 스트레스를 다스리는 마음공부가 필요하다. 헛된 욕망에 괴로워하지 말고, 늘 겸손함을 유지하며 이웃에게 베푸는 자세를 지니면 삶에 보람을 느껴 스스로 행복해진다. 신체적인 건강 뿐 아니라 마음 역시 건강하게 갈고 닦아야 한다.[225]

24. 약해지지마, 102세 시바타 도요

시바타 도요는 올해 102세 할머니이다. 도요가 자신의 장례비용으로 모아둔 100만엔을 털어 첫시집 '약해지지마'를 출판 100만부가 돌파되어 지금 일본열도를 감동시키고 있다.[226] 1911년 도치기시에서 부유한 가정의 외동

---

225) http://cafe.daum.net/yangimal30/FRgJ/12?docid=1LCPX|FRgJ|12|20100819103308&q=%C5%F0%C1%F7%C8%C4%C0%C7%BB%EE(2012.2.1)

딸로 태어난 도요는 열 살 무렵 가세가 기울어져 갑자기 학교를 그만두었다. 이후 전통 료칸과 요리점 등에서 허드렛일을 하면서 더부살이를 했다.

그런 와중에 20대에 결혼과 이혼의 아픔도 겪었다. 33세에 요리사 시바타 에이키치와 다시 결혼해 외아들을 낳았다. 그 후 재봉일 등 부업을 해가며 정직하게 살아왔다. 1992년 남편과 사별한 후 그녀는 우쓰노미야 시내에서 20년 가까이 홀로 생활하고 있다.

그런 그녀가 말한다. 바람이 유리문을 두드려 안으로 들어오게 해 주었지, 그랬더니 햇살까지 들어와 셋이서 수다를 떠네. 할머니 혼자서 외롭지 않아? 바람과 햇살이 묻기에 인간은 어차피 다 혼자야. 나는 대답했네. 배운 것도 없이 늘 가난했던 일생. 결혼에 한번 실패했고 두 번째 남편과도 사별한 후 20년 가까이 혼자 살면서 너무 힘들어 죽으려고 한 적도 있었던 노파. 하지만 그 질곡같은 인생을 헤쳐 살아오면서 100년을 살아온 그녀가 잔잔하게 들려주는 얘기에 사람들은 감동을 먹고 저마다의 삶을 추스르는 힘을 얻는다.

그 손으로 써낸 평범한 이야기가 지금 초고령사회의 공포에 떨고 있는 일본인들을 위로하고 있다. 이제 그녀의 위로가 현해탄을 건너와 한국사람들에게 그리고 미국에도 전해져 나지막한 목소리로 말을 건다.

2011년 9월, 100살을 기념하여 제2 시집을 출판하였다

< 말 >

무심코 한 말이 얼마나

상처 입히는지 나중에

깨달을 때가 있어

그럴 때 나는 서둘러

그 이의 마음속으로 찾아가

미안합니다고 말하면서 지우개와

---

226) [스크랩] 약해지지마 " 102세 시바타 도요| ★ 부부크리닉, 캉기스칸(강석준) | 조회 12 | 추천 0 | 2012.02.01. 20:18 http://cafe.daum.net/tops/I22V/5829

연필로 말을 고치지
<아침은 올거야>
혼자 살겠다고
결정했을 때부터
강한 여성이 되었어
참 많은 사람들이
손을 내밀어 주었지
그리고 순수하게 기대는 것도
용기라는 걸 깨달았어
"난 불행해......."
한숨을 쉬고 있는 당신에게도
아침은 반드시 찾아와
틀림없이 아침 해가
비출거야
<저금>
난 말이지, 사람들이 친절을
베풀면 마음에 저금을 해둬
쓸쓸할 때면 그걸 꺼내
기운을 차리지
너도 지금부터 모아두렴
연금보다 좋단다
<하늘>
외로워지면 하늘을 올려다 본다
가족같은 구름, 지도같은 구름
술래잡기에 한창인 구름도 있다
모두 어디로 흘러가는 걸까
해질녘 붉게 물든 구름
깊은 밤 하늘 가득한 별

너도 하늘을 보는 여유를
가질 수 있기를
<나>
침대 머리맡에 항상 놓아두는 것
작은 라디오, 약봉지, 시를 쓰기 위한
노트와 연필 벽에는 달력
날짜 아래 찾아와 주는
도우미의 이름과 시간
빨간 동그라미는 아들 내외가
오는 날입니다
혼자 산 지 열 여덟 해
나는 잘 살고 있습니다
<비밀>
나, 죽고 싶다고 생각한 적이
몇 번이나 있었어
하지만 시를 짓기 시작하고
많은 이들의 격려를 받아
지금은 우는 소리 하지 않아
아흔 여덟에도 사랑은 하는 거야
꿈도 많아 구름도 타보고 싶은 걸
<약해지지마>
있잖아, 불행하다고
한숨짓지 마
햇살과 산들바람은
한 쪽 편만 들지 않아
꿈은
평등하게 꿀 수 있는 거야

나도 괴로운 일 많았지만
살아 있어 좋았어
너도 약해지지마
<살아갈 힘>
나이 아흔을 넘기며 맞는 하루하루
너무나도 사랑스러워
뺨을 어루만지는 바람
친구에게 걸려온 안부전화
집까지 찾아와 주는 사람
제 각각 모두 나에게 살아갈
힘을 선물하네
<바람과 햇살과 나>
바람이 유리문을 두드려
문을 열어주었지
그랬더니
햇살까지 따라와
셋이서 수다를 떠네
할머니
혼자서 외롭지 않아?
바람과 햇살이 묻기에
사람은 어차피 다 혼자야
나는 대답했네
그만 고집부리고
편히 가자는 말에
다 같이 웃었던 오후
<화장>
아들이 초등학생 때

너희 엄마 참 예쁘시다
친구가 말했다고
기쁜 얘기했던 적이 있어
그 후로 정성껏
아흔 일곱 지금도
화장을 하지
누군가에게
칭찬받고 싶어서
<어머니>
돌아가신 어머니처럼
아흔 둘 나이가 되어도
어머니가 그리워
노인 요양원으로
어머니를 찾아 뵐 때마다
돌아오던 길의 괴롭던 마음
오래오래 딸을 배웅하던
어머니
구름이 몰려오던 하늘
바람에 흔들리던 코스모스
지금도 또렷한 기억
<나에게>
뚝뚝
수도꼭지에서 떨어지는
눈물이 멈추질 않네
아무리 괴롭고
슬픈 일이 있어도 언제까지
끙끙 앓고만 있으면 안돼

과감하게 수도꼭지를 비틀어
단숨에 눈물을 흘려 버리는 거야
자, 새 컵으로 커피를 마시자

자료: http://cafe.daum.net/tops?t__nil_cafemy=item(2012.2.1)

<잊는다는 것>
나이를 먹을 때마다
여러 가지 것들을
잊어가는 것 같은
기분이 들어

사람 이름 여러 단어
수 많은 추억
그걸 외롭다고
여기지 않게 된 건
왜일까
잊어가는 것의 행복
잊어가는 것에 대한 포기
매미소리가 들려오네
<너에게>
못한다고 해서
주눅들어 있으면 안돼
나도 96년 동안 못했던 일이
산더미야
부모님께 효도하기
아이들 교육
수많은 배움
하지만 노력은 했어
있는 힘껏 있지, 그게
중요한 게 아닐까
자 일어나서
뭔가를 붙잡는 거야
후회를 남기지 않기 위해[227)228)]

25. 배우자없는 비정규직 남성, 은퇴준비 '바닥'

우리나라 베이비부머들의 은퇴준비는 낙제점이었다. 특히 배우자가 없는

---

227) For the good times
228) http://cafe.daum.net/tops?t_nil_cafemy=item(2012.2.1)

남성이고 비정규직이면서 실직 및 경력중단자의 비율이 높은 사람들은 '고위험형'으로 분류됐다.[229] 서울대학교 노화고령사회연구소와 메트라이프 노년사회연구소는 서울 조선호텔에서 공동연구 개발한 '메트라이프 통합은퇴준비지수(MIRRI)' 발표하며 국내 베이비부머(연령 49~57세)들의 은퇴준비 점수를 100점 만점에 62.22점으로 평가했다. 이번 공동연구책임자인 한경혜 교수는 "전체적인 은퇴준비정도는 낙제점에 가까운 62점이었고, 특히 재무준비가 가장 낮다"면서 "국가와 개인 차원의 대비가 시급하다"고 말했다. 점수 결과를 각 영역별로 살펴보면, 사회적 관여(68.62점) 영역에서 은퇴준비 점수가 가장 높고, 건강(66.36점), 심리(61.3점), 재정(52.6점) 영역의 순으로 나타났다. 특히 재정영역은 50점 초반에 불과해 준비가 가장 미흡했다. 한 교수는 "이같은 결과는 은퇴후 재정적으로 안정적인 삶을 기대하기는 어려운 수준임을 보여준다"고 설명했다. 또 연구에 따르면 베이비부머들은 은퇴연령을 평균 62세 정도로 생각하고 있는데 반해 우리나라 기업의 정년이 55세 전후로 이뤄지기 때문에 현실적으로 베이비부머들이 은퇴준비를 할 수 있는 시간이 많지 않다는 점이 부각됐다. 아울러 베이비부머들의 은퇴준비유형은 준비상태 양호형(14.7%), 평균형(45.8%), 준비부족형(25.8%), 사회적 관계 취약형(10.1%), 고위험형(3.6%) 등 크게 5가지로 분류됐다. 유형별 특성을 보면 준비상태 양호형은 5가지 유형중 가장 교육수준이 높고 가구소득이 높고, 정규직의 비율도 높은 것으로 나타났다.

또 예상 은퇴시기까지의 기간(은퇴 연령과 현재 연령간의 차이)이 5년 이내인 사람들의 비율이 높은 것으로 나타났다. 준비부족형은 교육수준과 가구소득이 5가지 유형 중 4번째로 평균형에 비해 정규직의 비율이 낮고, 실직 및 경력 중단자의 비율이 다소 높아서 불안정한 고용상태를 갖고 있었다. 사회적 관계 취약형은 전체 은퇴준비지수가 준비부족형과 유사한데 교육수준과 가구소득이 3번째이며, 평균형에 비해 배우자가 없는 사람들의

---

[229] 뉴시스 기사전송 2012-02-02 15:10 최종수정 2012-02-02 15:22, 서울대-메트라이프 연구, 한국 베이비부머 은퇴 이후 '어떻해', 서울=뉴시스, 김지성 기자

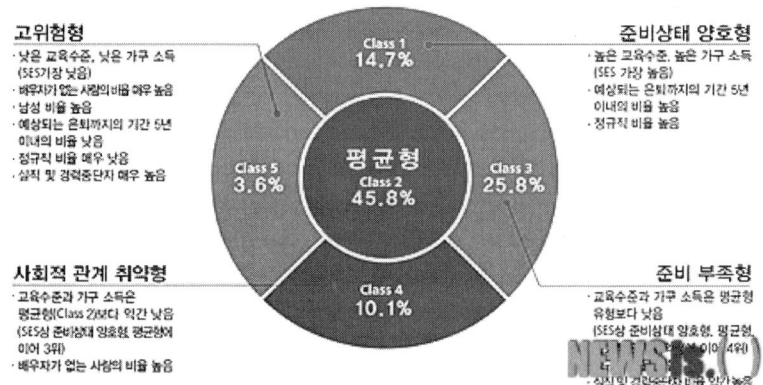

자료: http://news.nate.com/view/20120202n18960?mid=n0308(2012.2.3)

비율이 높았다. 전체 은퇴준비지수가 가장 낮은 고위험형은 교육수준과 가구소득이, 정규직 비율이 평균형에 비해 낮고 실직 및 경력중단자의 비율은 매우 높은 특성을 보였다. 또 예상되는 은퇴까지의 기간이 5년 이내인 사람들의 비율이 매우 낮으며, 남성의 비율이 다소 높고 배우자가 없는 사람의 비율도 상당히 높은 것으로 나타났다. 한 교수는 "메트라이프 통합은퇴준비지수는 은퇴준비가 재무적 준비만이 아니라는 것을 인식하는데 의미가 있다"며 "유형별 현황에 따라 국가와 개인이 어떻게 대처해야 하는 방향을 제시하고 있다"고 말했다.

한편, '메트라이프 통합은퇴준비지수'는 우리나라 중년층으로서 대표성을 가지는 베이비부머 3783명의 대규모 샘플을 대상으로 재정적 영역은 물론 건강, 심리, 사회적 관여의 4가지 영역을 포괄해 지표화한 국내 최초의 통합적 은퇴준비지수라는 점에서 의미가 크다. 지금까지 국내외에서 발표되었던 은퇴준비지수들이 주로 재정적인 측면에만 초점을 맞췄다는 점과 소규모 임의 샘플링이라는 제한점이 있음을 고려해 볼 때, 대규모 샘플을 대상으로 통합적 지표를 적용했다는 점에서 기존지수의 한계점을 극복했다는 것이다. 이와 관련, 김종운 메트라이프생명 대표는 "이번 연구결과를 올해 미국에서 개최되는 미국노년학회에서 발표할 예정으로 한국, 미국, 영국 등 각 국가간 베이비부머 비교연구를 위한 논의가 계획돼 있다"고 말했다.230)231)

26. 은퇴후 40년 살아가는 법

20만시간 관리계획 짜자. 은퇴후 집에서 TV만 볼건가? '시간 디자인'을 하라232) 은퇴하면 시간 빨리 안가, 공황 상태에 빠지기 쉬워 퇴직 후 6개월 시간 관리가 나머지 은퇴 기간을 좌우. "퇴직 첫날, 부인이 차려주는 밥을 세 숟갈 급하게 떠먹은 뒤 평소처럼 바쁘게 지하철을 타고 회사앞까지 아무 생각없이 갔어요. 회사앞에 가서야 '아, 일 그만뒀지' 생각이 들더라고요. 다시 집으로 와 보니 집은 텅 비어 있고, TV 보고 책 읽다가 잠들었어요."

금융관련협회에서 일하다 1년 반 전 정년 퇴직한 최모(57)씨가 회상하는 퇴직 첫날 모습이다. "둘째날은 토요일이었습니다. 아침에 자동반사적으로 집을 나와 2시간 정도 산책했습니다. 오후에도 다시 나가 집 주변 철길을 내내 걸어다녔어요. 넷째날은 월요일이었는데 그날도 양복 입고 회사앞까지 갔다 왔어요. 회사앞에 가서야 ' 이러면 안 되는데, 난 은퇴했는데'라는 생각이 확실히 들더군요. 집에 와 난초 50개를 꼼꼼히 돌보며 2시간을 보냈습니다. 다음날부턴 아침에 회사에 가지 않았어요. 대신 자식들 학교가는 것 배웅하고, 케이블TV에서 경제프로그램을 보다가 라면도 끓여 먹고."

퇴직후 1년 반이 지났지만 그의 생활패턴은 여전하다. 책보고, TV보고, 인터넷하고, 난초에 물주고, 강아지 밥을 주며 보낸다. 평생 회사에 매여 있던 사람이 은퇴를 하게 되면 남는 시간은 주체할 수 없이 많아진다.

강창희 미래에셋 투자교육연구소장은 "은퇴후 시간은 회사 다닐 때보다 더 느리게 가는 경향이 있다"며 "은퇴후 시간을 어떻게 보낼지 미리 따져보지 않으면 은퇴 직후 공황상태에 빠지기 쉽다"고 말했다.

---

230) lazyhand@newsis.com, [뉴시스 뉴스], 공감언론 뉴시스통신사
231) http://news.nate.com/view/20120202n18960?mid=n0308(2012.2.3)
232) 조선일보 원문 기사전송 2012-01-12 09:48 최종수정 2012-01-12 11:17

〈글 싣는 순서〉

〈1회〉 당신의 은퇴 준비 점수는 몇 점?
〈2회〉 가정에 재취업, 선행 학습하라
〈3회〉 하고 싶은 일은 다 하자
〈4회〉 연금 받기 전 10년 준비하자
〈5회〉 부동산 깔고 앉아 있지 말자
〈6회〉 인플레이션 복병 대비하라
〈7회〉 남의 눈 의식 말고 일하자

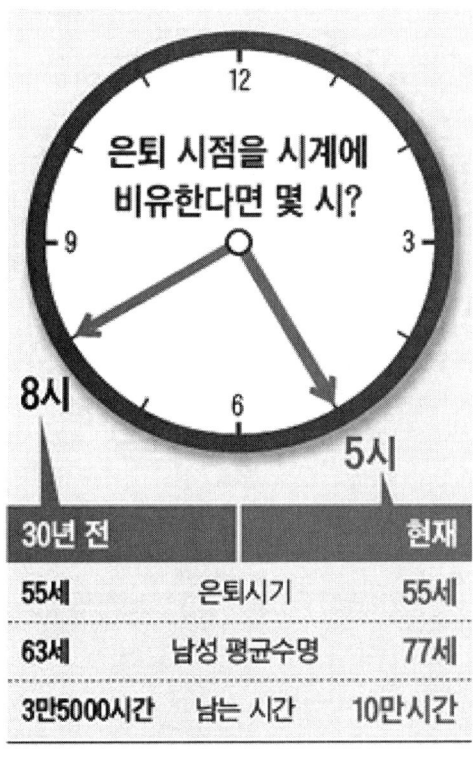

30년 전	은퇴시기	현재
55세	은퇴시기	55세
63세	남성 평균수명	77세
3만5000시간	남는 시간	10만시간

자료: http://news.nate.com/view/20120112n06160?mid=n0308&isq=5980(2012.2.3)

1) 퇴직후 1주일을 연상

평생을 24시간이라고 가정해 보자. 남성 평균수명이 63세이던 30년 전의 경우 55세에 은퇴하고 집으로 돌아온 시간이 시계에 비유하자면 '오후 8시'쯤이었다고 할 수 있다. 씻고 TV 조금 보다가 잠들면 적당한 시간이다. 하지만 평균수명이 77세로 늘어난 요즘은 '오후 5시'에 은퇴하는 셈이다. 그만큼 시간이 길어졌다. 그때부터 TV 채널만 돌리며 시간을 보내기엔 너무 길고 아깝다. 방하남 한국노동연구원 연구위원은 "앞으로 은퇴하는 사람들은 은퇴후 시간을 관리하는 방식을 아버지 은퇴세대와 완전히 다르게 가져가

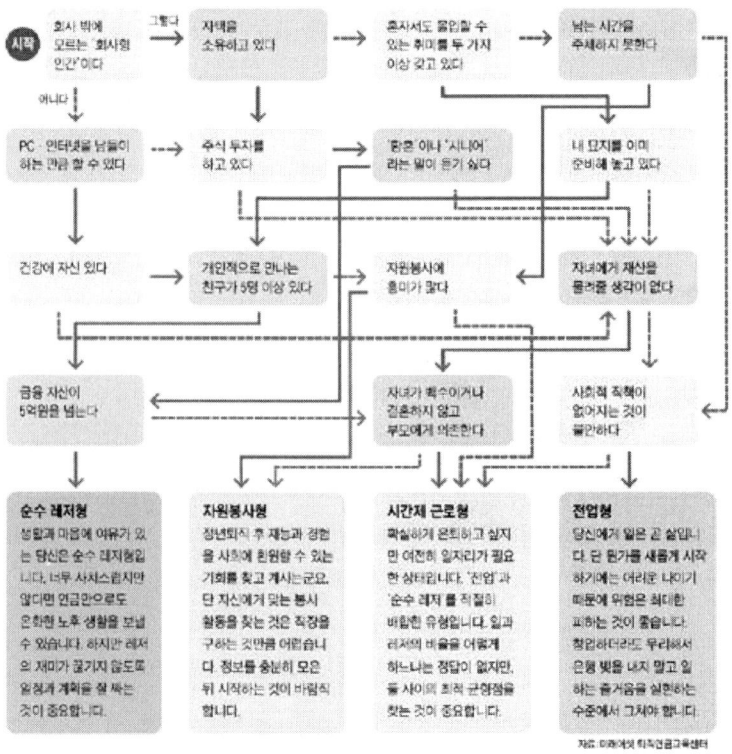

자료: http://news.nate.com/view/20120112n06160?mid=n0308&isq=5980(2012.2.3)

야 한다"고 말했다. 지금의 은퇴세대에게는 은퇴후 남는 시간의 절대량이 아버지 세대와 비교해 적어도 3배 늘었기 때문이다.

우재룡 삼성생명 은퇴연구소 소장은 "은퇴 직후 6개월동안 시간관리를 어떻게 하느냐에 따라 나머지 은퇴기간이 좌우된다"고 말했다. 그는 "은퇴가 준비없이 닥치면 조바심만 가지고 시간을 보내기 쉽다"며 "많은 은퇴자들이 대책없이 자영업에 뛰어드는 것도 자신이 남아도는 시간을 컨트롤하지 못하고 있다는 조바심 때문"이라고 말했다.

2) 은퇴후 시간표 3개 만들어 실천

○○○(70)씨는 은퇴후 시간을 잘 관리해 쓰는 모범 케이스이다. 그는 2002년 전주 중산초등학교 교장을 끝으로 은퇴했다. 그는 자신의 인생을 세 개의 기간으로 나눠 관리했다고 한다. 1기는 교직에 몸담았던 20세부터 61세까지의 41년이고, 2기는 은퇴후 70세까지의 8년, 3기는 85세까지의 마지막 기간이다. 그는 자신의 은퇴후 꿈을 '저소득층 상담'으로 정했다. "내 경험을 살려 가장 잘 할 수 있는 게 상담 아닌가 생각했어요." 그가 정한 '인생 2기'는 자신의 꿈인 상담원이 되기 위한 준비과정이었다. 은퇴 8개월 뒤 퇴직한 다른 교장 몇 명과 힘을 모아 현역 교사들에게 수업을 잘하는 노하우를 컨설팅해 주는 컨설팅센터를 꾸렸다. 그는 해마다 독학으로 상담과 관련된 자격증 10개를 땄다. 그는 일일계획표, 주간계획표, 인생계획표 세 가지 표를 항상 만들어 호주머니에 넣고 다닌다. 그는 "단 1분도 허비해 본 적이 없는 것 같다"고 말했다. 친목회를 꾸려 매월 4차례는 반드시 산행(山行), 매월 1차례 서점가기, 매일 1시간 30분씩 부인과 걷기, 아침에 시 10편씩 읽기 등 일상생활도 시간표에 맞춘다. 부인은 "40년 바쁘게 살았는데 늙어서도 이 생활이 질리지 않느냐"는 구박도 한다. 그럴 때마다 그는 부인에게 "쓸모있게 오래 살려면 어쩔 수 없다"며 웃어준다고 한다.[233][234]

---

233) 김정훈 기자, 이신영 기자, 조선일보 & chosun.com.
234) http://news.nate.com/view/20120112n06160?mid=n0308&isq=5980(2012.2.3)

27. 스웨덴·일본 은퇴자들, 교외보다 도심에 많이 살아

은퇴후 집은 단순히 잠만 자는 공간이 아니다. 은퇴전보다 조금 더 불편한 몸으로, 훨씬 더 많은 시간을 보내야 하는 곳이다. 따라서 은퇴 주거지에 대한 설계가 필요하다. 우재룡 삼성생명 은퇴연구소 소장은 "몸을 편안하게 하는 하드웨어와 주변 사람과의 관계를 고려한 소프트웨어가 잘 조화된 곳이어야 한다"고 말했다.235) 조선일보와 삼성생명이 전국 40~50대 남녀 은퇴 예비자 500명을 대상으로 '은퇴후 주거지역을 정할 때 무엇을 중요하게 생각하는지' 물은 결과(복수응답) '생활 편의시설'이 63.2%로 가장 많고, '주변 자연환경'이 61.4%로 뒤를 이었다. 이어 자녀와의 접근성(32.6%), 친구 친지와의 교류(18.2%)의 순이었다. 은퇴자들 스스로 하드웨어(환경)와 소프트웨어(관계)가 잘 조화된 은퇴 주거지를 바란다는 뜻이다. 전문가들은 은퇴후 주거의 롤모델로 스웨덴을 꼽는다. 스웨덴의 은퇴자 주거정책은 은퇴자들이 자신의 집에서 생을 마감할 수 있도록 하는 데 맞춰져 있다. 전직 간호사였던 라스트욜(78)씨는 스웨덴 스톡홀름 아파트에 혼자 살고 있다.

아파트 입구 계단 한편에 폭 1.8m 경사면이 나 있었다. 계단없이 휠체어와 목발로 움직일 수 있다. 아파트 안 거실과 화장실, 부엌으로 이동하는 공간에는 허리 높이의 벽 손잡이가 설치돼 있고, 2개의 방에는 문지방이 없다.

라스트욜씨는 "5년 전 이곳에 입주할 때 정부에서 수리해 준 것"이라고 말했다. 편의시설이 가깝고 주변 사람들과 관계를 맺기 쉬운 도심이 은퇴자들의 주거지가 되는 것은 세계적인 경향이다. 초고령사회인 일본 또한 노인들이 요양원이나 교외주택 대신 도심으로 회귀하는 '유턴(U-turn)현상'이 대세다.236)237)

---

235) [은퇴 후 40년 살아가는 법] 스웨덴·일본 은퇴자들, 교외보다 도심에 많이 살아, 조선일보 원문 기사전송 2012-01-05 03:07 최종수정 2012-01-05 10:49
236) 스톡홀름(스웨덴)=이성훈 특파원, 조선일보 & chosun.com
237) http://news.nate.com/view/20120105n00863?mid=n0308&isq=5980(2012.2.3)

28. 퇴직후의 생각

후배 결혼식에 참석해서 오랫만에 동료들을 만나본다.[238] 백수 3년 세월을 보냈는데. 그동안 퇴직한 후배들도 많구나. 만나서 근황을 물어보니 생활에 차이가 별로 없다. 어느 후배는 퇴직후 무료함에 지쳐서 하루가 고통이라고 한다. 인생에서 할일 없다는 것은 참으로 견디기 어려운 시간이다.

할일이 있다는 것은 자연스럽게 사람들과 함께 생활하는데 백수는 스스로 갈자리 놀자리를 찾아야 한다. 이것이 뜻대로 되지 않는 것이다. 시간 많은 백수, 타인이 보기엔 늘어진 팔자처럼 보이지만 하루 하루 흘러가는 시간이 때로는 감옥이 아니든가. 그래도 돈많은 백수는 살맛나는 인생인데, 걱정없이 쓸 돈이 없다.[239]

29. 개인택시 거래가격 '억'소리

대전지역 신규면허 제한, 최근 수요량 늘어 8천5백만원 육박, 차값 더하면 1억원 호가. 2010년 말 한 기업체에서 퇴직한 ○○○(54)씨는 생계형 창업 등을 고민하다 최근 개인택시로 눈을 돌렸다. 5000만원선이면 개인택시 면허를 구할 수 있다는 소문을 듣고 거래가격을 알아본 그는 깜짝 놀랄 수밖에 없었다.[240] 최근 거래가격이 올라 면허비용만 8500만원에 이르고, 차량까지 포함해 1억원을 호가한다는 것이다. ○○○씨는 "택시가 3D업종이라 기피한다는 소리는 옛말인 것 같다. 집 한채 가격이나 다름없는 억대라는 소리에 김이 빠질 지경"이라고 말했다. 개인간 양도·양수가 가능한 개인택시 거래가가 경기침체 여파를 타고 천정부지로 오르고 있다. 특히 택시총량제 실시 등 개인택시 신규면허 발급이 수년째 중지되면서 가격상승의 주

---

238) 늑대생각, 퇴직후..........2010년 12월 19일 오후 11:36 공개조회수 80
239) http://blog.yahoo.com/_RWZK7GG5K7FKI27EONKQV53ZKI/articles/180764 (2012.2.3)
240) 대전지역 신규면허 제한 최근 수요량 늘어 8천5백만원 육박 차값 더하면 1억원 호가, 데스크승인 2012.02.03 지면보기 | 5면 조재근 기자

요 원인이 되고 있다. 2일 대전시와 매매상사 등에 따르면 2005년 4000만~5000만원선이던 개인택시 면허 거래가는 2007년 6000만원에서 2009년 7000만원대로 올랐고, 지난해 8000만원대를 넘어섰다. 올초 거래가가 또 올라 현재 8200만~8500만원대를 호가하고 있다. 그러나 최근 수요가 몰려 실거래가 가능한 개인택시 물량이 부족해 '부르는 게 값'일 정도다. 이런 현상은 택시 공급과잉을 억제하기 위한 '택시총량제' 시행으로 개인택시 신규면허 발급이 제한됐고, 2009년 11월 개정·시행된 운수사업법에 따라 개인택시 면허의 양도·양수와 상속 등이 금지됐기 때문이라는 게 업계의 설명이다. 현재 대전의 경우 총량제 시행에 따라 개인택시 5489대 등 전체 8804대 택시만 영업이 가능한 상태다. 게다가 2006년 개인택시 120대가 한꺼번에 늘어난 이후 단 한 대의 개인택시도 신규면허가 나오지 않았다. 실제 지난해 대전에서 개인택시를 양도 양수한 매매건수는 모두 187대에 이를 정도로 활발한 거래가 이뤄지고 있다. 그러나 개인택시 면허 신규발급이 중지되면서 20년 이상 택시업에 종사하고도 면허를 받지 못하는 대기자도 적지 않다는 점이다. 때문에 개인택시 감차를 유도할 수 있는 개선대책 마련이 시급한 문제로 지적되고 있다. 대전시 관계자는 "현재 거래가 이뤄지는 개인택시 중 80년대 신규 발급된 면허가 있을 정도"라며 "양도·양수를 제한하는 운수사업법 역시 2009년 이후 신규발급 면허를 대상으로 하기 때문에 사실상 감차효과는 미미한 수준"이라고 설명했다.[241)242)]

30. '은퇴 무방비' 한국 중년, 활로

은퇴 이후의 삶, 안심되기 보단 막막하신 분들 더 많으실텐데요. 넉넉한 재산도 필요하지만 행복감을 느낄 수 있는 다양한 관계를 유지하는 것이 중요하다고 합니다. 김수희 기자의 보도입니다.[243)]

---

241) 조재근 기자
242) http://www.cctoday.co.kr/news/articleView.html?idxno=681490(2012.2.3)
243) 머니투데이 | 기사전송 2012/02/02 19:06, 머니투데이 김수희 MTN기자⟨ 앵커멘트 ⟩

서울 고덕동에 거주하는 김영구 할아버지. 20여년전 대기업 임원으로 퇴직한 그는 강동구청의 소개로 한문선생님이라는 새로운 직업을 찾았습니다.

[인터뷰] 김영구/고덕동

"건강이 허락하는 한 한자공부를 가르치겠다. 저의 전공하고는 완전히 멉니다. 은퇴 직후 위암수술을 받는 등 위기도 있었지만 아이들을 가르치면서 삶의 보람을 되찾았습니다."

[인터뷰]김영구/고덕동

"지금 이 생활이 아주 보람있고 값어치 있고 제2의 인생으로 태어난 기분입니다." 제2의 삶을 사는 김영구 할아버지의 은퇴준비지수는 어느 정도 될까. 서울대와 메트라이프생명은 개인과 집단의 은퇴준비 정도를 측정하기 위해 통합은퇴준비지수를 개발했습니다. 통합은퇴준비지수란 재정적인 측면 뿐만 아니라 건강과 사회적 관계, 심리상태 등 네가지 요소를 파악해 은퇴준비정도를 알아내는 겁니다.

[인터뷰]김종운/메트라이프생명 사장

"누구에게나 닥쳐오는 은퇴문제에 대해 충분히 대비를 해서 개인적으로 경각심을 갖고 많은 준비를 할 수 있도록..." 1955~1963년에 태어난 베이비부머 3783명을 대상으로 은퇴준비지수를 측정해보니 100점 만점에 평균 62점인 것으로 나타났습니다. 60점 정도를 낙제점으로 보는데 겨우 낙제점을 면한 겁니다.

[인터뷰]한경혜/서울대 교수

"(환경이) 베이비부머들로 하여금 굉장히 돈을 열심히 버는 데 집중하도록 만들고, 그러다 보니 사회적 관계가 취약하다든지 대부분 연결이 돼 있는데 전반적인 준비정도가 높지 않습니다." 은퇴준비점수가 70점 이상 나온 '준비상태 양호형'은 14.7%에 불과했습니다. 사회적 관계가 취약하거나 조기 실직 등으로 준비가 부족한 유형은 36%에 달했습니다. 전문가들은 이미 은퇴시기에 접어들면 재정적 준비는 물론 일자리 구하기 등 다양한 부분의

노후준비를 하기 힘들다며 미리 미리 준비하라고 조언했습니다.244)245)

31. 은퇴준비 미흡, 인생 2막 어떻게?

【 앵커멘트 】

평균수명이 늘면서 은퇴후 삶에 대한 관심도 커졌는데요.246) 이미 퇴직의 길로 들어선 베이비부머들의 노후준비를 짚어보겠습니다. 안보람 기자입니다.

【 기자 】

53살인 보험설계사 한윤석 씨는 고객들에게 틈틈이 노후준비를 해야 한다고 강조하지만, 정작 본인은 그렇지 못합니다. 오지 않은 미래에 대한 걱정보다는 아직 어린 딸과 현재의 생활이 더 중요하기 때문입니다.

▶ 인터뷰 : 한윤석 / 보험설계사

- "(삶의 가치가) 그냥 먹고 사는데 있지 않기 때문에 자기 삶을 더 풍족하게 하기 위해 좀더 많은 준비를 해야 한다고 생각하지만, 아직도 부족한 게 많습니다." 1955년부터 1963년 사이에 태어난 한국의 베이비부머들은 은퇴가 얼마 남지 않았지만, 한 씨처럼 대비는 충분치 않습니다.

▶ 스탠딩 : 안보람 / 기자

- "한 연구결과에 따르면 베이비부머 100명중 15명만이 은퇴후 삶에 대한 준비가 양호한 것으로 나타났습니다." 전체적인 은퇴준비도는 100점 만점에 62점으로 겨우 낙제를 면했습니다. 특히 재무영역 점수가 52점에 불과했는데, 이는 중년들의 심리까지도 위축시켰습니다. 일 중심, 가족 중심으로 살다 보니 자원봉사 등 보람있는 활동에 참여하지도 못했습니다.

---

244) 머니투데이방송 김수희입니다. '돈이 보이는 리얼타임 뉴스' 머니투데이, 김수희 MTN기자
245) http://media.paran.com/economy/view.kth?dirnews=344819&year=2012 (2012.2.3)
246) 기사입력 2012-02-02 19:05 최종수정 2012-02-03 00:10

▶ 인터뷰 : 한경혜 / 서울대학교 아동가족학과 교수

- "'내 가족, 내 자식, 내 일' 이러다 보니 지역사회에 봉사한다든지 이런 것이 서구의 베이비부머와 가장 대비되는 부분입니다. 가족이 떠나고 일터의 친구들이 떠나면 사회적 관계가 취약해질 수밖에 없는 측면이 있고요."

자녀 대학교 등록금 마련하느라, 결혼시키느라, 정작 인생 2막을 준비하지 못한 우리 부모세대, 더 늦기 전에 은퇴후 삶을 행복하게 보내기 위한 준비가 필요해 보입니다. 247)248)

32. 윤리경영 강조한 다산의 혜안 되새길 때

'다산 이야기' 700회 앞둔 박석무 다산연 이사장249) "다산 정약용 선생은 윤리경영에 관심이 많았습니다. 지주가 소작농에게 얼마만큼의 농산물을 분배하는 게 적절한지를 연구했으니 지금의 대기업과 하청업체·근로자 간 관계를 연구한 것이라 볼 수 있죠. 어느 누구도 가난한 사람이 없어야 한다는 게 다산의 결론이었습니다." 박석무 다산연구소 이사장(70)은 2일 기자와 만나 이렇게 말했다. 올해는 박 이사장이 평생동안 연구해온 다산의 탄생 250주년을 맞는 해다. 그가 2004년부터 시작한 이메일 칼럼 '풀어쓰는 다산이야기'는 35만~40만명이 받아보고 있으며, 오는 6일 700회를 앞두고 있다. 그는 "시대가 윤리경영을 필요로 하는 지금 다산의 정신을 되새길 필요가 있다"며 "도덕성·개혁성·전문성을 강조했는데 그 가운데 도덕성이 가장 중요하다고 본 만큼 우리 기업들도 윤리경영에 더 신경을 써야 한다"고 말했다. 박 이사장은 18세기 실학사상을 집대성한 다산 정약용 선생 연구로 정평이 나 있는 인물이다. 그가 다산의 사상에 처음 흥미를 가진 건 고등학교 시절이었다. 중화주의에서 벗어나기 위해 노력한 조선 후기 실학사상가

---

247) MBN뉴스 안보람
248) http://mbn.mk.co.kr/pages/news/newsView.php?news_seq_no=1152224(2012.2.3)
249) 한국경제 | 기사전송 2012/02/02 18:37

들에 대해 배우며 대표적 실학자였던 다산에게 매력을 느꼈다. 이후 전남대에 입학해 다산 저작의 영인본을 찾아 읽으며 본격적으로 빠져들었다. 전남대 대학원에 진학해 석사학위 논문으로 '다산 정약용의 법사상'을 썼고 이후에도 《다산 기행》 《풀어쓰는 다산 이야기》 《다산 정약용의 일일수행》 등 다산에 대한 많은 책을 썼다. '행(行)'을 강조했던 다산의 사상을 실천하기 위해 책상머리를 박차고 나가기도 했다. 한일회담반대운동 등으로 옥고를 치른 것만 4번이다. 현실참여적인 성향 덕에 정치에도 연이 닿아 13·14대 국회의원을 지내기도 했다. 박 이사장은 "시장은 기본적으로 자유롭게 하되 문제가 생기면 이를 수정하기 위한 개혁이 필요하다"며 "지금 자본주의를 재고찰하자는 말이 나오고 있는 만큼 한국 정부도 적극적으로 대책을 찾아야 한다"고 말했다. 박 이사장이 생각하는 대책 가운데 가장 시급한 것은 소상공인에 대한 보호다. 그는 "대기업은 자본을 집중 투자해야 하는 첨단기술같은 데 힘을 쓰고 유통업같은 것은 소상공인들을 위해 남겨두는 게 다산의 정신과 합치된다"고 설명했다. 다산을 널리 알리기 위한 그의 노력에는 정년퇴직이 없다. 고희(古稀)를 맞은 올해 다산에 대한 그의 최고 노작(勞作)인 다산전기를 준비하고 있다. 다산의 일생을 단순 설명하는 데 그치지 않고 사상을 심도있게 고찰하는 책을 낼 계획이다. '풀어쓰는 다산 이야기' 700회 특집도 준비하고 있다. 700회는 다산의 천주교 배교 논란에 대해 다룬다. 박 이사장은 "한국방송(KBS)이 지난달 26일 '역사스페셜'에서 '다산은 끝까지 천주교를 버리지 않았다'고 주장했는데 이는 잘못된 것"이라며 "한때 관여를 했지만 결국 손을 끊고 유학에 몰입한 게 명확한 만큼 이를 확실히 하겠다"고 귀띔했다.[250)251)]

33. 은퇴준비 5계명

1) 저소비 생활습관 길러야[252)]

---

250) 양병훈 기자, 한국경제
251) http://media.paran.com/news/view.kth?dirnews=344518&year=2012(2012.2.3)

2) 금융에 대한 이해 높여라
3) 은퇴 자산비율 4% 적당
4) 20~30대에 은퇴준비하라.
5) 부동산 자산 비중 낮춰라.

은퇴는 끝이 아닙니다. 은퇴는 또다른 시작입니다. 제2의 삶의 시작은 바로 긍정적인 자세에서 변화, 진화를 통해서 이루어집니다.253)254)

자료: http://cafe.naver.com/pumasi119.cafe?iframe_url=/ArticleRead.nhn%3Farticleid=996&(2012.2.3)

---

252) 사회적 현상, 2012.01.19 00:44, 스쿨짱(pumasi114), 카페매니저, http://cafe.naver.com/pumasi119/996
253) 출처: 은퇴준비 5계명 아시나요? (쇼핑몰창업스쿨.kr) |작성자 스쿨짱
254) http://cafe.naver.com/pumasi119.cafe?iframe_url=/ArticleRead.nhn%3Farticleid=996&(2012.2.3)

34. 직장인 기술 배우기 열풍 이유: 취미로 시작하여 인생 이모작

화이트칼라 직장인 뉴트렌드, 몸으로 익힌 스킬(skill)로 인생 2막 연다.[255] 광고대행사 직원 ○○○씨(38)는 주말이면 친구들을 집으로 초대한다. 본인이 만든 음식을 대접하고, 품평을 받기 위해서다. 미혼인 그가 번거롭게 이런 일을 하는 이유는 몇 년 후에 작은 이탈리안 비스트로(bistro)를 차릴 계획이기 때문이다. 이를 위해 이탈리아 요리전문 코스를 수료했고, 시간이 있을 때면 유명 레스토랑을 일부러 찾아간다. ○○○씨는 "광고업계에서 제 나이면 벌써 준(準)노인 취급을 받는다. 웬만한 요리는 웬만한 셰프(요리사) 못지않게 한다고 보는데, 회사를 그만두게 되면 단기 유학을 거친 후 식당을 낼 생각"이라 말했다. 또 중견기업 최고경영자(CEO)인 A사장은 주말이면 찾는 곳이 있다. 목공예 공방이다. A사장은 수년째 목공예를 취미로 하고 있다. 평소 만들기를 좋아해 의자, 탁자 등 소품가구는 직접 만든다. A사장은 "사장으로 일하다 보니 스트레스가 많은데, 주말이라도 좋아하는 일을 하면 훨씬 낫다"고 했다. A사장은 경제적인 이유에 앞서 본인의 취미생활을 통해 은퇴와 노후를 대비하는 셈이다. 직장인들 사이에 기술 배우기가 새로운 트렌드로 자리 잡고 있다. 고용불안과 함께 평생직장 개념이 사라지면서, 직장을 그만두거나 은퇴후를 대비해 생계나 취미활동을 위해 사용할 수 있는 기술 배우기가 인기를 끌고 있는 것이다.

와인, 제빵, 요리 등에서부터 귀농 바람을 타고 농사 배우기, 공예와 악기, 사진 등 분야도 다양하다. 이런 기술을 배울 수 있는 전문코스나 학원, 사이버대 등은 수강생의 절반 이상이 직장인들로 채워지는 경우가 있다. 사이버대나 전문대에 직장인이 몰리고 있는 배경에도 기술 배우기 열풍이 있다.

방송통신대의 직장인 비율은 80%에 이른다. 방통대 관계자는 "예전에는 직장생활 직무와 관련된 경영이나 법학 등이 인기가 높았지만, 최근에는 전

---

255) [인생 2막, skill] 직장인 기술 배우기 열풍 이유는…취미로 시작하다 인생 이모작 될 수도 ,기사입력 2012.01.14 08:27:41 | 최종수정 2012.01.14 08:29:42

문적인 기술을 배울 수 있는 학과에도 직장인 학생들이 많다"고 분위기를 전했다. 관련 동호회나 아카데미도 인기를 끌기는 마찬가지. 삼성그룹 계열사에 다니는 직장인 ○○○씨(39)는 자동차관련 동호회에서 일하고 있다. 일반적인 동호회가 아니라 전문적으로 자동차관련 기술을 연구하고, 차를 수리하거나 조립하는 일도 한다. ○○○씨는 "원래 기계를 다루는 일을 좋아하는데, 앞으로 관련 자격증을 딸 생각도 있다"면서 "노후에 자동차를 수리하거나 다루는 일을 하면 좋을 것 같다"고 했다.

1) 직장인 기술 배우기의 이면에는 현실적인 문제

손성동 미래에셋퇴직연금연구소 실장은 "현실적으로 정년까지 회사생활을 하기 힘들어져서 소위 블루칼라 쪽으로 전환을 할 수밖에 없는 현실적 상황이 기술 배우기 열풍의 원인 중 하나다"라면서 "호구지책을 위해 기술로 어쩔 수 없이 눈을 돌리는 상황도 있는 만큼 좋거나 바람직하다는 식으로만 바라볼 수는 없다"고 진단했다.

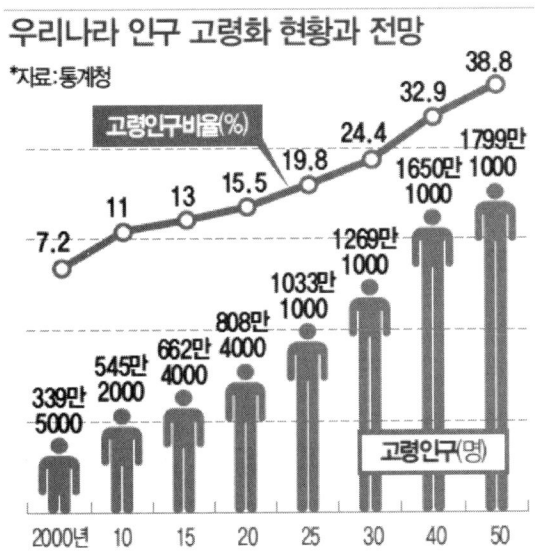

자료: http://news.mk.co.kr/newsRead.php?year=2012&no=31835(2012.2.3)

실제 한국 경제의 중추세력이었던 베이비붐 세대(1955~1963년생)의 은퇴가 눈앞이다. 베이비붐 세대 취업자 532만명 중 급여소득자 320만명이 2010년부터 은퇴를 하기 시작했으며 오는 2018년까지 매년 30만~40만명이 은퇴할 전망이다. 하지만 2010년 우리나라 가계가 노후를 위해 준비한 금융자산은 개인연금 155조원, 퇴직연금 45조원을 합쳐 200조원으로 추정된다. 은퇴대비 자산비중은 10%에 불과하다. 은퇴를 앞둔 베이비부머 중 상당수가 기술 배우기에 나선다는 추론이 가능하다.

  2) 정부의 아쉬운 지원

기술을 배우거나 자격증을 딸 수 있는 직업전문학교 등은 여전히 청년실업자 위주로 운영되고 있기 때문. 정부에서 수강료를 지원하는 직업전문학교를 찾으면 체계적인 교육을 받을 수 있지만, 화이트칼라 직장인들에게는 거리가 있다. 손 실장은 "직업학교의 프로그램들이 여전히 청년실업자에 맞춰져 있고, 최근 청년층의 목소리가 높아지면서 관련정책도 이들에 집중하는 경향이 있는데 실업 문제는 연령의 문제가 아닌 만큼 정부에서도 기술 배우기에 몰리는 중장년층에 대한 정책이 필요하다"고 강조했다.

  3) 회사측의 배려

한국의 화이트칼라 계층의 노동시간이나 강도가 이례적으로 높은 만큼 이들이 새로운 기술이나 직업을 가질 수 있도록 체계적인 지원이 필요하다는 것. 앞의 삼성 직원 ○○○씨는 "동호회 활동이라고는 하지만 전문적으로 배우려면 회사에서는 눈치가 보인다"면서 "회사에서 공식적으로 기회를 주면 좋을 것 같다"고 말했다.[256][257]

35. 은퇴에 대해 공부하기

은퇴는 미리 준비할수록 성공[258] 최근 은퇴에 대한 여러 생각을 하게 하

---

256) 김병수 기자, [매경이코노미 제1640호(12.01.11~17일자) 기사중], 매일경제 & mk.co.kr, 김병수ㅣ매경이코노미
257) http://news.mk.co.kr/newsRead.php?year=2012&no=31835(2012.2.3)

는 일들이 일어났다. 은퇴한 선배들을 만나면서 과연 나는 10여년 후 은퇴하면 어떤 모습으로 살고 있을까를 생각해본다. 대기업의 사장으로 혹은 중역으로 평생을 지내다가 은퇴한 선배를, 그리고 교수 혹은 전문직으로 바쁘게 살다가 은퇴후의 삶을 사는 이들을 보며 나의 은퇴는 과연 준비되고 있는가를 돌아본다.

(1) 은퇴후에는 편안히 세계 여러 곳을 다니며 여행하며 살리라

이러한 계획은 실천에 옮겨지기 어렵다. 아무리 은퇴전 여행지를 답사하고 갈 곳을 보아 두었다 하더라도 나이가 들어서의 여행은 체력적으로 고생일 따름이다. 더우기 단순한 휴식을 위한 먼 곳의 여행은 더욱이 현실적이지 못하다. 결국 여행은 아무리 금전적인 여유가 있다 하더라도 젊어서 튼튼하고 호기심 많은 때에 할 일이지 은퇴후에 할 일은 아니기 때문이다.

(2) 은퇴후에는 전원생활을 하며 농촌에서 살리라

이 계획 역시 일견 현실적으로 보이지만 은퇴후 막상 시골에 전원주택을 지어놓고 생활을 새로 시작하는 경우를 보면 그리 쉬운 일이 아니다. 농촌에 뿌리를 내리고 근거지를 마련한다는 것이 많은 돈과 시간 그리고 낯선 곳에 대한 적응 등이 필요하기 때문이다. 그리고 도시생활에 익숙한 모습에서 하루아침에 불편한(?) 농촌생활을 감내하는 것도 하루 이틀 한달 두달이지 수년동안 할 일이 못된다. 혹 친구를 만나거나 서점이나 흔한 문화시설을 접하기도 어렵기 때문이다. 그래서 큰맘 먹고 어렵게 준비한 전원주택도 은퇴후 처음에는 자주 머물다가 조금 지나면 주말마다 나중에는 한달에 한두번 가는 곳으로 변한다. 비용과 시설의 낭비가 되고 유지보수 역시 쉬운 일이 아니어서 결국 그림같은 전원주택은 애물단지로 전락하기 십상이다.

(3) 은퇴후에는 저술작업과 휴식으로 소일하리라

은퇴후의 삶은 길다. 대학을 졸업하고 직장과 사회에 공헌하기 시작하는

---

258) 2009년 02월 12일 06시 53분   조회:1115   추천:53   작성자: 김준봉

나이가 30세 전후이고 은퇴는 65세 전후이다. 대학 4년을 공부하고 전공을 살려 30여년을 그것으로 먹고 산다고 할까? 65세에 은퇴해도 아직 남은 생은 30년 정도가 된다. 그 긴 세월을 그냥 휴식하면서 할 것인가? 은퇴하면 혼자서 해야 할 일이 많아진다. 은퇴후 남은 30년을 위해 당연히 대학4년 정도의 공부를 다시 해도 결코 많은 투자가 아니다. 은퇴후의 전원생활을 위한다면 은퇴전 10여년은 전원생활에 적응훈련을 해야 한다. 하드웨어를 준비하는 것도 물론이지만 전원생활을 위한 소프트웨어를 준비해야 할 것이다. 농촌의 사람도 사귀고 전원의 맛도 익숙하게 말이다. 시골의 문화시설도 사용해보고 관공서도 친해져야 한다. 은퇴후에는 너무 늦다. 은퇴전 매년 30일 정도만 투자하면 충분히 가능한 일이다. 사람은 익숙한 곳이 편하다. 은퇴후 저술활동을 하려면 먼저 익숙한 환경을 만들어야 한다. 직장과 평소 기업에 익숙한 환경에서 자기 개인이 할 수 있는 익숙한 환경을 만들고 적은 훈련이 당연히 필요하다.

그를 위해 은퇴 10년전부터 혼자서 하는 습관을 길러야 할 것이다. 혼자서 버스도 타보고, 타자도 해보고, 관련 공무원도 만나보고 시골 이웃도 만나보고, 새로운 전공과 취미를 위해 책도 보고 학원도 다니고 전문학교든 학사편입이나 사이버대학도 다녀보기를 권한다.

이 모든 것은 은퇴전에 해야 할 일들이지 은퇴후에는 너무 늦고 능률도 오르지 않고 경쟁력도 현저히 떨어진다. 은퇴준비를 위하여 충북 진천에 전원마을을 구상하고 있다. 땅작업은 물론 20년전에 준비해 놓았고 지금이 은퇴 15년전으로 보고 매년 방학을 이용하여 시설을 준비하고 주변사람들과의 관계를 발전시키고 있다. "자연환경생태건축연구소"이다. 물론 저술작업도 준비하고 해외선교사를 위한 은퇴후 시설로도 활용할 계획이다.

전원생활을 계획하는 은퇴 10여년 이상 남은 친구들과 이일을 진행하고 있다. 현재 회사의 중역들이고 가장 바쁜 생활을 하고있는 50대 초반이다. 가장 바쁘지만 가장 은퇴준비하기에 경쟁력이 있는 나이이기도 하다. 여러분은 은퇴준비를 하고 있는가. 아니면 '시간이 해결해주겠지' 하며 애써 모른척하고 있는가. 우울한 노후냐, 안락한 노후냐는 준비에서 갈린다. 준비하는 사람에겐 달콤하지만 그렇지 못한 사람은 고통이다. "대한민국에 사는 모든 사람은 나이를 불문하고 지금 당장 은퇴준비에 나서야 합니다." 얼핏 보면 은퇴관련 금융회사들이 내보내는 광고문구 같다. 하지만 그렇지 않다.

국내 최고의 은퇴설계 전문가들이 이구동성으로 하는 얘기다. 은퇴준비는 이미 선택이 아닌 필수가 되었기 때문이다. 한국펀드연구소장은 "서양에서는 20대의 젊은 사람이 직장에 취직하자마자 곧바로 은퇴준비에 나선다"고 소개한다. 이런 선진국형 은퇴준비 문화는 아직 우리와는 거리가 멀다. 은퇴준비가 왜 중요한 것인가?

과거와 달리 고령화, 저출산이 심화하면서 단순히 국민연금에만 기대어 살 수 없는 시대가 되어버렸기 때문이다. 수명이 늘면서 의료비 지출이 늘어나는 점도 은퇴후의 삶을 위협하는 요인이 되고 있다. 강창희 미래에셋투자교육연구소장은 은퇴준비 필요성의 가장 큰 요인으로 고령화와 저금리를 꼽았다. 은퇴 이후에도 살아갈 날이 많아졌기 때문에 저금리 시대를 극복하면서도 안락한 노후를 위해선 은퇴전에 자금준비가 철저해야 한다는 얘기다.

그는 특히 고령화가 '무서운' 요인이라고 말한다. 예전에는 65세 정도가 평균수명이었지만 이젠 다르다. "현재 나이 60이면 기대여명이 남자는 30.75년, 여자는 36.63년이나 됩니다. 남자는 91세, 여자는 97세까지 산다는 얘기지요." 은퇴후 시간은 생각보다 길다.

조경만 엉클조 아카데미 원장은 노후생활은 크게 네 가지로 나뉜다고 말한다. 자식에게 얹혀살기, 국민연금을 더 달라고 정부에 요구하기, 노후자금이 없어 부부가 탑골공원에서 살기, 그리고 마지막은 '내가 내 돈을 모아서 살기'다. 이 중 가장 현실적인 게 바로 마지막 방안이다. 일반 대중이 고통스럽지 않게 편안한 노후를 보내기 위해 은퇴설계는 이젠 필수다. 은퇴설계를 하려면 보험이나 저축, 투자 같은 재무상담을 받는 것이 현명하다. 김지영 PCA생명 상무는 "개인이 혼자 이같은 일을 처리하는 건 쉽지 않은 일이기에, 전문가들을 찾아 은퇴설계 상담을 받는 게 중요하다"고 말한다. 구체적인 은퇴준비 절차를 살펴보면, 먼저 인생 단계별로 얼마의 자금이 필요한지를 파악해야 한다. 현재 갖고 있는 돈이 얼마고, 은퇴전까지 모을 수 있는 자금은 어느 정도며, 은퇴후에는 얼마나 많은 자금이 필요한가를 계산해 보는 것이다. 그 다음에는 보험사나 은행, 증권사의 전문상담원과 상담한 뒤 노후설계를 짜는 게 좋은 전략이다. 그 다음에는 사안별로 목표시기를 정해야 한다. 주택구입비, 자녀교육비 같은 목돈이 필요하다면, 그 시기를 설정하고 필요한 자금을 모으기 위해 지금 무엇을 어떻게 해야 하는가를 구체적으로 생각해 봐야 한다. 이어 목표를 장기 혹은 단기로 할지 정하고, 필요한 금액과 본인의 투자성향에 맞는 금융상품을 찾아 투자와 저축을 시작하는 게 중요하다. 이같은 은퇴준비 원칙을 정하고 지속적으로 포트폴리오를 유지하면, 은퇴 시점에서 원하는 목표를 얻을 수 있다.

1) 일 준비가 돈 준비만큼 중요

은퇴 견적을 산출해 보는 것도 매우 중요하다. 은퇴후에 과연 내가 얼마가 필요한가를 알아야 그 목표 달성을 위해 어떤 계획을 세울 것인지도 명확해지기 때문이다. 대부분은 재테크에 관심이 높지만, 매우 단기적인 안목으로 투자하는 것도 사실이다. 소득의 일정액을 꾸준히 저축하되, 장·단기 목적으로 각각 얼마씩 투자해야 하는지 명확히 정할 필요가 있다.

은퇴 준비자들이 주목해야 하는 상품은 나이별로 조금씩 다르다. 김지영 상무는 "20~30대는 은퇴까지 여유가 있으므로 가능한 한 빨리 투자를 시작해 목적자금을 준비하되, 활동이 왕성한 시기이므로 사고와 질병에 대한 보장도 별도로 준비하는 것이 좋다"고 밝혔다.

40~50대는 준비된 목적자금을 자녀의 교육 등에 활용하고, 노후 소득을 확보하기 위한 투자를 계속할 필요가 있다. 아울러 의료비가 은퇴자금을 위협할 수 있다는 점을 알고, 예기치 않은 노후 질병에 대한 준비도 착실히 해둘 필요가 있다는 게 김 상무의 설명이다.

예전에는 은퇴상품이라면, 저축이나 부동산을 떠올렸지만 이젠 저금리 시대라는 것을 잊어서는 안된다. 강창희 소장은 "저금리 시대인 만큼 은행

상품으로 은퇴에 대비하는 일은 있어서는 안된다"고 강조했다. 은퇴설계전문가들이 이구동성으로 각종 보험상품을 유력한 은퇴상품으로 거론하는 이유도 바로 여기에 있다. 언제부터 은퇴준비를 하는 게 좋을까? 우재룡 소장은 "과감하게 20대부터 은퇴준비를 할 필요가 있다"고 말한다. 전기보 행복한은퇴연구소장도 비슷한 생각이다. 은퇴준비는 하루라도 빨리 하는 게 낫고, 요즘엔 은퇴준비를 하는 주력층이 기존의 40대에서 20대까지 내려왔다고 한다. 작년에 진행한 은퇴설계전문가 과정에 20대 대학생 커플이 등록해 전 소장이 놀랐던 기억이 있다. 전 소장이 당시 그 젊은 커플에게 왜 은퇴준비를 20대에 하느냐고 물었는데, 커플의 답은 이랬다. "인생에서 1막, 2막, 3막(은퇴 후 인생)이 있다면, 2막을 거치지 않고 1막에서 바로 3막을 준비하고 싶었어요." 노년학 전공 박사인 송양민 가천의과학대 보건대학원장은 "적어도 30대부터는 은퇴에 대비한 재정적인 준비를 해야 한다"고 말한다.

준비하는 기간만큼 탄탄한 은퇴생활을 할 수 있다는 게 그의 지론이다. 30대부터 30년간 은퇴준비를 하면, 은퇴후 30년간 안락하게 살 수 있다는 얘기다. 수명이 길어지면서 은퇴시장은 엄청나게 커지고 있다. 2007년 12월 발표된 통계청 자료를 보면, 2006년 출생아의 기대수명이 남자는 75.74세, 여자는 82.36세로, 2005년에 비해 각각 0.60년, 0.48년 늘었다. 연령별 기대수명이 길어지는 것도 금융회사들엔 호재다. 2006년 현재 기준으로 30세 남자는 46.7년, 여자는 53.2년을, 45세 남자는 32.6년, 여자는 38.6년을 더 살 것으로 예상되고 있다. 게다가 물가상승률을 감안하면 실질적인 마이너스 금리 시대다. 전통적인 부동산투자나 은행저축으로 은퇴에 대비를 할 수 없는 시대가 되었고, 이에 따라 보험상품에 눈을 돌리는 은퇴설계자가 부쩍 늘었다.

이런 잠재가입자를 선점하려는 금융회사들의 발걸음도 더 빨라졌다. PCA생명은 은퇴시장의 선구자라는 평을 듣고 있다. 이 회사는 2005년 당시 업계 최초로 은퇴에 관한 모든 것을 아우르는 통합 캠페인을 진행했고, 은퇴상품 포트폴리오, 은퇴견적 산출서비스, 은퇴준비를 위한 재테크 도서 출간, 은퇴 세미나 등을 통해 종합적으로 전문적인 재정설계를 고객들에게 제공했다. 9월부터 5차 은퇴준비 캠페인을 시작했다. 그 밖에 삼성생명은 '퓨처50'이란 은퇴설계 전략을 세워 대대적인 마케팅에 나섰고, 대한생명도 '골드에이지 플랜'이란 슬로건으로 은퇴상품 가입대상자 공략에 나섰다. 미래에셋생명은 은퇴설계 슬로건인 '러브 에이지'를 앞세워 마케팅에 나서고 있다. 메트라이프생명은 은퇴설계전문가 양성과정을 만들기도 했다. 은퇴후 중요한 것 중의 하나는 돈(재무적 요소)이고, 다른 하나는 긴 시간을 보내는 방법(비재무적 요소)이다. 먼저 재무적 요소에 필요한 상품부터 살펴보자.

전기보 행복한은퇴연구소장은 "은퇴후에는 10억원짜리 부동산보다는 매월 500만원이 나오는 연금이 더 좋다"면서 종신형 연금상품을 눈여겨 보라고 제안한다. 그는 또 "경제적 여유가 있다면 일시납을 통해 즉시 연금효과를 얻을 수 있는 '즉시연금'도 고려할 필요가 있다"고 말한다. 강창희 소장은 "은퇴전에 목돈 마련도 중요하지만 금융상품을 통한 돈관리, 은퇴준비관리가 더 중요하다"고 강조한다. 그는 국민연금은 기본이라며 동시에 퇴직연금, 변액연금보험도 추천한다. 우재룡 소장은 자식에게 과다하게 사교육비를 투자하는 것을 피해야 한다고 강조한다. 그는 보험 중에서도 특히 투자성격을 갖춘 변액유니버설보험이나, 연금성격도 갖춘 변액연금보험에 들것을 권한다. 비재무적 요소에 대한 준비도 필요하다.

전기보 소장은 은퇴후 '일'을 강조한다. 일이 반드시 필요하다는 얘기다. 강창희 소장은 은퇴후에 해야 할 일을 은퇴전에 준비하라고 한다. 그는 "지미 카터 대통령이 자원봉사를 해서 유명해진 해비탯(사랑의 집짓기) 운동이 있지 않습니까? 거기에서는 정년 이후 불쑥 자원봉사를 하겠다고 하면서 찾아온 이들을 받아주지 않는다"고 말한다. 은퇴전 자원봉사를 한 이들만 받는 것인데, 이는 은퇴준비의 필요성을 잘 보여주는 대목이다. 송양민 대학원장은 은퇴전에 문화에 대한 공부도 미리 할 필요가 있다고 말한다.

은퇴후 인생을 문화적으로 풍부하게 꾸미기 위한 전략인 셈이다. 모차르트나 브람스 명곡을 듣고 이해하려면, 또 야수파와 인생파 그림을 보고 이해하려면 은퇴전에 정신적, 문화적 교양을 미리 쌓아둬야 한다는 것이다.

2) 내가 생각하는 10대 은퇴준비 원칙

(1) 가족, 특히 자녀들을 모아 놓고, 부모의 노후생활에 대한 질문을 던져라. 자녀 교육비도 중요하지만 은퇴준비 자금이 더 중요하다는 말을 잊지 말라.

(2) 자녀교육비와 은퇴자금을 적절하고 균형감있게 분배하도록 부부가 함께 먼저 의논하라. 부부의 취미를 서로 공유하고 서로 친구가 되어야 한다.

(3) 매년 15-30일은 은퇴준비생활의 적응을 위해, 매월 30만~50만원은 무슨 일이 있어도 은퇴준비자금으로 사용하라.

(4) 은퇴후 할 일을 먼저 생각하고 계속 현실화를 위하여 그 생각을 발전시킨다. 바뀌는 생활과 자금상황에 따라 은퇴후에 할 일을 계속 구체화시켜야 한다. 은퇴후를 준비하면 지금의 생활이 즐겁고 더 윤택해진다. 은퇴를 준비하는 것은 현실의 도피가 아니고 현실을 더 충실히 하는 것이다.

(5) 은퇴후에 가 볼 곳을 은퇴전에 반드시 미리 가보고 조금씩 준비한다. 여행은 은퇴전에 할 몫이다.

(6) 은퇴후에 필요한 제2의 직업을 미리 준비하라. 젊었을 적에 은퇴준비를 하고, 은퇴준비기간으로 최소한 10년 이상을 생각하라. 새로운 전공을 반드시 하나 더 준비하기를 권한다. 남은 삼십년을 위하여 학사편입을 해서라도 3년은 새로운 전공을 해야 하지 않은가?

(7) 전원생활, 해외생활도 가능한 방법으로 생각하고, 이 분야에 관심있는 사람들을 만나보라. 그리고 은퇴전에 5-10%의 시간과 물질을 할애하여 은퇴생활을 준비하라, 아니 은퇴생활을 미리 시작하라.

(8) 은퇴시점의 자산규모를 예측하고 예상 포트폴리오를 만들어라. "돈은 버는 것은 기술이고 돈을 쓰는 것은 예술이다" 그러나 돈을 쓰면서 유지하는 것이 가장 어렵지만 바람직하다.

(9) 체력을 비축하고 건강을 발전시켜라.

인생은 길다. 마라톤 경주다. 은퇴후를 건강하게 살지 않으면 은퇴후는 자기에게나 가족에게나 최악일 뿐이다. 건강은 중요하다고 생각하지만 급한 것은 아닌 것으로 생각하기 쉽다. 은퇴준비를 위해 가장 긴급하고 중요한 것은 건강이다.

(10) 건강, 할일, 그리고 기본생활자금 이 세 가지는 반드시 지금부터 준비해야 한다. 은퇴 15년전은 1%를, 은퇴 14년전에는 2%를, 은퇴 2년전에는 14%를, 은퇴 1년 전에는 15%의 시간을 은퇴에 준비하자. 익숙한 것이 가장 생산성이 높고 편하다. 은퇴후 할 일에 대하여 익숙해지는 것이 무엇보다도 필요하다.[259]

일리가 있는 말씀입니다. 은퇴전에 '은퇴후'의 많은 일들을 해야겠군요. 은퇴 역시 우리의 인생에서 누구나 맞이하는 죽음과 마찬가지로, 인생에서 중요한 삶의 한 부분으로 미리 준비를 하고 생각해야 할 바라고 생각합니다. 저출산, 고령화가 지구촌의 사회적 문제로 부상하고 있는 시점에서, 은퇴는 누구나 준비를 하고 '공부'를 해야 한다고 봅니다.[260]

동감합니다. 마흔살부터 노후준비가 시작된다는 강의를 들었을 때 좀 의아했던 기억이 있습니다. 그때까지만 해도 그 말의 진의를 잘 몰랐습니다. 그런데 오늘 교수님 글을 읽고 보니 정말 직장생활을 시작하면서부터 노후준비가 수반한다는 미국식이 맞다고 생각되고, 늘 젊을 줄로만 알고 정신없이 일만하는 세대들에게 꼭 필요한 말씀이라 생각됩니다. 좋은 글 잘 읽었습니다.[261] 저도 좋은 글 잘 읽었습니다. 저는 작년에 퇴직했어요. 이미 전에 은퇴준비를 잘한 것 같았는데 정작 당하니 한동안 적응이 안되고 소외당한 것 같은 느낌에 당황했어요.

그리고 조바심이 났어요. 그래서 고작 생각한 것이 외국어 배우기에 나섰답니다. 무척 힘 들지만 그 이상으로 즐겁고 신납니다.[262]

---

259) http://zoglo.net/blog/read/f_waiguo06/63943(2012.2.3)
260) 작성자 : 김범송, 날자:2009-02-13 05:12:47
261) 작성자 : 남춘애, 날자:2009-02-12 19:21:21
262) 작성자 : 김순희, 날자:2009-02-12 09:33:42

36. 노후준비 노후자금 노후대책 은퇴 이후의 삶

은퇴 이후 행복한 노후생활을 위해서는 많은 준비가 필요합니다. 1순위는 건강이고 그 다음으로는 편안한 삶을 위한 생활비와 의료비입니다.[263]

은퇴생활은 활동기(60~70대 중반), 회고기(70대 후반), 간병기(80대), 부인생활기, 부인의 간병기 총 5개로 구성됩니다. 이 5개의 시기를 알아야 좋은 계획을 세울 수 있습니다. 흔히 말하는 은퇴설계란 재무적인 준비와 비재무적인 준비로 이루어져 있습니다. 여기서 재무적인 준비는 노후생활비, 의료비를 마련하는 것이고 비재무적인 준비는 건강, 자기계발, 가족관계, 주거계획을 실천하는 것입니다. 행복한 은퇴생활이 되려면 당연히 재무적인 준비와 비재무적인 준비가 균형을 이루어야 합니다. 노후생활의 승패는 비재무적인 면이 크게 작용하기 때문에 지나치게 재무적인 면에 치중을 두면 안되겠습니다.

1) 재무적 준비인 은퇴생활과 의료비

노후생활에서 매우 중요한 준비사항은 부부의 의료비와 간병비입니다. 은퇴 이후 생활비 마련을 중심으로 설계하다 보면 자칫 질병에 대한 대비가 소홀하기 쉬운데 치매, 당뇨, 뇌졸중 등 노인성 질환이 증가하고 있으므로 대비를 해두셔야 합니다. 장기적인 치료가 필요한 상황이 발생했을 때 치료장소로는 가정과 요양병원, 요양원 이 세 가지 곳이 있습니다.

우리나라 사람들은 가정에서 치료받는 것을 상대적으로 선호하지만 다른 가족의 희생이 따라야 하는 문제가 있고 갑작스러운 상황이 생겼을 때 의료서비스가 불가능하기 때문에 적합하지 않다고 생각됩니다. 요양원은 가정에서 모시기 어려운 치매환자나 중풍, 거동불편 고령자와 같이 특별한 약물 및 재활치료가 필요없는 경우에 활용합니다. 최근 요양병원과 요양원에 대한 수요가 점차 늘어나면서 시설도 급증하고 있습니다. 요양시설의 단점

---

[263] 이레이저 | 조회 259 | 추천 0 | 2012.01.22. 21:02. 노후준비 노후자금 노후대책 은퇴 이후의 삶

이 있다면 많은 비용이 들어간다는 것을 지적할 수 있습니다. 하지만 요양병원의 경우 건강보험이 적용되며 본인 부담금은 월 80~250만원 정도입니다. 그리고 요양원은 노인장기요양보험에서 비용의 80%를 보조받을 수 있으며 본인 부담금은 월 50~70만원 수준이기 때문에 미리 보험 등의 금융상품을 들어두시면 좋겠습니다.

요양경비를 마련하기 위해서는 3단계로 생각해 볼 수 있습니다. 우선 1단계는 연금상품을 활용해 본인 부담금, 간병비를 마련하고, 2단계는 건강보험의 특약 등으로 장기요양 비용을 준비합니다. 3단계는 실손보험 등 실제 들어가는 병원비를 마련합니다. 일반적으로 남편이 사망한 이후 홀로 남게 될 부인의 의료비나 요양경비는 남편의 종신보험 등을 이용할 수 있습니다.

2) 비재무적 준비인 은퇴 이후의 주거계획

우리나라 국민의 자산 중 70~80%가 부동산이 차지하는 비중입니다. 노후자금이 부족한 사람들은 은퇴후 부동산 자산을 줄여서 생활비를 마련해야 하는 절박한 상황에 처하게 되는데, 은퇴자들이 행복하게 거주하는 곳을 찾기 위해서는 자신의 라이프스타일, 비용, 가족관계, 사회활동 등을 복합적으로 고려해야 합니다. 많은 사람들이 자신이 오랫동안 거주했던 친숙한 지역에서 가능한 오랫동안 독립적인 생활을 유지하고 싶어하지만 은퇴생활을 위해서는 간병, 식사, 취미, 여가 등에 많은 서비스가 필요합니다. 대부분 주거지를 이동하는 이유는 자신의 집에서 생활하기에는 매우 불편하며, 병원에 가기 힘들거나 사회와 단절돼 외롭기 때문에 주거지를 이동합니다. 그러므로 우리가 노후에 살 곳은 생활비가 적게 들어가고 안전하고 자연환경이 좋고 의료시설이 근처에 있어야 합니다.

3) 꼭 필요한 부인의 은퇴준비

고령화 시대에는 예상하지 못한 어두운 면이 많이 생기는데, 그 중 홀로 된 여성 고령자들이 취약한 노후준비로 빈곤에 시달리는 현상입니다. 우리나라의 노인 자살률이 세계최고 수준에 이르는 것도 생활고와 외로움을 겪는 1인가구 증가와 무관하지 않은 것 같습니다.

대부분 가정들이 노후준비를 할 때 남편과 부인이 같이 살아있는 기간 동안의 비용만 준비하는 경향이 강한데 이제 은퇴설계의 중심을 남성에서 여성으로 이동해야 합니다. 그러기 위해서 준비해야 할 부분으로는 다음과 같습니다.

첫째, 연금과 의료비를 부인이 탈 수 있게 마련해야 합니다.

둘째, 부인이 홀로 됐을 때 은퇴후 생활하는 집은 살아가는 터전이 되므로 남편 생존시 처분해 쓰지 않도록 노력해야 합니다.

셋째, 자녀 교육자금 때문에 연금을 준비 못한다면, 남편을 피보험자로 한 종신보험에 가입하는 것도 좋은 방법입니다.

남편이 사망후 수령하는 종신보험금은 부인이 혼자 사는 기간 동안의 노후 생활비와 의료비를 마련해 줄 뿐만 아니라 자녀의 학자금과 결혼자금의 활용으로 유용하게 쓰일 수 있습니다.[264]

37. 우리 현실에 맞는 은퇴설계의 필요

우리나라의 중년층은 부모를 부양한 마지막 세대이면서 자식에게 부양을 기대하기 어려운 첫 번째 세대다.[265] 오랜 세월 부모부양 자식교육 내집마련을 위해 노력하고 있으며 조기퇴직과 같은 고용불안에 시달리고 있다. 당연히 노후생활비와 의료비를 제대로 마련하지 못하고 있다. 노후준비란 노후생활비와 의료비를 중심으로 한 재무적 준비가 전부는 아니다. 인생을 행복하게 살 수 있는 비재무적 준비가 뒷받침되지 못하면 모래위의 누각처럼 허술해진다. 이제부터는 서투르게 서양식 노후준비를 모방하기 보다는 한국 현실에 적합한 준비방법을 세워야 한다. 그러기 위해서는 여러가지 지식과 고민이 필요하며 효과적으로 실천하는 방법을 채택해야 한다.

---

264) http://cafe.daum.net/UK/2wlo/82618?docid=bU|2wlo|82618|20120122210203&q=%C0%BA%C5%F0(2012.2.3)
265) 가계부 체크와 재테크, 무한초보 | 조회 2040 | 추천 0 | 2011.11.26. 13:59, 우리현실에 맞는 은퇴설계가 필요하다.

첫째, 은퇴계획(retirement planning)에 대해 충분한 지식을 쌓아야 한다. 은퇴후의 생활비 의료비 주거계획 취미·봉사·종교활동 간병계획 상속계획 등에 대해 깊은 지식을 갖추도록 노력해야 한다. 적어도 은퇴후 노후생활이 활동기(은퇴시점~70대 중반), 회고기(70대 중반~70대 후반), 남편간병기(70대 후반~사망시점까지), 부인 추가 생존기라는 4단계로 구성돼 있다는 점을 잘 이해할 정도는 돼야 한다.

둘째, 지금부터 자신의 여건이 허락하는 범위내에서 가능하면 비용을 줄여서 은퇴자금 마련에 최선을 다해야 한다.

자녀 교육비와 결혼비용과 같이 부담이 큰 항목은 자녀와 협의해서 조금이라도 줄이도록 할 필요가 있다. 또 자동차의 크기를 줄이고 아파트 평수를 줄이는 등 비용을 과감하게 절감해야 한다.

셋째, 은퇴후의 주거계획을 세워야 한다.

우리나라 국민들의 자산은 부동산 80%, 주식 5%, 채권 15%로 이뤄져있다. 부동산 자산 비중이 너무 크다. 은퇴후 필요한 집은 그다지 크지 않아도 되며 임대를 하지 않는 이상 부동산에서는 매달 생활비가 나오기 어렵다는 사실을 알아야 한다. 지금부터라도 부동산 자산을 금융자산으로 바꾸고 은퇴생활을 어디서 할 것인가를 진지하게 고민해야 한다.

넷째, 은퇴생활에 필요한 비용을 충분하게 준비해야 한다.

준비해야 하는 사항은 은퇴후 부부생활비, 남편 사망후 10여년간의 부인 생활비, 남편과 부인의 의료비, 상속재산이 있는 경우 상속세 납부자금, 취미생활이나 봉사활동용 자금 등이다. 하지만 현실에서는 전문가를 통해 엄격하게 계산을 해본 사람들이 많지 않고 계산을 했다고 치더라도 대충 부부생활비만 마련하는 경우가 대부분이다. 다시 꼼꼼하게 따져보도록 하고 각 항목별로 준비하는 방법과 가장 적합한 금융상품을 고르는 정보를 확보해야 한다.

우리는 노후를 불안해하면서도 준비를 차일피일 미루는 성향이 강하다. 이제부터 은퇴계획을 다시 세우자. 어디서, 무엇을 하며 제2의 인생을 보람있게 보낼 것인지를 꼼꼼하게 고민해야 한다. 그러면 과감하게 포기할 항목과 선택할 사항들이 나오며 그만큼 인생설계는 명확해질 수 있다. 노후준비가 허술한 것은 자금문제와 인생설계가 뒤엉켜 있으므로 현명한 생각으로 잘 풀어내야 한다.266)

38. 해마다 새해설계보다 은퇴설계를

호주 출신의 세계적 언론재벌 '뉴스 코퍼레이션'의 루퍼트 머독 회장은 고희(70세)를 맞았다. '뉴스 코퍼레이션'은 아시아의 STAR-TV, 유럽의 Sky-TV를 손에 넣은 데 이어, 얼마 전까지 미국 최대 위성방송업체인 Direc-TV마저 인수하려 했다. 최근 인수 제의를 철회하기는 했지만 머독이 전 세계를 커버하는 위성 TV망을 건설하겠다는 야심을 버린 것으로 보기는 어렵다.267) 머독은 지난 11월19일 '고희둥이'를 보았다. 그의 세 번째 부인 중국계 웬디 덩(33)이 뉴욕에서 여아를 출산한 것. 이로써 그는 80세 나이에 13번째 아이를 얻은 배우 앤서니 퀸 다음으로, 늙은 나이에 자식(5번째)을 얻은 유명인사로 기록됐다. 야심가 가운데 정력가가 많다는 사실의 한 예다. 머독은 고희를 맞은 감회에 대해 이렇게 말했다. "지금까지 61만3000시간을 살아왔다. 20만1000시간은 유년기와 청년기에 적절치 못한 교육을 받느라 흘러갔으니 41만2000시간이 남는다. 이중 잠자고 쉬는 데 사용한 3분의 1을 제하면 27만5000시간이 남고, 이마저도 가족과 함께 휴가와 저녁시간을 보내느라 상당부분 소비했으니 실제 일한 시간은 기껏해야 20만시간(22년 8개월)밖에 되지 않는다. 그런데 근무시간 중 쓸데없는 각종 회의와 보고서 읽는 데 이중 절반을 소비했으니 결국 10만시간만 제대로 썼다는 결론이 나온다."

---

266) http://cafe.daum.net/FashionBest/QmLg/2227?docid=18H3Z|QmLg|2227|20111126135951&q=%C0%BA%C5%F0(2012.2.3)
267) 새로운 물결 | 조회 40 | 추천 0 | 2012.02.01. 10:31, 해마다 새해설계를 짧게 아니라 - 은퇴설계를

뻔한 '새해 다짐' 대신 '은퇴계획'을 짜보자. 성공하려면 자신의 시간관리에 이렇게 철저해야 한다는 얘기를 하려고 장황한 그의 발언을 인용한 것은 아니다. 물론 현대에서의 성공은 '시(時)테크'와 매우 관련이 깊다. 시간관리를 제대로 하지 못하면서 성공을 기대하는 것은 '백사장에서 바늘 찾기'와 같다. 오죽하면 '초(秒)테크'란 개념까지 등장했겠는가. 머독 발언의 강조점은 뒤에 있다. "나는 건강한 편이어서 앞으로 17만5000시간(90세까지)을 더 살 수 있을테고, 이중 7만5000시간(8년 5개월)을 생산성있는 일을 하는 데 보낼 수 있을 것이다." 강조하고 싶은 것은 노후계획, 곧 은퇴계획에 대한 얘기다. 머독은 철저하게 자신의 인생플랜을 짜두고 있다. 여생을 어떻게 보낼 것인지 분명한 계획과 지향점을 갖고 있다. 물론 천명(天命)이 그의 의지대로 될 수 있을지 모르지만, 어쨌든 머독은 자신의 의지를 실현하고자 노력할 것이다. '인터케이엠'은 설비관리 전산시스템 전문회사로 국내 시장의 70%를 점유한 성공한 기업이다. 이 회사의 박명진 사장은 미국이민 1.5세대로 올해 40세다. 그는 초등학교 5학년 때 미국으로 건너가 웨스트포인트를 졸업했다. 그는 웨스트포인트의 엄격한 규율 때문에 졸업하는 날까지 후회하지 않은 날이 드물었고, 동기생 1500명 가운데 950명만 졸업할 정도로 탈락자도 많았지만, 어쨌든 버텼다. '내 발로 나가면 내가 지는 것'이라 생각했기 때문이다. 그렇게 힘든 과정을 거친 이력이 있고 사업도 승승장구하고 있으니 일에 재미를 붙일 법도 하지만, 그는 한 인터뷰에서 뜻밖의 이야기를 한다. 마흔다섯에 은퇴할 계획이며, 그때 은퇴해도 아무런 문제가 없을 만큼 회사를 키우기 위해 구체적인 일정을 잡아놓고 있다는 얘기다. 물론 마흔다섯 살에 은퇴한다는 것은 일에서 아주 손을 뗀다는 것이 아니고, 단지 돈버는 일에서 벗어나 무엇인가 자기개발을 위한 제2의 플랜을 생각하고 있다는 의미일 터이다. 90세까지 일을 생각하는 머독과, 그 절반의 나이에 은퇴를 생각하는 박명진 사장은 어쩌면 전전세대와 전후세대의 가치관 차이를 대변하는 듯하다. 그러나 공통점은 명확하다. 자신의 은퇴계획을 분명히 가지고 있다는 사실이다. 우리가 원하든 원하지 않든 은퇴할 시기는 닥쳐온다. 내 인생의 '실버 시대'를 적극적으로 맞이하느냐, 마지못해 맞이하느냐의 차이만 있을 따름이다.

  새해가 시작된다. 새해 아침에는 '새해 다짐' 대신 은퇴계획을 짜보자. 그쪽이 훨씬 분명한 지향점이 생기지 않을까? 올해 연봉 24억원을 받은 '휠라코리아'의 윤윤수 사장이 텔레비전 광고에서 은퇴후 생활을 즐길 전원주택을 찾아다니는 것처럼, 근사한 계획은 아닐지라도 무엇인가 준비해야 한다는 것은 분명하지 않은가.[268]

---

268) http://cafe.daum.net/sunwoo852/JVX6/14?docid=1OyxZ|JVX6|14|201202011 03124&q=%C0%BA%C5%F0(2012.2.3)

제4장 퇴직후의 창업과 성공방법

1. 퇴직후 창업, '황금테마' 베스트

죽카페 등 웰빙 트렌드 노려라. 교육시장도 성공테마[269] 10년에서 20년간의 직장생활을 마치고 창업전선에 나섰을 때 성공 창업자가 되기 위해서는 회사 다니는 중에 '똑똑한' 창업자가 될 준비를 하는 게 이상적이다. 최소한 1년 이상 신문 방송 등을 통해 업종의 동향이나 흐름을 지켜보도록 한다.

창업 사이트 몇 곳을 정해서 정기적으로 방문하며 업종의 변화추이를 읽고, 성공사례도 분석해보면 도움이 된다. 또 퇴근후 거리를 걸을 때도 현장감각을 익히기 위해 창업준비자로서 마인드를 가지고 세상을 봐야 한다. 벤치마킹을 많이 할수록 능숙한 창업자가 될 수 있다. 늘 주변을 둘러보며 고객관리, 인테리어 상품 및 서비스 품질 판촉전략 등을 보고 평가하며 간접적으로 시뮬레이션하는 것도 좋은 방법이다. 혼자만의 힘으로 준비하는 것은 한계가 있으므로 창업 동아리를 조직, 스터디하는 것도 도움이 된다. 요즘은 인터넷 사이트에도 창업동아리가 많은데 이런 활동도 인맥을 구축하고 살아있는 정보소스를 입수하는 중요한 창구다.

1) 소수정예 영어말하기학원

교육시장에서 영어는 영원한 황금테마다. 영어에 어느 정도 자신있는 퇴직자라면 최근에 인기를 얻는 대화식 영어학원에 도전해 볼 만하다. 영어로만 대화를 하는 게 특징이며, 원어민 수준의 영어를 구사하는 교민 출신들이 주로 강의를 맡는다. 학생들의 회화능력 향상을 목표로 하는 소수정예의 교육센터다. 36단계의 맞춤교육을 제공하는 토킹클럽(www.talkingclub.co.kr), 원어민 강사가 등장하는 디비디 교재를 이용하고 한국인 강사가 가르치는

---

[269] 2004.10.25 00:00:00 | 조회 1,754

버터영어(www.butterenglish.com), 1 대 1 개인랩실을 완비해 듣기실력을 향상시키는 해법영어교실(www.hbenglish.co.kr) 등이 있다. 창업비용은 홈스쿨형은 100만~500만원, 학원형은 25평 기준 2500만원 정도다.

2) 유기농식품점

웰빙바람을 타고 뜨고 있는 업종. 무공해 식품과 가공품을 판매하는 이 사업은 친환경적인 사업이라는 가치 덕분에 고학력퇴직자나 주부들에게 인기를 얻는 업종. 2~3년 사이에 급속히 늘어나고 있다. 다만 최근에는 지역에 따라 난립하는 경향도 있으므로 주의해야 한다. 점포 크기는 10~15평 규모가 적당하며, 중·상류층 아파트 밀집지가 최적장소다. 점포 포함, 총투자비는 8000만~1억원. 한겨레초록마을(www.hanifood.co.kr), 무공이네농장(www.mugonghae.com), 62농(www.62nong.com) 등이 있다.

3) 복합이동통신전문점

이동통신판매점은 직장인들이 가장 선호하는 업종이다. 깔끔하고 현대적인 이미지를 갖고 있고 노동 강도도 낮기 때문. 하지만 이동통신사의 대리점이 되려면 상당한 자금력이 필요하고, 영세한 판매점 규모로는 큰 수익을 얻기 어렵다. 이런 틈새를 노려 새로 등장한 사업이 복합이동통신전문점이다.

자금력있는 본사의 도움으로 이동통신사의 전속대리점 수준으로 물량을 확보하고 이익을 볼 수 있게 하면서 세무, 전문인력파견, 관련교육을 맡아서 대행해주는 게 특징. 점포 개설비용도 기존 대리점보다 저렴한 6000만~7000만원. 복합판매점이라 고객은 비교해서 최저가로 물건을 구매할 수 있다는 장점이 있다. 체인브랜드로는 매니아플러스(www.maniaplus.net)가 있다.

4) 고급 PC방

화이트칼라 출신의 남성 퇴직자들이 가장 선호하는 업종 중의 하나가 PC방이다. 계속 수요는 늘고 있지만 경쟁이 워낙 치열해 실패하는 사례가 적지 않은데도 퇴직자들의 관심은 식을 줄 모른다. PC방을 창업할 경우에는 시설 경쟁력과 게임매니아를 타깃으로 하는 경영전략에 각별히 신경을 써야 한다. 개설 후에는 나몰라라 하는 체인본사도 많으므로 사후관리가 확실하고 마케팅 노하우가 많은 본사를 골라야 안정적으로 운영할 수 있다. 향후 경쟁점 출점 동향도 세심히 체크해야 한다. 일반 PC방 체인이 단명하는데 반해 티엔티존(www.tntzone.co.kr)은 이 분야에서 가장 오래된 체인본사로 일체형 PC 등을 통해 가맹점 수익을 높여주고 있다. 지투존(www.g2zone.co.kr)은 게임산업개발원과 연계, 공신력있는 이미지가 있으며 마케팅 요소가 많다는 게 장점. 세계도시 테마가 특징인 사이버파크(www.valuespace.co.kr)도 인기를 얻고 있으며 유니넷(www.uninetpc.com) 등 많은 브랜드 PC방이 있다.

5) 쥬얼리전문점

여성들이 있는 한 액세서리 시장은 영원히 성장사업이다. 깔끔하고 운영이 단순해 여성퇴직자들에게 인기를 얻는 분야. 하지만 대부분의 패션형 업종들이 그렇듯 이 분야의 사업도 유행 흐름에 맞는 업태를 정해야 성공할 수 있다. IMF 이후 기존의 저가시장이 위축되고 미니골드(www.minigold.co.kr) 줄리엣(www.julietgold.com) 등 중가의 14K 쥬얼리 시장이 급성장했다. 최근에는 다양화되는 개성을 반영, 프시케(www.i-psyche.co.kr)와 같은 원석을 주제로 한 핸드메이드형 쥬얼리들이 인기다. 불황을 반영, 제이에스티나(www.jestina.com) 같이 실용성과 심미성을 갖춘 준명품형 액세서리점도 좋은 반응을 얻고 있다. 점포 크기는 10~15평이 적당하다. 준명품형 쥬얼리점의 경우 총투자비가 2억~3억원선, 14K 쥬얼리점은 1억5000만~3억원선, 원석쥬얼리전문점은 7000만~1억5000만원 정도의 자금이 든다. 입지는 여성유동인구가 많은 중심상가나 대학가 부근이 좋다.

6) 죽카페

지난해 웰빙 바람과 맞물리면서 죽카페 시장이 폭발적인 성장세를 기록했다. 죽이 성황을 이루게 된 것은 건강식, 다이어트식으로 인정받기 시작하면서부터. 시간을 아끼려는 직장인이 애용하는 점심 메뉴이기도 하다. 예전과 달리 인테리어도 카페나 레스토랑식으로 깔끔하게 꾸며 죽의 이미지를 높이고 전면 통유리나 원목 탁자 등을 사용하여 모던한 느낌을 주는 곳이 대부분이다. 원팩시스템으로 조리시간을 대폭 단축하고 재료를 반가공 혹은 완제품에 가까운 형태로 가맹점에 보급함에 따라 외식업에 대한 경험이 없는 창업자도 손쉽게 일정한 수준의 죽을 끓일 수 있게 됐다. 10평 정도에서 창업비용은 3000만~4000만원선. 자연담은죽(www.naturejuk.com), 죽1001이야기(www.jukstory.com), 본죽(www. bonjuk.co.kr), 콘지하우스(www.congee.co.kr), 맛깔참죽(www.yesjuk.com) 등이 있다.

7) 삼겹살전문점

삼겹살전문점도 시대 흐름에 맞춰 다양하게 변신하고 있으므로 메뉴나 업태 인테리어 컨셉트 선정에 유의해야 한다. 어떤 메뉴 컨셉트를 정하느냐에 따라 투자비나 입지조건, 고객층에 차이가 나기 때문. 삼겹살의 차별화는 소스, 조리방법, 불판, 숙성 방식, 양념, 인테리어, 원재료의 종류, 부대메뉴에 따라 달라진다. 묵은김치삼겹살을 비롯 자수정삼겹살, 떡쌈삼겹살, 3초삼겹살, 쭈꾸미삼겹살, 돼지등짝갈비, 황금불판삼겹살 등이 있다. 삼겹살 전문점은 낮 매출이 부진하므로 점심메뉴를 잘 기획해야 한다. 30~40평 규모의 점포가 적당하다. 점포 구입비를 뺀 개설자금은 6000만~7000만원선. 점포 포함 총투자비는 1억~2억원선. 브랜드로는 3초삼겹살(www.i3sec.co.kr), 쭈삼쭈삼(www. jjusam.co.kr), 자수정삼겹살(www.posdg.com), 와돈(www.wadon.co.kr), 돈데이(www.donday.co.kr), 석기시대(www.ttokssam.co.kr) 등이 있다.

8) 베트남쌀국수전문점

일부 업체들이 쌀국수 가격을 기존보다 저렴하게 판매하는 중저가형을 선보이면서 일반인들에게 큰 인기를 모으고 있다. 깔끔한 인테리어와 색다른 메뉴, 건강 및 다이어트식이라는 인식이 인기비결. 점포규모에 따라 취급 메뉴의 종류가 달라진다. 전문주방장을 둘지, 맛이 표준화된 체인본사의 가맹점이 될지를 결정하는 것도 중요한 문제. 점포는 실평수 15~45평 정도가 적당. 소형평수는 요리보다는 쌀국수 메뉴를 주력으로 하는 게 일반적.

창업비용은 점포비를 제외하고 7000만~1억7000만원선으로 다른 업종에 비해서 많이 드는 편. 호아빈(www.hoabinh.co.kr), 호아센(www.hoasen.co.kr),

포호아(www. phohoa.co.kr), 포타이(www.photai.com) 등의 업체가 있으며, 정통 베트남식을 강조한 곳과 한국인에 맞게 변형된 맛을 추구하는 곳이 있다.270)271)

2. 400m내 같은 체인점 5개, "본사는 대박, 가맹점은 피박"

2010년에 대형 프랜차이즈 커피전문점을 낸 ○○○씨(37)는 꿈에 부풀었다. 계약상담을 할 때 본사는 "매달 4500만원 정도의 매출을 올리는 것은 문제없다"고 했다. 가맹비와 원재료값 등 각종 비용을 제해도 순이익이 20%는 된다니 수익이 매달 900만원이 나는 셈이었다. 100m²(약 30평) 남짓한 공간은 그에겐 희망이었다. 점포 보증금 1억원을 비롯해 가맹본사에 내야 하는 가맹비, 인테리어비 등에 들어가는 돈 2억3000만원과 각종 세금 등을 합치면 3억원이 넘게 필요했다. 그동안 회사 다니며 번 돈과 은행에서 대출받은 2억원을 더해 '다걸기(올인)'에 나섰다. 꿈이 깨지는 데는 그리 오랜 시간이 걸리지 않았다. 가게 문을 연 지 다섯 달 정도 됐을 때 직선거리로 500m도 안되는 곳에 규모가 다섯 배나 큰 같은 프랜차이즈 커피전문점이 들어섰다.

새로 문을 연 점포가 24시간 영업을 하면서 학생 할인까지 내세워 손님을 빼앗아 가니 당해낼 재간이 없었다.272) 2일 서울 서초구 남부터미널 인근 카페베네 매장 앞에서 스마트폰으로 '카페베네'를 검색하자 인근에서만 5개의 점포가 확인됐다. 최근 대형 프랜차이즈업체는 우후죽순 매장 수를 늘려 가맹점주들은 포화된 시장에서 몸살을 앓고 있다.273) 매출이 뚝뚝 떨어졌다. 4000만원은 꿈도 못꿨다. 점포 임차료 600만원에 관리비와 인건비 900만원, 재료비 750만원 등 고정비는 매달 2500만원 가량 들어가는데 매출

---

270) 이경희 한국창업전략연구소장, 자료원 조선일보, Posted by 김은아
271) http://www.fairple.com/board/view/code/bizinfo/codeNo/69/pageNo/7(2012. 2.1)
272) 골목상권 침해 논란 속 '우후죽순 프랜차이즈'의 현실, 동아일보||입력 2012.02.03 03:16|수정 2012.02.03 08:10
273) 장승윤 기자

은 3000만원이 채 안나왔다. 이자에 감가상각까지 감안하면 남는 게 거의 없는 셈이다. ○○○씨는 "지금은 500m 남짓한 거리에 같은 프랜차이즈 커피전문점이 3개나 되는데 다른 브랜드 커피전문점도 우후죽순으로 생기는 것을 고려하면 앞으로의 상황은 더 나쁠 것"이라며 "쏟아 부은 초기 투자비 때문에 발을 빼지도 못하고 있다"고 말했다.

1) 프랜차이즈 시장은 이미 '레드오션'

최근 대기업들이 여론의 뭇매를 맞고 줄줄이 제빵사업에서 손을 떼고 있지만 제과점을 비롯해 커피전문점과 편의점, 치킨집 등의 가맹점 시장은 포화상태가 된 지 오래다. 대형 프랜차이즈업체들은 슈퍼와 빵집이 들어섰던 골목상권을 대대적으로 습격해 밀어내면서 상권을 장악해 가고 있다. 특히 가맹점주들은 '동네 상권을 다 죽인다'는 비판을 받으면서도 수익이 별로 나지 않아 '빛 좋은 개살구' 처지다. 동아일보 취재팀이 주택가인 서울 영등포구 문래동 지하철 2호선 문래역 주변 500m 지역에 있는 제빵, 치킨, 커피, 편의점 등 4종의 프랜차이즈 점포를 헤아려 본 결과 무려 45개가 빼곡히 들어서 있었다. 자전거로 2분이면 도착하는 이 거리에서 대형 프랜차이즈 본점이 쓸어간 창업비용은 건물 임대료를 빼고도 약 61억원이나 됐다.

서울 서초구 남부터미널 인근 400m 근방에도 커피전문점 '카페베네'만 5개가 몰려 있다. 다른 프랜차이즈까지 감안하면 건물 한두 개 사이로 커피전문점이 있을 정도다. 문래동에서 치킨 프랜차이즈 점포를 운영하는 ○○○씨(51)는 "같은 상권안에 치킨집만 12개인데 본사에선 개별 점포 마케팅은 신경쓰지 않아 자비를 들여 전단을 뿌리고 이벤트를 해야 한다"며 "생존 자체가 힘겨운 상황"이라고 말했다. 하루 평균 2000장 정도의 전단을 뿌리는 데 드는 돈은 약 12만원. 전단 배포 인건비까지 합치면 한 달에 250만원 정도가 들어간다.

2) 프랜차이즈 본사는 땅 짚고 헤엄치기

영세 자영업자들과 별반 다를 게 없는 가맹점주들은 대형 프랜차이즈 본사만 돈을 벌고 있다고 목청을 높인다. 가맹점주 간 경쟁을 발판으로 "앉아서 돈을 쓸어 담고 있다"는 것이다. 이들은 가맹본부가 원자재를 독점으로 공급하는 데다 1000만원 안팎의 가맹비 및 그외 각종 인테리어 비용을 챙기며 수익을 늘리고 있다. 개별 점포가 망해도 출점만 늘리면 돈을 벌 수 있기 때문에 가맹점주 보호에는 관심이 없다. 점주들은 폐점률을 공개해 예비창업자들이 실상을 정확히 파악할 수 있도록 하거나 상권보호를 법적으로 보장하는 등 정책적 배려가 필요하다고 입을 모은다. 일정 구역 내에서 같은 프랜차이즈 점포의 추가 확장을 법적으로 막아야 한다는 주장도 나온다. 임영균 광운대 경영학과 교수는 "영업권 보호 문제는 가맹본부와 가맹점의 사적(私的) 계약인 만큼 해외에서도 법적 규제를 하지 않는다"며 "하지만 프랜차이즈 역사가 100년이 넘는 미국처럼 같은 상권에 신규점포를 내줄 경우 약정을 통해 일정 금액을 자율적으로 보상하는 방안을 검토할 필요가 있다"고 조언했다.274)275)

3. 베이비붐 세대의 창업 - 퇴직후 인생설계

오늘은 현재 우리시대의 베이비붐 세대가 안고 있는 고민을 들어보고 노후설계를 위해서 무엇이 필요한지 알아보겠습니다.276)

1) 퇴직후 - 후회

퇴직전의 내 생활은 집과 회사만이 전부였다. 퇴직후 사회에 나가보니 지금까지 듣도 보도 못한 것들이 너무 많고 세상이 너무 넓다는 것에 놀랐다.

회사 울타리 안에서 내가 세상을 너무 모르고 살았다는 생각이 든다(61세 남성). 퇴직 선배로서 여러분께 당부 드리고 싶은 것은 지금 회사원일지라도 사회와 소통할 창구를 만들어 놓고 항상 열어두기를 바랍니다. 물론 근무에도 힘쓰시기를 바랍니다. 그러나 퇴직후 인생설계는 퇴직한 후에 시작

---

274) 박승헌 기자, 박훈상 기자, 동아일보 & donga.com
275) http://media.daum.net/economic/view.html?cateid=1041&newsid=20120203031627474&p=donga(2012.2.3)
276) SENDEX 노후준비 함께 해요 (1) 베이비붐세대의 창업 - 퇴직 후 인생설계 노후준비 함께 해요 2011/08/24 13:49, http://blog.naver.com/sendex/120137893519

하면 이미 늦다는 것을 꼭 말씀드리고 싶습니다(은퇴하면서 후배 회사원에게 당부하는 말).

2) 일거리와 가정의 변화

지금까지 매일 열심히 일했다. 이제는 좀 쉬면서 좋아하는 것을 하며 편하게 살고 싶다. 그러나 국민연금도 부족하기 때문에 아직 퇴직후에 쉬면서 일생을 여유있게 보낼 상황은 아니다. 문제는 무얼하고 살아야 할지 막막하고 아무런 계획과 대책이 없다는 것이다(50대 초반의 퇴직자). 30년동안 가정, 아이들 교육, 부모님 관계 등 모든 문제를 나에게 맡겨 놓던 남편이 이제 집에 있게 된 후부터 자기 위주의 주장과 행동을 하면서 불편한 일들이 자주 생긴다. 나 뿐만 아니라 아이들과도 스트레스가 늘어나고 있어 고민이다. 돈은 안벌어도 좋으니 아무데나 나가서 일을 했으면 좋겠다(퇴직 남편과 갈등이 생긴 50대 주부).

3) 주거와 건강

생활비를 줄이려고 시골로 이사했다. 생활비는 대폭 줄어서 좋은데 일거리 찾기가 너무 힘들다. 친한 친구를 만나는 것도 쉽지 않고, 병원을 다니기도 불편하고 다시 서울로 돌아가기도 불가능하고 고민이다(시골로 이주한 퇴직 남성).

4) 새로운 인생의 발견

디지털 카메라 촬영기술을 익히고 있다. 찍은 사진들을 바탕으로 블로그를 만들어 야생초를 소개하는 재미에 매일매일 시간가는 줄 모른다. 이제 다도를 공부해서 친구들과 시음회도 열 계획이고, 체력유지를 위해 수영장에 다니고 있다. 블로그의 방문객이 꽤 늘어나 조만간 책으로 출판할 예정이다(50대 중반 블로거 퇴직자). 스포츠, 분재, 채소 가꾸기, 허브농원 방문, 독서, 여행, 친구들과 동호회 운영 등 다른 퇴직자들이 하고 있는 것을 지금 열심히 하고 있다. 시간이 턱없이 부족하다(59세 아직은 바쁜 퇴직 남성).

5) 퇴직후 - 새로운 도전과 기회

5년간의 준비를 거쳐 시작한 식탁가구 온라인 판매가 궤도에 올라 이제는 주 3일만 근무해도 먹고 살 수 있게 되었다. 자원봉사하는 재미와 보람이 돈버는 것보다 더 크다. 이제 봉사시간을 늘리고, 통역 자원봉사도 해봐야겠다(퇴직준비를 철저히 했던 50대 온라인 사업자). 스마트폰을 사용하기 위해 소셜미디어 강좌를 듣게 된 것이 계기가 되어 퇴직자를 대상으로 하는 소셜미디어 강의를 하게 되었다. 전문강사가 되어 전국에 강의를 다니면서 여행도 즐길 수 있게 되었다. 끔찍했던 퇴직의 아픔이 내겐 축복이 되고 있다(퇴직후 소셜미디어 강사로 나선 50대).

4. 퇴직후의 사회변화

1) 사회변화

평생고용은 산업화시대 문화 → 자기고용(SELF-EMPLOYMENT)의 시대

2) 3대 변화

디지털화 : 인터넷 세상
개인화 : 조직중심 → 개인의 전문성
평균수명 연장 : 잔여수명기간 20년 연장

3) 퇴직후 인생의 5대 요소

건강 → 70대에도 부부동반 여행
재정 → 자식들 신세지지 않는 노후생활
일 → 즐기면서 하는 일
여가 → 쉬고싶을 때는 언제나
봉사 → 인생의 보람과 의미있는 마무리

4) 인생의 세 번째 장 - 시니어 세대 (50~70세 미만)

나이가 든다는 것은 단순히 시간을 보냈다는 것이 아니라 다양한 경험과 지식을 통해 또 다른 존재로 거듭난다는 것이다.277)278)

5. 퇴직후 뭘 해야 될까

퇴직을 앞두고 있거나 퇴직한 '시니어'들의 장점은 오랜 사회생활에서 얻어진 경험과 연륜이다. 시니어들은 건강하고 자산이 있으며 경제활동에 대한 열의가 넘친다. 하지만 대부분의 창업은 경력과 동떨어진 분야에서 이뤄지고, 성공보다는 실패의 쓰라림을 맛보는 창업자들이 많은 것이 현실이다.[279] 이에 동아일보는 경력을 살려 성공적으로 창업한 '시니어 창업자'의 성공사례를 소개한다. 경력을 활용한 업종과 아이템 선정 방법, 업종 선택 시 고려해야 할 점 등 시니어 성공창업에 이르는 알짜정보를 제공하고자 한다.

리처드 부시 씨(69·미국)는 56세 때인 1997년, 30년간 근무하던 한 잡지사에서 편집국장을 끝으로 은퇴했다. 은퇴후 그는 취미로 만들던 도자기를 사업화하기로 결심했다. 버지니아 주에 있는 작은 농장에 도자기 제조시설을 만들고 '글렌피딕 팜 포터리'(www.glenfarmpottery.com)를 차렸다. 술병, 접시, 주전자, 그릇 등을 만들어 주문 판매했다. 사업은 쏠쏠했고, 전시장도 따로 만들어 1년에 2번씩 전시회를 가졌다. 캐럴 콜 씨(58·미국)는 20년간 부동산 중개회사에 근무하다가 퇴직했다. 콜 씨는 자신과 같은 베이비붐 세대 퇴직자들이 퇴직후 작은 집으로 이사하고, 여기서 나오는 돈으로 노후를 대비하고 있다는 점을 간파하고 '다운사이징 컨설팅'을 시작했다. 작은 부동산 오피스를 만들고 '스무드 트랜지션'(www.movingforseniors.com)이라고 이름붙였다. 6000달러로 시작한 사업이 지금은 연매출 6만달러를 바라보고 있다. 미국 경제 전문지인 '안트러프러너'가 2005년, '포브스'가 2007년에 각각 보도한 시니어 창업 성공사례들이다. 부시 씨는 자신의 취미를 살려

---

[277] [출처] [SENDEX 노후준비 함께 해요] (1) 베이비붐세대의 창업 – 퇴직 후 인생설계 |작성자 SENDEX 2011
[278] http://blog.naver.com/PostView.nhn?blogId=sendex&logNo=120137893519 (2012.2.1)
[279] "퇴직후 뭘 해야 될까?"…'위기의 시니어' 길은 있다. 창업뉴스 & 트랜드, 최중한 | 조회 96 |추천 0 | 2010.02.04. 13:16

창업했고, 콜 씨는 경력을 살려 창업해 성공을 거뒀다.

1) 회사인간, "명함 떨어지면 아무것도 아냐"는 '아냐'

나이 45세만 넘어도 퇴직을 걱정하고 퇴직후 삶을 설계해야 하는 시대가 된지 오래다. 수십년간 '회사인간'이던 이들에게 '퇴직후 뭘 할 수 있을까?'는 여전히 막막하고 두려운 질문이다. 하지만 길이 없는 것은 아니다.

이언오 삼성경제연구원 전무는 "자격증 연령제한 등을 제외하고는 시니어 창업관련 제약은 없다"며 "신기술 개발이나 인터넷에 도전해 성공한 사례가 많고, 고령자라 하더라도 인터넷을 배워 쇼핑몰 사업을 하는 시니어들도 적지 않다"고 말했다. 시니어 창업의 유형은 크게 경력개발형, 생계유지형, 사회참여형 등 세 가지로 나눌 수 있다. 경력개발형은 기존에 하던 일에서 얻은 경험을 살릴 수 있는 창업이고, 생계유지형은 대개 전문적인 지식이나 기술이 없어도 할 수 있는 것이다. 음식점, 편의점 창업이 이에 해당한다.

사회참여형은 사회봉사나 공익 실현에 관련된 창업을 말한다. 퇴직자에게 권장되는 창업 유형은 경력개발형과 사회참여형이다. 경력개발형은 전문직이나 대기업 관리직, 중소기업 경영진 등으로 근무하다가 퇴직한 사람에게 적당하고, 사회참여형은 돈을 벌면서 사회에 봉사한다는 의미를 얹어 시작할 수 있다.

2) 경력을 살릴 수 있는 창업 아이템들

사무직 출신의 경우 재고관리나 회계관리 등 관리 마인드가 필요한 판매업종이 알맞다. '사무용품 전문점' '제과점' '건강식품 전문점' 등이 여기에 해당한다. 노동 강도가 높지 않아 50, 60대 퇴직자들도 충분히 도전할 만하다. 기술직 출신 퇴직자들은 손재주가 있고, 나만의 기술을 가지고 있다는 것이 장점이다. 기술력을 기반으로 차별화된 경쟁력을 확보한다면 장기적 운영이 가능하다. 최근 쾌적한 주거환경에 대한 관심이 높아지고 있는 것과 관련해 '실내환경 관리업'이나 '알레르기 클리닝 사업' 등이 주목받고 있다.

또 '자동차 내외장 관리업' '욕실 리폼업' 등도 기술직 경력자들이 도전해

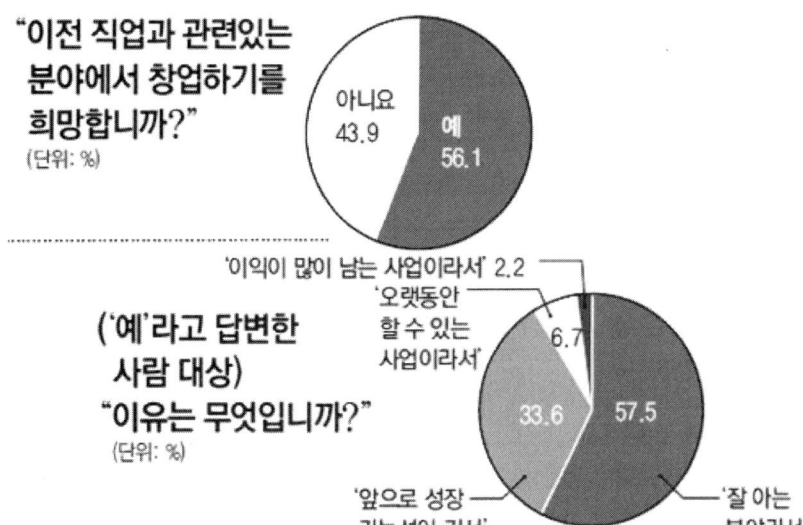

"이전 직업과 관련있는 분야에서 창업하기를 희망합니까?" (단위: %)
- 아니오 43.9
- 예 56.1

('예'라고 답변한 사람 대상) "이유는 무엇입니까?" (단위: %)
- '이익이 많이 남는 사업이라서' 2.2
- '오랫동안 할 수 있는 사업이라서' 6.7
- '앞으로 성장 가능성이 커서' 33.6
- '잘 아는 분야라서' 57.5

퇴직 전 경력 살리는 성공 창업 아이템

사무직	• 재고관리, 회계관리 등 관리 마인드가 필요한 판매 업종 • 사무용품전문점, 커피전문점, 제과점, 건강식품전문점, 맞춤속옷&신발전문점, 맞춤양복전문점, 온라인쇼핑몰사업, 디지털 관련 업종, 홍보 및 광고대행업, 컨설팅업 등
기술직	• 손재주나 기술의 장점을 살릴 기술서비스 업종 • 실내환경관리업, 청소대행업, 알레르기클리닝사업, 자동차내외장관리업, 욕실리폼업 등
영업 및 서비스직	• 직장생활에서 쌓은 영업력과 서비스 마인드를 활용할 외식업이나 서비스 업종 • 외식업, 건강운동 관련 업종, 액세서리전문점, 의류판매점, 어린이교육사업 등

자료: FC창업코리아

자료: http://cafe.daum.net/startjob/XFSR/944?docid=1FoV8|XFSR|944|20100204131622&q=%C5%F0%C1%F7%C8%C4%C0%C7%BB%EE(2012.2.1)

볼 만하다. 영업 및 서비스 직종 출신 퇴직자들은 창업에 가장 유리한 경력 보유자들이다. 직장생활을 통해 몸에 익힌 영업력과 서비스 마인드를 충분히 활용할 수 있는 업종을 고르면 좋다. 음식점, 주점 등 외식 업종도 괜찮고, 소규모 헬스클럽 등 건강관련 업종, 어린이 교육사업도 추천할 만한 분야다.

기획 및 홍보직 출신은 트렌드와 큰 흐름을 읽는 안목이 있기 때문에 시대를 앞서 가는 업종을 고른다면 경쟁력을 발휘할 수 있다. 온라인 쇼핑몰 사업, 홍보 및 광고대행업, 각종 컨설팅 등이 좋은 예다. 창업전문 컨설팅회사인 FC코리아의 강병오 대표는 "직장생활 경력은 있지만 장사에는 초보인 시니어들이 창업에 성공하기 위해서는 철저한 사전준비가 있어야 한다"며 "어떤 일을 가장 잘할 수 있는지, 창업에 성공한 시니어 창업자들은 어떻게 성공했는지를 눈여겨볼 필요가 있다"고 조언했다.[280]

6. 공무원이 은퇴후 창업해서 성공하기 어려운 이유

공무원이라는 직업인으로서의 인기는 동서양을 막론하고 변함없이 큰 인기몰이를 하는 것은 급변하는 세상 물정에 대해서 안정적인 일자리라는 것이다.[281] 물론 옛날같이 퇴직까지의 근무가 보장되는 것은 아니지만, 근무기간의 신분보장 뿐만 아니라 퇴직후의 연금제도가 이를 보완하고 있기 때문에 더더욱 인기를 끄는 이유이기도 하다. 공무원연금은 사회보장 측면에서의 노후 소득보장이라는 가장 기본적인 역할 뿐만 아니라, 근로재해에 대한 보상 그리고 다양한 후생복지 프로그램을 제공하고 있어 재직 중에 안심하고 근무하도록 하는 것 뿐만 아니라 은퇴후에도 안정적인 생활이 가능하도록 튼튼한 뒷받침이 되어 주는 특징을 가지고 있다. 인기있던 대기업의 인기도 여전하지만, 변함없는 공무원의 안정성에는 비길 바가 아니라는 사

---

280) http://cafe.daum.net/startjob/XFSR/944?docid=1FoV8|XFSR|944|20100204131622&q=%C5%F0%C1%F7%C8%C4%C0%C7%BB%EE (2012.2.1)
281) 창업정보, 윤달봉 23회 | 조회 165 |추천 0 | 2011.06.27. 12:03

실을 주목할 필요가 있다. 우리나라 공적 연금의 효시인 공무원연금제도는 1960년에 도입되었다. 벌써 50년의 세월이 지났고, 2010년 재직공무원이 100만명, 연금수급자 30만명으로 약 130만명이 공무원 연금제도의 적용을 받고 있다. 그래서인지 상대적으로 공무원의 개인연금비중은 다른 직업인들의 개인연금가입 비중과 비교하면 상대적으로 절대적으로 적은 것을 알 수 있다. 공무원은 은퇴후에도 안정적이라는 속설이 이러한 미래준비에서도 확연히 나타난다. 공적연금과 민간연금의 차이를 찾아본다면 공적연금은 기초소득 보장을 목적으로 하고 있다. 민간연금은 공적연금의 부족한 부분을 보충하기 위한 연금이다. 공적연금은 재분배 등을 통해 경제적 약자에 대한 법적 보장을 실현하는 것이 기본원리이기도 하다. 그래서 공적인 힘이 항상 넘어지지 않도록 지지하고 있다는 든든한 배경을 가지고 있다는 사실도 주목받을 만하다. 공무원연금이 제도내의 구조적인 수지불균형이라든지 급격한 고령사회의 도래 등 연금환경 변화로 장기적인 재정불안 문제를 안고 있다는 사실 때문에 조금씩 불안감이 더해지고 있다는 사실을 부인할 수는 없다. 그러다 보니 과거 은퇴한 공무원 선배들보다 현직 공무원의 불안감을 반영하듯 민간연금 가입자도 속속 늘어간다는 것이 보험업계 관계자의 견해이다. 이렇듯 공무원의 은퇴 이후 생활에 대한 예상지도가 점차 바뀌고 있다. 그에 대한 대응도 목표가 바뀌는 방향에 겨냥하지 않을 수 없다는 사실을 주목할 필요가 있다. 은퇴후 불안한 경제적 여건을 탈피하고 직장경험을 살려서 이익추구와 자아실현을 목적으로 창업을 그 대안으로 삼는 경우가 있다. 은퇴후 창업해서 성공하기란 그리 쉽지 않다. 그런데 공무원이기 때문에 은퇴후 창업해서 성공하기 어려울 수 있는 몇 가지 이유를 들어본다. 이는 모든 공무원을 대상으로 한 부분이라기보다는 일반적인 공무원 고유의 특성 때문에 갖게 되는 일반적일 수 있는 이유를 짚어본 것이라고 보면 무방하다.

첫째, 시장원리가 아닌 법적 근거를 통해서 일해왔다는 이유이다. 물론 가장 객관적이고 변별력 높은 시험이라는 통과의례를 통해서 채용되었기에 누구보다도 엄격한 검증을 통과했지만, 근무기간 동안의 생존원리가 시장 상황에 대해서 비탄력적이었기 때문에 시장변화에 대한 적응도가 부족할 수 있다.

둘째, 고객 마케팅을 수행하기엔 많은 시간이 필요하다는 것이다. 공무원도 고객이 되어본 적은 있지만, 인허가를 받으려고 민원인을 찾아다닌 적이 없다는 것이다. 모든 공무원이 그렇다는 것은 아니다. 그러나 일반인들이 인식하는 수준에서는 고객을 찾아다니는 경험자는 상대적으로 다른 은퇴자들에 비해서는 부족할 것이라는 예상 때문이다.

셋째. 상대적으로 안전한 노후보장이 준비되어 있다는 것이다. 공무원연금이 든든하게 지켜주고 있기 때문에 상대적인 안정감속에서 경쟁자와 싸우기에는 절박함이 적다는 것이다. 배수진으로 은퇴후 창업전선에 나서야 승리에 더욱 더 가까이 접근할 수 있는데, 믿는 구석이 방해로 작용할 수도 있다는 것이다.

넷째, 생각보다 진심으로 창업을 도울 친구를 찾기가 쉽지 않다. 대부분 공직 시절에 주변에서 가까이 지냈던 사람들은 많이 사라진다고 한다. 전관예우도 통하지 않는 풍조이고 더는 의사결정이나 정보에서 유용성이 떨어지기 때문에 나타나는 일반적인 상황이라고 한다. 믿거나 말거나지만, 태생적으로 사업에 뛰어들었던 이들보다는 아무래도 뒤처지기 십상이라는 것이다.

다섯째. 새로운 창업경험을 활용하기에는 이미 시장이 경쟁적이다. 어떤 은퇴자에게도 해당되는 공통 사안이기는 하지만 꼭 짚고 넘어야 할 산이 있다. 그것은 이미 사업을 하는 이들과의 경쟁이다. 창업함과 동시에 사장이 되는 것이다. 사장은 인사 총무 기획 마케팅 영업 제조를 총괄한다. 그 정도의 모든 역량이 한꺼번에 만들어지는 것이 아니다.

가장 안정적인 직장으로 공무원을 선택했다가 은퇴후 창업이라는 가장 경쟁적인 사업에 뛰어든다는 그 자체만으로도 극에서 극으로 움직이는 모험이다. 그래서 경계해야 하고 신중해야 하는 이유이다. 모든 공무원이 은퇴후 창업하기가 쉽지 않다는 것은 아니다. 공무원이었기에 안정적인 생활을 희구하는 관성을 크게 벗어나는 것이 창업이라는 반대편 상극에서 성공한다는 것이 쉽지 않다는 것이다. 물론 공무원으로 은퇴하셔서 창업후 크게 성공하신 분들도 계신다. 공통점은 과거를 잊고 시장과 경쟁해서 이겼다는 것이다. 공무원이기에 은퇴해서 성공적인 창업 스토리가 많이 만들어져서 지금의 일반적인 견해가 바뀌기를 기대한다.282)

7. 퇴직후 창업 나선 베이비부머, 그들을 노리는 은행

2006년 이후 줄어들던 자영업자, 8월부터 석달째 증가세283) 자영업자 등 비임금 근로자 28.8%로 OECD서 두 번째. 가계·중소기업 대출 규제로 은행들, 자영업자 대출에 전력. 사업자는 100원 벌면 21원 갚아. 중견기업 부장직을 끝으로 지난 3월 퇴직한 ○○○(52)씨는 8개월째 창업을 준비하고 있다. 애초 지하철역 주변 커피전문점을 알아보았지만 창업준비자금이 너무 많이 들어 포기했고, 요즘엔 주로 프랜차이즈 음식점 설명회에 다닌다. ○○○씨는 "퇴직금을 합쳐 이리저리 끌어모아도 2억원 남짓인데 이걸로 뭘 할 수 있을지 잘 모르겠다"고 말했다. 2006년부터 감소세를 보였던 자영업자 수가 최근 다시 늘어나고 있다. 퇴직후 생계형 창업자 수의 증가폭이 특히 더 크다. 돈 굴릴 데 없는 은행들은 자영업자 대출에 집중하고 있다. 하지만 자영업자들은 번 돈으로 은행 빚 갚기도 숨차다.

1) 자영업자 수 증가세로 반전

통계청에 따르면 10월 우리나라 전체 자영업자는 지난해 같은 달보다 10만7000명(증가율 1.9%) 늘었다. 자영업자 수는 2006년 5월 이후 꾸준히 감소해 왔지만 지난 8월 5만3000명 늘어난 뒤 3개월 동안 증가세를 보이고 있다. 최근 각광받고 있는 정보통신 애플리케이션 업종에 20대 창업이 조금

---

282) http://cafe.daum.net/chscheongma/8OTx/77?docid=1K8cY|8OTx|77|20110627120317&q=%C5%F0%C1%F7%20%C8%C4%20%C0%CF%C0%DA%B8%AE%20%C3%A3%B1%E2(2012.2.1)
283) B4면| 기사입력 2011-11-14 03:34

늘어난 때문이기도 하지만, 대부분은 50대 이상 창업자들이 증가폭을 키우고 있다는 것이 정부의 분석이다. 고용노동부 관계자는 "베이비부머 세대(1955~1963년생)의 퇴직이 시작된 것과 관련있는 것으로 보인다"며 "50~60대 창업자들은 대개 음식숙박업에 집중되는 것으로 분석된다"고 말했다. 황수경 KDI 연구위원은 "OECD 기준으로 볼 때 우리나라의 자영업자 비중은 이미 상당히 높은 편인데, 자영업자의 추가 증가세는 경계해야 할 흐름"이라고 말했다. 지난해 우리나라의 취업자 중 자영업자를 포함한 비임금근로자의 비중은 28.8%로 OECD 31개 회원국 중 그리스(35.2%)에 이어 두 번째다. 미국(8.7%), 독일(11.1%) 등 선진국은 10% 안팎에 불과하다.

2) 은행, 자영업자 대출에 전력

"가계대출은 정부에서 막지, 중소기업 대출은 위험하다지, 남은 건 자영업자 대출밖에 없어요." 한 시중은행 지점장의 솔직한 고백이다. 올해 하반기 들어 정부가 가계대출을 막자, 돈 굴릴 데가 줄어든 은행들이 자영업자를 주 타깃으로 삼고 있다. 하반기 이후 일선 은행 지점에서 가계대출이 과다하게 일어나면 본점으로부터 경고를 받는 것으로 전해졌다. 한 은행은 내부신용등급이 B 이하인 중소기업에 대출해 주는 경우, 영업점의 실적을 평가하는 성과관리지표(KPI)에 점수로 인정하지 않는다. 이 때문에 신용등급 BBB 이상인 기업에만 돈을 빌려줘야 해, 중소기업 대출로는 지점들이 실적을 올리기 어렵다. 이런 배경 때문에 은행들은 개인사업자(자영업자) 대출에 목을 매고 있다. 국민·신한·우리·하나 등 4대 은행의 개인사업자 대출 잔액은 10월 말 현재 77조3839억원이다. 지난해 말(71조1851억원)보다 8.7% 늘어났다. 같은 기간 동안 이 은행들의 총 대출잔액 증가율(6.7%)을 뛰어넘는 수치다.

3) 자영업자 100원 벌어 21원 빚갚아

현재 우리나라 자영업자들의 재무구조는 매우 안좋은 상황이다. 한국은행 등이 최근 발표한 '2011년 가계금융조사' 결과에 따르면, 올해 자영업자의 경상소득은 5048만원, 원리금상환액은 1082만원이었다. 100원을 벌면 이

중 21원을 빚 갚는 데 쓰고 있는 것이다. 지난해 경우 100원 벌어 16원을 빚 갚는 데 쓴 것에 비교하면 사정이 크게 악화됐다. 이는 자영업자들의 부채가 지난해 7132만원에서 올해 8455만원으로 1년 사이 18.6%나 급증했기 때문이다. 증가세로 돌아선 자영업자들이 한정된 시장에서 '제살 깎아먹기' 경쟁을 할 경우 자영업자들의 형편이 더 나빠질 것이란 우려도 나온다. 김복순 한국노동연구원 책임연구원은 "베이비붐 세대인 50대 중 은퇴후 자영업에 뛰어드는 사람 대부분이 경쟁이 심한 생계형 서비스산업에 집중되어 있어, 줄도산 우려가 있다"며 "자영업자에 대한 체계적인 구조조정을 다시 검토해야 할 시점"이라고 말했다.284)285)

8. 퇴직후 의미있는 삶과 펜션운영

펜션으로 설계했어요.286) 30년 간 몸담은 교직, 천직으로 생각하며 일해 왔지만 이제 물러날 때가 얼마 남지 않았다. 정년을 6년 정도 남긴 시점에서 교사 ○○○씨(57)는 앞으로의 삶을 의미있게 만들어보기로 마음먹었다.

'60대 초반 퇴직 후 마냥 연금이나 타며 살아간다는 것이 얼마나 무료한가? 즐길 수 있는 새로운 일을 찾아보자'는 생각에 그는 아내 ○○○씨(53)와 펜션을 지었다. 돈을 벌자는 욕심보다 즐겁게 노후를 보내고 지인들과 자녀, 앞으로 생길 손자들이 찾아올 공간을 만들겠다는 작은 바람이 펜션의 기초가 되었다.

1) 주중에는 교사로 주말에는 펜션지기로

토요일 오전 5시 30분, 영어교사인 한 씨는 가평역에서 기차에 오른다. 토요일 오전 수업을 마치고 그는 다시 기차를 타고 제2의 일터이자 보금자리인 펜션 '풍경'으로 향한다. ○○○씨는 이른바 투잡스족이다. 평일에는

---

284) 김정훈 기자 runto@chosun.com, 조선닷컴, 조선일보 & chosun.com.
285) http://news.naver.com/main/read.nhn?mode=LSD&mid=sec&sid1=101&oid=023&aid=0002328799(2012.2.1)
286) 퇴직 후 의미 있는 삶| 재테크 정보, 정하성 | 조회 22 |추천 0 | 2005.11.12. 11:45

교사로 주말에는 펜션지기로 살아간다. 적지 않은 나이에 두 개의 직업을 가지게 된 것은 올 여름 노후를 대비해 펜션을 오픈했기 때문이다.

　서울 토박이인 한 씨는 늘 시골을 동경했다. 결혼후 처가가 있는 평택은 그에게 마음의 고향이나 다름없다. 주말이면 아이들과 처가를 찾았고 맘껏 뛰노는 아이들을 보며 그는 '내 아이의 아이들에게도 이런 추억의 장소를 만들어주자'고 다짐했다. 그렇게 꿈꾼 지 꼭 20년 만에 그는 펜션을 짓고 꿈을 이루는 첫발을 내디뎠다. "노후에 하릴없이 하루 하루를 보내기보다 무언가 의미있는 일이 하고 싶었죠. 곧 태어날 손자가 뛰어 놀 공간도 만들고 지인과 제자들이 부담없이 찾아 쉴 수 있는 곳을 만들고 싶다는 막연한 꿈이 펜션으로 현실화된 셈이죠." 그는 처음부터 수익을 목적으로 펜션을 짓지 않았다. 객실 수가 곧 수입과 직결되기에 많은 객실을 둔 펜션이 많지만 객실을 3개로 최소화했고 펜션지기와 손님이 자연스레 교류가 되도록 현관 출입구도 하나만 두었다. 객실의 이름은 북한강이 내려다보이는 이곳의 하루 풍경이 연상되도록 물안개, 솔바람, 노을구름이라고 지었다. ○○○씨는 지난 여름 펜션이 준공된 후 펜션에서 여름방학을 보내며 많은 사람을 만났다. 애인과 함께 온 군인도 있었고 안사돈을 데려 온 부부도 만났고 젊은 연인들도 여럿 펜션을 다녀갔다. 숯불에 고기를 굽고 손님들이 다녀간 방을 정리하고 모닥불을 피운 흔적을 지우려면 하루가 부족하지만 사람들과 만나는 일은 여전히 즐겁다. 마당과 객실이 정리되면 '오늘은 어떤 사람이 이곳에 올까?'라는 기대로 커피를 마시며 아내와 대화하는 것도 더할 나위 없는 낙이다.

2) 부부의 땀이 깃든 소중한 집

　○○○씨는 펜션을 운영하기 전 문산에 150평의 땅을 산 적이 있다. 농사를 지어볼 요량이었다. 콩을 심어 수확해 지인들에게 나누어주는 맛을 알고 나서는 주말이면 밭으로 출근부를 찍었다. 그러나 외지인에 대한 거부감 때문인지 마을 사람들과는 친해질 수 없었다. 정감있는 분위기에서 노후를 보내려던 그의 계획에 차질이 생길 무렵 자신의 밭을 가로질러 도로를 만든

다는 이야기가 들려왔다. 땅을 팔기로 마음먹었을 때 가평 남이섬 인근에 사는 친구에게 연락을 받았다. 친구는 펜션단지를 만들려고 하는데 함께 해보지 않겠냐고 제의했다. 아내와 함께 지금의 소라마을을 찾았을 때 한눈에 내려다보이는 북한강의 뽀얀 물안개가 부부의 마음을 이끌었다. 그리고 270평의 땅을 분양받고 펜션을 건축하기로 했다. 학교에 나가는 그를 대신해 아내는 책을 찾아 설계 공부를 하기 시작했고 나름대로 설계도 해 보았다.

　잘 지은 펜션에 가보기도 하고 책을 찾아보던 중 한 잡지에서 상상속의 펜션을 만났다. "지붕이 아름다웠으면 좋겠다고 생각했는데 오늘 책에서 그런 집을 찾았어요"라며 아내는 상기된 어조로 남편에게 소식을 전했다. 아내가 본 마음에 꼭 든 펜션은 홍천의 '마이웨이'였다. 물어물어 펜션을 시공한 회사를 찾은 부부는 우선 아내가 그린 설계도를 보여주고 어떻게 지을지 상의했다. 의논 끝에 완공된 펜션 '풍경'을 아내는 "단지내 10여동의 펜션 중 제일 예쁜 집"이라며 만족스러워 했다. 가끔 소라마을의 다른 펜션을 찾은 이들이 떠나기 전 "이 집에서 기념촬영 좀 할게요"라고 이야기할 때면 '제일 예쁜 펜션'을 운영하는 주인이라는 뿌듯함에 으쓱해지기도 한다. 집을 짓고 나니 마당이 허전했다. 부부는 직접 꽃을 심고 돌을 날라 쌓으며 정원을 만들어 나갔다. 적지 않은 나이에 하루 세 시간 이상 땀을 흘렸는데 그 덕분에 아기자기한 정원이 생겼고 몸도 건강해졌다. 당뇨가 있던 남편은 체중이 줄면서 당수치가 떨어졌고 아내는 예민한 성격 탓에 소화가 안되던 것이 싹 사라졌다.

　3) "공짜도 있어야 손님들이 좋아하지"
　"노후생활을 위해 펜션을 지었지만 우리는 돈 벌 생각은 없어요. 펜션 운영비만 나오면 되는 거 아닌가요? 노후에 사람들과 만나는 통로면 족해요."
　펜션은 모텔과 달리 손님과 주인의 교감이 있는 공간이다. 그러나 펜션이 수익성이 있다는 이야기가 나오자 너도나도 펜션을 지은후 야박한 곳도 많아졌다. 펜션 이용 수칙인 입·퇴실 시간을 철저히 하는 것이나 추가인원이 있을 경우 만원 정도의 이용료를 받는 것은 룰이라고 치자. 주인이 환대해

주지 않는 것도 그냥 넘어갈 수 있지만 반찬이며 조미료를 나눠주는 것도 인색하고 퇴실할 때 쓰레기봉투값까지 받는 것을 보면 너무하다 싶다. 펜션 '풍경'은 넉넉한 주변 산세만큼 인심좋은 곳이다. 주인이 직접 고기를 구워주고 함께 어울리고 흥이 나면 모닥불도 피워준다. 모닥불을 피운 후 감자며 고구마를 구워 먹는 맛은 일품이다. 손맛 야무진 안주인이 직접 담근 물김치며, 열무김치도 말만 잘하면 공짜다. 다른 곳에서는 1인당 1만원씩 받는 바비큐용 숯도 2인 기준 5000원에 제공한다. "한 번 온 펜션을 다시 찾는 사람은 드물죠. 문을 연지 이제 4개월 정도 됐는데 며칠 전에 한 번 오셨던 분이 다시 오겠노라고 전화를 주시더군요. 장사속이 아닌 마음을 나누는 것이 통했던 것 같아요." 펜션을 운영하면서 돈보다 사람을 얻어 더 행복하다는 부부는 펜션 앞 데크에 서서 노을지는 풍경을 바라보며 자신들의 행복한 노후를 본다.

행복한 펜션을 만드는 노하우는 다음과 같다.

(1) 주인의 손길을 느끼게 하라.

내가 쓸 것처럼 좋은 제품으로 펜션을 채우고 청결하게 관리해야 사용하는 이들도 내 것처럼 아낀다.

(2) 손님들간의 화합을 이끌어라.

각 객실의 손님들이 함께 어울릴 수 있도록 바베큐 파티를 준비하면 추억은 배가 된다.

(3) 가이드가 되어라.

지역 명소와 맛집을 알려주면 더 기억에 남는다.

(4) 너무 욕심부리지 마라.

객실 수를 관리하기가 힘들 정도로 많이 두면 자연히 손님을 대하는 것에 소홀해질 수 있다.

(5) 아낌없이 주어라.

손님들이 정을 느낄 수 있도록 하고 음식이며 모닥불을 피워주는데 인색하게 굴지 말자.

건축 및 창업정보는 다음과 같다.
- 지역지구 : 관리지역
- 대지면적 : 270평
- 건축면적 : 50평
- 구조 : 목구조 2층
- 설계 및 시공 : 미란츠
- 토지 구입비 : 평당 50만원
- 건축비 : 평당 200~400만원선
- 집기 구입비 : 1000만원(식기류·가구·침구 등)
- 월 평균수입(A) : 140만원(매주 토·일요일만 객실 대여, 퇴직후 주중 운영 예정)
- 지출(B) : 70만원(예약 대행료 및 운영비 등)
- 순수익 : A-B=70만원[287]

9. 창업정보, 퇴직후 성공적인 창업을 위한 Tip

퇴직연령이 점차 낮아지는 반면 평균수명은 증가하고 있는 현 상황에서 은퇴후 경제활동에 대해 고민이 될 수 밖에 없습니다. 재취업을 고려하는 분들도 많지만 청년실업문제까지 이어져 재취업보다는 퇴직금을 이용해 창업을 고려하는 분들이 많습니다. 하지만 창업은 퇴직금이라는 목돈을 들여하는 것이기 때문에 위험부담이 따를 수 밖에 없습니다. 퇴직후 성공적인 창업을 위한 몇 가지 팁을 알려드리겠습니다.[288]

---

287) http://cafe.daum.net/chjk15/2or1/62?docid=xF0J|2or1|62|20051112114527&q=%C5%F0%C1%F7%C8%C4%C0%C7%BB%EE(2012.2.1)
288) 창업정보 / HAUM과 소통하다 2011/12/22 15:55,
http://blog.naver.com/livarthaum/30126589892, [퇴직 후 성공적인 창업을 위한 Tip]

퇴직후 성공적인 창업을 위한 TIP
 1) 창업정보가 부족하다면 프랜차이즈 창업을 통하자.
 창업을 막상 시작하려고 하면 지식이나 경험이 부족하여, 목돈을 투자해야 하는 입장에선 불안할 수 밖에 없습니다. 그런 경우에는 프랜차이즈 창업을 주의 깊게 살펴보는 것이 좋습니다. 왜냐하면 프랜차이즈 창업은 인지도가 구축되어 있어 어느 정도 고객의 유입이 확보된 상태일 뿐만 아니라 성공적인 창업을 위한 본사의 체계적인 지원까지도 기대할 수 있기 때문입니다.

 2) 자신의 경험과 노하우를 살리자
 실업문제로 인해 재취업이 현실상 힘들다면 그 간의 경험과 노하우를 살려 창업을 하는 것도 좋습니다. 인문사회계열에서 근무를 했었다면 지식서비스업으로 포지셔닝을 한다면 유리할 것이고 금융권에서 근무했다면 자산관리서비스업을, 작문에 재주가 있다면 회고록 대필 서비스업 분야와 같이 자신의 경험을 살려서 창업을 하게 되면 노하우가 있기 때문에 성공적인 창업에 도움이 됩니다.

 3) 정보수집에 충실하자
 성공적인 창업을 위해서는 정보수집이 중요합니다. 유망 창업직종이 한 자리에 모이는 창업박람회는 창업정보를 수집하기 좋은 기회인데요, 한국창업산업박람회(www.yesexpo.co.kr)나 서울특별시 소상공인 창업박람회(www.sbex.co.kr) 사이트에서 일정 확인이 가능합니다. 또한 예비창업자들을 위한 창업지원, 창업교육정보도 많습니다. 중소기업청(www.smba.go.kr)의 경우 창업자들에 대한 지원업무를 담당하고 있으며 창업넷(www.changupnet.go.kr)에서는 창업지원정보나 창업경영지식, 창업상담 코너를 운영 중입니다 또한 소상공인 지원센터(www.sbdc.or.kr)는 창업상담과 소상공인들을 위한 다양한 창업교육정보를 제공하고 있습니다. 프랜차이즈를 통해 창업했을 때 문제가 발생하는 경우와 관련해서는 대한가맹거래사협회(www.fea.or.kr)에서 프랜차이즈를 비롯하여 가맹사업의 사업성 검토, 정보공개서 확인 및 가맹계약서 작성과 관련한 업무에 대한 도움을 받을 수 있으며 가맹사업거래분쟁조정협의회(.franchise.ftc.go.kr)에서는 가맹계약 해지 및 가맹금 반환, 부당한 계약해지 및 갱신거절의 철회, 영업지역의 보장, 일방적 계약변경의 철회 등 실질적인 분쟁 조정/협의와 관련된 도움을 얻을 수 있습니다.[289][290]

---

289) [출처] 창업정보, 퇴직 후 성공적인 창업을 위한 Tip|작성자 HAUM STORY
290) http://blog.naver.com/livarthaum?Redirect=Log&logNo=30126859892(2012. 2.1)

제5장 퇴직후의 재무설계

1. 은퇴후의 재무설계

재무상태에 대해 요즘 들어 걱정이 좀 되어서 질문을 드립니다.[291] 지금은 그냥 그냥 살아가고는 있는데, 은퇴후의 삶이 좀 걱정이 되긴 하는데요. 47살 여자이고 미혼이고 교원입니다.

1. 은퇴후 180만원 정도(조금 적을 수도 있고)의 연금이 나오고
2. 개인연금(소득공제)으로 331,400원 넣고 있구요
3. 개인연금(비과세)으로 200,000원 넣고
4. 펀드로 200,000원
5. 교원공제로 400,000원
6. 실비보험으로 33,920원씩 넣고 있구요

그 이외는 그냥 생각없이 쓰고 CMA 또는 주식 뭐 한 200,000에서 400,000 정도 매달 넣고 싶은데 어디에 넣어야 할지 고민도 되고, 은퇴후 적정한 수준의 자금이 되는지도 궁금하네요. 개인이 금융 프라이버시를 공개한다는 것은 말도 안되고, 자칫하다간 투기꾼들의 표적이 되기도 쉽습니다. 재무설계사 중의 한 사람으로서 인터넷상에 위에 쓰신 것처럼 재무상황을 적어 놓으시면 안됩니다. 차라리 개별상담을 신청하세요. 훨씬 안전하고 전문적인 재무상황 파악과 은퇴설계가 가능합니다.[292] 변액연금 10년 정도 보시고 꾸준히 납부하시면 거의 완벽한 설계인 듯 보입니다.[293] 은퇴후의 삶에서 본인이 필요한 생활자금의 규모가 어떻게 되시는지요? 지금 수준의 화폐가치 등을 고려할 때는 현재 준비중이신 금액 정도라면 부족함은 없을

---

291) 신데렐라(dst****) | 2011-05-25 10:20 | 조회 766 | 답변 6
292) 권맨(rnjs*****) | 답변 1 | 채택률 100%, 재무상담은 인터넷으로 하시면 안됩니다.
293) 2011-05-25 10:37 | 출처 : 본인작성, 카카오텍 | 답변 85 | 채택률 6.2%

것 같습니다.

1, 2, 3의 노후준비와 교원공제 등이 있으니, 더 이상 추가적인 가입을 하시거나 할 필요는 없습니다. 노후자금이 어느 정도가 적정한가는 본인이 어떤 생활을 고려하는가에 따라 다르지만, 추가적인 여유자금을 노후자금의 마련을 위해 사용한다면 3번에 추가납입을 해주시면 됩니다.[294] 교원연금이 나름대로 탄탄한 토대가 되어 있는 상태에서 추가로 개인연금까지 적지 않은 금액을 준비하고 계신 상태라 노후자금에 대해 걱정을 하실 정도는 아닌 것 같습니다. 조금 더 여유로운 노후생활을 위해 생각하고 계신 자금을 추가로 준비하시는 것이라면 전혀 준비가 없는 상태라면 연금이 가장 적정한 상품이 되겠지만 이미 가입하고 계신 연금이 있으니 굳이 신규가입을 통해 신계약사업비를 추가로 발생시키지 않더라도 추가납입을 통해 보다 나은 저축효과를 기대하실 수 있는 상태입니다. 우선 모든 은퇴자금을 연금자산으로만 준비하는 것은 바람직하지 않다는 점을 참고하실 필요가 있겠습니다. 매월 발생하는 일정 규모의 생활자금 이외에도 목돈이 필요한 자금소요에 대비하기 위해서는 일정 수준의 현금자산 역시 함께 준비가 되어야 할 것이기 때문입니다.[295]

또한 현재 언급하신 은퇴 준비수단 이외에도 만일 보유하고 계신 주택이 있다면 주택연금(역모기지론)의 활용을 고려해 보실 수도 있을 것입니다.

마지막에 언급하셨던 바와 같이 은퇴자금을 비롯한 모든 재무목표를 위한 준비를 함에 있어 필요한 것은 단순히 금융상품이라는 수단을 선택하는 것이 아닌 해당 목표를 달성하기 위해 해당 시점에서 예상되는 필요자금 규모와 현재의 준비자금 등을 분석하는 일이 됩니다.

님의 은퇴설계에 있어서도 먼저 님께서 희망하시는 은퇴생활을 영위하기 위해 은퇴시점에서 준비되어 있어야 할 필요 은퇴자금과 현재 준비하고 있

---

[294] 2011-05-25 12:49 | 설재경, 전문분야 : 재테크,재무상담 (17위) | 펀드 (7위) | 답변 3999 | 채택률 55.4%, 18년 경력의 보험전문가,종합자산관리사
[295] 기존 가입 중인 연금보험에 추가납입을 하십시오. 2011-05-25 18:52 | 한만형 CFP, 전문분야 : 보험 (6위) | 재테크,재무상담 (8위) | 답변 5228 | 채택률 53%

는 다양한 준비방안들을 통해 가능한 예상 준비자금 등의 분석과정을 통해 예상부족자금을 분석하고 이를 기준으로 추가적인 준비방안을 마련하는 과정이 필요할 것입니다. 다음의 은퇴자금 분석사례를 참고해 보시기 바라며 은퇴자금 분석을 비롯한 은퇴설계와 관련한 보다 자세한 정보를 갖기 바랍니다.[296]

연금상품은 추가 납입기능을 가지고 있는데 원금의 2배 정도를 추가납입할 수 있습니다. 여유가 있으시다면 추가로 납입하세요. 추가납입은 신계약 사업비란 수수료가 없어 신규로 상품을 가입하는 것보다 유리하기 때문에 잘 활용하시면 좋습니다. 효율적인 선택에 도움이 되고자 연금보험과 연금저축보험에 대해 설명드리겠습니다. 연금보험은 세제 비적격 비과세 연금이라고도 불리우며, 소득공제혜택이 없지만, 10년 유지 연금수령시 이자소득세가 면제되는 연금상품입니다.(은퇴후 많은 소득이 예상되는 분이나, 안정적인 계약유지가 어려운 분들이 많이 가입하세요) 연금저축보험은 세제적격 연금이라고도 불리우며, 연말정산 소득공제혜택을 받을 수 있는 상품입니다. 퇴직연금 및 연금저축 불입액의 소득공제 한도를 올해부터 확대(300만원→400만원)하였습니다. 세율이 높게 적용되는 소득기에 미리 소득공제를 받고, 적용세율이 낮은 은퇴기에 그때 맞는 세금을 낸다고 보시면 됩니다. 소득이 높으면 높을수록 그 세금의 차이는 많이 나겠지요.(소득세를 꼬박꼬박 내시는 직장인분들이나 소득이 높으신 분들이 가입하면 유리한 상품입니다.) 모든 연금상품을 선택하실 때는 각 회사의 규모나 지급여력을 따져보셔야 합니다. 노후를 책임질 연금보험상품을 선택할 때는 무엇보다 회사의 재무안정성과 대외적인 신뢰도를 따져 장기간 함께 할 견실한 금융사를 선택하는 것이 가장 중요합니다. 질문자님께는 소득공제와 세제혜택 1석 2조의 연금저축보험을 추천하여 드립니다. 연금저축보험은 손해보험사 가입자중 44.5%가 ○○화재보험으로 나타나 인기를 끌고 있습니다.[297]

---

296) 2011-05-25 20:02 | 출처 : http://cafe.daum.net/Financialf
297) (출처 : 09.4~09.9 손해보험협회)

그곳의 연금저축보험의 특징은 유배당상품 / 근로소득이 있는 경우 소득공제 혜택 有 / 확정형 연금으로 20년까지 수령가능 / 비과세혜택 無 / 연복리로 하여 이자를 계산합니다. 연금보험사이트 소개 닉네임을 바로 클릭하시면 바로 가는 주소가 있으니 살펴보시길 바랍니다.[298][299]

2. 인생 재무설계 반환점 돌아선 40대, 지출구멍 막고 안정수입원 만들기

목표 다시 세워라. 자녀교육 무작정 투자, 효과는 글쎄, 형편에 맞는지 따져야 주거용 부동산 다운사이징 일단 갖고 있으면 알아서 오르던 시대 '끝'[300]

숨겨진 보너스 활용을 CMA·MMF에 넣으면 평균잔액 5000만원의 경우, 연 150만원 '보너스', 재무설계를 마라톤에 비유하자면 40대는 반환점을 돌아서 마무리 직전까지 가는 코스라 할 수 있다. 이 구간은 가장 힘들어서 포기하는 경우도 많다. 인생에서도 40대는 자신은 물론 가정이나 직장, 사회에서 가장 힘든 시기이면서 가장 왕성한 활동이 이뤄지는 때다. 하지만 40대야말로 재산을 늘릴 수 있는 마지막 기회이기도 하다. 한국 사회는 이미 50대부터는 퇴직에 내몰리는 상황이어서 재무설계에서 절대적으로 가장 중요한 '시간'이 얼마 남지 않은 탓이다.

과거에는 부동산 하나만으로도 손쉽게 재테크에 성공한 사례가 많았다. 20~30년전만 해도 은행 정기예금 금리는 연 10%대를 웃돌았다. 주식투자 또한 수십배 차익을 볼 수 있는 기회의 시대도 있었다. 하지만 최근 직면해 있는 글로벌 금융위기와 재정위기는 실업난과 인플레이션, 저금리 시대를 살아가는 40대에게 가장 우선시되는 자녀교육과 내집마련 문제, 노후준비 등을 어렵게 만들고 있다. 계속되는 물가상승과 물가에 못 미치는 저금리,

---

[298] 2011-05-28 09:00 | 출처 : 본인작성
[299] http://k.daum.net/qna/view.html?category_id=QDD&qid=4a7Oq&q=%C5%F0%C1%F7%C8%C4%C0%C7%BB%EE(2012.2.1)
[300] 2012-01-31 15:34 / 수정: 2012-01-31 15:34, 40대의 재무설계

추락하는 부동산, 잡았다하면 상투만 잡는 펀드투자. 이런 상황에서 40대는 어떻게 해야 재무설계를 성공적으로 할 수 있을까.

1) 재무설계의 목표를 세우자

마라톤에서도 종착점까지 가야 하는 길이 있듯이 재무설계에도 가야 할 길이 있다. 자신의 상황에 맞는 목표를 정해야 하고 중간 점검을 통한 확인 과정이 있어야 한다는 얘기다. 인생에서도 목표없이 사는 삶과 목표를 향해 노력하는 삶이 다르듯 재무설계도 자신에게 맞는 목표를 설정해야 성공할 수 있다. '어떻게 되겠지'라는 생각이 얼마나 참담한 결과를 가져오는지는 곧 느낄 수 있을 것이다. 성공적인 재무설계는 시간과 수익률이라는 함수관계에서 이뤄진다. 그만큼 시간과 수익률 관리가 중요하다는 뜻이다.

가령 30대인 A씨가 1억원의 목돈을 연 5%로 15년 동안 운용했을 때 45세에는 2억원을, 같은 이율로 60세에는 약 4억3000만원의 목돈을 쥐게 된다.

하지만 45세에 운용한 1억원은 60세에 2억원이 돼 결국 시간의 길이에 따라 그만큼 차이가 커진다.

2) 자녀교육에 대한 지출을 통제하자

사실 40대에게 가장 큰 관심은 자녀교육일 것이다. 소득의 상당 부분을 교육비로 지출하며 심한 경우 부동산을 팔아서라도 자녀 교육비에 사용하는 것을 쉽게 볼 수 있다. 하지만 '노후준비와 자녀교육 중 하나를 택하라고 하면 어떻게 할 것인가'라는 질문을 해보면 이성적인 판단을 하는 데 도움이 된다. 자녀교육에 이성을 잃지 말라는 것이다. 우리 주변에는 부모가 힘들게 뒷바라지했지만 효과를 보지 못하는 사례도 많다. 소득 대비 30%가 넘는 학원비와 과외비가 자녀의 교육에 얼마나 효과적인지, 자녀의 지식수준과 가계 형편에 맞는 지출인지 냉정한 판단이 필요하다.

3) 주거용 부동산 다운사이징을 검토하자

과거 수십년동안 아파트나 땅같은 부동산은 사두면 실망시키지 않고 물가상승률 이상으로 많이 올랐다. 그 결과 부동산 부자들은 부러움의 대상이었고 지금의 40대들은 '무'에서 '유'를 실현하는 수단으로 부동산 부자를 꿈꾸고 아파트나 땅 투자에 막차를 탄 사람들이 많다. 실례로 4년전 고객 중의 한 분이 서울 목동지역의 아파트에 투자 목적으로 자기 자금 10억원과 월 이자 250만원의 대출금 5억원으로 15억원짜리 아파트를 구입했다.

계속된 집값 하락과 경기 둔화로 10억원 선에도 팔리지 않아 결국 화병으로 입원까지 했다. 순간의 판단 실수로 매년 1억원 이상의 투자손실을 보았고 여기에 그동안 납부한 금융비용까지 감안하면 매년 1억5000만원 상당의 손실을 보게 된 것이다. 더군다나 5억원의 원리금을 상환한다면 웬만한 소득으로는 가계파산을 막기 어려운 실정이다. 따라서 소득수준의 20%가 넘는 대출이자를 부담하는 경우라면 노후를 위해 다운사이징해 보는 것도 고려해야 한다. 경제적 여력이 있다면 주거용 부동산보다는 은퇴후 소득이 될 수 있는 수익형 부동산을 추천한다. 월세 수익이 가능한 역세권의 소형 오피스텔이나 상가건물 등은 40대에 준비할 수 있는 적절한 투자상품이 될 수 있다.

4) 다양한 노후준비를 하자

40대는 노후준비를 할 수 있는 유리한 시기이자 마지막 시기이기도 하다. 40대는 경제적 여력이 가장 크기도 하지만 곧 퇴직을 준비해야 한다. 노후준비는 경제적 여력은 물론 노년기에 어울릴 수 있는 친구나 취미 등 사회활동 능력을 갖추는 것도 포함된다. 사회적 활동이 오히려 경제적 여력보다도 중요하다고 할 수 있다. 친구 하나 없는 외로운 노년기를 생각해보면 끔찍하지 않을 수 없다. 아무리 경제적 여력이 있더라도 누군가와 같이 노년의 외로움을 나눌 수 없다면 오히려 마음의 병으로 수명을 단축할 수도 있다. 경제적 능력이 있다면 그동안 하지 못했던 여행이나 등산, 취미활동에 전념할 수 있도록 40대부터 미리 준비를 해둬야 한다. 경제적 준비가 부족한 경우라면 가능한 은퇴 시점을 늦추는 방법도 미리 생각해야 한다.

5) 숨겨진 보너스를 활용하자

아무리 소득이 많더라도 지출이 그만큼 많으면 결과는 '제로(0)'가 된다.

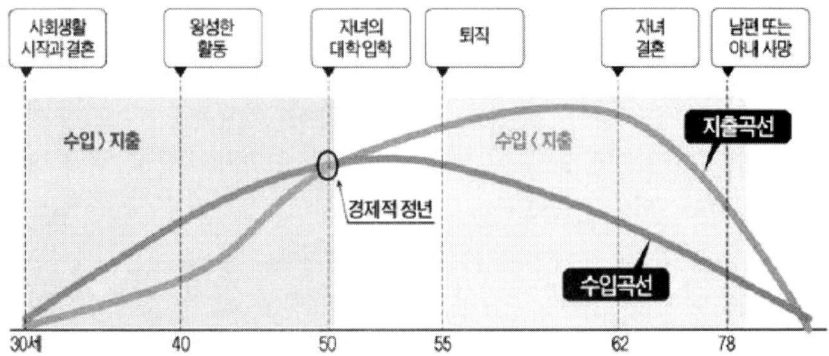

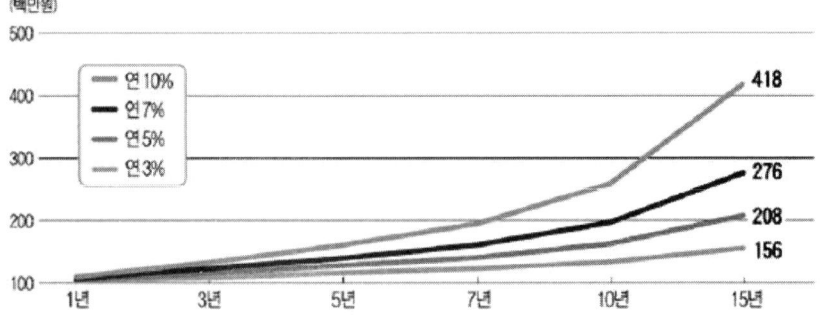

자료: http://www.hankyung.com/news/app/newsview.php?aid=2012013117541(2012.2.1)

가정의 전기나 수돗물에서도 보이지 않는 낭비가 있듯이 개인의 예금통장에도 조금만 신경쓰면 숨겨진 보너스의 혜택을 찾아볼 수 있다. 예컨대 무심코 사용하는 입·출금통장은 예금금리가 거의 없는 경우가 많다. 이를 연 3%대인 증권사 종합자산관리계좌(CMA)나 은행 머니마켓펀드(MMF)로만 관리해도 평균 잔액 5000만원이면 연 150만원의 보너스가 생긴다. 150만원은 젊은 시절 한 달 동안 열심히 일해서 받는 월급에 해당한다. 사람은 누구나 자신의 노년이 행복해지기를 바란다. 하지만 막연하게 어떻게 되겠지 하고 방치하는 것과 철저히 준비하는 것에는 큰 차이가 발생한다. 40대에게 은퇴란 머지않아 닥칠 현실이다. 임진년 철저한 목표관리와 절제된 지출, 합리적인 판단을 통해 행복한 노년을 준비하자.[301)302)]

3. 인생 후반 좌우할 5가지 리스크

퇴직후 생활비도 생각만큼 줄지 않아 대비 필요[303)] '자산=부동산' 사고 벗어나 금융자산 비율 높여야[304)] 현대인에게 투자는 인생을 좌우하는 과제가 된지 오랩니다. 하지만 글로벌 금융위기같은 예측 불가의 재앙과 고령화라는 피할 수 없는 사회구조변화 등은 개인의 투자와 자산관리를 더욱 어렵게 하고 있습니다. 모두에게 닥친 어려움을 딛고 인생이라는 장기 레이스에서 승리하려면 일찍부터 장기 안목을 갖고 인생의 각 단계에 맞는 투자전략을 모색해야 합니다. 최근 비상등이 켜진 국내 가계부채 부실문제도 금융 및 자산관리에 대한 국민들의 올바른 이해가 높아져야 근본적인 해결이 가능하다는 지적입니다. 한국일보는 미래에셋 투자교육연구소와 함께 평생을 좌우할 자산관리와 투자의 기초를 짚어보는 '투자아카데미'를 게재합니다.

요즘 같은 '수명 100세 시대'에는 현역 시절보다도 퇴직후의 인생 후반이 더 중요하다. 후반인생을 행복하게 보내기 위해서는 이를 좌우하는 5가지 리스크를 제대로 이해하고 젊은 시절부터 대응해 가지 않으면 안된다.

1) 리스크 1: 생각보다 오래 산다

첫 번째 리스크는 생각보다 오래 살게 되는 리스크 즉, 장생(長生) 리스크다. 우리나라 국민의 평균수명은 80.1세. 하지만 실제로는 평균 수명만큼만 살 것으로 생각하고 인생설계를 해서는 안된다. 현재 어느 연령에 있는 사람이 앞으로 몇 년이나 더 살 수 있겠는가를 나타내는 기대여명과 관련된

---

301) 윤창윤 하나은행 영업1부 골드클럽 부장
302) http://www.hankyung.com/news/app/newsview.php?aid=2012013117541(2012. 2.1)
303) 이찌로 (qqq22****), 조회 186 11.08.26 16:35
304) 강창희 미래에셋 투자교육연구소장

자료에 따르면 60세의 기대여명은 의학발전까지 고려할 경우 남자는 30.75년, 여자는 36.63년이다. 다시 말해 일단 환갑까지만 살아 남으면, 평균적으로 남자는 91세, 여자는 97세 정도까지 살 수 있다는 뜻이다. 그야말로 인생 100세 시대를 맞고 있는 것이다. 건강하고, 경제적으로도 어려움없이 살 수만 있다면 장수하는 것만큼 좋은 것도 없다. 그런데 왜 오래 사는 게 리스크란 말인가? 이유는 간단하다. 계획(Planning)의 문제인 것이다. 계획을 전혀 세워 놓지 않았거나 장수하지 않는다는 전제 아래 계획을 세웠기 때문에 문제가 되는 것이다. 모두가 자신의 생애설계에 원인이 있다는 얘기다.

처음부터 '인생 90년+ α', 다시 말해 100년 정도의 인생을 전제로 생애설계를 하고 그 설계에 맞는 생활을 하면서 자산관리를 해 나간다면 오래 사는 것은 축복이 될 것이다. 여기서 중요한 것은 자신이 하고 싶은 일이 무엇인지를 확실하게 파악한 다음, 그 일에 맞는 계획을 세우는 일이다. 또 그 계획을 세운 다음에 필요한 것은, 이를 실현시킬 수 있는 인프라다. 본인의 건강, 체력, 기력, 지력, 그리고 가족이나 친구와 같은 후원자 등이 인프라에 해당되는데 그 중에서도 특히 중요한 것이 '돈'이다.

2) 리스크 2: 생각만큼 줄지 않는 생활비

두 번째 리스크는 퇴직후에도 생각만큼 생활비가 줄어들지 않는 리스크다. 많은 사람들이 직장에서 퇴직을 하게 되면 생활비가 줄어들 것이라고 생각한다. 퇴직하면 교제비도 줄어들고, 나이가 들어감에 따라 여행도 자주 가지 못할 것이며, 먹는 것도 줄어들기 때문에 돈이 많이 들어갈 필요가 없을 거라고 생각하는 것이다. 그러나 정말 그럴까. 결론부터 말하면 그렇지 않다. 이와 관련해서 미국의 피델리티자산운용이 조사한 자료가 있다. 이 회사는 미국에서 퇴직 직전에 있는 사람들을 대상으로 '퇴직후 생활비가 현역 시절보다 늘 것 같은가, 줄어들 것 같은가'라고 질문을 했다. 이 질문에 대해 줄어들 것이라고 대답한 사람이 절반 가까이 됐다. 그러나 같은 질문을 퇴직해서 어느 정도 세월이 경과한 사람들에게 물어 보았다. 그랬더니 놀랍게도 필요경비가 늘었다고 대답을 한 사람이 40% 가까이나 되더라는 것이다. 같은 조사를 일본의 60~64세에 있는 사람들을 대상으로도 실시했다. 조사결과는, 퇴직전에는 70%에 가까운 사람들이 퇴직후 생활비가 줄어들 것으로 생각하지만, 실제로 줄었다고 대답한 사람은 55%에 지나지 않았다. 정도의 차이는 있지만 미국에서도, 일본에서도 퇴직후 생활비가 생각만큼 줄어들지 않는다는 결론이다. 퇴직후에 생활비가 줄지 않는 가장 큰 이유는 병원·간병비에 있다. 여기에 요양원이나 노인시설에서 보내야 하는 기간이 길다는 것도 생활비가 줄지 않는 또다른 이유다. 우리나라에서는 아직 미국, 일본에서와 같은 조사결과가 발표되어 있지 않지만 실제로 조사를 해보면 크게 다르지 않을 것이다. 결국 두번째 리스크 또한 '돈'과 관련되어 있다.

3) 리스크 3: 자녀도 악재?

세번째 위험 요인은 자녀인데, 노후설계와 관련된 외국서적을 접하다 보면 '자녀 리스크'라는 말을 자주 보게 된다. 아니 사랑스러운 아이들이 무슨 리스크 요인이란 말인가? 본인이 아무리 성공을 하고 돈을 많이 벌었다 하더라도 자녀문제로 인해서 노후에 큰 고생을 할 수도 있다는 뜻이다. 예컨대 결혼한 자녀가 갑자기 찾아와서 '신용불량자가 되게 생겼다'고 손을 벌리면 어떻게 하겠느냐는 것이다. 자녀가 커갈수록 손을 벌리는 자금의 규모도 커지고 리스크도 그만큼 커진다는 것이다. 우리나라에도 비슷한 사례가 많다. 노부부가 노후 생활자금으로 약간의 목돈을 모아두었는데 사업에 실패한 아들이나 사위가 와서 손을 벌리는 것이다. 부모로서 무작정 모르는 체 할 수만은 없다. 평생 절약하여 모아둔 돈을 내주고 노부부는 지하 쪽방에서 살고 있다는 이야기도 있다. 이런 것들이 바로 자녀 리스크의 사례라고 할 것이다. 이런 리스크를 줄이지 않고서는 행복한 후반 인생을 보낼 수가 없는 것이다. 그렇다면 자녀 리스크를 줄이는 방법은 무엇인가? 어릴 때부터 제대로 된 경제교육을 시키는 것이다. 그리고 본인들은 젊은 시절부터 공적·사적연금에 가입을 하여 세상을 떠날 때까지 최저생활비 정도를 받을 수 있는 권리를 확보해 두는 것이다.

4) 리스크 4: 무서운 인플레

네 번째 위험요인은 인플레이션이다. 1990년대 이후 세계경제는 '디플레이션'을 걱정해야 할 정도로 물가안정시대가 계속되어왔다. 따라서 많은 사람들이 인플레의 해악을 심각하게 생각하지 않는 것 같다. 그러나 최근 들어 상황은 달라지고 있다. 서브 프라임 금융위기 이후 대량 살포된 자금이 언제 물가를 위협할지 모른다. 유가를 위시한 국제 원자재가격도 심상치 않다. 인플레가 진행된다는 것은 돈의 가치가 떨어진다는 뜻이다. 예를 들어 연 3%의 물가상승률이 25년간 계속된다면, 원금 100만원의 가치는 약 48만원 즉, 절반 이하의 가치로 줄어든다. 노후에 대비해서 오랫동안 가입해 온 연금이나 저축이 이런 식으로 줄어든다면 후반 인생은 얼마나 힘들어지겠는가? 젊은 시절부터 이를 방어할 수 있는 재산형성 방법을 실천해 가지 않으면 안되는 것이다.

5) 리스크 5: 한쪽에만 쏠린 자산

다섯 번째 리스크는 편중된 자산구조 리스크다. 몇 년 전까지만 해도 예금을 해서 어느 정도의 목돈을 마련하고, 여기에 금융기관에서 빌린 돈을 더하여 괜찮은 부동산에 투자해 두면 노후자금은 물론이고 평생 필요한 자산을 해결할 수 있었다. 부동산 가격이 장기적으로 꾸준히 올랐기 때문에 노후에 부동산을 팔아서 쓰거나 임대소득으로 노후생활비를 마련할 수 있었던 것이다. 문제는 이런 현상이 오랫동안 계속되다 보니 우리나라 가정의 자산구조가 지나치게 부동산에 편중된 상태로 바뀌었다는 것이다. 평균적인 우리나라 가정의 자산구조를 보면 부동산과 금융자산의 비율이 77:23 정도인 것으로 나타나고 있다. '자산 = 부동산'이라고 할 정도로 부동산에 편중되어 있는 것이다. 같은 시기에 미국 가정의 부동산과 금융자산의 비율은 33:67 정도로 금융자산이 부동산의 2배가 넘는 것으로 나타났다. 일본에서도 1980년대까지는 한국과 비슷했던 부동산과 금융자산 비율이 지금은 39대61로 미국에 접근해 가고 있다. 부동산 가격이 1980년대 말의 10분의 1,

5분의 1 수준으로 폭락한 것이 가장 큰 원인일 것이다. 일반적으로 소득수준과 연령이 높아질수록 부동산 비중은 줄이고 금융자산 비중을 높이는 것이 자산관리의 원칙이다. 그런 관점에서 볼 때 미국, 일본에 비해 지나치게 부동산 비중이 높은 우리나라 가정의 편중된 자산구조는 자산관리 원칙에서 보나, 부동산 가격 전망으로 보나 많은 문제점을 내포하고 있는 셈이다.

따라서 이런 문제점을 인식하고 젊은 시절부터 합리적인 자산배분을 생각하지 않으면 안될 것이다. 지금까지 살펴 본 후반 인생을 좌우하는 5가지 리스크는 모두 궁극적으로는 돈 문제 즉, 자산관리와 관련되어 있다. 다시 말해 현역시절의 자산관리는 단기 시황전망에 따라 사고 파는 재테크가 아니라 이상의 5가지 리스크에 대응하는 합리적인 자산관리 방식이 되어야 한다.

퇴직후 인생, 무려 8만시간, 무엇을 할 것인가? 현역시절에는 하루가 너무 짧지만 막상 정년퇴직을 하고 나면 그 바쁘던 시간이 잘 가지 않는다.

잠자는 시간, 식사하는 시간, 화장실 가는 시간 등을 다 빼더라도 은퇴하면 하루에 11시간 정도 남는다. '11시간×365일×20년'이면 약 8만시간이 된다. 지금 우리나라 직장인들의 연평균 근로시간은 2,261시간이다.

따라서 정년 후의 8만시간은 현역시절의 36년 일하는 시간과 맞먹는 시간인 셈이다. 인생 100세 시대를 생각한다면 무려 72년에 해당한다는 결론이 된다. 이렇게 긴 후반 인생을 무슨 일을 하면서 살아갈 것인지를 심각하게 생각해 봐야 한다. 일반적으로 직장인들은 일생에 세 번의 정년을 맞게 된다. 첫번째 정년은 타인이 정년을 결정하는 고용정년, 제2 정년은 자기 스스로 정하는 일의 정년, 제3 정년은 하느님의 결정에 따라 세상을 떠나는 인생정년이다. 현재 직장에서 고용정년이 가까워졌다고 생각되면, 또 다른 직장을 찾아 고용정년을 연장시킬 것인지, 아니면 적당한 기회에 창업하는 등의 방법으로 일의 정년이 될 때까지 하고 싶은 일을 할 것인지 정해야 한다. 요컨대 자기실현을 위한 인생이나 사회 환원적인 인생을 살 것인지를 결정해야 한다. 우리보다 먼저 이런 경험을 한 선진국의 직장인들은 젊은 시절부터 인생 후반의 설계에 많은 시간을 들여 준비한다. 정년퇴직을 했는데 그동안 모아둔 자산이 부족하다고 생각될 때는 과감하게 체면을 버리고 허드렛일이라도 한다.

반면 생활비를 걱정 안해도 되는 사람들은 취미활동이나 봉사활동을 하면서 약간의 용돈벌이를 할 수 있는 일을 찾는다. NPO(비영리조직・Non Profit Organization) 활동이 그 한 예다. 미국의 경우 200만개 정도의 NPO가 있는데 참가자들은 정년에 관계없이 보람있는 일을 하면서 약간의 용돈벌이를 한다. 정년후에 건강과 일 다음으로 중요한 것은 자산관리다. 그런데 정년후의 자산관리는 치밀하게 계획을 세우고 준비하지 않으면 성공하기 어렵다. 퇴직후의 자산관리에서 가장 먼저 인식해 두어야 할 것은 살아야 할 기간은 상상 이상으로 길고, 운용가능 금액은 상상 이상으로 적다는 점이다.[305]

4. 프랜차이즈 급증, 은퇴자와 청년실업자에 대한 창업 유혹

하루 평균 12개. 지난해 새로 문을 연 편의점 수다. 지난해 편의점 신규 출점 수는 총 4513개로 역대 최대 기록을 세웠다. 이 가운데 가맹점 비율은 98.9%로 거의 모든 편의점이 가맹점 형태로 들어섰다.[306] 편의점 뿐만이 아니다. 대형 프랜차이즈 점포는 해마다 빠른 속도로 늘고 있다. SPC그룹이 운영하는 파리바게뜨 점포 수는 지난해 11월 3000개를 돌파했다. 4년 남짓한 기간에 매장 수를 700개 이상 늘린 카페베네 역시 신규점포 만들기에 박차를 가하고 있다.

대형 프랜차이즈업체 수가 해마다 빠른 속도로 늘고 있는 배경에는 은퇴한 베이비부머와 갈 곳 없는 청년실업자들이 있다. 특별한 기술도, 시장정보도 없는 이들은 가맹본부의 지원을 받을 수 있는 데다 경영도 비교적 손

---

305) http://bbs3.agora.media.daum.net/gaia/do/story/read?bbsId=S101&articleId=61552(2012.2.1)
306) 동아일보||입력 2012.02.03 03:16|수정 2012.02.03 03:22

쉬워 보이는 편의점이나 빵집 등 프랜차이즈 점포 창업에 몰린다. 한국편의점협회에 따르면 지난해 편의점 창업자는 실직 회사원 27.1%, 청년창업자 20.3%로 둘을 합치면 전체 창업자의 절반에 이른다. 대형 프랜차이즈업체

A치킨 프랜차이즈 창업비용

항목	60평형
가입비	1000만 원
계약이행보증금	500만 원
교육비	300만 원
오픈판촉비	500만 원
인테리어/외부	1억3400만 원
간판	700만 원
의자 탁자	2089만 원
주방기기	7937만 원
기물/집기	1889만 원
카운터 시설	700만 원
계	2억9015만 원

B편의점 프랜차이즈 창업비용

항목	비용
가맹금	770만 원
상품 준비금	1200만 원
소모품 준비금	50만 원
시설 집기 보증금	200만 원
보증금	없음
점포 임차비용	경영주 부담
시설 집기 인테리어	본사 부담
계	임차비용+2200만 원

자료: http://media.daum.net/economic/others/view.html?cateid=1041&newsid=20120203031625473&p=donga&t__nil_news=uptxt&nil_id=2(2012.2.3)

들이 몸집을 불리며 성장을 하는 과정에서 가맹점주들은 같은 상권내에서 피 말리는 경쟁을 해야 하는 상황으로 내몰린다. 동네 슈퍼와 빵집 등 '골목상권'과 '동네브랜드'도 프랜차이즈의 습격에 초토화되고 있다. 지난달 31일 30년동안 명맥을 이어온 서울 홍익대 앞 리치몬드 과자점이 대기업 계열의 커피 프랜차이즈에 자리를 내준 것도 이같은 사례다. 리치몬드 과자점 주인인 ○○○명장은 이날 가게 문을 닫으며 "제과점으로서의 자존심을 지키려고 했지만 프랜차이즈 체인점이 수단과 방법을 가리지 않는다"고 밝혔다.

중소기업청이 진행하는 '나들가게' 사업도 별다른 도움이 되지 않고 있다. 중소기업청은 2010년부터 동네 슈퍼가 간판을 바꾸는 것 등을 지원해와 현재까지 5300여개가 나들가게로 전환했지만 공동물류센터를 만들어서 상품 공급가를 낮추는 것이 무산돼 실효성이 떨어진다는 지적을 받아왔다.[307)308)]

5. 커피전문점의 불공정행위 조사

공정거래위원회가 카페베네를 비롯한 국내 5대 커피전문점에 대한 불공정행위 조사에 착수한다.[309)] 공정위 관계자는 3일 "커피전문점 시장에서 일부 가맹본부의 불공정행위 사례가 잇따라 신고됐다. 생계형 창업자인 가맹점주의 자립 기반을 확보한다는 차원에서 대대적인 실태조사를 벌일 계획이다"고 밝혔다. 아직 정확한 감시대상업체가 확정되지는 않았지만 규모로 봤을 때 할리스, 엔제리너스, 카페베네, 이디야, 톰앤톰스 등 5개 국내브랜드 커피전문점이 대상이 될 가능성이 유력하다. 공정위는 가맹본부가 가맹점주에게 재개장(renewal) 인테리어 비용을 일방적으로 강요한 사례 등의 불공정행위를 집중 조사할 계획이다.

때문에 직영 형태의 스타벅스·커피빈 등 외국 브랜드 커피전문점은 조

---

307) 박승헌 기자, 동아일보 & donga.com
308) http://media.daum.net/economic/others/view.html?cateid=1041&newsid=20120203031625473&p=donga&t_nil_news=uptxt&nil_id=2(2012.2.3)
309) 카페베네 등 국내 5대전문점, 공정위, 본격 실태조사 착수, 헤럴드경제||입력 2012.02.03 11:14|수정 2012.02.03 11:52

사 대상에서 제외된다. 한편, 국내 커피시장은 2007년 1조5580억원 규모에서 지난해 3조6910억원으로 5년 만에 갑절 이상 성장했다. 커피전문점 시장만 놓고 보면 같은 기간 4360억원에서 1조3810억원으로 3배나 급팽창했다.

선두주자인 카페베네는 2008년 17개였던 매장이 작년 5월 570개로 급증한 바 있다.310)311)

6. 퇴직후의 인생설계, 주식과 보험으로 부자되기

요즘 재테크 최대의 관심사는 단연 은퇴준비입니다. 갈수록 수명은 늘어나고, 국민연금은 못 믿겠고, 모아놓은 돈은 없고, 하지만 이러한 현실에도 불구하고, 대부분의 사람들이 은퇴는 아직 먼 훗날의 문제라고 생각하거나 준비에 대한 필요성을 느끼면서도 실제로 실천에 옮기고 있는 사람은 불과 23%에 지나지 않습니다.312) 왜냐하면 주택마련이나 자녀의 학자금조달 등 발등에 떨어진 불씨를 처리하느라 은퇴후의 화마를 실감하지 못하기 때문입니다. 은퇴준비는 이르면 이를수록 좋다고 이야기합니다. 일찍부터 은퇴설계를 한다는 것은 장래 변수를 예상하고 미래의 삶을 스스로 통제해 나가는데 도움이 되며, 장기투자를 통해 투자위험을 줄이고 매월 적은 금액의 투자로 여유있는 준비를 할 수 있기 때문입니다.

'은퇴준비 현실적으로 하자!'라는 글과 관련하여 은퇴를 어떻게 준비해야 하느냐는 질문을 많이 받았습니다. 그 중 상당수가 이제 어느 정도 자리를 잡은 40대 초중반으로, 자식교육자금의 부담이 커서 은퇴준비를 할 여력이 없는데 어떻게 해야 하느냐는 내용이 주류를 이루었습니다. 그럼 더 이상 은퇴준비를 미룰 수 없는 40대에 합리적으로 은퇴준비를 할 수 있는 방법은 무엇일까요? 작년 모 일간지에서, IMF때 명예퇴직당한 선배들을 보며

---

310) 윤정식 기자, 헤럴드경제 & heraldbiz.com
311) http://media.daum.net/economic/view.html?cateid=1041&newsid=20120203111410782&p=ned(2012.2.3)
312) 2006/05/19 17:26, http://blog.naver.com/ymlee7660/40024562883

은퇴준비의 필요성을 절감해 작성한 '은퇴까지 남은 10년간 준비해야 할 리스트'라는 글을 보고, 은퇴에도 철저한 사전준비가 필요하다는 것을 절실히 느꼈던 적이 있습니다. 아내와의 관계를 중요시하며 자기만의 프로그램을 만들어 꾸준히 실천하고 있다는 내용으로, 다소 무리한 계획도 있었지만 은퇴후를 열정적으로 보낼 수 있겠구나하는 생각을 했었습니다. 그러면 은퇴를 위해 어떤 준비를 해야 하고 점검해야 할 내용들은 무엇인지 하나하나 짚어보기로 하겠습니다. 대부분의 사람들이 은퇴준비하면 경제적인 준비만을 생각하는 경향이 있습니다. 하지만 생활비만 넉넉하다고 편안한 은퇴생활을 할 수 있는 것은 결코 아닙니다. 은퇴시기, 자녀의 독립시기, 은퇴후 거주지, 은퇴후 직업, 은퇴후 생활비, 남은 가족을 위한 재산상속 계획, 은퇴후 지속할 수 있는 취미와 모임, 함께 동반할 재무설계사 등이 반영된 나만의 은퇴계획을 수립해야 합니다.

1) 은퇴시기를 언제로 할 것인가?

사오정, 오륙도 등에서 읽을 수 있듯이 고용의 불안정성으로 인해 은퇴를 고려하는 시기가 빨라져 대부분 55세 전후에 은퇴하기를 희망합니다. 하지만 은퇴의 시기는 남들이 55세에 하니까 나도 그때쯤 하지 않을까하는 식의 막연한 생각은 안됩니다. 은퇴준비가 80% 이상 갖추어진 후를 은퇴의 시기로 보시면 됩니다.

2) 자녀는 언제 독립시킬 것인가?

은퇴준비에 가장 큰 부담요소로써 자녀의 교육자금을 꼽는 분들이 많습니다. 원하는 것은 뭐든 해주고 싶은 게 부모의 마음이겠지만, 적당한 시기에 자녀를 독립시켜야만 은퇴준비를 원활히 할 수 있습니다. 대학학비의 절반 정도만 부담하고 나머지는 자력으로 준비시키는 것이 은퇴준비와 자녀의 자립을 위해서 좋겠습니다.

3) 은퇴후 어디에 거주할 것인가?

8.31부동산 대책으로 인한 보유세 강화로, 노후를 위해 마련한 강남 50평

아파트의 보유세가 월 100만원이 넘어 도저히 생활이 어렵게 되어 처분하고 이사를 하려고 해도 주변 아파트 값이 너무 올라 부대비용을 제하면 40평 아파트조차 살 수 없다고 하소연하시는 분을 보았습니다. 이처럼 거주지의 선정도 은퇴준비의 큰 부분을 차지합니다. 전원주택을 꿈꾸는 분들이 많은데 전원주택지로 선호하는 지역의 경우도 평당 1,000만원 안팎으로 만만치 않은 부담이 됩니다. 계획을 잘 세워 미리 준비방안을 강구하시는 것이 좋겠습니다.

4) 은퇴후 어떤 일을 할 것인가?

은퇴는 생업에서의 은퇴를 의미하지, 인생에서의 은퇴를 의미하는 것이 아닙니다. 흔히 은퇴를 절반의 은퇴(Semi-retire)라고 하는 이유도 이런 이유 때문입니다. 은퇴후 즐기면서 할 수 있는, 일하는 즐거움을 향유할 수 있는 평생직업을 준비해야 합니다. 사회사업이나 컨설팅 등도 좋은 예가 될 수 있습니다.

5) 은퇴후 생활비는 얼마 정도 필요할 것인가?

은퇴 후 생활비는 크게 의식주와 병원비용을 말하는 생계비와 취미활동을 위한 여가생활비를 말합니다. 보통 40세 기준으로 월 200만원의 생활비가 필요하고 55세에 은퇴하고 85세까지 생존한다고 가정했을 때 물가상승률 4%, 은퇴자금의 수익률 5%를 기준으로 은퇴시점인 55세에 필요한 총 은퇴일시금은 약 11억 2,177만원입니다. 남은 기간 15년동안 11억2천만원 정도를 마련해야만 한다는 말이 됩니다. 은퇴후 10년 정도는 여행과 취미활동을 즐기며 지내는 가장 활동적인 활동기, 그 다음은 가족과 친구들을 그리워하고 자연을 그리워하는 10년간의 회상기, 마지막으로 육체의 노쇠화로 인해 병원비가 많이 필요한 간병기 등을 고려하여 은퇴후 자산운영계획도 잘 수립하여야 합니다.

6) 남은 가족을 위한 상속계획은 준비되어 있는가?

조강지처를 버리고 성공한 사람은 없다는 말이 있습니다. 실제로 미국에서 자수성가한 백만장자들은 한결같이 성공의 주춧돌로 내조 잘하는 배우자를 꼽고 있습니다. 성공한 사람이라면 은퇴준비에 있어서도 가족과 배우자를 배려하는 자세가 필수입니다. 평균적으로 7~10년을 홀로 살아야 하는 배우자를 위한 준비와 나중에 재산문제로 가족간 불화가 생기지 않도록 유산상속에 대한 준비도 해두어야 합니다.

7) 은퇴후 지속할 수 있는 취미와 모임은 있는가?

시간이 남아돌고, 할 일이 없어지며, 언제나 만날 수 있는 사람이 없어지는 은퇴생활을 잘하기 위해서는 등산, 달리기, 여행, 미술감상, 사진촬영 등 적은 비용으로 가족과 함께 하면서 자연속에서 심신을 단련하고 삶의 의욕을 북돋을 수 있는 취미가 있어야 합니다. 또한, 할일 없이 남겨진 시간을 자신과 남을 위해 봉사하며 여유를 갖거나 종교활동 등을 통해 끊임없이 대화할 수 있는 친구들을 만나는 것도 좋은 방법입니다.

8) 함께 동반할 재무설계사가 있는가?

은퇴계획을 아무리 잘 세웠더라도 꾸준히 실천해 갈 수 없다면 의미가 없습니다. 은퇴계획을 꾸준히 실천해 갈 수 있도록 도와주고 은퇴 이후에 발생하게 되는 여러 가지 문제들을 함께 나눌 수 있는 전문가와 함께 할 수 있다는 건 홀로 떠나는 외로운 여행길의 든든한 지팡이와 같습니다.

지금까지 은퇴준비를 하는데 고려해야 할 사항을 살펴보았습니다. 은퇴준비는 단순히 은퇴자금만 준비하면 되는 것이 아닙니다. 위의 고려사항들을 고려하여 하나하나 준비해야 하며 일찍 시작해야 여유롭게 준비할 수 있습니다. 막연하게 준비하면 은퇴후도 막연해지고, 실천에 옮기지 않으면 편안하고 안락한 은퇴생활은 아무도 보장해주지 않습니다. 전문가와 상의하여 본격적인 은퇴준비를 할 때입니다.[313)314)]

---

313) 출처;교보, 퇴직후 인생 설계, 작성자 하루까치
314) http://blog.naver.com/ymlee7660/40024562883(2012.2.1)

7. 50대 퇴직, 그 후의 "연금 사각지대"

1) 직장 잃고 연금은 60세부터

직장은 일찍 잃고, 연금지급은 60세부터315) 중소 무역업체에서 일하다 퇴직한 K씨, 은퇴직후 그에게는 남겨진 것은 퇴직금이 전부이다. "그렇게 일찍 퇴직할 줄은 예상하지 못했죠. 수입은 없는데 아이들 학교며 아직 돈 들어갈 일은 많은데. 한숨만 나와요." 예순, 일흔이 되면, 그때는 어떻게 살아야 하는 걸까? '연금제도' 시대 뒤떨어져. 오씨와 같은 고민을 하고 있는 50대 명예퇴직자들이 늘고 있다. 지난 국민연금연구원 석상훈 박사가 은퇴자 4060명을 대상으로 조사한 결과 55세 이상 은퇴자의 공적연금 수혜자 중 76.7%가 아직도 못받은 것으로 집계됐으며, 은퇴 이전부터 받은 사람은 7.6%에 불과한 것으로 조사됐다.

자녀 결혼자금, 자녀 등록금 등 아직 지출이 많은 시기지만, 7년~11년 후에나 나올 국민연금만 바라보면서 퇴직금으로 생활비를 충당하고 있다. 퇴직금으로 의식주 해결에만 한 달에 최소 200만~300만원 정도가 지출되고, 1년에 두 번 돌아오는 대학생 자녀 학비가 1000만원을 넘었다. 그나마 퇴직금도 회사 명예퇴직자에게만 해당사항이다. 자영업자에겐 퇴직금이란 것이 존재하지 않기 때문에 당장 일을 그만 둘 수도 없는 실정이다. 이렇듯 40~50대 퇴직자가 속출하지만, 연금 및 노후복지 제도는 60대 이후를 기준으로 설계된 것이다. '복지의 엇박자'를 상징해주고 있다. 은퇴한 이후에도 공적연금 혜택을 받지 못하는 '연금 사각지대'의 중고령자(55세 이상)가 4명 중 3명 꼴에 달한 것으로 발표됐다.

연금 사각지대에 놓인 이들의 개인소득을 조사한 결과, 월평균 30만원 수준에 불과했다. 55세 이상 은퇴자의 4분의 3은 연금혜택을 못받는 상태에서 소득도 월 30만원에 불과해 자립하는 삶 자체가 불가능하다는 결론이다.

---

315) 보험상담전문, 알로에 | 조회 46 | 추천 0 | 2011.09.03. 01:08

2) 손꼽아 기다리던 연금, 고작 35만원

고령층 연금수령자들의 월평균 수령액이 35만원 정도인 것으로 나타났다. 통계청이 발표한 '2010년 5월 청년, 고령층 부가조사 결과'에 따르면, 5월 현재 55~79세 고령층 인구는 948.1만명으로 이 중 45.9%가 지난 1년간 연금을 수령한 적이 있다고 답했다. 문제는 연금수령액이 기대에 못 미친다는 것이다. 월평균 연금수령액 '10만원 미만'이 45.6%로 가장 많았기 때문이다. 연금수령자 전체 평균을 보아도 고작 35만원이었다. 물론 과거에 연금을 긴 시간 투자하지 못한 노년층이 존재한다는 걸 감안한다면 앞으로의 실버세대들은 평균 월 35만원보다는 더 수령할 가능성이 있다. 하지만 향후 노후기간의 증가와 물가상승을 고려할 때 상대적으로 미미한 상승에 지나지 않을 것으로 본다. 이처럼 기대했던 공적연금에서 노후자금을 충당하지 못하자 노인빈곤율이 심각해지고 있다. 따라서 노후대비는 불행한 노년을 막기 위한 필수사항이다. 하지만 당장 내 집 마련과 자식 뒷바라지조차 힘든 직장인들에게 따로 재테크나 부동산, 주식 등을 하는 건 불가능한 일이다. 2009년 12월 삼성증권의 조사결과에 따르면 "2인 최저생활비를 기준으로 25년 뒤 은퇴를 계획하고 있는 투자자의 은퇴시점에 필요한 보장자금 규모는 4억원 수준"이라며 월간 저축액은 60만원 선이 적정할 것으로 내다봤다. 공적연금과 퇴직연금의 도움을 받는다고 가정할 때, 은퇴준비를 위해 추가로 이같은 저축이 필요하다는 말이다. 하지만 월 60만원을 노후대비만을 위해 저축에 투자할 수 있는 가계는 많지 않다. 지금도 대한민국 국민 10명 중 9명은 노후대비를 아예 못하거나 정부대책에만 의존해 충분치 못한 노후대비를 하고 있는 것으로 통계가 나왔다. 한국노동연구원 방하남 선임연구위원은 "대부분의 중하위층은 일자리에서는 갈수록 빨리 퇴출되는 반면 고령화로 돈을 벌면서 살아가야 할 기간은 더 길어지는 모순된 현실에 직면해 있다"며 "이런 모순을 메워줄 구체적인 복지 해법이 필요해지고 있다"고 말했다.[316][317]

8. 창업성공, 퇴직후 6개월에 의존

인생 2막 준비하는 당신, 경기침체에 따른 구조조정 회오리가 업계 전반으로 확산되는 가운데 정든 회사를 나와 `인생 2막`을 준비하려는 사람이 많다. 하지만 불경기 한파로 창업열기가 식을 대로 식은 터라 어떤 업종을 선택해 어떻게 시작해야 할지 막막하기만 하다.

국내 중견기업 임원 K씨(52)는 "매년 계약을 갱신해야 하는데 지난해 회사 실적이 안좋아 회사를 그만둘 수도 있는 상황이다. 노후를 대비해 적립식 펀드에 넣어뒀던 목돈도 지난해 주식시장 붕괴로 반토막이 났다"며 "퇴직후 인생을 위해 장사라도 해야 할 것 같은데 요즘같은 상황에 뭘 어떻게 해야 할지 대책이 안선다"고 한탄했다. 이경희 한국창업전략연구소 소장은 "10~20년 회사생활만 해온 기업체 퇴직자 가운데 창업에 성공하는 사례가 많지 않다"며 "예비창업자들은 사회 초년생 심정으로 철저하게 준비해야 한다. 퇴직후 6개월간 어떻게 준비하느냐에 성패가 달려 있다"고 조언했다.

창업전문가들은 "퇴직후 창업할 때까지 6개월이 2막 인생의 성패를 좌우한다"고 말한다. 창업성공을 위한 준비기간이 얼마나 중요한지를 보여주는 대목이다. 기업체 퇴직자들은 대개 퇴직후 3개월은 직장을 그만둔 충격을 삭히는 데 시간을 보낸다. 이후 본격적인 창업준비에 나서지만 뭘 어떻게 시작해야 할지 몰라 우왕좌왕하다 6개월을 금방 보내버린다. 그러고 나면 경제적인 부담과 제2 인생에 대한 불안으로 무작정 아무 사업이나 시작하는 경우가 많다. 그러나 이는 실패의 지름길이다. 더구나 한 번 실패할 경우 투자자금과 자신감이 줄어 실패의 악순환에 빠질 수 있다. 이 때문에 퇴직자들은 퇴직후 바로 다음날부터라도 재출발 과정을 시작하는 게 유리하다.

1) 퇴직후 1개월 - 마음을 새롭게 다잡자

퇴직후 첫 한 달은 개인 인성을 바꾸는 데 시간을 보낸다. 대기업 부장

---

316) ☆아름다운 추억여행으로 클릭☆
317) http://cafe.daum.net/hoogun/G4Wc/156?docid=tJXv|G4Wc|156|20110903010800&q=%C5%F0%C1%F7%C8%C4%C0%C7%BB%EE(2012.2.1)

혹은 임원이었던 시기는 모두 잊는다. 대신 소규모라도 점포주로 거듭난다는 생각으로 정신 재무장에 나서야 한다. 직장에 있는 동안 시간이 없어 미뤘던 가족여행을 하는 것은 마음을 새롭게 다잡기 위한 좋은 방법이다. 여행 도중 가족과의 대화를 통해 창업에 대한 가족의 이해를 구하도록 한다.

자신의 습관과 장단점을 분석할 필요도 있다. 이는 향후 업종 선택시 중요하게 작용한다. 이 기간에 타인의 성공담을 담은 책을 읽는 것도 좋다.

2) 퇴직후 2개월 - 창업교육받으며 트렌드 공부

이 기간에는 장차 창업시장에서의 격렬한 전투에 대비한 개인 전투력을 기르는 데 힘쓰도록 한다. 특히 무료든 유료든 창업교육을 받는 데 신경써야 한다. 각종 분야에 대한 실무도서도 폭넓게 읽어야 한다. 그래야 추후 좋은 업종을 고를 수 있다. 먼저 창업교육일정을 짜도록 한다. 또 창업전문가와 상담해 창업업종, 창업방향에 대한 지도를 받도록 한다.

창업실무에 필요한 도서목록을 작성하고 책도 틈틈이 읽는다. 최근 창업 트렌드를 꿰뚫기 위해서는 신문이나 잡지, 인터넷에 나와 있는 창업정보를 꼼꼼히 살피도록 한다.

3) 퇴직후 3개월 - 업종 선정후 사례분석

창업에서의 업종선정은 인생에서의 배우자 선정 못지 않게 중요하다. 한번 선정한 업종의 영향력이 적게는 3년에서 길게는 10년 이상 가기 때문이다.

상당수의 창업자가 한정된 업종정보를 갖고 창업을 결정하는데 이는 실패의 지름길이다. 성공 확률을 높이기 위해서는 다양한 업종을 두루 살펴야 한다. 업종에 대한 폭넓은 안목은 자신에게 맞는 업종선택에 도움이 된다.

창업분야를 정했다면 관련업체 본사와 가맹점을 두루 방문한다. 장사가 잘되는 곳 뿐 아니라 안되는 곳도 방문해 성공·실패요인을 철저히 분석해야 한다.

4) 퇴직후 4개월 - 발품 팔며 상권 살피기

지역과 입지 선정은 사업성패를 좌우하는 중요 변수다. 이때는 발품을 최대한 많이 팔도록 한다. 점포를 내려는 상권의 유동인구, 소비 스타일 등을 샅샅이 살펴야 한다. 인근 경쟁업소는 어떤 것들이 있는지도 확인해야 한다. 특히 경쟁업소 중 유난히 잘되는 곳을 벤치마킹 대상으로 삼고 수차례 방문하며 인테리어와 서비스, 제품 품질 등을 꼼꼼히 살펴야 한다. 믿을 수 있는 인력 채용도 진행하도록 한다.

5) 퇴직후 5개월 - 점포·인테리어 설치

점포와 업종이 결정되면 일사천리로 창업이 진행된다. 점포 인테리어와 설비를 설치하고 초도물품을 들여온다. 개업 이벤트, 고객관리, 종업원 관리규칙, 유니폼·거래처 결정 등도 이때 해야 한다. 창업자는 이 기간이 가장 바쁘기 때문에 건강관리에도 신경을 써야 한다. 지인들에게 창업사실을 알리고 지역주민들과도 두루 알아놓는 것이 좋다.

6) 퇴직후 6개월 - 드디어 내 점포 오픈

반년간의 준비기간을 거쳐 드디어 사업을 시작한다. 개업후 일주일은 신체 적응도 힘들고 만사가 어렵게만 느껴지는 것이 사실. 하지만 이 시기를 잘 극복해야 한다. 하루하루 매출에 좌우되지 않고 일전에 계획했던 내용들을 실천하는 것이 중요하다. 개업 첫 달은 창업자 개인으로는 새로운 2막 인생에 대한 생활습관을 형성하는 시기이므로 근무시간과 규칙을 스스로 정해 철저히 준수해야 한다. 고객에게는 첫인상을 형성하는 시기이므로 품질과 서비스에 만전을 기해야 한다. 서비스에 대한 소비자 의견도 확인해 문제점을 신속하게 고쳐야 한다.[318)319)]

9. 퇴직후의 재무관리

퇴직이란 삶의 전환기 사건(event)입니다. 그래서 재무관리가 중요합니

---

318) 이명진 기자, 매일경제 & mk.co.kr, 대한민국 프랜차이즈 랭킹 - 현명한 창업자는 프랜차이즈 순위를 참고합니다!, '대한민국 창업1번지' 창업경영신문, 매일경제신문 제공 / mkmaster@mk.co.kr, 기사 게재 일시 : [2009/02/13 12:13:50], (출처 : 창업경영신문 http://www.sbiznews.com)
319) http://www.reconews.com/news/?action=view&menuid=30&no=19891(2012.2.1)

다.[320]

1) 복리이자율이 연 10%일 때 현금흐름의 현재가치 계산

(1) 3년후에 2천만원을 지급받는다.

20,000,000 / (1.1)(1.1)(1.1) = 15,026,296.01803 ≒ 15,026,296

(2) 1년후부터 매년 690만원씩 3년간 지급받는다.

6,900,000 × 2.48685(3년, 10% 연금의 현재가치계수) = 17,159,265
17,159,265 / 1.1 = 15,599,331.818181 ≒ 15,599,332

(3) 1년후에는 700만원을 지급받고 3년후에는 1200만원을 지급받는다.

7,000,000 / 1.1 + 12,000,000 / (1.1)(1.1)(1.1) => 15,379,413.974454 ≒ 15,379,414

2) 현재가치 계산, 이자율은 연 9%

(1) 1년 후 8,000만원을 지급받는다.

80,000,000 / 1.09 = 73,394,495.412844 ≒ 73,394,495

(2) 5년 후 1억 5,000만원을 지급받는다.

150,000,000 / $(1.1)^5$ = 97,489,707.944743 ≒ 97,489,708

10. 카페라떼 한잔값으로 개인연금 들면 30년후 2억원

'노후대비 재테크 멘토' 강창희·우재룡의 대담 내용을 재인용하여 노후 생활에 대한 경각심과 대비책을 살펴본다.[321] "노후준비를 독하게 해야 합니다." 국내 투자교육의 대표 멘토로 평가받는 강창희 부회장과 우재룡 소장이 만나 매경 독자들에게 혜안을 제시했다.

강창희 미래에셋 부회장과 우재룡 삼성생명 은퇴연구소장, 이 두 사람의 대화는 언제나 명쾌하고 유쾌하다. 이번에도 다르지 않았다.

---

320) 財務管理| 한줄 수다(마음대로), 톡톡튀는 김재만 | 조회 11 |추천 0 | 2009.03.22. 20:54
321) 노후대비 재테크 멘토 강창희·우재룡, 기사입력 2012.02.03 08:42:01 | 최종수정 2012.02.03 09:06:11

'카페라테 효과' '노인물가지수' '정년후의 8만시간 법칙' 'AIP(Aging in place・내 자리에서 늙어가기)' '구매난민' '사이타마 농민' '극장 효과' 등의 촌철살인이 꼬리에 꼬리를 문다. 다른 점은 톤이 아주 강해졌다는 느낌이랄까. 투자자들에게 '더 독해지라'는 주문이 확실히 늘었다. 왜 그럴까. 두 사람은 많게는 하루 서너 차례 이상 투자자 교육을 하는 '투자 전도사'다. 사람을 많이 접하고 투자자들의 분위기를 느끼는 야전형 전문가다. 요즘 만나는 투자자들마다 분위기가 많이 침체돼 있다고 한다. 고령화, 저성장, 저금리 사회로 가면서 뭘 어떻게 해야 할지 답답해하는 사람이 많다는 것이다.

Q: 노후 재테크가 참 막막하다. 가장 필요한 방법을 독자들에게 딱 하나만 얘기한다면.

A: 강창희 부회장 = 세대별로 보자. 20・30대엔 '가장 강력한 투자엔진은 당신의 직업'이라고 말하고 싶다. 몸값 올리는 일에 무조건 투자하라. 좋은 직장에서 하고 싶은 일을 하는 것이 최고의 투자다. 30대 중반 이후나 50대에겐 다른 얘길 하고 싶다. '자녀교육 문제에 대해 부부가 제대로 된 조언을 듣고 소신과 원칙을 정하라'는 것이다. 보통 가정 총소비의 10% 이상이 자녀교육비다. 통계로 잡히지 않은 교육비는 훨씬 많다. 결국 재테크의 가장 중요한 부분이다. 변하는 시대상을 봐라. 예를 들어 전남 화순은 구석진 촌이다. 예전엔 머리 좋은 아이들을 전부 광주나 서울로 내보냈지만 이제는 화순을 떠나지 않는다. 오히려 농촌에서 교육을 제대로 받는다. 교육의 원칙을 정해야 재테크 계획도 세울 수 있을 것이다.

A: 우재룡 소장 = 젊은 세대는 기성세대들이 노후준비가 안돼 있다고 하면서 본인들도 전혀 준비를 안한다. 중요한 척도 한 가지만 보자. '개인연금 가입률'이다. 20・30대는 20%대로 낮다. 1년에 400만원까지 비과세 혜택도 있는데 노후 대비의 기초 중 기초에 소홀한 셈이다. 55세까지는 꼭 가입해야 한다. 이것도 안하면서 다른 노후준비를 뭘 하겠나. 하루 커피 한 잔 값이면 된다. 한 잔에 4000원짜리 커피를 한 달(30일) 사 마시면 12만원이다. 연간 144만원이 30년이면 연 6%의 기대수익률을 가정하고 1억3000만원

이다. 이른바 '카페라테 효과'다. 매년 3% 물가 인상을 감안하고 투자수익률을 더할 경우 1억9000만원까지 된다. 커피 한 잔 아껴서 30년 후 2억원의 노후대비를 할 수 있다.

Q: 노후대비의 중요성이 뇌리를 떠나지 않게 기억할 수 있는 방법은.

A: 우 소장= 삼성그룹 임원 330명을 대상으로 조사를 한 적이 있다. 그중 28%만이 자기가 재테크를 주관한다고 했다. 나머지는 배우자들이 하거나 안한다는 뜻이다. 관심도 별로 없고 그저 남이 하는대로 따라 하는 경우가 많다. 목표의식이 약해서 그렇다. '버킷 리스트(Bucket List · 죽기 전에 해야 할 일 목록)'를 만들라고 조언했다. 아주 구체적으로 쓰고 그것을 이미지화 해라.

A: 강 부회장= '퇴직후의 8만시간을 기억하라'고 하고 싶다. 여기서 '퇴직 후 20년이 현역 시절 36년과 맞먹는다'는 계산이 나온다. 퇴직후 20년을 더 산다고 가정해 보자(물론 요즘은 더 오래 살지만). 잠자고 하는 시간 **빼고** 하루 11시간씩 일과를 보낸다면 20년이면 8만300시간이다. 8만시간은 한국 직장인들의 연평균 근로시간인 2256시간으로 나누면 36년이 나온다. 이 긴 인생을 뭘 하고 살 것인가. 그래서 난 항상 조언한다. 재테크보다는 보험과 연금을 먼저 하라고. '3층 보험(개인연금 · 퇴직연금 · 국민연금)' 가입은 필수적이다.

Q: 요즘 노후 대비 트렌드는 어떻게 달라졌나.

A: 강 부회장=4~5년전만 해도 시큰둥하더니 요즘은 노후대비라고 하면 폭발적인 관심을 보인다. 그만큼 빨리 변했고 절실함이 커졌다. 난 '직장인은 없다. 자영업자로 생각하고 인생을 살아라'고 말한다. 직장에서 노후 대비를 해주나. 직장에서 은퇴를 늦춰주나. 절대 그렇지 않다. 자기 인생이다.

자영업자처럼 살아야 한다. 예를 들어 증권사 직원에겐 '단말기를 떠나라'고 말한다. 지금까지 증권사 직원은 오후 3시 매매 끝날 때까지 무조건 단말기 앞에 있어야 하는 것으로 알았다. 그러나 그렇게 해서 뭐가 나아지나. 고객을 만나서 영업을 해야 한다.

A: 우 소장=같은 생각이다. 지금까지 직장인은 약점을 보완하며 직장생활을 했다. 이젠 강점을 키워가며 직장생활을 하라. 무난한 직장인보다는 모가 난 점을 부각시켜라.

A: 강 부회장=같은 일도 다르게 하라는 것이다. 일본의 도요토미 히데요시는 천한 신분으로 주인의 신발을 준비하는 역할을 맡았다. 다른 하인들과 달리 항상 품에 안고 자서 따뜻하게 만들었다. 그래서 주인인 오다 노부다의 눈에 띄었다. 어떻게 하느냐가 중요하다. 요즘은 재취업 소개하려면 `그 사람 주특기가 뭐냐`고 물어본다. 20년 직장생활을 하고서도 주특기도 없는 사람이 많다.

A: 우 소장=노후 재테크가 금융적인 면에서 비금융적인 면으로 바뀌고 있다. 처음엔 적립식 투자를 하라는 내용이 주류였는데 요즘은 주거플랜, 간병플랜, 노후취업같은 내용으로 바뀌고 있다. 주거플랜이 요즘 관심이 높은데 1990년대까지는 `시설화(institutionalization)`로 지방에 실버타운을 대규모로 건설하는 내용이었지만 최근엔 `AIP(Aging in place・나의 자리에서 늙어가기)`가 관심이다. 이웃과 가족곁에서 시간을 보내고 싶다는 것이다. 유럽이나 일본만 해도 은퇴후 지방으로 내려가는 건 난센스라는 결론이 났다. 생활비도 더 많이 나온다는 조사가 있다. 두부 한 모 사러 2㎞를 걸어가야 하는 실버타운 노인을 `구매 난민`이라고 부른다.

Q: 부동산 얘기가 빠질 수 없을텐데.

A: 강 부회장=50대 후반 퇴직 무렵 금융자산과 부동산이 50대 50 정도가 황금률이다. 너무 큰 부동산을 껴안고 늙는 것을 추천하기 힘들다. `100세에 죽으면서 70세 아들에게 집 물려주려 하냐`고 말하곤 한다. 주택연금(역모기지)으로 돈도 받아 쓰면서 여생을 행복하게 사는 게 자식을 위해서도 좋다.

A: 우 소장=주택연금은 월별로 받는 금액이 하락했는데 앞으로 더 떨어질 수도 있다. 그러나 집을 팔고 지방으로 가는 것은 추천하고 싶지 않다. 전원생활은 단점이 많다. 간병기가 되면 병원가는 교통비가 더 들고, 멀어서 병원에 가는 걸 귀찮아하다 보면 병을 키울 수도 있다. 전원생활하는

노인 대부분이 배우자가 죽으면 다시 가족과 친구가 있는 도시로 회귀한다.

최근 은퇴 후 거주지역으로 강남과 광화문, 여의도 등이 뜬다. 병원 가깝고 추억의 식당과 술집 가깝고, 공연 등 문화생활도 좋고 주말엔 오히려 텅텅 비는 전원마을처럼 된다. 결론적으로 실버타운은 '이웃'과 '문화'가 더 강조되는 추세다.

Q: 연금이나 자산관리는 결국 물가상승과의 싸움일텐데.

A: 우 소장 = 맞다. 지난해 소비자물가 상승률이 4%라고 하지만 이는 481개 품목 통계다. 자동차, TV 등 내구재가 많이 포함돼 있다. 식료품, 연료, 의료비 등 노인들이 주로 구매하는 품목으로만 만든 '노인물가 상승률'로 따지면 일반 소비자물가의 두 배 이상인 8% 가량 올랐다. 물가안정채 등 일부 헤지수단이 있지만 한계가 있다. 결론은 '물가를 감안하면 목표액보다 30~50%를 더 마련하라'는 것이다. 이것 외엔 딱히 답이 없다.

A: 강 부회장 = 연간 3%의 물가상승이 25년 동안 계속되면 현재 100만원은 48만원 가치로 떨어진다. 결국 답은 주식관련 상품에 투자하라는 것밖에 없다. 장기투자 문화가 성숙해야 물가를 이긴다.

Q: 은퇴 이후 가족의 역할은.

A: 강 부회장 = 결국 남는 건 부부 뿐이다. 남아본 사람들은 안다. 부모들은 아이들을 과감하게 황야로 내 몰아야 한다. 그렇지 않고 캥거루처럼 품에 끼고 살다가는 양쪽 모두 불행해진다. 젊을 때부터 노력해야 한다.

A: 우 소장 = '부부 간 관계가 어떠냐'는 설문조사를 하면 50%가 나쁘다고 말한다. 지금까지 한국은 '직장형 인간'으로 사느라 부부끼리 챙기지 못했다. 남성 노인 간병인의 84%가 부인이다. 남자들은 같이 백화점도 다니고 부부관계 재건에 힘써야 한다. 행복 포트폴리오에서 부부관계가 가장 중요하다.[322)323)324)]

---

322) 강창희 미래에셋 부회장은 여의도에서 증권맨으로 최고 자리에 오른 후 투자자 교육 분야를 개척하고 만들어간 산 증인이다. 서울대 농경제학과를 졸업한 후 한국거래소에 입사했다. 대우증권 도쿄사무소장을 8년3개월간 지냈고 한국으로 돌아와 국제영업부장을 역임했다. 1998년 현대투신운용 사장 당시 '바이코리아 펀드'를 내놨고, 굿

11. [재산 리모델링] 월 460만원 부동산 임대수익, 정년퇴직한 65세

송파구 소형 아파트 최적 매각 타이밍은 2015년[325]

Q 경기도 하남시에 거주하는 ○○○모(65)씨는 정년퇴직 후 대학강사로 일하고 있다. 그러나 수입이 유동적인 데다 올해 재계약 여부도 불투명한 상황이다. 생활비를 번다기보다는 자아실현 목적이 크다. 한 달 강의료 수입은 50만원 정도다. 따라서 주 소득원은 임대소득이다.

의뢰인의 체크포인트
- ☑ 주변에 어울릴 사람을 많이 두는 것도 노후준비 방법이다
- ☑ 소형 아파트의 최적 매각 시점은 3년 후로 예상된다
- ☑ 즉시연금 부부형은 부부 모두에게 평생 연금을 지급한다
- ☑ 상가는 거주지에 인접해 있는 것을 골라야 한다

상담 전 현금 흐름 (단위: 원)

소득		지출	
강의료	50만	생활비	250만
임대소득	465만	적금	90만
국민연금	13만	보험료	30만
		부채상환	120만
		MMF 등	38만
합계	528만	합계	528만

상담 후 현금 흐름 (단위: 원)

소득		지출	
임대소득	315만	생활비	300만
국민연금	15만	보험료	30만
예금이자	40만	적금	190만
즉시연금	150만		
합계	520만	합계	520만

자료: http://joongang.joinsmsn.com/article/aid/2012/01/31/6876745.html?cloc=olink|article|default(2012.2.1)

모닝투자신탁운용 사장도 지냈다. 2004년부터 박현주 미래에셋 회장과 의기투합해 미래에셋 부회장 겸 투자교육연구소장을 맡고 있다. 우재룡 삼성생명 은퇴연구소장은 한국 최초 펀드평가사인 한국펀드평가를 설립한 주인공으로 투자정보를 과학적으로 분석해 2000년대 초반 펀드 열풍을 논리적으로 뒷받침했다. 대한투자신탁에서 직장생활을 시작했고, 재직중 회사 지원을 받아 연세대에서 경영학박사를 받았다. 적립식 펀드를 국내 최초로 소개했고 퇴직연금 도입과 행복한 은퇴설계 분야에선 최고의 전문가로 평가된다. 현재 삼성생명 FP센터장(상무)이자 산하 은퇴연구소장을 겸하고 있다.

323) 김선걸 기자, 이승환 기자, 매일경제 & mk.co.kr
324) http://news.mk.co.kr/v3/view.php?sc=30000002&year=2012&no=74156&relatedcode=&sID=300(2012.2.3)
325) [중앙일보] 입력 2012.01.31 03:20

상가와 토지에서 나오는 월세가 460만원 쯤 된다. 자녀 2명이 모두 출가해 부인과 둘이 살기엔 부족하지 않은 액수다. 그러나 전체 자산 16억8500만원 가운데 부동산 보유액이 16억원이 넘을 만큼 부동산 편식이 심하다. 그러나 금융자산은 통틀어 3500만원밖에 안된다. 과다한 부동산 보유를 줄이고 금융자산을 늘리고 싶어한다.

Q. 부동산 시장이 침체해 있어 매매하기 쉽지 않을 것 같다. 매각 대상을 우선적으로 꼽는다면.

A. 보유 부동산이 대부분 현금흐름이 발생하는 수익형 부동산인 것은 다행스럽다. 매매하기가 일반주택보다는 용이하기 때문이다. 수익률이 상대적으로 떨어지는 부동산을 먼저 매각해 자산구조를 효율적으로 재편할 필요가 있다. 경기도 문산에 있는 토지가 그 대상이다. 수익률은 다소 떨어지지만 매달 현금이 발생하고 있고 지목이 대지인 데다 도로가 바로 옆에 접해 있어 매도하는 데 큰 어려움이 없을 전망이다. 토지만 정리해도 담보대출금을 몽땅 상환할 수 있어 적극 매도에 나설 것을 권한다. 두 번째 대상은 서울 송파구에 소재한 전세아파트다. 사실 송파지역 소형 아파트는 상당한 매력이 있어 매도를 서두를 것까진 없다. 그러나 소형 아파트는 가격 상승에 한계가 있으므로 어느 시점에선 정리가 필요하다. 앞으로 3년후 쯤 매도시기를 잡는다면 최적의 차익을 기대할 수 있을 것 같다.

Q. 거주지 근처에 있는 상가는 어떻게 하는 게 좋은가. 지금 살고 있는 아파트도 처분해 전세를 얻어 이사하고 싶은데.

A. ○○○씨의 생활비 대부분은 상가에서 나오는 월세다. 5000세대가 넘는 단지내 상가이다 보니 수익률이 꽤 높다. 팔지 않았으면 한다. 대신 지속적인 시설과 임차인관리에 각별한 신경을 써야 한다. 거주 아파트를 팔고 이사하는 방안은 바람직하지 않다. 무엇보다 지역커뮤니티를 계속 유지해 나가는 게 노후생활 안정의 근간이 되기 때문이다. 나중에 혹시 노후재원이 부족할 경우 보유 아파트를 담보로 주택연금에 가입한다면 추가적인 연금 혜택도 기대된다.

Q. 토지와 상가를 판 대금의 활용방안을 구체적으로 말해 달라.

A. 문산 토지를 매각해 임대보증금과 세금을 제하면 2억7000만원을 손에 쥘 수 있다. 여기서 아파트 담보대출금 1억5000만원을 상환하게 되면 1억2000만원이 남는다. 이 돈은 상가와 전세아파트 임차인 변경 등 반환사유가 생길 것에 대비해 정기예금에 넣어두기 바란다. 60세 이상 가입자가 혜택을 보는 생계형저축과 세금우대 적금에 분산 예치해 최대한의 절세를 꾀하도록 하자. 만약 3년 뒤 송파 아파트를 매각하게 되면 보증금을 돌려주고 2억5000만원의 목돈이 생긴다. 이 돈으로 종신형 즉시연금 가입을 권한다. ○○○씨 부부의 연령과 금리수준을 고려할 때 부부 모두 사망할 때까지 연금이 나오는 부부형으로 가입한다면 월 150만원을 평생 지급받을 것으로 예상된다.

Q. 보험부문도 점검해 달라. 신규보험 가입이 쉽지 않은 연령대라서 걱정이 된다.

A. 가입 보험을 분석한 결과 보장이 충분치 않다. 그렇다고 이를 해결할 방법도 딱히 찾기 어렵다. ○○○씨 부부는 80세 만기 손보사의 통합보험을 들었다. ○○○씨는 여기서 실손의료비가 담보돼 있는 반면 부인은 그렇지 못하다. 대안으로 의료비 통장을 개설했으면 한다. 배우자가 큰 질병에 걸릴 경우 의료비로 쓸 수 있도록 미리 통장을 만들어 두자는 이야기다.[326]

◆재무설계 도움말=최용준 미래에셋증권 세무컨설팅팀장, 양재혁 외환은행 영업부 WM센터팀장, 노철오 부자엄마리얼티 대표, 김창기 삼성화재 강남FP센터장

◆대면상담=전문가 직접상담은 재산리모델링센터로 신청하십시오. '위스타트'에 5만원을 기부해야 합니다.

◆신문지면 무료상담=e-메일로 전화번호와 자산, 수입, 지출, 재무목표를 알려주십시오.[327][328][329]

---

326) 서명수 기자
327) 후원=미래에셋증권· 삼성생명·외환은행
328) http://joongang.joinsmsn.com/article/aid/2012/01/31/6876745.html?cloc=olink|article|default(2012.2.1)

12. 주택연금 가입 땐 5억짜리 집 맡기면 월 144만~221만원 죽을 때까지 지급

주택연금은 집 한 채로 평생 연금을 받을 수 있어 은퇴자들의 새로운 노후준비 수단으로 빠르게 자리잡고 있다.330) 2007년 처음 도입된 뒤 4년5개월만에 최근 가입자가 7000명을 돌파했다. 미국보다 2배 빠른 속도다.

미국의 정부보증 역모기지론(HECM)은 1989년 출시 이후 4년간 3529명이 가입했다. 김형목 한국주택금융공사 팀장은 "현금 자산 비중이 낮은 한국의 은퇴 세대들에게 주택연금의 메리트가 부각되고 있다"고 말했다. 주택연금에 가입하려면 가입자와 배우자의 나이가 만 60세 이상이 돼야 한다. 또 시가로 9억원 이하의 주택(아파트·단독·연립·다세대 등)만 가능하다. 주택감정가격은 주택금융공사에서 한국감정원에 의뢰한 결과를 토대로 결정된다.

주택연금에 가입하면 사망할 때까지 연금을 받는다.

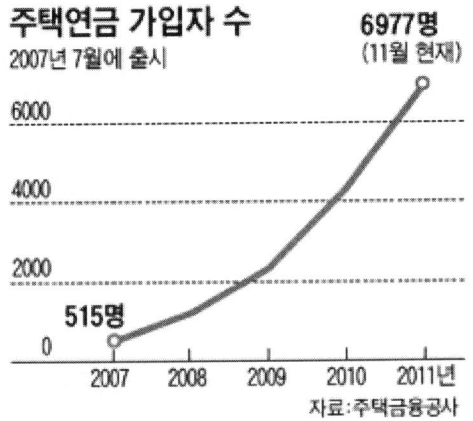

자료: http://news.nate.com/view/20120105n00865?mid=n0308&isq=5980(2012.2.3)

---

329) http://joongang.joinsmsn.com/article/aid/2012/01/31/6876745.html?cloc=olink|article|default(2012.2.1)

330) [은퇴 후 40년 살아가는 법] 주택연금 가입 땐… 5억짜리 집 맡기면 월 144만~221만원 죽을 때까지 지급, 조선일보 원문 기사전송 2012-01-05 03:07 최종수정 2012-01-05 16:41

100세 이상 장수해도 연금이 계속 나온다. 연금을 받는 사람이 사망할 경우 주택을 처분한 금액에서 이미 수령한 연금액을 제외한 돈을 상속인에게 돌려준다. 주택가격이 2억원일 경우 만 65~75세 가입자는 매달 57만~88만원, 5억원은 144만~221만원, 7억원은 200만~310만원을 연금으로 받는다. 물가가 올라도 같은 돈을 받는다는 점은 리스크 요인이다.

연금을 타는 방식도 여러 가지가 있다. 매달 똑같은 금액을 평생 받는 방식이 있고, 급히 돈 쓸 곳이 있을 때 일정한 금액을 인출할 수 있도록 하고 나머지 금액만 연금으로 타는 방식도 있다. 상담과 주택감정을 거쳐 연금을 수령하기까지 통상 1주일~열흘이 걸린다.[331)[332]

13. 퇴직후 제2의 인생설계, 돈우야

우리 경제를 이끌었던 7,80년대 베이비붐 세대가 올해 본격적으로 퇴직을 시작한다. 이중 많은 사람들은 퇴직후 제2 인생을 계획하고 있지만 90% 이상은 은퇴에 대한 교육 또는 지원을 받지 못하여 어려움을 겪고 있다.[333]

이에 발맞춰 정부와 프랜차이즈업계서도 이들에게 재도약의 기회와 능력을 살리고자 다양한 지원과 러브콜을 보내고 있다. 정부는 30억원의 예산으로 퇴직자들의 제2 인생 설계에 도움을 주고자 하고 있고 프랜차이즈업체에서도 수많은 지원책으로 퇴직자들의 제2 인생설계에 힘을 실어주고 있다.

그렇다면 어떤 창업을 고민하고 있고 어떤 창업을 해야 할까? 문제는 50대 이상의 퇴직자들은 창업과는 다소 동떨어진 직업에서 활약해 왔다는 것이다. 그런 실정이다 보니 현실적으로 제2 인생설계인 창업에 문을 두드리자니 여간 어려운 것이 아니다. 아이템선정부터 업체선정 그리고 그 이후에는 매장관리 등등 따져볼 일들이 너무나 많다는 것이다. 그러한 문제를 한

---

331) 문의는 한국주택금융공사 홈페이지나 콜센터(1688-8114), 후원 : 삼성생명 은퇴연구소, 이신영 기자, 조선일보 & chosun.com
332) http://news.nate.com/view/20120105n00865?mid=n0308&isq=5980(2012.2.3)
333) 출처 : 돈우야 입력시간 : 2010-04-27 17:33:56, CNB뉴스, CNBNEWS, 씨앤비뉴스

번에 해결할 수 있는 창업의 훌륭한 도우미가 필요하다는 게 사실이다. 이런 문제점으로 볼 때 외식업에서는 볏짚통삼겹 프랜차이즈 돈우야(www.donuya.kr)의 창업지원은 눈여겨 볼만한 부분들이 많다. 1차적으로 돈우야에서는 창업자들의 점포선정에서부터 오픈지원까지 구체적이고 체계적인 매뉴얼을 구성하였다. 점포선정은 전문 컨설팅업체와 프랜차이즈 점포선정 협력을 조인하여 컨설팅업체에서 1차로 선정한 점포를 2차로 본사의 관리팀이 적정한 점포를 계약하는 시스템이다. 다음 문제는 창업자금 부분에서 현실적으로 자금이 부족한 제2 창업자들이 너무나 많다고 판단하여 돈우야 본사에서 무이자 창업자금 2,000만원에서 5,000만원까지 지원해 주고 있다. 이것과 맞물려 돈우야에서는 파격적인 창업지원으로 가맹비(500만원), 교육비(200만원), 로열티(300만원) 등 총 1,000만원을 무료로 가맹개설하고 있다. 돈우야에서는 외식 경영의 핵심인 운영면에서도 각 지점의 직원 구성과 예절교육, 개·폐점까지의 상황을 체계적인 교육을 통해 안정적 영업을 지원하고 있다. 또한 본사에서는 유능한 인재를 차출하여 본점에서의 3개월 정도의 운영교육을 통하여 각 가맹점에 파견하여 2개월 정도 근무하거나 가맹점에서 정규직원을 채용하는 형태의 시스템을 완벽히 구축하고 있다.

특히 지속적인 안정적 수입을 확보해야만 가맹점이 존속하므로 슈퍼바이저 제도를 통하여 1주일에 수 차례 매장을 방문하여 점주와 대화하고 어려운 문제를 해결하는데 주안점을 두고 있다. 돈우야는 함께 할 100년이라는 슬로건 아래 퇴직자 창업은 더욱 신중히 검토하고 더욱 신중히 결정한다고 말하고 있다. 전문가들은 미래의 비전을 제시하는 돈우야와 함께 제2 인생을 설계해 보라고 조언한다.334)335)

14. "이젠 어엿한 오리아빠"

○○○ 전 ○○읍장 퇴직후, 농장경영 구슬땀. 오리농장에서 제2의 인생

---

334) 창업문의:1566-1037, 〈본 콘텐츠는 해당 기관의 보도자료임을 밝혀드립니다.〉
335) http://news2.cnbnews.com/category/read.html?bcode=110227(2012.2.1)

을 설계하고 있는 퇴직 공무원이 있어 화제다. 주인공은 ○○○ 전 ○○읍장(62).336) ○○○ 전 읍장은 청원군 북이면 ○○리의 농장(7933㎡)에서 오리 1만5000마리를 키우며 구슬땀을 흘리고 있다. 그는 퇴직후 편안한 생활을 할 수 있는데도 힘든 오리사육을 하게 된 이유를 묻자 "○○읍장 재직 당시 심각한 농촌문제를 절감하며 '60대가 농업을 포기하면 우리나라 농업의 미래는 없다'고 생각했다"며 "퇴직하면 꼭 농업을 하겠다고 스스로 약속했다"고 밝혔다. 그는 이어 "앞으로 20년은 더 일해야 하는데 허송세월만 할 수는 없지 않으냐"며 "새로운 인생을 위해 달리고 있는 것"이라고 덧붙였다.

　○○○ 전 읍장이 오리농장을 시작한 것은 지금으로부터 1년전 쯤. 그는 퇴직 6개월 후인 지난해 초 갑작스러운 뇌경색 초기 증상이 찾아와 운동과 노동의 필요성을 느꼈다고 한다. ○○○ 전 읍장은 "심심풀이 운동보다는 땀도 흘리고 수입도 보장되는 노동을 하고 싶었다"며 "친구인 ○○○ ○○신협 이사장과 동업으로 오리농장을 시작했다"고 말했다. 운영 초기에는 경험·기술 부족 등으로 시행착오를 겪었지만, 지금은 ○○농산의 70여 위탁농가 중 상위그룹에 속할 정도로 정착단계에 올랐다. 그는 "오리농장을 한 뒤 수입도 수입이지만, 건강도 좋아졌다"고 말했다. 지난 1967년 8월 공직에 입문한 ○○○ 전 읍장은 ○○면장, ○○면장, ○○읍장 등을 거쳐 2007년 6월30일 40년 공직생활을 마감했다. 그는 "근무지역에 대한 사랑과 주민에 대한 무한봉사 정신을 실천하려 나름대로 애썼으나, 제대로 이루지 못해 아쉬움이 컸다"고 회고했다. "오리농장이 처음보다는 나아졌지만, 아직도 배워야 할 것이 많다"는 ○○○ 전 읍장은 "40년 공직생활이 그러했듯이 남은 삶도 지역주민들과 함께 동고동락하겠다"고 말했다.337)338)

---

336) 2009년 09월 02일 (수), 노진호 기자, windlake@hanmail.net
337) 노진호 기자, 충청타임즈(http://www.cctimes.kr)
338) http://www.cctimes.kr/news/articleView.html?idxno=165204

15. 퇴직후 시작한 생애 첫 사업 보증지원 덕분에 자리잡아

행복클릭 소상공인, 지역 유명카페로 발돋움, 울타리 등 외관정비 한창. "자금지원 덕분에 남편과 함께 노후를 보낼 귀중한 안식처를 얻었습니다."

○○○씨 부부는 요즘 1년전 창업한 카페 레인보우에서 손님을 맞으며 제2의 인생을 설계하고 있다. 생애 첫 사업이라 쉽지 않았지만 하루하루가 보람차다. ○○○ 대표는 "처음 사업을 시작할 때는 무엇부터 손대야 할지 몰라 막막했는데 이제는 잘할 수 있다는 자신감이 생기고 일도 재미있다"며 "인생은 60세부터라는 말이 실감난다"고 말했다. ○○○씨 부부가 카페를 창업한 건 지난해 9월. 하나 둘 카페가 생겨나 최근 새로운 카페촌으로 떠오르는 행구동 치악산 자락에 새 보금자리를 틀었다. 남편 ○○○씨가 퇴직하면서 새로운 생계수단을 찾기 위해서였다.

남편 ○○○씨가 받은 퇴직금과 그동안 모은 돈을 털어 200㎡ 규모의 건물을 짓고 이 건물에 살림집도 마련했다. 그러나 건물 건립에 들어가는 돈을 충당하느라 운영자금을 모두 써버린게 화근이었다. 건물을 다 지었지만 막상 장사할 돈이 없었다. ○○○대표는 "이미 건물건립 비용을 마련하느라 은행에서 대출을 받은 상황이어서 자금을 구하기가 쉽지 않았다"며 "마침 창업교육을 받으며 알게된 ○○신용보증재단이 생각나 도움을 요청했다"고 말했다.

○○신보는 즉시 3,000만원을 보증지원해 줬다. 자금이 지원된 이후부터 카페개업은 일사천리로 이뤄졌다. 예쁜 식기도 사고, 신선한 재료를 사서 손님들을 맞았다. 2년간 차근차근 창업교육을 받으며 쌓은 노하우 덕분에 장사도 제법 잘됐다. 자금 보증지원을 받은 지 1년도 채 되지 않아 ○○○씨는 3,000만원을 모두 상환했다. 그는 지난달 또다시 ○○신보를 통해 5,000만원을 보증 지원받았다. 이번엔 '막막해서'가 아니라 '카페를 좀더 잘 가꾸고 싶어서'였다. ○○○ 대표는 "지난해 급하게 카페 문을 열면서 미처 울타리 등을 제대로 설치하지 못했었다"며 "손님들에게 좀더 좋은 인상을

주고 제대로 카페를 관리하고 싶어 보증지원을 받아 정비를 시작했다"고 했다. 노부부가 운영하는 카페 레인보우는 이미 행구동에서는 잘 알려진 유명 카페가 됐다.

　○○○ 대표는 "우리 카페를 찾은 사람들이 마음 편히 맛있는 커피를 맛보고 즐겼으면 좋겠다"고 말했다.[339)340)]

---

339) 카페 레인보우=원주시 행구동
340) 원선영 기자 haru@kwnews.co.kr[1)]

제6장 퇴직후의 은퇴설계와 노후대책

1. 은퇴후의 생활비

　은퇴후의 기본생활비를 정리해 보니 주.부식비와 의류비를 포함하지 않고도 월 107만원 정도가 소요되고 있다.[341] 나는 술과 담배를 하고 있지 않아 그나마 지출이 늘어나지 않은 편이나 건강이 나빠서 의료비를 지출한다면 많은 비용이 추가될 것이다. 지금은 최저생활을 유지하면서 체력단련에 집중을 하여야 할 형편이다. 아침에 일어나서 팔굽혀펴기 횟수(현재 200회)와 줄넘기를 계속해야 하겠다. 정신건강을 위해서는 풍물배우기와 설장구 배우기도 열심히 하여야 하겠고, 향후 1~2년은 현재의 패턴으로 정진을 할 예정이다.

　　〈월 생활비〉　　　　　　　1,070,000원
　　○ 생활비
　　- 아파트관리비 및 가스료　170,000원
　　- 통신비 100,000원(전화.인터넷.휴대폰)
　　○ 여가활동비
　　- 풍물 수강료 80,000원
　　- 설장구 수강료 70,000원
　　- 동호회비 50,000원
　　○ 봉사활동비
　　- 후원회비 20,000원
　　- 장수사진촬영활동 40,000원
　　○ 모임

---

341) 김교돈 | 조회 58 | 추천 0 | 2011.12.01. 22:37

- 봉명청년회 30,000원
- 뿌리회 30,000원
- 모임참석(광주) 100,000원(통행료 30,000원 포함)
  ○ 기타
- 차량유지비 200,000원
- 외식비.문화비 100,000원
- 잡비 등 80,000원
  ○ 주식. 부식비. 의류비는 포함하지 않았음[342]

2. 은퇴후의 부부, 한달 생활비 얼마나 들까

1) 기본적인 삶(기초생활+건강생활)을 유지할 경우
- 기초생활 생활비(의식주비+관리비+교통통신비=115만원) + 건강관리비(검진비 5만원+의료비 42만원 = 47만원) = 162만원(월비용)
- 연 생활비 = 162 x 12 = 1,944만원[343]

2) 안정적인 삶(기초생활+건강생활+사회생활)을 유지할 경우
- 기초생활 생활비(의식주비+관리비+교통통신비=160만원) + 건강관리비(검진비 8만원+의료비 42만원 = 50만원)
  사회활동 생활비(경조사 30만원+모임비 20만원+차량유지비 25만원=75만원) + 품위유지비(동남아 연 1회 여행비=25만원) = 310만원(월비용)
- 연 생활비 = 310 x 12 = 3,720만원

3) 여유로운 삶(기초생활+건강생활+사회생활+품위유지)을 유지할 경우
- 기초생활 생활비(의식주비+관리비+교통통신비=230만원) + 건강관리비

---

342) http://cafe.daum.net/kimkyodon/EjSO/48?docid=1Bti2|EjSO|48|20111201223725&q=%C0%BA%C5%F0%C8%C4%20%BB%FD%C8%B0%BA%F1(2012.2.5)
343) 자유게시판, 이청풍 | 조회 71 |추천 0 | 2011.11.17. 10:45

(검진비 16만원+의료비 42만원 = 58만원)

사회활동 생활비(경조사비 70만원+모임 30만원+차량유지비 35만원 =135만원) + 품위유지비(유럽, 동남아 연 1회 여행비=82만원) + 레저비(골프 월 2회 비용= 50만원) = 555만원(월비용)

- 연 생활비 = 555 x 12 = 6,660만원

위 생활비는 삼성생명에서 제공된 내용인데 실제 생활비용과 별만 다른 것은 없다. 다만, 건강관리비용은 아직 젊어서 과대청구된 것으로 보이나 몸이 아프기 시작하면 그 돈 이상으로 들어갈 것이고, 빚을 지고 있는 사람들의 빚이자 비용은 제외된 것으로 빚이자가 있다면 더해야 된다. 자식들에게나 또는 늙은 부모님께 봉사하는 비용은 제외된 것으로 있다면 더해야 된다. 술을 사랑하는 분들은 애주비용을 별도로 더해야 된다. 안정적인 삶 정도는 살아야 된다고 생각하는 경우의 역계산 비용은 다음과 같다.

연 생활비 3,720만원 + 기타비용 280만원 = 4,000만원 나누기 12개월 = 333만원(월 필요비용)

이러하니 골프는 생각해서는 안되고 어떻게 저 돈이 자동으로 공급되게 만들까 그것이 고민이다.344)

3. 은퇴후의 100세(40년)를 위한 노후생활비

30년(학업) 30년(취업) 40년(노후), 2012. 1. 1.<기준>, 은퇴준비 안된 한국인, 턱없이 부족한 노후자금. 그렇다면 은퇴후 생활을 위해선 얼마가 필요할까. 관련 연구소들이 제시하는 금액을 종합하면 3억~6억원이 필요한 것으로 보인다. 거주지역이나 은퇴기간, 은퇴후 직업 여부 등에 따라 차이가 나지만 3억~4억원이면 기본적인 생계는 유지할 수 있을 것으로 분석된다.

서울과 6대 광역시 성인 3500명에게 은퇴후 생활을 위해 필요한 자금규모를 설문조사한 결과를 토대로 올초 은퇴자금 규모를 5억1000만원으로 추

---

344) http://cafe.daum.net/hyh69eb/HzxF/74?docid=1Nw4A|HzxF|74|201111171045 17&q=%C0%BA%C5%F0%C8%C4%20%BB%FD%C8%B0%BA%F1(2012.2.5)

산했다. 은퇴후 30년에 걸쳐 연금으로 매달 140만원 정도를 받는다고 가정하면 이 금액이 필요하다는 얘기다.

2인 가족 최저생계비를 기초로 물가상승률 3%를 반영하고 은퇴기간 25년, 은퇴기간 중 투자수익률 연 4.5%를 산정해 현재 은퇴 시점에 3억8200만원이 필요한 것으로 분석했다.

물론 거주지역에 따라 크게 달라질 수 있다고 지적했다. 국민연금연구원이 조사한 서울의 최저생계비 월 150만원을 기본으로 은퇴기간을 25년(투자수익률 연 4%)으로 가정할 때 4억100만원이 필요한 것으로 추산했다. 서울 이외의 광역시나 도청 소재지는 월 124만원이면 최저생활이 가능해 3억 3000만원, 이 밖의 중소도시는 2억9000만원으로 예상했다.

이는 현재 은퇴자를 기준으로 한 것으로 30~40대 직장인이라면 20~30년 후 은퇴 시점의 필요자금이 크게 높아진다. 예컨대 현재 40세인 남성이 60세에 은퇴해 85세까지 산다고 보면 60세 은퇴시점에는 노후생활비로 7억 2000만원을 준비해야 한다. 그것의 현재가치로는 3억3000만원 수준이다.

은퇴 후 투자수익률과 노후 필요자금

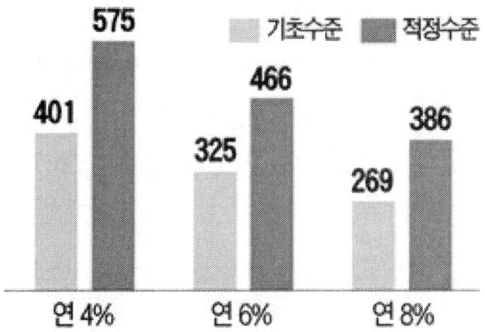

자료: http://cafe.daum.net/scg18/8CuQ/1158?docid=10Hui|8CuQ|1158|20120109112155&q=%C0%BA%C5%F0%C8%C4+%BB%FD%C8%B0%BA%F1(2012.2.5)

결국 은퇴후 얼마나 오래 사느냐와 물가인상률, 은퇴 기간 투자수익률, 생활비 수준 등에 따라 필요자금은 달라질 수밖에 없다. 서울에서 기초수준인 월 150만원을 생활비로 잡으면 4억원(연 4% 수익률 기준)이 필요하지만 좀 더 여유있는 적정 수준인 215만원을 월 생계비로 염두에 두면 5억7500만원이 필요하다. 은퇴자금의 운용수익률에 따라서도 달라진다.

60세에 은퇴해 85년까지 산다고 가정할 때도 연 4%로 운용하면 4억원이 필요하지만 연 6% 수익을 내면 3억2500만원, 연 8%로 굴리면 2억6900만원이면 된다. "필요한 은퇴자금을 10억원까지 얘기하는 건 "국민연금에 퇴직연금도 있는 만큼 10여년에 걸쳐 미리미리 준비하면 된다"고 강조했다. 그는 "은퇴후 매달 60만원을 국민연금으로 받는다고 보면 서울지역 거주자의 은퇴자금은 4억100만원에서 1억6000만원 정도 줄어든 2억4000만원이면 된다"고 말했다.345)

4. 은퇴후 8억원 필요, 38%만 생활비 충당

"은퇴준비하는 근로소득자 가구 절반도 안돼"346)347) 근로소득자들이 은퇴후 원하는 생활비 수준을 유지하기 위해서는 평균 8억1천만원이 필요하며, 현재 보유자산으로 은퇴후 생활비 마련에 충분한 소득을 창출할 수 있는 가계는 전체 근로소득자의 38%에 불과한 것으로 나타났다. 주소현 삼성금융연구소 수석연구원은 13~14일 열리는 경제학 공동학술대회에 앞서 12일 배포된 '근로소득자의 은퇴준비 현황과 은퇴소득 충분성' 논문에서 이같이 밝혔다. 주 연구원은 지난해 5~7월 삼성금융연구소가 전국 7대 도시 4천가구를 대상으로 실시한 가계금융 이용행태 조사결과를 토대로 은퇴전인 근로소득자들의 은퇴준비현황 등을 분석했다. 근로소득자는 가구주를 기준

---

345) http://cafe.daum.net/scg18/8CuQ/1158?docid=10Hui|8CuQ|1158|20120109112155&q=%C0%BA%C5%F0%C8%C4+%BB%FD%C8%B0%BA%F1(2012.2.5)
346) 보탬이되는지혜, 하늘바다 | 조회 40 | 추천 0 | 2007.02.13. 07:57, "은퇴후 8억원 필요..38%만 생활비 충당"
347) 연합뉴스 입력 : 2007.02.12 17:55

으로 전문직을 제외한 관리직, 사무직, 판매직, 생산직 등을 포함했으며 총 2천147가구로 전체 조사대상의 54%를 차지했다. 조사결과 근로소득자들이 예상하는 은퇴연령은 평균 60세, 은퇴후 월평균 생활비는 현재가치로 약 197만원인 것으로 조사됐다. 은퇴 희망연령은 56~60세가 45%로 가장 많았고 이어 50세 이하는 10%, 65세 이상은 9% 등이었다.

월평균 예상생활비는 151만~200만원이 34%로 가장 많았고 이어 ▲101만~150만원 22% ▲100만원 이하 18% ▲251만원 이상 17% ▲201만~250만원 8% 등의 순이었다.

주 연구원은 이를 토대로 근로소득자가 예상하는 은퇴후 월평균 생활비 수준을 은퇴시점(인플레 4%, 수익률 6% 가정)으로 환산하면 평균 8억1천71만원이 필요하며 국민연금 제외시 6억7천758만원이 필요한 것으로 추산했다. 그는 이어 현재 보유하고 있는 자산으로 은퇴후 생활비 충당에 필요한 충분한 소득을 창출하는 가계는 전체 근로소득자의 38%에 불과한 것으로 나타났다고 밝혔다. 특히 금융상품과 부동산 상품에 동시 투자하고 있는 경우에는 충분한 은퇴소득을 창출할 수 있는 가계가 65%에 달한 반면 부동산 및 기타에 투자한 가계는 해당 비율이 55%로 낮아졌고 금융상품에만 투자한 경우는 은퇴소득 창출 비율이 37%에 불과한 것으로 분석됐다. 또 조사결과 근로소득자 가계의 53%는 현재 은퇴를 위해 구체적인 준비를 하고 있지 않으며 나머지 47%만 준비를 하고 있는 것으로 나타났다.

준비를 하고 있는 47%는 금융상품(29%), 금융 및 부동산투자(14%), 부동산 및 기타(5%) 등을 준비수단으로 활용하고 있었으며 금융상품 중에서는 연금보험이 가장 많았다. 은퇴준비를 하지 않는 이유를 묻는 질문에는 73%가 '여윳돈이 부족해서'라고 답했고 14%는 '아직 이른 것 같아서', 9%는 '구체적인 방법을 몰라서'라고 각각 응답했다. 주 연구원은 소득은 물론 연령과 교육수준, 소득 등이 자산형성과 밀접한 관계가 있는 것으로 나타났다면서 은퇴연령과 예상생활비, 투자수익률 등을 고려한 현실성있는 은퇴계획을 수립하는 것이 필요하다고 지적했다.[348]

5. 은퇴후의 생활비 액수

은퇴후 필요한 생활비에 대해 누구는 3억원이라 하고, 누구는 16억원이란다.349) 노후자금은 개인별 생활수준에 따라 달라지게 마련이다. 전문가들은 매달 150만원이면 알뜰생활이, 200만원이면 기본생활이, 250만원이면 여유로운 생활이 될 거라고 한다.

JP모건의 행복한 노후자금 계산법과 관련하여 고객을 분석해 은퇴자금 계산법을 공개했다. 어마어마한 금액이 나오는 이유는 은퇴후에도 종전의 생활수준을 누린다고 가정한데다 화폐가치를 20년후로 했기 때문이다. 현재의 화폐가치로 따진다면 3분의1 수준으로 떨어진다. 행복한 은퇴 = 현재 연소득 x 〔55-(현재나이/3)-은퇴예상 나이/7)〕 350)

6. 은퇴설계에 대한 고민, 식당 처분후 노후생활비 고민인 60대

서울 은평구에 사는 ○○○ 부부는 최근 본격적인 노후생활을 시작했다. 아들이 캐나다로 이민을 가면서 그간 아들과 함께 운영해 오던 식당을 처분하고 현업에서 은퇴했다. ○○○씨는 그중 3억원을 아들의 이민 정착자금으로 지원하고, 2억원 정도의 현금자산이 생겼다. 그는 최근까지만 해도 식당을 운영하면서 얻은 수입이 있어 생활비 걱정을 하지 않았다. 하지만 앞으로가 걱정이다. 얼마나 오래 살지 가늠할 수 없기 때문이다.

특히 ○○○씨는 자신의 사후에 홀로 남겨질 아내가 걱정이다. ○○○씨 부부는 고민을 해결하기 위해 딸의 소개로 00센터를 찾았다.351) 본격적인 은퇴생활이 시작된 60대에게는 사실 노후준비란 말 자체가 어울리지 않는다. 이때부터는 그간 준비해온 과실을 거둬야 할 시기다. 하지만 노후자산

---

348) http://cafe.daum.net/namu8386/CBx/2228?docid=Xzw7|CBx|2228|20070213 075745&q=%C0%BA%C5%F0%C8%C4+%BB%FD%C8%B0%BA%F1(2012.2.5)
349) 살림 노하우, 생활의 지혜, 대인(신영무) | 조회 26 | 추천 0 | 2009.04.25. 11:37
350) http://cafe.daum.net/finance-co/4Mw7/2?docid=1HYn1|4Mw7|2|2009042511 3757&q=%C0%BA%C5%F0%C8%C4+%BB%FD%C8%B0%BA%F1(2012.2.5)
351) 일시납 종신연금상품에 부인명의로 6억 가입해 생활비 月300만원 확보

은 화수분이 아니다. 계속 꺼내 쓰다 보면 언젠가 바닥을 드러내기 마련이다. 특히 갈수록 평균수명이 길어지면서 생각보다 오래 살 수 있는 위험에 반드시 대비해야 한다. 생계유지에 어려움을 겪는 노후는 결코 축복이 아니다. 이에 60대에 접어들었다 하더라도 넓은 의미의 노후준비는 반드시 필요하다. 이때 사전에 반드시 인식해야 할 점은 60대는 수익성보다 안전성의 원칙에 입각해 자산을 보호해야 한다는 것이다. 이같은 대전제에 따라 ○○○씨의 자산상태를 보면 ○○○씨는 현재 서울 은평구에 있는 시가 4억9000만원의 아파트, 투자용으로 구입해 뒀던 2억4000만원의 빌라, 1억7000만원 토지 등 총 9억원 가량의 부동산을 보유하고 있다. 또 식당 처분 금액과 빌라 전세금을 포함해 총 4억6000만원을 은행 정기예금에 분산 예치해 두고 있다. 식당 처분후 생활비는 5000만원이 들어 있는 수시입출식 예금에서 꺼내 쓰고 있다.

부채는 없다. 이같은 자산을 기반으로 ○○○씨의 앞으로의 목표는 크게 4가지다. △죽을 때까지 계속 월 300만원 정도의 노후생활비 확보 △고향인 부산에 내려가 살 수 있는 주택 구입 △아내와 둘만의 시간을 풍요롭게 보낼 수 있는 여행 및 골프 등 경비 마련 △딸에게 2억원 정도의 자산상속이 그것이다.

이런 목표 가운데 ○○○씨가 가장 주안점을 둬야 할 부분은 지속적인 현금흐름을 확보하는 것이다. ○○○씨는 어느 정도 자산을 갖고 있지만 현금흐름이 극히 취약하기 때문이다. 실제 은퇴자들 가운데는 ○○○씨 같은 사례가 많다.

○○○씨의 경우 은퇴후 생존기간을 25년으로 가정했을 때 현재가치로 월 300만원의 노후생활비를 확보하기 위해서는 일시금으로 7억원 정도가 필요하다. 물가상승률 3%와 투자수익률 5%를 적용했을 경우다. 또 매년 여행 및 골프 등 여가생활비로 1000만원 정도를 70세까지 지출한다고 가정할 때 약 6000만원 정도의 자금이 필요하다. 여기에 장수 리스크에 대비해 간병비용을 반드시 마련해둬야 한다. 1인당 5000만원, 부부 합산 1억원이 필요하다.

이는 하루 5만원씩 3년간 24시간 돌볼 때를 가정한 것이다.

현재 박씨 재무상태
(단위=만원)

구 분		상 세	목 적	평가액	비 율
현금 및 현금등가물	금융상품	저축예금	수시입출금	5,000	3.5%
		정기예금	이자수익	46,000	32.6%
투자자산	부동산	목동 빌라	자산증식	24,000	34.8%
		토 지	상 속	17,000	17.0%
사용자산		은평구 아파트	거 주	49,000	12.1%
자산총계				141,000	100.0%

변경된 재무상태
(단위=만원)

구분		상세	목적	평가액	비율
현금 및 현금 등가물	금융 상품	CMA	수시입출금	5,000	3.5%
		일시납 연금보험	기본생활비	60,000	42.6%
투자자산		ELD/원금보존형ELS	여가생활비	6,000	4.3%
		생계형 저축	간병자금	6,000	4.3%
		세금우대저축	비상자금	4,000	2.8%
사용자산	부동산	토 지	상 속	17,000	12.1%
		해운대 아파트	거 주	30,000	12.1%
자산총계				128,000	90.8%

※ 보유자산 중 4,000만원은 아파트 매각 및 취득 비용으로 가정

자료: http://cafe.daum.net/semu8383/E6mO/43?docid=1lu5d|E6mO|43|20100226102015&q=%C0%BA%C5%F0%C8%C4+%BB%FD%C8%B0%BA%F1(2012.2.5)

이같은 자금을 확보하기 위해서는 부동산을 현명하게 팔아야 한다. ○○○씨는 현재 1가구 2주택에 해당된다. 세부담을 최소화하기 위해서는 최소 올 해 한 채를 매각하는 것이 좋다.

올해까지는 양도차익에 6~33%의 세율이 적용되는 반면 2011년 이후부터는 50%의 중과세율이 적용되기 때문이다. 구체적으로 양도차익이 적고 거주기간을 충족하지 못한 목동의 빌라를 먼저 매각해 1가구 2주택 조건을

해소한 뒤 상대적으로 양도차익이 큰 은평구 아파트를 팔 때 비과세 효과를 보는 것이 좋다. ○○○씨가 이렇게 순차적으로 두 채를 매각하면 7억여 원을 확보할 수 있다. 이 가운데 2억5000만~3억원 정도를 사용하면 부산 해운대 지역 바다를 조망할 수 있는 105㎡(30평형) 아파트를 마련할 수 있다.

이후 남은 4억여원과 은행권에 분산 보유하고 있는 금융자산 4억여원(전세자금 8500만원 제외)을 합하면 8억원을 확보할 수 있다. ○○○씨가 예상보다 오래 살 위험에서 벗어나기 위해서는 종신연금이 지급되는 일시납 연금상품에 가입하는 것이 좋다. 이때 6억원 정도를 부인이 계약자, 피보험자, 수익자가 되도록 가입해야 한다. 그래야 ○○○씨 사망후에도 지속적으로 생활비를 지급받을 수 있다. 남은 2억원은 비상 예비자금으로 활용하는 것이 좋다. CMA계좌에 약 5000만원을 적립해 필요할 때 꺼내 쓰는 것이 좋다. 골프와 여행 등 여가생활비 용도로 필요한 6000만원은 만기 6개월 정도의 은행권 지수연동 정기예금(ELD)이나 원금보존이 되는 주가연계증권(ELS) 등을 활용하면 좋다. 원금은 보존하면서 은행정기예금보다 높은 투자수익을 올릴 수 있다. 간병자금은 금리가 상대적으로 높은 상호저축은행, 신협, 우체국 등에 적립하는 것이 좋다. 부부 각각의 명의로 3000만원 정도씩 총 6000만원을 생계형 저축상품에 가입하는 것을 추천한다. 또 각각 2000만원씩 총 4000만원을 세금우대저축에 가입하면 절세효과와 함께 긴급인출 수요에도 대응할 수 있다. 마지막으로 딸에게 상속자산으로 2억원 정도를 남겨주려는 목표를 충족하기 위해서는 현재 소유 중인 토지를 증여하는 방안을 추천한다.

지금 증여한다면 상속시점에서 토지가치가 지금보다 상승해 더 많은 상속세를 내야 하는 일을 막을 수 있다.352)353)354)

---

352) 00센터의 3인방을 소개하면 그들은 보험경력 10년 이상의 베테랑들이다. 김준수 DA는 보험경력 13년차로 10년 이상 MDRT(국제우수설계사모임)를 달성한 MDRT 종신회원이다. CEO나 사업가들의 은퇴플랜에 강점을 가진 은퇴설계 전문가다. 김민섭 DA는 캐나다, 중국, 일본에서 경제학을 전공한 경력 10년의 베테랑이다. 은퇴관련 사내 강의를 담당하고 있으며 법인절세, 상속증여, 은퇴플랜 전문가다. 음희화

7. 늦둥이 낳고 자녀양육·노후대비 고민인 40대

회사원 ○○○씨(45)의 요즘 최고 관심사는 노후대비와 자녀양육이다. 이미 결혼생활 10년 만에 경기도 용인에 아파트를 마련해 부채상환까지 거의 끝나가고 있어 한 시름은 덜었다. ○○○씨는 앞으로 노후준비와 자녀양육에 매진할 예정이다. 특히 자녀양육에 관심이 많은 ○○○씨는 자녀에게 최고 교육을 제공하는 것은 물론 가능하다면 자녀가 평생 걱정없이 살 수 있도록 미리 자녀의 노후까지 대비해 주고 싶다. 아이가 성장해 어른이 되면 노인들을 부양하기 위한 세금을 내느라 생활수준이 지금보다 크게 떨어질 것이란 보도가 나올 때마다 이같은 생각은 더욱 커진다. 하지만 이를 노후대비와 병행하려니 여간 힘이 드는 것이 아니다. ○○○씨는 이같은 고민을 해결하기 위해 00센터를 방문했다.355) ○○○씨는 40세에 이르러서야 자녀를 봤다.

동년배들은 빠르면 고등학생의 자녀를 두고 있지만 ○○○씨는 현재 아이가 학교에 들어가기도 전이라 무척 고민이 많은 상황이다. 현재 풍속도대로라면 적어도 자녀 나이 30세까지는 양육부담을 져야 하는데 이때 ○○○씨의 나이는 70세에 이르게 된다. 이미 은퇴시점에 접어든 후다. 이같은 상황에서 김씨가 긴 안목의 준비를 하지 않으면 노후대비와 자녀양육에 모두 실패할 수 있다. 따라서 치밀한 준비가 필요하다. ○○○씨가 앞으로 자녀에게 투입할 비용을 현재 가치로 추산하면 4억원 가량이다. 공교육비 7000만원, 사교육비 1억3000만원, 해외유학비용 1억원, 결혼비용 1억원으로 추

DA는 호주에서 금융학을 전공했으며, 직장인의 은퇴플랜에 강점을 갖고 있다. DA는 District Associate의 약자로 일반 보험설계사를 관리하면서 영업하는 우수설계사를 의미한다.

353) http://cafe.daum.net/semu8383/E6mO/43?docid=1Iu5d|E6mO|43|20100226102015&q=%C0%BA%C5%F0%C8%C4+%BB%FD%C8%B0%BA%F1(2012.2.5)
354) [은퇴설계 어떻게] ⑥ 늦둥이 낳고 자녀양육·노후대비 고민인 40대, 변액보험에 月 100만원씩 30년 불입땐 자녀교육·결혼비 쓰고도 5억여원 남아
355) [은퇴설계 어떻게] ⑥ 늦둥이 낳고 자녀양육·노후대비 고민인 40대, 변액보험에 月 100만원씩 30년 불입땐 자녀교육·결혼비 쓰고도 5억여원 남아

산한 결과다. ○○○씨는 이를 장기적인 시각에서 준비해야 한다. 이 경우 `유니버셜 어린이 변액보험` 가입을 추천한다. 연 수익률 8%를 가정하고 월 50만원씩 24년간 납입하면 3억3475만원의 적립금을 마련할 수 있다. 목표로 하는 4억원에 근접하는 수준이다. 어린이 변액보험은 가입 10년후 비과세가 적용돼 세후 수익률을 키울 수 있다. 여기서 24년간의 납입 기간은 ○○○씨가 60대 후반까지 경제활동을 할 것을 가정한 후 산출한 결과다. ○○○씨의 경우 아이가 늦게 태어난 만큼 남들보다 조금 더 길게 일을 해야 할 각오를 할 필요가 있다. 이렇게 해야 최소한의 양육비를 마련할 수 있다.

이때 김씨는 자녀의 인생경로를 크게 3단계로 구분해 준비해 주는 것이 좋다. 기반형성기인 집전의 시기(종잣돈을 모으는 시기), 성장기인 용전의 시기(종잣돈을 부풀리는 시기), 은퇴기인 수전의 시기(부풀린 돈을 지키는 시기)로 구분하는 것이다. 먼저 1단계인 집중교육기는 자녀가 대학을 졸업하는 24세가 될 때까지다. 김씨가 조금 더 노력해 자녀 앞으로 월 100만원의 변액연금보험에 가입하면 24년간 연 8%의 수익률을 가정할 때 6억6900만원의 자금을 만들 수 있다. 이 가운데 유니버셜보험의 특성상 자금이 필요할 때마다 수시로 꺼내 쓸 수 있어 원하는 교육수준에 맞춰 총 3억원의 자금을 인출해 사용하면 3억6900만원이 남는다. 자녀가 30세가 될 때까지 추가로 6년간 더 납입하면 3억원을 쓰고도 6억4000만원을 만들 수 있다.

그리고 자녀가 30세에 결혼할 경우 1억원을 인출해 결혼비용으로 사용하더라도 5억4000만원을 남길 수 있다. 이후 5억4000만원의 사용은 상황에 맞게 하면 된다. 이를 자신의 노후에 쓰거나, 여유가 있을 경우 자녀에게 이전해 주면 된다. 자녀가 물려받을 경우 이는 자녀의 노후 대비와 손자 양육재원으로 활용될 수 있다. 만일 자녀가 ○○○씨에게서 자금을 인계받아 추가로 계속 납입을 해 나가면 궁극적으로 매우 큰 금액을 만들 수 있다. 이같은 상황이 가능한 것은 보험의 계약자와 피보험자를 부모에서 자녀로 전환할 수 있는 기능 때문이다.

이때 증여와 관련해 합법적인 절세를 위해 구체적으로 전문가의 상담을

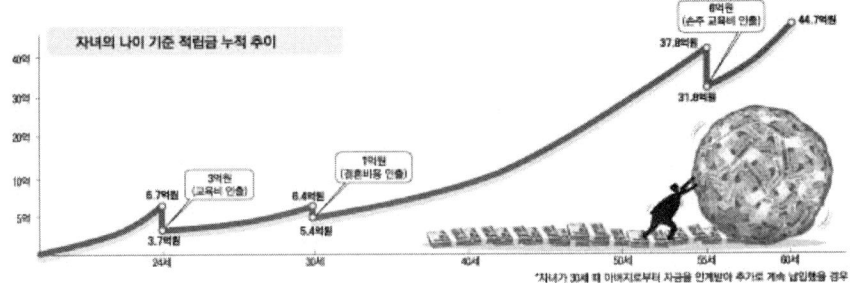

자료: http://cafe.daum.net/semu8383/E6mO/43?docid=1lu5d|E6mO|43|201002261020
15&q=%C0%BA%C5%F0%C8%C4+%BB%FD%C8%B0%BA%F1(2012.2.5)

받는 것이 좋다.

○○○씨가 이같은 전략을 따를 경우 자녀양육을 위해 변액연금보험 한 상품에 집중하게 돼 다소 위험해 보일 수 있다. 이것이 불안할 경우 교육비, 유학비, 결혼비용 등으로 용도를 나눠 별도로 저축하는 것이 가능하다. 하지만 통장을 여러 개로 쪼개 준비하는 것이 꼭 정답이 될 수는 없다. 저축을 여러 개로 준비하다 보면 단기 저축의 '휘발성'을 경험할 수 있기 때문이다. 간혹 "열심히 저축했는데 돈이 모이지 않는다"고 말을 하는 사람이 있다. 이같은 사람들의 재무상태를 분석해 보면 대개 단기저축을 반복적으로 오랜 기간 지속하는 경우가 많다. 저축 만기가 자주 돌아오면 소비에 대한 강한 욕구를 뿌리치지 못해 돈을 지키지 못하는 것이다. 이를 막기 위해서는 안전한 상품에 오랜 기간 납입하는 것이 좋을 수 있다.

자녀가 어려서부터 일정액을 어린이 변액유니버설보험에 적립하고 어느 정도의 수익률을 거둘 경우 금융자산을 크게 키울 수 있는 것이다. 이후 목돈을 써야 할 일이 돌아올 때마다 필요한 자금을 적절히 인출해 사용하면 자녀의 교육은 물론 자녀의 노후까지 대비해 줄 수 있다. 또 자녀를 위한 장기납입은 자녀의 금융교육에도 큰 도움이 될 수 있다. 특히 ○○○씨 자녀가 ○○○씨로부터 통장을 물려받아 계속 운용할 경우 자녀의 노후를 보다 튼실하게 대비해 줄 수 있다. 이 경우 전문가 조언에 따른 펀드변경을 통해 투자수익을 적절히 관리할 것을 추천한다. 이렇게 하면 자녀에게 상당한 금액의 금융자산 형성기회를 제공할 수 있다.

00생명의 로얄라이언(Royal Lion) 3인방은 10년 이상의 보험경력을 기반으로 하는 은퇴설계전문가들이다. 로얄라이언은 00생명의 우수 보험설계사를 지칭하는 용어다. 최현수 로얄라이언은 운동선수 출신이라는 독특한 이력이 있다. 10년 이상 MDRT(실적우수설계사 모임) 자격을 달성했을 때만 얻는 최고 영예인 MDRT 종신회원 자격을 보유하고 있다. 최상원 로얄라이언은 각종 기업체 임직원을 대상으로 재무설계 강연과 개인의 은퇴상담 컨설팅을 전문으로 하고 있다. 현재 한국 MDRT협회 부회장을 역임하고 있으며 앞으로 회장직을 수행할 예정이다. 길태호 로얄라이언은 부산에서 활동하는 10년차 로얄라이언으로 각종 기업체 임직원을 대상으로 은퇴강연을 진행하고 있다.356)

8. "오래 사세요"라는 인사가 부담스러운 시대

은퇴 이후 무엇을 하며 보낼지 계획하라.357) 요즘 "오래 사세요"라는 인사가 부담스러운 시대가 왔다. 이제는 노후를 어떻게 준비하느냐에 따라서 고통이 될 수도, 보너스가 될 수도 있는 두 갈래 길이 되어 우리를 기다리고 있다. 고령화 사회라고 하니 떠오르는 광고가 하나 있다. 예전에 한 남자가 병원에서 건강검진을 받고 "의사 선생님이 건강해서 100세까지 살 수 있다"라고 말하니 환자가 "몸은 건강해서 좋은데 내일이 정년퇴직인데 준비한건 없고 웃어야 할지 울어야 할지"라며 한숨을 쉬는 광고가 생각난다. 이제는 이런 광고가 주변에서 흔히 볼 수 있는 광경이 되어버렸다. 벌써 2000년에 65세 이상의 고령인구비율이 7%를 넘어서며 UN이 정한 고령화 사회라고 판정을 받았고 2019년에는 65세 이상의 고령인구가 14%를 넘어서 고

---

356) http://cafe.daum.net/semu8383/E6mO/43?docid=1Iu5d|E6mO|43|20100226102015&q=%C0%BA%C5%F0%C8%C4+%BB%FD%C8%B0%BA%F1(2012.2.5)
357) 작성자: 김희정

령사회로 진입을 할 예정이다.

1) 고령화 사회의 문제점들

그럼 지금 고령화 사회가 되면서 우리 노후 등 어떠한 문제들이 있을까? 사실 예전까지 만해도 평균수명이 65세였다. 정년퇴직은 60~65세나 되어야 하기 때문에 그때는 노후준비란 걸 해야 할 필요도 이유도 없었다. 보통 퇴직을 하고 길어야 5년에서~10년 정도 더 살았기 때문에 퇴직금만으로도 충분했다. 또 자식들이 많았기 때문에 자식들에게 의지하며 살아가도 문제가 없었다. 하지만 현재는 평균적으로 55세~60세를 전후하여 은퇴를 시작하고 대기업같은 경우는 50세 이전부터 퇴직을 하고 있는 추세이다. 평균수명이 현재 남자 78세, 여자 82세 정도이고 앞으로 90세 이상 늘어난다고 하니 최소 20년에서 30년 정도의 노후가 준비되어야 한다. 일을 하고 싶어도 이제는 하지 못하는 경우가 많으니까 일한 기간 보다 퇴직 이후 삶이 더 길어지는 시기를 맞이하고 있다. 그리고 의지할 자식들도 한 두 명 뿐이니 이제는 스스로 준비를 해야 하는 분위기로 가고 있다. 가장 큰 문제는 아직까지 노후준비에 대한 필요성을 느끼지 못하여 노후 대책시기가 늦어지고 있다. 이렇게 늦어 버린 노후대책은 고통스럽고 서러운 노후를 만들 것이다.

2) 턱없이 낮아진 은행금리

2011년 현재 은행권의 적금금리는 4%대 중반, 예금금리는 3%대 후반~4% 정도다. 물론 은행별로 특판 적금이나 예금을 이용하면 이보다는 조금 더 높은 금리를 얻을 수 있을 것이다. 또한 제 2금융권을 이용하면 조금 더 높은 확정금리를 얻을 수 있다. 하지만 자꾸만 올라가는 물가를 고민해 보지 않을 수 없다. 3%~4% 정도의 물가상승률만 따지더라도 은행에 돈을 맡기는 건 4% 물가상승률이라면 금리는 0%가 될 수밖에 없을 것이다. 즉, 확정금리를 받을 수 있는 상대적으로 안전한 은행권만 이용해서는 생각했던 것 만큼의 수익을 올릴 수 없다는 것이다.

3) 해마다 올라가기만 하는 물가

물가는 해마다 올라가기만 한다. 3%~4%의 물가상승률은 작은 것 같지만 이 물가라는 녀석이 단리로 올라가는 것이 아니다. 복리로 올라가게 되는 것이다. 즉, 2011년에 물가가 3% 올랐는데 2012년에도 물가가 3% 올랐다면? 2010년의 물가를 100이라고 했을 때 2011년의 물가는 103이다. 2012년의 물가는? 106인가? 아니다. 103에 대한 3% 즉, 106.09가 되는 것이다. 0.09 바로 이 수치가 복리로 오른다는 증거가 되는 것이다.

4) 노동시장의 3S

한국은 급격한 출산율 저하와 기대수명 연장으로 고령화가 세계에서 가장 빠른 속도로 진행되고 있다. 한국의 출산율은 2010년 1.22명으로 OECD 국가 중 최저치로 가고 있다. 한국의 고령화는 다른 나라에 비해 늦게 시작되었지만 급속도로 진행되고 있다. 대부분의 선진국이 고령화 사회에서 초고령 사회로 진입하는 데 70년 이상 소요된 반면 한국은 불과 26년이 걸릴 것으로 예상되고 있다. 급격한 고령화는 노동시장에서 '노동력 부족' '생산성 저하' 세대 간 일자리 경합 등을 초래할 소지가 있다. 고령화로 생산에 참여할 수 있는 노동력이 부족해지면서 한국경제의 잠재성장률이 지속적으로 하락할 우려가기 때문에 인구가 노령화될수록 경제성장의 둔화와 일자리 부족, 또 국민연금 규모의 축소가 가능하다는 예측을 할 수 있다.

5) 부동산 시장의 하락

부동산의 가격은 인구구조와 밀접한 관련이 있다. 그런데 현재 인구는 감소추세에 있다. 인구는 줄고 있지만 집을 짓지 않을 수 없기 때문에 장기적으로 집값의 하락이 있을 수 있다.

사실 베이비부머 이전 세대는 여러 가지 혜택을 많이 받았다. 집을 사기만 하면 그 다음 세대들이 집을 사주었기 때문에 집값이 많이 올랐지만 현재 노후를 준비해야 하는 사람들은 집값이 떨어지는 시기에 노후를 준비해야 한다. 우리나라 국민의 자산 중 70~80%가 부동산이 차지하는 비중이다.

노후자금이 부족한 사람들은 은퇴후 부동산 자산을 줄여서 생활비를 마련해야 하는 절박한 상황에 처하게 되는데 은퇴자들이 행복하게 거주하는 곳을 찾기 위해서는 자신의 라이프스타일, 비용, 가족관계, 사회활동 등을 복합적으로 고려해야 한다.

6) 재무적 준비인 은퇴생활과 의료비

노후생활에서 매우 중요한 준비사항은 부부의 의료비와 간병비다. 은퇴 이후 생활비 마련을 중심으로 설계하다 보니 자칫 질병에 대한 대비가 소홀하기 쉬운데 위험으로 인해 발생할 수 있는 경제적 손실을 막기 위해 지금부터 정확한 보장준비가 필요하다. 먼저 노후준비 즉, 노후대책 마련은 빠를수록 좋다는 이유는 무엇일까에 대해서 이야기해 보도록 하겠다.

노후준비는 빠르면 빠를수록 좋다는 이야기를 할 때마다 빠지지 않는 이야기가 바로 '복리의 마법'이라는 말이 아닐까 싶다. 복리란 사전적인 의미로 이자에 이자가 붙는다는 것을 의미한다. 즉, 원금에 대해 이자가 발생하면 그 이자까지 원금으로 해서 다음번 이자가 계산된다는 것이다. 하지만, 이 복리의 마법이 제대로 효과를 발휘하기 위해서는 '시간'이라는 재료를 만나야 한다. 즉, 시간이라는 마법에 필요한 재료가 없다면 복리의 효과는 반감되고 마는 것이다.

7) 은퇴 이후의 삶을 설계

우리가 살아가면서 노후만 준비해야 한다면 누구나 가능할 수 있다고 하지만 결혼도 해야 하고 아이들 양육이나 집장만 등등 해야 하는 재무목표를 감당하면서 하기는 사실 어려운 부분이 많다. 얼마의 저축여력을 갖고 어디에 저축과 투자를 해야 하는지는 일반인들이 하기 어려운 부분이다. 전문가와 상담을 통해 정확히 파악하고 상품에 대해서 잘 파악해서 자기에게 맞는 상품을 선택하는 것이 중요하다. 자기성찰이란 무엇일까? 바로 자신을 돌아보는 것이다. 혹시 쓸데없는 곳에 돈을 낭비하고 있는 것은 아닌지, 무작정 안정성이 최고라며 은행의 적금, 예금만을 고집하는 것은 아닌지, 한

탕을 노리고 빚까지 내가며 투기(빚까지 내서 하는 행위라면 더이상 투자가 아니다)를 하고 있는 것은 아닌지, 그것도 아니면 폼생폼사 인생 뭐있어 라는 생각을 갖고 있는 것은 아닌지 다시금 자신을 돌이켜봐야 할 것이다.

이러한 자기성찰을 해보았다면 그 다음으로 할 일은 바로 실현가능한 목표 그 중에서도 재무적 목표를 세우는 것이다. 그리고 제2의 인생을 위한 플랜을 준비해서 꿈을 향해 달려가는 마인드가 중요하다. 결론적으로 말해 미리 준비해 나가는 것은 더 이상 선택이 아니라 이제는 필수이다.[358][359]

9. 포스코 광양제철소, 영농학습센터 '에코팜' 개소

포스코 광양제철소가 직원들에게 자기계발, 여가선용을 위한 영농교육을 지원하기 위해 3일, '포스코 에코팜' 개소식을 가졌다.[360] 에코팜은 영농에 관심있는 포스코패밀리의 여가시간을 활용하고 퇴직후에도 노후생활을 설계할 수 있도록 친환경 영농교육을 할 수 있는 교육장과 실습장, 편의시설을 갖췄다. 민·관 협력으로 이뤄지는 에코팜 영농학습은 포스코가 지향하는 '동반성장 혁신허브' 활동의 일환으로 광양시와 협업을 이뤄 '영농의 기초단계' 교육을 오는 10월까지 9개월간 진행된다. 영농교육 프로그램은 첫째, 셋째, 다섯째 주 금요일과 토요일에 이뤄지며, 2개월 단위로 선정된 작물에 대한 이론학습과 실습을 병행하게 된다. 그동안 포스코 광양제철소는 '동호동락' 영농학습동호회를 운영해 200여명의 회원들이 활동하고 있으며, 지난 해 배추 200여 포기와 무를 수확해 황길동 노인정 등 15곳의 이웃을 찾아 사랑의 김장김치를 전달한 바 있다.

---

358) 퍼스널에셋 매니지먼트 컨설팅본부 박헌욱 수석컨설턴트, 기사입력: 2012/02/03 [17:40]
359) http://www.sisakorea.kr/sub_read.html?uid=7151&section=sc22(2012.2.4)
360) [전남CN] 포스코 광양제철소, 영농학습센터 '에코팜' 개소, 광양시와 협업으로 영농기초교육 전담 오는 10월까지, 이희경 기자 / 2012-02-03 16:23:39, CNB뉴스

자료: http://news2.cnbnews.com/category/read_org.html?bcode=176142(2012.2.4)
☞ CNB뉴스 이희경 기자 의 다른기사보기[361]

10. 은퇴설계, 40대 홑벌이의 사례

중학교 1학년과 초등학교 5학년인 2명의 아이를 두고 있는 대기업 차장 ○○○ 부부. 3년 전 서울 강남권에 30평형대 아파트를 마련했다. 하지만 갈수록 늘어가는 자녀 교육비에 대출이자까지 겹치면서 내 집이 생긴 후 수입이 지출을 초과한 적이 거의 없다. 석 달에 한 번씩 돌아오는 상여금 시즌마다 마이너스 통장 잔고를 메우는 것이 일상이 돼 버렸다. 통장 잔고가 수시로 마이너스를 기록하는 ○○○씨가 노후준비를 하는 것이 가능할까. ○○○씨는 00생명 재무설계센터를 찾았다.[362] ○○○씨 부부의 자산·부채 현황은 간결하다. 자산으로 시가 9억원 상당의 아파트를 갖고 있고,

---

361) http://news2.cnbnews.com/category/read_org.html?bcode=176142(2012.2.4)
362) 은퇴설계 어떻게] ③ 40대 홑벌이 김정민씨, 사교육비 확 줄여 개인연금에 月100만원 납입…퇴직전 소득의 70% 확보

이를 구입하기 위해 3년 전에 얻은 2억원의 주택담보대출을 안고 있다. 이외 연말정산을 위해 가입한 장기주택마련저축 등 2000만원의 금융자산을 갖고 있다. 동년배들과 비교하면 좋은 입지의 아파트를 갖고 있지만 금융자산이 너무 적다는 문제점을 안고 있다. 이에 ○○○씨는 금융자산을 늘리기 위해 많은 노력을 하고 있다. 그러나 쉬운 일이 아니다. 주택 마련 이후 상여금이 나오지 않는 달이면 항상 지출이 수입을 초과하기 때문이다. ○○○씨 현금흐름 상황을 보면 상여금이 나오지 않는 평달 월 세후 450만원의 소득을 올리고 있다. 이 가운데 120만원을 대출이자로 내면 330만원이 남는다. 하지만 이 가운데 사교육비로 200만원을 지출하고 나면 남는 돈은 130만원에 불과하다. 4인 가족 한달 생활비로 130만원만 가용할 수 있는 것이다. 이에 기본적인 저축이 불가능한 것은 물론 수시로 마이너스 통장에서 돈을 꺼내 써야 한다. 이같은 상황이라면 ○○○씨의 노후준비는 아예 불가능하다. 현 상황에서 ○○○씨가 노후에 기대할 수 있는 소득은 크게 두 가지다. 우선 국민연금이 있다. 현재 기준으로 40년간 보험료를 납부하면 퇴직전 소득의 50% 가량을 연금으로 받을 수 있다. 하지만 ○○○씨는 현실적으로 현 직장에 몸을 담을 수 있는 기간으로 25년을 산정했다. 이렇게 되면 소득대체율은 22.6%로 낮아진다. 둘째로 ○○○씨 직장이 최근 한 보험사에 가입한 퇴직연금이 있다. 퇴직후 일시금으로 퇴직금을 받는 대신 연금 형태로 나눠 받는 것이다.

　현 시점에서 예상 소득대체율은 12.8%에 불과하다. 결국 ○○○씨가 노후에 받을 수 있는 연금의 소득대체율은 국민연금과 퇴직연금의 해당 수치를 합한 35.4%에 그친다. 퇴직전 소득의 35.4%로 노후를 보내야 하는 것이다. 이를 통하면 기초적인 생활은 가능하겠지만 풍요로운 노후는 불가능하다. 이에 ○○○씨는 지금부터라도 개인연금에 반드시 가입해야 한다. 이를 위해 ○○○씨는 수입-지출 흐름을 전면적으로 개혁해야 한다. 여기서 ○○○씨가 우선 가져야 할 생각은 "지출을 아껴 연금에 가입하는 것이 아니라 연금에 가입한 후 남는 돈으로 생활하자"는 것이다.

은퇴소득의 종류 및 특징

구분		장점	단점	자금 활용도
예·적금		안전성, 투자위험 회피	낮은 수익률, 인플레이션시 자산가치 하락	은퇴자금 활용도 낮음
펀드		성향에 맞는 투자 가능, 고수익 추구 가능	원금손실 위험, 수수료	
부동산 소득		임대소득과 함께 자산가치 상승에 의한 매매차익	경기침체→공실발생 위험 부동산 관리의 어려움	70세 이전 활용 (여유생활비)
연금	국민 연금	국가 운용(안전성) 물가상승률만큼 연금액 증가	연금재원 감소 예상 연금수급액 축소 예상	노후 기본생활비 활용
	기업 연금	DB형-연금수급액 확정 DC형-시장상황에 따라 수급액 차이	저소득자·고연령가입자 →연금액 감소	
	개인 연금	은행-안전성 증권사-고수익 추구 가능 보험사-종신형 지급 가능	은행-저금리 증권사-원금손실 위험 보험-다소 낮은 수익률	

바람직한 은퇴자산 배분

구분	1순위	2순위	3순위
소득의 종류	연금소득	금융소득	임대소득
연금소득활용	기본생활비	여유생활비	여유생활비
용도	노후생활비	취미·의료비	이벤트·여유자금
모범소득비율	50%	20%	30%
세금	비과세 혹은 소득공제 부여	이자소득세 금융소득종합과세	종합소득세 양도소득세
관련금융상품	국민연금 기업연금 개인연금	은행 예금 CMA/MMF	역모기지론

자료: http://cafe.daum.net/semu8383/E6mO/43?docid=1lu5d|E6mO|43|201002261020 15&q=%C0%BA%C5%F0%C8%C4+%BB%FD%C8%B0%BA%F1(2012.2.5)

    이에 ○○○씨는 은퇴후 생활을 위해 어느 정도의 연금에 가입해야 하는지를 먼저 계산해야 한다. 은퇴후 원활한 생활을 위해서는 최소 퇴직전 소득의 70%를 소득으로 확보하고 있어야 한다. 이를 위해 ○○○씨는 국민연금과 퇴직연금을 제외하고 퇴직전 소득의 34.6%를 추가로 확보해야 한다. 현재 43세인 ○○○씨는 57세쯤 직장에서 은퇴가 예상된다. 이에 현 직장에서 개인연금을 납입할 수 있는 기간은 15년이다. 하지만 15년만에 이 정도

대체율을 확보하기 위해서는 매우 많은 금액을 납입해야 한다. 이에 은퇴후 다른 직장을 잡을 것을 전제로 납입기간을 좀더 늘려 잡아야 한다. 추가로 5년을 더 일할 수 있을 것으로 가정하면 ○○○씨는 20년의 납입기간을 가질 수 있다.

○○○씨가 20년 납입할 경우 월 100만원이면 65세 시점부터 퇴직전 소득의 70%를 월소득으로 확보할 수 있다. 이렇게 100만원의 연금 납입 목표를 세웠다면 남은 일은 지출을 조정하는 일이다. ○○○씨의 지출에서 현재 줄일 수 있는 부분은 대출이자와 사교육비다. 이 가운데 대출이자를 없애기 위해서는 집을 팔아야 한다.

하지만 이는 현실적으로 불가능하다. 이에 ○○○씨가 할 수 있는 일은 특별성과급 등 과외 수입이 생길 때마다 대출을 상환하는 정도에 불과하다.

하지만 이같은 노력이 모이면 상당한 수준까지 대출을 줄일 수 있고 이자도 감면할 수 있다. 남은 조정 범위는 사교육비다.

이를 대폭 줄이라는 권고에 대해 ○○○씨는 난색을 표했다. 현재 사교육도 부족하다는 것이 그의 생각이다. 하지만 자녀와 관계에 있어 '진정 자녀를 위한 길은 많은 사교육보다는 노후에 자녀에 기대지 않을 정도의 철저한 준비'라는 생각을 가져야 한다. 이에 ○○○씨는 현재 월 450만원이 아닌 연금 납입액 100만원을 제한 350만원의 소득을 벌고 있다고 전제한 뒤 자녀 사교육을 재편성해야 한다. 일부 과목을 조정하거나 과외를 학원 등으로 변경하면 200만원의 사교육비를 140만원으로 줄일 수 있다는 판단이다. [363)364)]

---

363) 00생명 00FA센터 3인방은 대표적인 노후설계 전문가다. 김희돈 00FA센터 센터장은 미래에 대비한 위험관리와 관련한 종합재무설계에 강점이 있다. 대한생명 내에서 관련 강연을 가장 많이 하고 있다. 김태원 FA는 보험회사 20년 경력의 은퇴설계 전문가로 CFP, 공인중개사, 증권투자상담사 등 금융자격증을 보유하고 있다. 부동산 관련 전문상담가로 물건 분석 및 투자방안을 통해 고객들의 자산관리를 돕는 데 강점이 있다. 배경호FA는 CFP 자격증을 보유하고 있고 상속·증여설계 분야 전문가다. 00FA센터를 거쳐 현재 00금융플라자를 담당하고 있으며 사내 재무설계 전문강사로도 활동하고 있다. 후원: 대한생명·생명보험협회

364) http://cafe.daum.net/semu8383/E6mO/43?docid=1Iu5d|E6mO|43|201002261

11. 상가 수입료에 대한 맹점(정년퇴직후)

이전에는 30년 정도 직장에서 열심히 일하고 받는 퇴직금을 은행에 맡겨 놓고 은행에서 나오는 예금이자로 편안한 노후생활을 꾸릴 수가 있었다.[365]
은행에 원금을 보전시키면서 이자로 퇴직후 노후생활 설계가 가능하였으니 그래도 지금보다 훨씬 더 행복한 편이었다.

하지만 요즘은 은행예금 이자율이 너무 낮아 물가지수도 못쫓아 가다 보니 은행에 돈을 맡기고 이자 따먹기를 하려 하다가는 가만히 앉아 손해를 보는 꼴이 된다. 그렇다 하여 은행에서 약간의 이자를 더 받으려 하다가는 요즘 부산저축은행에 넣었다가 낭패를 본 분들과 같은 처지가 되기 쉽다.

부산저축은행은 재개발, 재건축 단지에 무담보 PF자금을 빌려주었다가 요즘 아파트가 분양이 잘되지 않으니 자금회수가 되지를 않아 저축은행이 부실화된 것 같다. 사실 퇴직금을 손에 받아 놓고도 자식들이 사업을 합네, 아파트를 넓혀가네 하면서 퇴직금을 빌려 달라고 하면 그나저나 은행 이자 수입도 만져 보기 힘든 것이 현실이다. 이런 작금의 현실에서 많은 정년 퇴직자들은 어찌 되었든 월 생활비를 조달하여야 하기에 자그마한 상가를 구입하여 월세를 받아 생활하려는 노력을 경주하게 된다. 즉, 상가 임대업자가 되는 셈이다. 그런데 여기에도 초심자들이 생각하지 못했든 여러가지 복병이 숨어 있는 것 같다.

첫째, 먼저 상가수입료가 얼마나 되냐를 잘 따져 보아야 한다. 이때 월 상가 수입료와 보증금에 대한 이자율을 계산해보는 것은 상식에 속한다. 연 매출액 기준의 금액의 높고 낮음에 따라 임대업자의 신분이 면세사업자, 간이과세자 및 과세사업자로 구분된다. 연간 매출액 수입료가 2,400만원 미만이면 면세사업자로서 부가가치세가 면세되는 반면에 매년 2월 10일까지 사업장현황신고를 하고 종합소득세를 내야 한다. 가령 탁구장 임차인인 경우

02015&q=%C0%BA%C5%F0%C8%C4+%BB%FD%C8%B0%BA%F1(2012.2.5)
365) 우리들의 이야기, 우주공 | 조회 193 | 추천 0 | 2011.02.24. 19:00

에는 영세사업자로서 탁구장 사용료로 현금만 취급이 가능하며 계산서나 영수증 발급을 요하지 않는다. 과세사업자의 경우에는 연 매출액 4,800만원 이상일 경우에는 일반과세자로 분류되고 연 매출액 2,400만원 이상이면서 4,800만원 미만의 사업자인 경우는 간이과세자로 분류된다. 간이과세자의 경우는 세금계산서를 발행할 수 없고 영수증의 계산서만 발행을 한다. 따라서 국세청에 연 두 차례 부가세를 신고하여 소정의 부가세를 내야 한다. 그러나 연 매출액 4,800만원 이상의 일반과세자의 경우에는 반드시 부가가치세를 포함하는 세금계산서를 발행하여 주고 받아야만 한다. 세금계산서를 받는 경우는 매입이고 발행을 해주는 경우는 매출이다. 연 두 차례 국세청 세무소에 부가세를 납부해야 함은 물론이다. 상가 임대업자로서 일단 과세대상자가 되면 당연한 의무로서 부가세를 1년에 두 번 납부의무가 주어진다. 1.1~6.30간의 사업실적에 따라 7.1~7.25, 7.1~12.31의 사업실적을 다음해 1.1~1.25에 국세청에 부가세 신고 및 납부를 하여야 한다. 그리고 1년간의 소득금액을 다음해 5.1~5.31에 종합소득세 신고 및 납부를 한다. 그런데 매출액이 아무리 적더라도 중심상가권에 상가를 구입하게 되면 모두 일반과세자로 분류되어 세금계산서를 주고 받아야 한다.

과세대상자로서 부가가치세 및 종합소득세 납세신고를 위해 자신이 국세청 홈텍스로 신고가 가능하면 몰라도 세무사의 힘을 빌릴 경우 상당한 세무사 수수료(약 3만~5만원 가량)를 감당하여야 한다.

둘째, 상가를 구입해 놓고 공실이 될 경우에는 상가관리비도 수십만원이 들어가게 된다. 이 때 관리비 중에는 부가세 환급이 가능한 세액이 들어가 있으므로 전표를 잘 모아 두는게 필요하다. 법인의 경우에는 세금계산서를 전자메일로 보내주는데 이를 잘 소장하여야 하는 즉, 5년간 보관의무가 주어진다.

셋째, 재산이 많은 사람은 상가 구입을 많이 고려하여 보아야 한다. 임대사업자가 되면 건강보험료를 별도로 내야 한다. 그럴 경우 최대의 건강보험료가 월 160만원이 넘게 책정되는 수도 있다. 임대사업자가 아닌 경우 대개 자식 또는 사위의 직장 건강보험료로 얹으면 될 것을 별도 비용이 들어가게 된다. 그나저나 개인 임대사업자도 향후 전자세금계산서를 끊게 한다는데 컴맹의 경우에는 세무사의 도움을 받아야 하니 상당한 스트레스로 다가 올 듯 싶다.[366]

12. "생활비 월 250만원 필요할텐데", 정년퇴직 앞둔 가장의 고민

50대의 어깨는 무겁다. 하지만 정년퇴직이 인생의 끝은 아니다. 앞으로 갈 길이 멀다. 평균수명이 늘어나면서 앞으로 최소 20년은 더 활동해야 하기 때문이다. 다만 안정적인 노후를 보내기 위해, 충분한 자금부터 마련하려는 노력은 필요하다.[367] "연금 거치형 펀드에 투자를 실손의료보험 가입은 필수" 자녀 위한 전세금 1억원은 저축은행 예금과 ELS로 원금 보호하고 분산투자를.

Q: 중소기업의 중견간부인 ○○○(55)씨는 정년이 눈앞에 다가오자 심한 스트레스를 받고 있다. 하나밖에 없는 아들이 결혼을 앞두고 있는데, 1억원 가량 전세자금을 준비해둬야 할 상황이다. 지금까지의 소비패턴상 퇴직후에도 생활비로 월 250만원 가량은 필요하다. 하지만 퇴직한 후 60세 이전까지 ○○○씨가 할 수 있는 일자리 보수를 알아보니 월 100만원 정도에 불과하다. 고심하던 ○○○씨가 ○○생명 ○○FA센터를 찾아 재무컨설팅을 받아보기로 했다.

A: 현재 ○○○씨의 보유자산은 6억원의 거주용 부동산(주택)과 1억원의 상가, 금융자산 3억원 등 10억원 가량이다. ○○○씨는 퇴직시 일시 퇴직금으로 2억원을 수령할 예정이다. 거주 주택을 빼고 ○○○씨의 노후 생활자금 재원을 따져보면, 임대소득 월 40만원과 금융자산과 퇴직금을 합친 5억

---

366) http://cafe.daum.net/mylife337/Rc1o/1102?docid=1GArc|Rc1o|1102|20110224 190055&q=%C5%F0%C1%F7%C8%C4+%BB%FD%C8%B0%BA%F1(2012.2.5)
367) [오려서 모아두면 노후 상식책] "생활비 月250만원 필요할 텐데"… 정년퇴직 앞둔 가장의 고민, 대한생명 강남FA센터, 입력 : 2010.06.18 06:17 / 수정 : 2010.06.18 06:42, 조선일보

정년퇴직을 앞두고 있는 김씨의 컨설팅 전후 자산 포트폴리오

구분		컨설팅 전	컨설팅 후
부동산		주택 6억원	주택 6억원
		상가 1억원	상가 1억원
금융자산		정기예금 3억원	즉시연금 3억원
		퇴직금 2억원	거치식펀드 1억원
			정기예금 5000만원
			원금보장형 주가연계증권(ELS) 5000만원
계		12억원	12억원

자료: http://cafe.daum.net/land-inform/INjT/22?docid=1IB2X|INjT|22|20100618095829&q=%C5%F0%C1%F7%C8%C4+%BB%FD%C8%B0%BA%F1(2012.2.5)

원에서 결혼할 아들 전세금 1억원을 제외한 4억원 정도다. 그렇다면 노후에 필요한 월 250만원의 생활비 중 부족분 월 210만원을 마련하려면 어떻게 해야 할까. 현재 보유 중인 금융자산이 연 4% 수익을 올리고 물가가 향후 3%씩 오른다고 가정한다면 5억6000만원 이상은 있어야 한다는 결론이 나온다. 지금 갖고 있는 노후대비 자금 4억원으로는 한참 모자랄 수밖에 없다.

이에 ○○생명 ○○FA센터는 다음과 같은 전략을 짜보기를 권한다. 우선 ○○○씨의 보유자산 중 상가의 경우 월 40만원의 현금을 안정적으로 제공해주고 있으므로, 그대로 보유하는 것이 좋겠다. 게다가 현재 부동산 시장은 침체돼 있어 상가를 매각하기도 쉽지 않은 데다, 양도세를 내고 나면 실제로 손에 쥘 수 있는 매각대금도 크지 않기 때문이다.

관건은 노후대비 자금 4억원을 어떻게 운용하느냐다. 가급적 이 자금은 고수익 투자처에 넣지 말고 즉시연금 등 안정적인 상품에 3억원 가량 납입하는 것이 바람직하다. 6월 현재 공시이율은 연 4.8%가 적용되고 있는데 이를 기준으로 하면 매달 130만원씩 평생 받을 수 있다. 130만원에 상가 임대소득 월 40만원, 퇴직후 일자리 보수 월 100만원을 더하면 매달 270만원의 생활비 확보가 가능하다. 그러나 이런 계산은 ○○○씨가 60세까지 약 5년간 일을 할 경우를 가정한 것이다. 일자리를 찾기가 쉽지 않은 60세 이후에는 노후자금이 부족하게 된다. 이에 대비하기 위해 현재 갖고 있는 4억원의 현금성 자산 중 1억원 가량은 따로 떼어 내서 거치형 펀드에 투자할 것을 권하고 싶다. 한꺼번에 거치식으로 투자하는 것이 망설여진다면 수개월 단위로 쪼개 몇 회에 걸쳐 펀드에 투자하는 것이 좋겠다. 일단 60세까지는 1억원을 고수익을 노릴 수 있는 펀드에 투자한 뒤, 60세 이후에는 보수적인 투자로 옮겨가면 충분하다. 그런데 은퇴설계에서 생활비 못지않게 중요한 것이 의료비다. 아무리 무난하게 노후생활을 하다가도 예기치 않게 큰 의료비가 필요해지면 대처하기가 쉽지 않다. 아직 50대이고 건강하니까 월 10만원 이내의 보험료를 내는 실손의료보험부터 가입하길 바란다.

60세가 넘으면 실손의료보험 가입이 제한되는 경우가 많으므로 서두르는 게 좋다. 자녀를 위한 전세금 1억원의 경우 안정성과 수익성을 동시에 고려해 분산투자할 필요가 있다. 1억원 중 5000만원은 금리가 높은 상호저축은행에 넣어주어 예금자 보호효과와 고금리 혜택을 누리는 것이 현명하다. 나머지 5000만원은 역시 원금손실을 피할 수 있는 원금보전형 주가연계증권(ELS)에 투자하면 좋겠다.[368)369)]

13. 퇴직연금의 가입자교육

DB형과 DC형 퇴직연금제도를 설정한 사용자는 의무적으로 매년 1회 이상 교육을 실시해야 합니다. 이때 사용자는 퇴직연금사업자에게 가입자 교육을 위탁해 실시할 수 있습니다. 가입자는 본인이 가입한 퇴직연금제도의

---

368) ○○생명 ○○FA센터(곽근신·지종탁·최승요 WM)[1)]
369) http://cafe.daum.net/land-inform/INjT/22?docid=1IB2X|INjT|22|201006180
95829&q=%C5%F0%C1%F7%C8%C4+%BB%FD%C8%B0%BA%F1(2012.2.5)

운영상황 등에 대해 충분히 이해할 수 있도록 적절한 교육을 받는 것이 중요합니다. 가입자의 제도 이해와 금융지식 수준이 퇴직연금제도의 성공을 좌우하는 요소라 할 수 있기 때문입니다. 특히 DC형 퇴직연금제도와 개인퇴직계좌(개인형 퇴직연금제도)의 경우 적립금 운용결과에 따라 가입자의 노후소득이 변동되므로 가입자 교육이 더욱 중요합니다. 그러나 가입자교육에 대한 조사자료는 다른 면을 보여줍니다. 미래에셋퇴직연금연구소가 조사한 자료를 통해 실태를 보면 다음과 같습니다.

1) 가입자교육 실태

퇴직연금 도입기업의 68%는 어떠한 형태로든 한번 이상은 가입자교육을 실시한 적이 있는 것으로 나타났습니다. 그러나 무려 1/3에 해당하는 32%의 기업은 가입자교육을 전혀 실시한 적이 없다고 답해 가입자교육의 부실화가 심각한 것으로 조사되었습니다. 가입자교육을 도입시교육과 계속교육으로 나누어 살펴보면 68% 중 45%는 도입시교육만, 6%는 계속교육만 실시한 것으로 나타났으며, 도입시교육과 계속교육을 모두 실시하고 있다는 업체는 17%에 불과하였습니다. 교육실시기업을 기준으로 산정한 평균 교육횟수는 1.9회인 것으로 나타나 업체당 교육횟수가 평균 2회에도 미치지 못하는 것을 볼 수 있습니다. 한편 도입기업 전체를 기준으로 교육회수를 산정하면, 평균횟수가 1.3회에 불과하여, 가입자교육의 취약성이 상당한 수준임을 알 수 있습니다. 특히 도입시교육 이후에 계속교육을 지속적으로 실시하지 않는 기업이 대부분임을 볼 때, 이는 향후 DC형 가입근로자의 적립금 운용부실 등으로 연결될 가능성이 높다는 점에서 큰 문제점으로 지적됩니다. 퇴직연금의 사후교육은 연 1회 이상 의무적으로 하게끔 되어 있으나 도입시교육은 일정정도 이뤄지는 부분이 있는 반면에 계속교육은 이뤄지지 않고 있는 모습을 보이고 있습니다.

2) 가입자교육 실시현황

도입의 제도유형별로는 가입자교육 실시현황에 큰 차이가 있었습니다.

DB형 도입기업의 경우 거의 절반에 가까운 45%가 가입자교육 실시경험이 없다고 답한 반면 DC형 도입기업과 DB&DC형 도입기업의 경우 각 각 23%, 21%가 교육을 실시한 적이 없다고 답해 상당한 차이를 보였습니다. DC형 도입기업의 경우 23%가 도입시교육 이후에도 지속적으로 계속교육을 실시하고 있다고 답해 가입자교육이 가장 잘 이루어지고 있는 것으로 나타났습니다. 이처럼 DB형에서 가입자교육이 부실한 이유는 DB형은 근로자가 제도운영에 직접 관여하지 않기 때문에 교육의무를 제대로 인지하지 못하는 경우가 많을 뿐만 아니라, 사용자가 일방적으로 제도도입을 결정하는 비중이 높기 때문으로 볼 수 있습니다.

3) 가입자교육 내용

가입자교육은 '퇴직연금제도 일반', '적립금 운용/관리방법', '금융상품 설명' 등을 중심으로 이루어지고 있는 것으로 나타났습니다. 그런데 문제는 도입시교육과 계속교육 사이에 교육내용의 차이가 거의 없다는 것입니다.

그러나 도입시교육과 계속교육은 실시시기나 목적에 있어 상당한 차이가 있으므로 교육내용이 같다는 것은 비효율적인 교육이 되기 쉽고 실제 도입시교육은 제도도입전 퇴직연금제도에 대한 근로자들의 전반적인 이해를 높이는데 목적이 있다면, 계속교육은 이미 제도에 가입한 근로자들이 퇴직연금을 지속적으로 잘 운용할 수 있도록 하는데 중점을 두어야 한다고 보여집니다. 그런데 현재의 교육내용은 둘 사이에 전혀 차별화없이 이루어지고 있어 가입자교육이 상당히 형식적, 비효율적으로 실시되고 있음을 보여주고 있습니다.

4) 근로자들이 희망하는 교육방법과 내용

근로자들이 희망하는 교육방법 및 내용에서는 교육방법면에서는 집합교육이, 내용에 있어서는 적립금운용 및 관리방법이 높은 비중을 차지하고 있습니다. 퇴직연금사업자가 가입 사업장에 우선적으로 해결해야 하는 사항이라고 보여집니다. DB형보다는 DC형의 경우 적립금 운용에 따라 퇴직금이 달라지므로 사후관리인 가입자에 대한 지속적인 교육(시장상황, 펀드변경, 적립금 운용) 등이 중요하다고 보여집니다. 이러한 가입자교육은 집합교육, 온라인교육, 서면교육, 기타교육 등 사업자의 여건에 맞는 방법을 선택해 노사합의에 의해 규약으로 정할 수 있습니다.[370][371]

14. 퇴직후 빵집이나 해 보겠다고요?

중소기업중앙회에 따르면 자영업자 제과점의 폐업이 해가 갈수록 증가하면서 2003년 초 전국 약 1만8000개였던 점포 숫자가 작년 말 4000여곳으로 급감했다. 8년 사이에 동네빵집 9개 중 7개가 문을 닫은 셈이다. 중소기업중앙회는 자영업 경기가 좋지 않은 데다 대기업과 총수일가의 딸들까지 '베이커리' 사업에 진출하면서 동네빵집의 입지가 좁아졌다고 지적했다. 대표적으로 CJ그룹 계열사인 CJ푸드빌이 1997년 제과점 프랜차이즈인 '뚜레쥬르'를 시작해 현재 1407개 점포까지 늘렸다. 1988년 출범한 SPC의 '파리바게뜨'의 경우 제빵전문 중소기업으로 출발했기 때문에 대기업 진출 사례와는 사정이 다르긴 하지만 프랜차이즈 점포가 3010개에 달한다. 여기에 최근 수년 사이 대기업 총수의 딸들도 베이커리 시장에 속속 뛰어들었다. 이건희 삼성전자 회장의 딸인 이부진 호텔신라 사장은 계열사 보나비를 통해 고급 커피·베이커리 전문점 '아티제'를 운영하고 있으며, 이명희 신세계 회장의 딸인 정유경 신세계 부사장은 베이커리 '달로와요(10개 점포)'와 '베키아에 누보(6개)'를 운영하는 회사의 지분을 보유하고 있다. 신격호 롯데그룹 총괄회장의 외손녀인 장선윤 블리스 사장은 '포숑'이라는 브랜드(점포 7개)를, 정몽구 현대차그룹 회장의 딸인 정성이 이노션 고문도 '오젠'이라는 브랜드(2개)를 달고 베이커리 사업을 하고 있다.

---

370) 이 자료는 미래에셋퇴직연금연구소의 기업의 퇴직연금 인식 및 운영실태 분석을 재인용함. 미래에셋제주퇴직연금 (jejumalife) 미래에셋생명 제주지점 1팀(드림팀)의 퇴직연금 블로그임
371) http://jejumalife.blog.me/60154614586(2012.2.4)

중기중앙회 관계자는 "제과점이나 커피숍은 이들 그룹의 주력업종이 전혀 아닌 데다 오히려 서민창업에 알맞은 업종"이라며 "대기업 진출은 총수 일가에 계열사를 안겨주기 위해 무분별한 확장을 하는 것"이라고 비판했다.

대기업이 빵집 뿐 아니라 일반음식점이나 분식에 진출하는 사례도 늘고 있다. 애경그룹과 LG패션은 계열사를 통해 일본라면 사업을 벌이고 있으며 CJ도 비빔밥 등 한식사업에 진출했다. 대명그룹은 계열사 베거백을 앞세워 떡볶이 사업에 뛰어들었다. 물론 없어진 동네빵집이 모두 폐업한 것은 아니다. 상당수는 파리바게뜨나 뚜레쥬르와 같은 대기업 프랜차이즈 가맹점포로 변신해 독립제과점은 아닐지라도 자영업 형태를 유지하는 경우도 많다.

대한제과협회 장윤표 사무총장은 "골목 상인들의 위기감이 갈수록 커지고 있다"며 "동종업종 간에는 일정한 거리내에서 점포를 열지 않는 등 상생하는 경쟁이 정착되길 바랄 뿐"이라고 말했다. 제2의 인생을 쉽게 시작하려면 쉽게 망한다. 자기가 평생 바쳐온 분야에서 치밀하게 준비해서 제2의 인생을 시작해야 한다. 자기가 준비하지 않는 인생을 남에게 탓할 것은 없다.[372]

15. 희망제작소와 행복설계아카데미 소개 및 교육소감문 재인용

1) 퇴직, 그리고 30일의 변화

행복설계아카데미(행설아) 14기 교육생들이 한 달 간의 교육을 마치고 4월 14일 수료식을 가졌습니다.[373] 이번 교육과정을 수료하신 OOO님의 소감문을 재인용합니다.

안녕하십니까. OOO입니다. 행복설계아카데미 교육이 시작된지 엊그제 같은데 벌써 수료식입니다. 겨울과 봄이 마지막 기싸움을 벌이고 있었는데 벌써 여의도에 봄꽃축제가 시작된다네요. 런던에서 파리까지 가장 빠르게 가는 방법을 조사한 결과, 1위가 좋은 사람과 함께 가는 것이었다는데, 바로

---

372) http://blog.daum.net/ronaldo200/17062706(2012.2.5)
373) 희망제작소, Posted at 2011/05/04 09:54 | View : 3,139, 퇴직, 그리고 30일의 변화

좋은 분들과 함께라서 이렇게 빠르게 느껴지나 봅니다. 지금의 느낌은 참 잘왔다, 참 좋은 사람들을 만났다, 뭔가 마음이 따뜻해지고 배부르다, 물론 아쉬움과 설레임이 교차하지만 인생 2막의 길을 안내할 질 좋은 네비게이션을 하나 새로 챙긴 느낌입니다.

(1) 퇴직후 행설아 문을 노크하기까지

2010년 10월 30일, 직장이 저를 버린게 아니고 제가 직장을 버렸습니다. 내용이야 어떻든 포장은 희망퇴직이었거든요. 일용할 양식을 제공했던 OO은행. 떠난 아쉬움보다 넥타이로 상징되는 시간과 일의 구속으로부터 해방감이 더 짜릿했습니다. 온전히 내 시간을 맘대로 디자인하고 재단할 수 있는 자유인이 된 것입니다. 저의 버킷리스트는 골프, 등산, 여행 등 취미와 여가활동으로 빼곡히 채워졌습니다. '청춘을 바쳐 일했는데 누가 뭐래도 나는 나만을 위해 나머지 2막을 내 맘대로 즐길 권리와 자격이 있어'라고 외쳤습니다. 제가 그렇게 우쭐대는 데는 아내도 한 몫했습니다.

"나 한 달 후면 프리랜서(퇴직이라는 말 대신) 선언한다"라고 했을 때 "그래 뭐 열심히 일했으니까 스트레스 받으며 돈 벌 생각마."

"정말 그래도 돼? 최소 90살까지는 산다는데, 당신 챙겨 놓은 건 많아? 로또 아님 처갓집 유언장이라도 미리 봤어?"

아내가 또 대답했습니다.

"가늘고 길게 살면 되지."

"그럼 가늘고 아주 기~~일게 살자."

"기~~일게는 아니고 그냥 길게."

그러나 그것이 100% 진실이 아니라는 걸 깨닫는 데 그리 많은 시간이 걸리지 않았습니다. 아내도, 주위사람들도 "나는 자유인이다"라고 쓰면 "너는 백수다"라고 읽었습니다. 내 버킷리스트를 흘깃 본 아내는 "뭐 살림에 도움되는 제빵, 요리 이런 건 없어?"라고 물었습니다. 저도 뭔가 부족한데라고 느끼고 있던 참에 곰곰이 따져보니 버킷리스트 포트폴리오가 너무 내 중심으로만 되어있고 가장 중요한 인생 2막의 가치나 미션, 의미 이런 것이 없

자료: http://www.makehope.org/3255(2012.2.5)

다는 것을 알게 되었습니다. 나눔, 봉사같은 사회적 공헌은 혹 놀다가 정 지루해지면 해볼 심산으로 맨 끝부분에 자리하고 있었습니다. 그런데 막상 우선순위를 정하고 보니 어떻게, 누구와, 무엇을 할 것인가 막막했습니다.

내 앞에 펼쳐진 인생 2막을 의미있게 함께 비행할 누군가도, 항법장치도 필요하다고 생각던 차에, 퇴직교육 때 희망제작소 남경아 국장님의 강의를 통해 들었던 행복설계아카데미가 문뜩 떠올랐습니다. 그래서 희망제작소 회원도 가입하고, 짝꿍명함도 만들고, 행복설계아카데미의 문을 똑똑똑 두드리게 된 것입니다.

(2) 행설아에서의 시간들

드디어 설레임, 호기심, 낯섬, 어색함, 뭐 이런 감정이 뒤엉킨 채로 희망제작소를 들어서니 팀장님을 비롯한 시니어사회공헌센터 연구원 여러분이 따뜻하게 맞아주었고 동기 여러분을 만나게 되었습니다. 엇비슷한 생각을 갖고 있다는 생각 때문인지 왠지 낯익어 보이는 여러분들과의 동행이 시작된 것입니다. 먹고 살기 바쁘다는 이유로 몇몇 단체 후원이나 하고 팔짱끼고 바라보던 NPO, 제3섹터를 가까이에서 살펴 볼 기회를 갖게 된 것입니다.

사회공헌, 비영리단체, 사회적기업, 커뮤니티비지니스 등 낯선 단어들이 조금씩 익숙해지고, 눈덮인 겨울산을 럿셀하듯이 척박한 제3섹터를 아름답게 색칠해가는 ○○○ 상임이사님을 비롯한 수많은 활동가들이 있는 걸 보고 너무 부럽고 존경스러웠습니다. 또 행설아 출신분들이 달팽이건설, 시니어사회공헌사업단 렛츠, 희망도레미, 똑뚜미 등 여러 비영리단체에서 열심히 활동하고 있다는 사실을 알고 나도 뭔가 해야겠다는 생각이 스스로를 즐겁게 했습니다. 그러나 월드비전, 아름다운가게, 관악재활센터 놀이터 등 막상 현장 탐방을 다녀오고, 여러 사례를 알게된 뒤로는 현장에서 부딪치는 애로 사항, 또 저의 준비정도를 가늠해보면서

- PO세계의 스트레스에서 막 해방되었는데 다시 또 스트레스 속으로
- '저 분들은 미리 준비하고 실천할 동안 난 뭐하고 있었지' 하는 자괴감
- 준비된 프로활동가도 롤러코스터같은 성공과 위기를 넘나드는데

즐거운 상상은 점점 '좋긴 정말 좋은데 내가 하기엔 너무 먼 당신'이라는 생각으로 바뀌기 시작했습니다. '그냥 몸으로 때우는 자원봉사나 아님 기부금을 좀 늘릴까, 준비한 다음 천천히 생각해 보지 뭐' 그러나 그러는 동안 저에게도 변화가 생기고 었다는 사실을 문득 깨닫게 되었습니다. 버스를 타고 지나가다 본 플랭카드에 적힌 '집짓기 봉사자 열린사회연대'의 전화번호를 찍고 있는 나를 발견하게 되었습니다. '거창한 봉사전에 돈번다는 이유로 이웃집 불구경하듯 소홀히 했던 우리집 집안일부터 봉사하자'라고 마음을 먹고 설거지, 청소, 화초 물주기, 요리, 음식물 쓰레기 버리기 등도 시작했습니다. 어느 순간부터 착한 소비, 집 앞 한살림생협 이용, 공정무역 커피 마시기를 식탁에서 얘기하게 되고, 제가 속해 있는 카페의 봉사활동날이 기다려지기 시작했습니다. 마침 이때, 도시커뮤니티에 관심을 가진 젊은 작가 그룹과 옥상 텃밭을 해보자는 제의를 받았습니다. 행설아 강의 중 일본 동경에서 실행된 긴자 양봉 프로젝트 사례도 접했던 터라 무조건 콜을 외쳤

습니다. 그리고 행설아 뒤풀이 모임의 애칭인 '만원 클럽'은 아내가 좋아하는 원플러스원 같은 보너스였습니다. 동기 여러분의 세상살이와 관심사 등 다양한 콘텐츠를 아주 헐값에 챙겨간 셈입니다. 단돈 만원에 속성과정으로입니다.[374]

(3) 행설아 문밖을 나서며

어제는 문래창작촌 옥상에서 작가(마임, 독립영화, 일러스트, 미술 등)들과 옥상텃밭모임 상견례와 공공미술 하시는 분의 집들이를 겸해 20여명이 모여 막걸리 파티를 가졌습니다.

"시. 미. 나. 창(시작은 미약하였으나 나중은 창대하리라)"이라고 건배를 외치며 영등포 옥상은 우리가 모두 점령한다는 기세로. 도시미관도 살리고, 텃밭 농작물은 독거노인 등 어려운 이웃에도 나누고, 앞으로 여러가지 현실적인 문제들이 있겠지만, 우선은 적극적으로 참여할 생각입니다. 장기과제로는 태백 철암도서관처럼 농촌아이들과 함께 꿈을 꾸고 그 꿈을 이뤄가도록 준비해 볼 생각입니다. 작가들을 불러 봉사활동을 시키려는 약간의 흑심도.

'빨리 가려면 혼자 가고, 멀리 가려면 함께 가라'는 말처럼 동기 여러분도 어디에선가 제3섹터의 텃밭을 가꾸리라 믿습니다. 따로 또 같이. 제가 좋아하는 뤼쉰이 '고향에서 말한 것처럼. "땅 위에는 길이 없었다. 한 사람이 먼저가고 걸어가는 사람이 많아지면 그것이 곧 길이 되는 것이다. 희망이란 본래 있다고도 할 수 없고 없다고도 할 수 없다. 그것은 마치 땅 위의 길과 같은 것이다." 영 포틴 동기여러분 사랑합니다. 행설아 14기를 진행해주신 시니어사회공헌센터 연구원님들 정말 고맙습니다. 도시 보도블럭 틈을 비집고 왕성한 생명력으로 노란 꽃을 피워내는 민들레처럼, 동기 여러분도 지금의 열정으로 희망의 홀씨를 날려 아름답게 꽃 피우기를 바랍니다.

마지막으로 도종환 시인의 담쟁이라는 시로 소감을 마치려 합니다. 감사합니다.

---

374) 희망제작소, 행복설계아카데미 14기 000님

담쟁이 : 도종환

저것은 벽

어쩔 수 없는 벽이라고 우리가 느낄 때

그때

담쟁이는 말없이 그 벽을 오른다.

물 한방울 없고 씨앗 한 톨 살아남을 수 없는

저것은 절망의 벽이라고 말할 때

담쟁이는 서두르지 않고 앞으로 나아간다.

한 뼘이라도 꼭 여럿이 함께 손을 잡고 올라간다.

푸르게 절망을 다 덮을 때까지

바로 그 절망을 잡고 놓지 않는다.

저것은 넘을 수 없는 벽이라고 고개를 떨구고 있을 때

담쟁이 잎 하나는 담쟁이 잎 수천 개를 이끌고

결국 그 벽을 넘는다.[375]

2) 퇴직, 철봉에 매달려있다 떨어진 느낌

올 여름엔 밝은 달을 본 기억이 없다. 억수같이 내리는 비 때문에 달구경은 한가한 소리가 되어버렸다. 삶터를 유린한 가공할만한 비가 잦아들면 집에서 버섯을 키워도 될만한 습기가 몰려왔다.[376] 지난 8월 17일에도 여지없이 우산과 한 몸이 되어야 했지만, 사회에 봉사하고 희망을 주는 희망제작소에는 새로운 기운들이 모여들고 있었다. 행복설계아카데미(행설아) 15기, 반짝이는 눈의 스물일곱명 '청년'들이 주인공이었다. 오전 9시 30분, 내빈소개와 교육안내를 거쳐 3주간의 교육기간이 시작되었다. 10시에는 희망제작소 유시주 소장의 '시니어, 한국 사회를 혁신하는 새로운 주체의 등장' 강연이 진행됐다. 여섯 모둠으로 나눠 앉은 15기 행설아 회원들은 자료집에

---

375) http://www.makehope.org/3321(2012.2.5)
376) Posted at 2011/09/08 14:48 | View : 1,965 |, "퇴직, 철봉에 매달려있다 떨어진 느낌"

메모를 하면서 진지한 자세로 집중했다. 그러나 오리엔테이션의 꽃은 뭐니 뭐니해도 자기소개시간. 눈인사만 나눴던 사람들과 비로소 첫 인사를 나누는 순간이다. 간단한 몸풀기 게임을 거쳐 조장을 선출하고 각조의 이름을 정하는 화기애애한 시간을 거쳐 흰 종이를 마주하고 앉은 15기 참석자들. 나의 과거, 현재, 미래를 적거나 그려보라는 연구원의 말을 듣고 좀 난감한 표정이었지만, 이내 진지하게 골몰하는 모습이 풋풋해보였다.

"퇴직은 철봉에 매달려있다가 떨어져 멍한 상태가 되는 느낌이더군요. 은행에서 40년간 근무하고 정년퇴직한 소위 오륙도 세대입니다. 앞으로는 사회에 보탬이 될 수 있는 일을 고민하려 합니다."

"백화점에 근무하다 퇴직했습니다. 막상 퇴직을 하니 상실감이 크더군요. 1년 놀다가 창업강의 같은 것을 들으러 다녔습니다. 하지만 쉽지 않았습니다. 행설아는 지인 소개로 참여하게 되었습니다. 생각이 정리되면 소규모 창업이나 사회적기업 창업에 관심이 있고 해볼 생각입니다."

"35년간 월급쟁이로 살다가 은퇴하게 되었습니다. 궤도가 없는 미래를 잘 보내고 싶습니다."

"은퇴후 시니어잡지 객원기자로 활동하고 백두대간 종주도 했습니다."

"은행에서 30년간 근무했습니다. 앞으로 잘될 것 같은데 부족한 부분이 있는 가게나 개인사업 등을 코치해서 잘되게 도와주고 싶습니다."

"지금 가장 행복한 시간을 보내고 있습니다. 아프지 않고 어린애들이 좋아하는 할머니가 되자는 희망을 가지고 있어요."

"인생의 하프타임을 스스로에게 주기로 했습니다. IT기업에서 20년간 근무했습니다."

"퇴직을 앞두고 보니 내게 아무 것도 없더군요. 지금까지는 의무만 있던 삶이었고 나머지는 덤으로 생각합니다. 오늘부터 열심히 찾아보겠습니다."

참석자들의 다양한 이력이 펼쳐지던 중 약사부부가 등장했다. 부인인 ○○○씨가 먼저 자기소개를 했다.

"1968년부터 2011년 5월 30일까지 약국을 했어요. 딸 다섯 다 시집보내고 손자가 열하나입니다. 일 그만 두고 웃음학교, 단식 등을 했는데 앞으로는 어떻게 할까 진로를 모색하러 왔습니다."

이어 최고령 수강생 ○○○씨는 다음과 같이 자기소개를 해 참석자들의 박수를 받았다.

"47년간 약국을 운영했고, 제약회사 등에서 근무했습니다. 어떻게 하면 행복한 노후를 보낼 수 있을까 생각하다가 희망제작소에서 희망을 제작하려고 이렇게 왔습니다. 딸 다섯, 사위 다섯, 손자 열하나입니다."

점심식사를 마친 후 이경희 중앙대 명예교수의 '시니어, 일과 은퇴에 대한 재인식' 강의가 이어졌다. 말이 나와서 말인데, 희망제작소가 주관하는 행사의 장점 중 하나는 바로 '먹을 게 많다'는 것이다. 많기만 한 게 아니라 한마디로 '잘 먹는다'. 이날도 다르지 않았다.

만두전골을 앞에 두고 삼삼오오 정담을 나누는 모습은 보기에도 흐뭇했다. 그러니 교육 진행을 맡은 시니어사회공헌센터 연구원들이 15기 회원들에게 제공할 점심식사가 궁금해서라도 결석하지 말아야 할 듯하다.

1938년생부터 1969년생까지, 한 세대를 뛰어넘는 나이 차를 단번에 극복할 수 있는 것. 바로 이것이 바로 행복설계아카데미의 매력이 아닐까. 15기 참석자의 면면이 소개되면서, 날이 갈수록 참여자의 수준이 높아지고 있다는 것을 확인할 수 있었다. 14기까지 기당 40명이 넘었던 것을 생각하면 29명이 등록한 15기는 최근 들어 가장 날씬한 기가 되는 것 같다. 하지만 넘치는 패기와 열정으로 무장한 15기 아닌가. 그들의 전문적인 경험이 사회에 흩뿌려져서 나눔과 자아실현이라는 두 마리 토끼를 확실히 잡을 수 있기를 기대해본다.[377][378]

3) 퇴직후의 인생

앞으로 남은 인생을 어떻게 먹고 살아야 하느냐는 현실적 물음과 어떤 가치를 추구하며 살아야 하느냐는 본질적인 내면의 물음은 누구에게나 쉽

---

[377] 글_ 이신숙 (시니어사회공헌사업단 레츠), 사진_정운석 (시니어사회공헌사업단 레츠)
[378] http://www.makehope.org/3511(2012.2.5)

게 풀릴 문제는 아닌 것 같습니다. 지금 우리 사회는 한국을 산업국가로 만드는 데 기여했던 마지막 세대의 전문직업인들이 퇴직해 쏟아져 나오고 있습니다. 산업사회를 이끌어온 이들 퇴직자들은 사실 '은퇴의 개념' 또는 '은퇴의 정서'에 익숙지 않은 세대들입니다. 그들은 일과 같이 밤낮을 살았던 일벌레들입니다. 그들은 자신의 사회적 역할이 중단되고 소속감을 상실하는 것이, 또 직장활동을 멈추면서 직면하는 경제적 압박이 은퇴의 여유와 자유보다 더 두려운 존재일 수 있습니다. 50대를 중심으로 40대에서 60대까지 퍼져 있는 이들이 '퇴직자'라는 이름으로 홍수처럼 사회로 쏟아지고 있습니다. ○○○변호사는 이들을 가리켜 "사회의 중요한 인적자원"이라고 했습니다. 글쎄요, 맞는 말인 것은 분명하나, 이 자원을 우리 사회가 활용하지 않고 그냥 둔다면 그것은 사회 또는 국가적으로 큰 짐이 될 것만 같습니다.

이렇게 대량으로 쏟아지는 퇴직자들이 국가의 자원인가, 아니면 국가의 문제인가. 심각하게 생각해야 할 문제인 듯합니다.

하지만 국가정책 차원에서는 그 대안이란 것이 별로 보이지 않습니다. 어쨌든 문제는 선명하게 떠오르고 있으나 해법은 논의 자체도 미약합니다. 희망제작소가 그 대안을 비영리 민간단체(NPO)에서 찾고 있는 것은 주목할 만한 일이라고 생각합니다. 영국과 미국같은 선진 사회에서 어느 정도 실험된 해법이라는 데서 관심이 갑니다. 저명한 경영학자 피터 드러커는 20여년 전부터 NPO를 일자리 창출의 원천으로 중요시한 사람입니다. 개인이나 조직이나 미래를 살아가는 데 가장 중요한 에너지는 '희망'입니다. 희망은 일을 통해 자신의 존재 가치를 찾는 데 있다고 봅니다. 퇴직자들이 이 희망을 스스로 찾을 수 있다면 더할 수 없이 좋습니다. 그러나 희망을 찾고 그것을 실현하는 일은 누구에게나 쉬운 것 같지 않습니다. 국가도 관심을 가져야 하고, 이들의 경험과 지식을 활용할 비영리 민간기관들이 더 많이 나오는 것도 해결방법이 될 것입니다. 그리고 전문직에서 활동하는 직장인들도 퇴직후의 인생을 다른 각도에서 바라보는 유연성이 필요할 듯합니다.

과거 직장이나 사회의 기준에서가 아니라 내면의 자기 목소리에 충실하게 사는 삶으로 말입니다.379)380) 저자도 기회가 주어진다면 희망제작소의 행복을 설계아카데미교육에 참여하여 뜻있는 인생설계와 사회봉사에 동참하고 싶다.

16. 직(職)이 아니라 업(業)이다

흔히 '직업(職業)'이라고 붙여서 쓴다. 하지만 이제는 '직/업'이라고 써야 할 것 같다. 엄연히 '직' 과 '업' 은 다르다. 직은 직위 내지 자리이고 업은 스스로에게 부여된 과업이다.

사람들은 대개 직에 관심이 많지 업은 뒷전이다. 누가 어떤 자리에 앉았느냐엔 눈에 불을 밝히듯 하면서도 정작 그 사람이 어떤 일을 하고 있는가에 대해서는 별반 관심이 없다. 자리가 사람을 만든다는 얘기도 있다. 하지만 직만 추구하면 업을 잃는다. '실업(失業)'하는 것이다. 직의 수명이 제일 길 것 같은 교수도 65세면 실업한다. 그러나 업을 추구하면 직은 거짓말같이 따라온다. 10년전 '콘텐트 크리에이터'라는 업의 이름을 스스로 짓고 이것을 추구하겠다고 교수직을 떠났다. 내 인생에서 가장 잘한 결정이었다.

교수직을 그만 둔 덕분에 인생에서는 더 많은 도전과 모험의 기회가 열렸다. 직, 곧 자리는 사람을 안주시킨다. 자리가 편할수록 절실한 게 없다. 그러면 끝까지 안한다. 대충한다. 그 자리를 지킬 수 있을 만큼만 한다. 더 하면 바보같은 짓이라고 생각한다. 하지만 그렇게 하면 할수록 자신은 바보가 된다. 아니 바보가 되어가는 줄도 모를 만큼 바보가 되는 것이다. 좋은 자리가 큰 바보를 만드는 까닭이 여기에 있다. 안정된 직이 아니라

---

379) 칼럼은 〈자유칼럼그룹 www.freecolumn.co.kr 〉과의 협의하에 연우포럼에서도 동시에 전재.배포하고 있습니다. 〈필자 소개〉 김수종: 1974년 ○○일보에 입사하여 30여년간 기자로 활동했다. 2005년 주필을 마지막으로 신문사 생활을 끝내고 프리랜서로 글을 쓰고 있다. 신문사 재직중 신문방송편집인협회 이사와 정보통신윤리위원회 위원을 역임했다. 환경책 '0.6도'와 '지구온난화와 부메랑(공저)'을 냈다.
380) http://younwooforum.com/bbs/zboard.php?id=pds&no=2898(2012.2.5)

스스로를 벼랑 끝에 세워 자기 안의 손조차 대지 않았던 가능성들을 끌어올려 업으로 진검 승부를 한다는 건 힘들지만 멋진 일이다. 물론 업을 찾는 과정이 쉽지는 않다. 경험하건대 업을 찾는 길에는 세 가지 단계가 있다.

첫째는 좋아하는 일을 발견하는 것이다. 이것은 콜럼버스가 아메리카 대륙을 발견하는 것보다 더 위대한 일이다. 그만큼 쉽지 않다. 하지만 포기할 수는 없다. 좋아하는 일을 발견하지 못하는 가장 큰 이유는 도전하고 모험하지 않기 때문이다. 머리로 "내가 뭘 좋아하지?" 하고 생각만 하면 늘 제자리에 맴돈다. 자신이 뭘 좋아하는지 알려면 부딪쳐 봐야 하고 저질러 봐야 한다.

커피를 좋아하는 것은 취향이다. 하지만 커피가 좋아서 원두를 사러 다니고 그것에 미쳐서 들어가면 얘기가 달라진다. 미국 시애틀의 구멍가게 커피점 스타벅스를 글로벌 기업으로 키워낸 하워드 슐츠가 그렇게 하지 않았나.

업을 찾는 두 번째 단계는 자기가 발견한 좋아하는 일을 잘하는 것이다. 하지만 절대적 기준에서 잘하는 게 중요한 것이 아니다. 차이를 내면 잘하는 것이다. 물론 그 차이가 반짝하고 마는 것이라면 별반 의미가 없다. 뛰는 것으로 사흘을 못가기 때문이다. 그래서 업을 찾는 세 번째 단계가 중요하다.

그 차이를 지속하는 것이다. 차이의 지속이야말로 힘이요 파워다. 좋아하는 일을 발견하고 그것에서 차이를 만들어내며 그 차이를 지속하는 과정속에서 자기자신만의 업은 숙성되고 성장된다. 업으로 진검승부를 펼치는 것이 진짜 자기 인생이다. 새해가 되자마자 일자리 얘기가 쏟아진다. 일자리의 해법은 직의 시각에서만 보면 안 풀린다. 업의 시각에서 접근해야 한다. 다시금 단언하듯 강조하지 않을 수 없다. "직이 아니라 업이다"라고 ![381)

17. "아내와 소통 성공하면 가정 재취업 성공"

문: 은퇴한 여자에게 필요한 다섯 가지는?

---

381) http://blog.daum.net/w222424/143(2012.2.5)

답: 돈, 건강, 딸, 친구, 강아지
문: 그렇다면 은퇴한 남자에게 필요한 다섯 가지는?
답: 아내, 와이프, 처, 마누라, 안사람

요즘 은퇴자들이 하는 우스개다. 은퇴후엔 부인과의 관계가 행복에 결정적인 영향을 미친다는 의미다. 가정에서 아버지의 역할을 교육하는 단체인 두란노아버지학교의 김성묵 상임이사는 은퇴후 반 년 동안 자주 아내와 여행을 다닌 한 대기업 간부 출신 은퇴자의 사례를 전했다. "남편은 자신의 은퇴생활이 이상적이라고 자부했죠. 그런데 어느날 아내가 할 얘기가 있다고 그러더랍니다. '이제 나를 그만 놔둬라. 내가 아직도 당신 따라다니며 뒤치다꺼리를 해야 하느냐면서요. 남편이 큰 충격을 받은 것은 말할 나위도 없죠." 은퇴뒤 애물단지 취급을 받지 않으려면 일찍부터 훈련이 필요하다.

첫째, 하루에 한 번 '고맙다', '사랑한다', '미안하다'는 말을 해야 한다. 아내가 남편에게 정 떨어지는 가장 큰 이유는 소통방법 때문이라는 게 전문가들의 지적. 직장 부하 대하듯 가족을 대하는 태도, 과도한 잔소리, 애정표현과 공감능력의 부족이 아내의 마음에 상처를 남긴다는 것이다.

둘째, 공통의 대화 주제를 갖기 위해 의도적으로 노력하라. 부부가 함께 드라마를 본다든지, 작더라도 같은 취미를 가져야 한다.

셋째 '종간나 ××'(하루 세 끼에 종일 간식까지 요구해 아내를 귀찮게 한다는 뜻)라는 말을 듣지 않으려면 요리, 빨래, 청소 등 가사를 나누는 습관을 몸에 미리 익혀 놓는 건 기본이다. 382)

18. 장수하는 비결, 퇴직후 살아남는 비법

퇴직에 대한 강령 2가지, 떠나야 할 때가 있다. 떠남에는 두 가지가 있다. 하나는 제 발로 떠나는 것이다. 이 경우는 반드시 갈 곳을 정하고 떠나야 좋은 여행이 된다. 그러나 지금 있는 곳이 싫어서 무작정 떠나면 가출이다.

---

382) http://blog.daum.net/ds5vvp/8799836(2012.2.5)

겨울 하룻밤 노숙해 본 사람은 절대로 가출은 해서는 안되는 것임을 뼈속까지 알게 된다. 또 하나는 강제적으로 떠남을 강요당하는 것이다. 이 경우는 참담하게 버려진 기분이다. 이 상황이 자신에게 생기는 것을 막기 위해서는 두 가지 방법이 있다. 먼저 꼭 필요한 사람이 되는 것이다. 이 방법에 대하여 이미 누구나 대강 알 것이다. 쫓겨남을 막는 다른 한 가지의 방법은 쫓겨 나기 전에 제 발로 떠나는 것이다. 따라서 우리는 언제나 떠남을 준비해 두어야 한다. 여행의 반은 준비에 있다. 지도를 펴고 행선지를 정하고, 어디를 경유하고 무엇을 보고 무엇을 먹을까를 생각하는 과정 자체가 여행의 반이다. 여행의 즐거움은 거기서부터 시작하는 것이다. 공교롭게도 한 직장에서 꼭 필요한 사람이 되는 것과 제 발로 떠날 준비를 하는 것은 동전의 양면처럼 함께 다닌다. 한 곳에서 꼭 필요한 전문가가 되고 열정과 헌신이 가능한 사람은 다른 곳에서도 그런 기회를 쉽게 찾을 수 있다. 왜냐하면 스스로 자신을 다듬어 좋은 작품으로 만들어 두었기 때문이다.

1) 준비하라. 철저히 준비하라

절실하지 않으면 떠나지 마라. 절실한 사람은 반드시 준비하게 되어있다. 그리하여 절실하게 해보고 싶은 자신의 길이 열릴 때까지 기다려라. 그 순간이 오면 망설이지 마라. 전광석화라는 말은 이때 쓰는 말이다. 준비된 자만이 그 때가 언제인지 알게 되어있다. 준비된 자가 기회를 만나는 것', 이것이 성공이다.

2) 자신에게 맞는 일을 유일한 방식으로 제공하라

실패의 제1 원인은 자신과 어울리지 않는 유망직종을 찾기 때문이다. '뭘 하면 먹고 살 수 있을까'라는 생각에 빠지면 절대로 먹고 살 수 없다. 예컨대 밧줄을 타는 자가 밧줄 위를 걷는 것에 생각을 집중하지 못하고 떨어지지 않기 위해 애쓸 때 그는 이미 떨어질 운명인 것과 같다. '내가 잘할 수 있는 가슴 뛰는 일은 무엇일까?' 이 질문의 끈을 놓치지 말아야 한다. 자신의 기질과 재능과 경험을 연결하여 차별화하라. 그리고 그 일에 전력을 다하고 즐

겨라. 이렇게 이루어진 차별화는 아무도 모방할 수 없기 때문이다.[383]

19. 퇴직후의 달라진 내 모습

그렇게 때려친다 어쩐다 하던 때가 엊그제 같은데 벌써 퇴직후 2개월이 흘렀다. 과연 나는 퇴직후 그렇게 외치던 행복을 찾았는가. 결론을 말해줘.

지하철의 지옥같던 출퇴근 시간도, 싫어하는 사람 옆에 앉아 하루종일 타자를 두드리는 것도, 상사눈치 고객눈치 보는 것도, 풀리지 않는 문제로 매일 야근하는 것도, 내가 맡은 분량을 끝내지 못해 야근을 하면서도 눈치를 봐야 하는 것도, 뭐든지 나의 책임이 되는 것도, 별 시덥지도 않는 농담을 받아쳐야 하는 것도, 같은 공간안에 있으면서도 자격이 딸리는 것을 매시간 매분 자각하는 것도 아무것도 없는데 나는 행복하지가 않다. 아, 딱 나의 지하철 출퇴근 모습이다. 그런데 나는 왜 그만 두었을까. 아마 내가 그대로 다녔다면 표정이 굳어버렸을 것이다. 사람들 다 그렇게 산다고, 나보다 똑똑하고 나보다 잘난 사람들도 다 저렇게 산다고. 그래 나도 알아 안다고. 나도 요즘 충분히 내가 평균 이하로 떨어져 가고 있다는 것을 매일매일 피부로 느낀다고. 그래도, 난 그만두길 잘했다.

앞으로 일년 앞도 내다볼 수 없는 처지고, 어디서 돈이 들어오지도 않지만. 그렇지만. 괜찮다. 나에게 또 다른 직업이 생긴다. 그렇다면 그때는 정말 그때는 내가 그 회사를 다닌다는 것 자체가 고마운. 나같은 사람을 써준 것에 대해 고마움을 느끼는 그런 곳에 가고 싶다. 난 좀더 겸손해지고 싶고 좀 더 노력해서 남들보다 잘한다는 것을 보여줄 수 있는 성취감을 느낄 수 있는 곳으로 가고 싶다. 나는 혹시 나 잘난 맛에 사는 여자인가 싶다.

오늘 퇴직금을 확인하고, 내일 도로주행 시험이 있고, 나는 아직 이를 닦지 않고, 이소라의 슬픔속에 그대를 지워야만 해를 들으며 어떻게 영어를 잘할 수 있을까를 생각한다. 이런게 멀티 태스킹이다[384]

---

383) http://www.cyworld.com/yangduk8/3602770(2012.2.5)
384) http://blog.daum.net/f3648/7139612(2012.2.5)

■ 노 순 규(魯淳圭) 경영학박사

<약 력>
고려대(석사) 및 동국대(박사)
서울대학교 행정대학원 박사과정 수료
배성여상·상서여상 등 6년간 교원역임
새마을본부 연수원 5년간 교수역임
한국기업경영연구원 원장(23년간 재임 중)
한서대학교경영대학원 강사역임
대한상공회의소, 한국경총, 한국생산성본부
한국능률협회, 한국표준협회, 현대중공업
현대자동차, 한국전력, 롯데제과, LG산전 강사
건설기술교육원, 건설산업교육원,
영남건설기술교육원, 건설경영연수원
전문건설공제조합 기술교육원
건설기술호남교육원 외래교수
경기중소기업청 공무원 경영혁신 강사
한국기술교육대학교 노동행정연수원 강사
경기도교육청(갈등관리와 교원의 역할) 강사
대구시교육연수원(리더십과 갈등관리) 강사
충남교육연수원(공무원노조의 이해) 강사
서울시교육연수원(교육관련 노동법) 강사
경남공무원교육원(단체교섭 및 단체협약 체결사례) 강사
속초시청(공무원 노사관계) 강사
부산시교육연수원(교원노조와 노사관계) 강사
울산시교육연수원(교원노조의 이해) 강사
전남교육연수원(갈등관리의 이해와 협상기법) 강사
제주도탐라교육원(갈등 및 조직활성화 전략) 강사
경북교육청(학교의 갈등사례와 해결방법) 강사
제주도공무원교육원(조직갈등의 원인과 유형) 강사
경북교육연수원(인간관계와 갈등해결) 강사
전북공무원교육원(공무원노조법) 강사
충남공무원교육원(사회양극화 해결방안) 강사
대구시공무원교육원(복지행정) 강사
부산시공무원교육원(조직갈등의 해결방안) 강사
광주시공무원교육원(투자활성화의 기업유치 전략) 강사
대전시공무원연수원(갈등의 원인과 해결) 강사
충북단재교육수원(교원단체의 이해) 강사
경남교육청(학생생활지도와 인권교육) 강사
강원도교육청(직장인의 스트레스와 자기계발) 강사
전북교육연수원(커뮤니케이션의 기법) 강사
경북교육청(학교경영평가의 배경과 대응전략) 강사
경북, 인천시, 광주시, 강원도 교육연수원 강사

<주요 저서>
- 건설업의 회계실무와 세무관계
- 건설업의 타당성분석과 사업계획서
- 건설업의 원가계산과 원가절감
- 건설업의 노사관계와 노무관리
- 한미·한EU FTA와 경제전략
- 경영전략과 인재관리
- 건설업의 VE(가치공학)와 품질경영
- 부동산투자와 개발실무
- CM(건설경영)과 시공참여폐지의 노무관리
- 산재·고용·연금·건강의 사회보험 통합실무
- 토지투자와 부동산경매
- 21세기 리더십과 노무관리
- 협력적 노사관계의 이론과 실천기법
- 신입사원의 건전한 직업관
- 종업원의 동기부여와 실천방법
- 공무원노조와 노사관계
- 교원노조(전교조)와 노사관계
- 교원평가제와 학교개혁
- 학교운영의 리더십과 갈등관리
- 교사의 올바른 역할과 개혁
- 프로젝트 파이낸싱(PF)과 건설금융
- 비정규직의 고용문제와 해법
- 한·EU FTA와 경제전략
- 학교의 갈등사례와 해결방법
- 공무원의 갈등관리와 리더십 및 BSC
- 녹색성장과 친환경 경영
- 교수와 대학의 개혁
- 리더의 자기관리와 성공법칙
- 노동조합의 개혁과 역할
- 사교육 없애기 공교육 정상화
- 조직갈등의 원인과 해결방법
- 학교장 경영평가와 CEO 리더십
- 학생지도방법과 인권보호
- 건설업의 클레임과 민원해결
- 지역갈등·주민갈등·사회갈등
- 칭찬의 감동효과와 조직관리
- 건설공사관리와 건축행정
- 사회양극화 변화와 복지행정
- 미래사회의 변화와 성공방법
- 학교와 교원의 개혁방법
- 사업계획과 사업타당성 분석
- 커뮤니케이션 기법(skill)과 효과
- 리스크관리(Risk Management)
- 공정한 사회의 실천방법
- 지방자치단체의 기업유치 전략
- 학생체벌의 사례와 금지효과
- 건설업의 원가관리(Cost Management)
- M&A(인수·합병)의 사례와 방법
- 학교장의 역할과 혁신의 리더십
- 기업가치평가의 방법과 실무
- 직장인의 스트레스와 자기계발
- 창의력 개발과 인성교육
- 청렴교육·국민권익·옴부즈만
- 복수노조·타임오프·제3노총
- 친절교육·고객만족·고객감동
- 학교폭력의 원인과 해결방법
- 퇴직후의 인생설계 재무설계 외 121권 저서

강의문의 : 011-760-8160, 737-8160
E-mail : we011@hanmail.net

퇴직후의 인생설계 재무설계　　　　　　　　정가 30,000원

2012년 2월 15일 초판인쇄
2012년 2월 25일 초판발행

|판권
본원
소유|

　　　저　자　　노　순　규
　　　발행인　　노　순　규
　　　발행처　　한국기업경영연구원
　　　　　　　서울특별시 양천구 목동 505-11 목동빌딩 1층
　　　등　록　　제2006-47호
　　　전　화　　(02) 737-8160

<제본이 잘못된 것은 교환하여 드립니다>

ISBN 978-89-93451-42-9